电子商务系列教材

电子商务系统设计

（第2版）

田景熙　孙秋凤　龚春亚　编著

东南大学出版社
SOUTHEAST UNIVERSITY PRESS
·南京·

内容提要

本书采用 UML 标准作为电子商务系统分析与设计的主线，以联合国贸易便利与电子商务中心（UN/CEFACT）的《电子商务业务过程和信息建模指南》为框架，以联合国标准产品和服务项目分类与编码体系（UNSPSC）为主导分类与管理体系，以全球第一标准机构（GS1）的产品标识、物流单元、全球位置、不动产、可回收物品等交易对象为标识与描述体系，系统地介绍了面向对象环境下电子商务系统的数据、交易流程、业务协同等规划、分析、设计、实施、维护和管理等方面的相关概念、标准、方法、架构和工具。

本书重点在于培养学生在电子商务系统的规划、分析、设计与开发方面的知识、能力，以及对相关标准的掌握上。在教学内容上强调基本理论、基本知识、基本方法和基本规范，在实践上着重于系统规划、分析、设计和开发能力的培养，以及对电子商务领域国际标准的理解与把握。

本书可作为本科及高职高专电子商务的专业教材，也可以作为信息管理和信息系统等相关专业的参考用书。

图书在版编目(CIP)数据

电子商务系统设计/田景熙等编著. —2 版. —南京：东南大学出版社，2015. 1（2019. 6 重印）

ISBN 978-7-5641-5227-7

Ⅰ. ①电…　Ⅱ. ①田…　Ⅲ. ①电子商务—系统设计—高等学校—教材　Ⅳ. ①F713. 36

中国版本图书馆 CIP 数据核字(2014)第 224839 号

电子商务系统设计

出版发行　东南大学出版社
社　　址　南京市四牌楼 2 号
邮　　编　210096
出 版 人　江建中
网　　址　http://www. seupress. com
电子邮箱　press@seupress. com
经　　销　全国各地新华书店
印　　刷　虎彩印艺股份有限公司
开　　本　787 mm×1 092 mm　1/16
印　　张　17
字　　数　425 千
版　　次　2002 年 4 月第 1 版　　2015 年 1 月第 2 版
印　　次　2019 年 6 月第 7 次印刷
书　　号　ISBN 978-7-5641-5227-7
印　　数　20 001—20 600 册
定　　价　49. 00 元

电子商务系列教材编辑委员会

出 版 说 明

为了适应高等院校电子商务专业教学的需要，经过较长时间的酝酿、精心策划和精心组织，我们编写出版了电子商务系列教材。

2001 年 9 月，经南京大学、东南大学、南京航空航天大学、南京农业大学、南京理工大学、南京审计学院、南京工业职业技术学院、南京正德学院、东南大学出版社、南京商友资讯电子商务应用研究所、江苏省信息学会电子商务专业委员会等单位的有关人士反复商讨、策划，提议组织编写、出版电子商务系列教材。此项倡议得到江苏省内 30 多所高校的赞同和中国工程院院士、东南大学校长顾冠群的支持。2001 年 11 月 3 日召开首次筹备工作会议，正式着手编委会的组建、专业课程设置及教材建设研讨、编写人员组织等各项工作。经过各方面人士的共同努力，2001 年 12 月 22 日正式成立电子商务丛书编委会，确定了首批教材的编写大纲和出版计划，落实了教材的编写人员，于 2002 年 9 月出版了首批电子商务系列教材共 13 种。

首批教材的出版，得到了广大读者的肯定，并荣获了华东地区大学出版社第六届优秀教材学术专著二等奖。其中《电子商务概论》《电子商务项目运作》被教育部确定为普通高等教育“十一五”“十二五”国家级规划教材。

为了体现出精品、争一流、创品牌的指导思想，2018 年 3 月，电子商务丛书编委会在南京召开了“高等院校电子商务专业建设与教材建设研讨会”，来自上海、浙江、江苏等院校代表参加了会议。会议决定对已出版的电子商务系列教材进行全面的修订，继续跟踪电子商务专业的发展，继续出版有关电子商务专业的系列教材。

我们将充分发挥数十所高校协同合作的优势，发挥产、学、研结合的优势，对教材内容不断更新和精雕细琢，以推出更多更好的教材或论著奉献给广大师生和读者。教材中难免存有许多不足之处，欢迎广大师生和读者提出宝贵意见。

联系方式　http://www.ebusiness-in-china.com

E-mail：erbian@seu.edu.cn

电子商务丛书编委会

2019 年 1 月

总　序

20 世纪末信息技术的飞速发展，为社会的各个领域开辟了全新的天地。互联网投入商业化运营以后，电子商务应运而生并蓬勃发展。电子商务不仅改变了商务活动的运作模式，而且必将给政治、经济和人民生活的各个领域带来根本性的变革。电子商务将是 21 世纪全球经济增长最快的领域之一，它带来的经济发展机遇是人类历史上几百年才能遇到的。

研究电子商务理论、模式、方法，回答电子商务发展中一系列理论的和实践的问题，是电子商务理论工作者的任务，也是我国经济、科技领域出现的一项重大课题。因此，一门新的学科——电子商务学应运而生。可以说，电子商务理论是一门技术、经济、管理诸多学科知识融会交叉的新兴的应用型学科，它涉及的内容是十分广泛的。

然而，“理论是灰色的，而生活之树是常青的。”在电子商务迅猛发展的时代，理论研究往往跟不上实践的发展，由此而产生一种矛盾性状态：一方面，实践的发展迫切需要理论创新和由创新的理论培养出来的大批人才；另一方面，理论的创新和人才的培养却一时又跟不上实践发展的需要。正是这样一种矛盾性的状态，给我们提出了一个任务：在前一阶段电子商务实践发展的基础上进行相应的理论性的归纳、总结和集成，以适应培养电子商务专业人才的需要，同时也为广大企业和相关部门应用电子商务提供指导。

为了推动电子商务理论的创新和加快电子商务专业人才的培养，江苏省信息学会电子商务专业委员会和东南大学出版社，联合了南京大学、东南大学、南京航空航天大学、南京农业大学、南京理工大学、中国矿业大学等省内 30 多所高校和我省最早从事电子商务应用开发的服务机构——南京商友资讯电子商务应用研究所，走产、学、研合作之路，组织编撰一套“电子商务丛书”，首期出版“电子商务系列教材”。这是一件很有意义的工作。

我们希望这套专业教材的出版，有助于电子商务理论的创新和发展，有助于电子商务专业人才的培养，有助于电子商务在全社会的广泛应用。

中国工程院院士
东南大学校长

2002 年春

再版前言

电子商务领域涉及的知识点众多，跨越多个学科，内容极其丰富且综合性强。同时，电子商务发展至今，已呈全球普及之势。然而，各国各行业中，不同形态电子商务系统的纷乱发展，引起了国际标准化组织和各国标准化机构的关注。所谓“天下大势，分久必合”，电子商务系统的发展也正由各个领域的纷乱向规范化和全球一体化的方向发展。其中，起核心作用的就是商务数据与系统的标准化。

近10年来，联合国欧经会、国际标准化组织（ISO）、全球第一标准机构（GS1）、eCl@ss等机构均在各自领域研究并发布了一系列的国际性、区域性和行业性电子商务标准。这些标准具有很强的理论性、系统性、工具性和使用性等，现已融合到各国主流电子商务系统的规划、分析、设计、开发与实现中，成为其规划、设计、建设与运行的技术与管理规范。我国国家标准化主管机构在立足我国国情基础之上，吸收并转化了其中许多标准，制定了一系列的国家电子商务标准，其中主要有：商品、服务项目、交易过程等的分类、编码、标识、描述、组织与呈现等。

电子商务的全球化，导致交易系统的规划、设计与建设必须采用国际工业标准，特别是其中的数据项、数据分类、数据标识与数据描述等工业标准，目前均已被全球各类传统行业和新兴领域中的领先企业所采用。如欧洲著名的eCl@ss产品分类与编码体系，已得到西门子、大众汽车、宝马、戴姆勒-奔驰、巴斯夫、奥迪、安龙、博斯、施耐德电气、德国铁路、魏德米勒、蒂森克虏伯等国际大公司的支持和采用，作为B2B的核心商品数据。大量此类制造企业加入到B2B中，代表全球电子商务已从全新的商业交易模式向传统生产领域和企业发展，这正是当前B2B、B2C的一大发展趋势。电子商务的工业标准将在电子商务系统的设计与运行中起到关键性的作用，将这些内容写入书中，正是本书的一大特点。

本书由田景熙撰写提纲并编写了第1、2、3、5、6、7、8、10章，第4、11章由孙秋风编写，第9章由龚春亚编写。南京师范大学泰州学院信科院的崔海源院长对本书的编写提供了大力支持。本书在编著过程中还参考并引用了众多标准与文献，在此一并表示感谢。

本书在将众多差异较大、内容各异的信息与架构标准导入电子商务系统教材上做了一些尝试，但由于电子商务系统的理论与技术处在快速发展中，传统制造业与以虚拟对象交易为特点的服务项目也正在迅速扩展到B2B、B2C模式中，同时，作者的学识与实践经验有限，书中不足之处在所难免，敬请有关专家与广大读者批评指正并提出宝贵意见，以便不断改进与提升。

编著者联系方式：tjxok@yahoo.com

编著者

2014年6月16日

目　录

1 电子商务系统概述

1.1 电子商务概述

1.1.1 电子商务的概念

电子商务(Electronic Commerce),是“以电子形式进行的商务活动。它在供应商、消费者、政府机构和其他业务伙伴之间通过任一电子方式(如电子邮件、报文、万维网技术、电子公告牌、智能卡、电子资金转账、电子数据交换、数据自动采集技术等)实现标准化的非结构化或结构化的业务信息的共享,以管理和执行商业、行政和消费活动中的交易。”①

1.1.2 电子商务的特点

从技术角度看,电子商务有以下几个特点:

(1) 电子商务是一种信息系统:即它是一个由计算机硬件、网络和通信设备、软件、信息资源、信息用户和业务模式等组成的,以处理信息流为目的的人机一体化系统。

(2) 电子商务是一种业务系统:所谓业务,是指涉及两个及以上组织、按某一共同商定的目标、通过信息交换实现的一系列过程,其中每个过程都有明确的目的,并延续一段时间的活动。同时,任何形态的电子商务系统,都有明确的业务流程、处理模式和后续环节,形成完整的业务链。

(3) 电子商务是多种技术支撑的信息系统:它涉及通信网络基础设施、信息技术和商务信息资源加工与使用 3 大类技术。通过网络实现业务辐射全球;通过采用各类先进的信息技术,构成涵盖从前端数据自动采集到后端远程信息处理、分析与高层决策支持等各类活动,可现实商务过程的智能化;通过信息资源的采集、加工和处理,可实现电子商务运行并体现其及各项服务功能。

(4) 电子商务是以数据为核心的信息系统:在以上 3 类技术中,最核心、最能代表电子商务服务能力与业务水平的,最终归结于系统中各类商品、客户和业务信息的数据、品种、加工开发和利用深度上。不同的电子商务系统均可使用同样的网络与通信环境,采用各种先进的信息技术,它们间的差别主要体现在其数据资源的拥有量、开发程度以及如何利用其构建新型商务服务的竞争力上。

(5) 电子商务是个迅速发展的领域:当前,以传统电脑为终端的电子商务正向以手机和其

---

① 电子商务基本术语. GB/T 18811—2012.

他智能装备为终端的方向发展。以物联网和云计算为支撑的移动商务正在引导电子商务将商品交易、个性化服务和体验融为一体；大数据技术则将网络通信、信息技术和海量数据处理技术整合一体，不断推进商务业态、交易模式和商业领域的创新。

电子商务的定义和以上特点，是电子商务系统设计、建设和运行的依据。

1.2 电子商务模式

1.2.1 常见电子商务模式

电子商务系统的架构、运行与管理与其业务模式密不可分。根据相关标准，电子商务主要有 B2C(Ⅰ)网上商厦、B2C(Ⅱ)网上商店、B2B(Ⅰ)网上交易市场、B2B(Ⅱ)网上交易、C2C 网上个人交易市场、O2O 线上预订线下交易等 6 种模式。具体定义如下：

(1) B2C(Ⅰ)网上商厦(Web Mall)：提供给企业(或其他组织机构)为主体，在互联网上独立注册、开设网上商店，出售实物或提供服务给消费者的由第三方经营的电子商务平台。

(2) B2C(Ⅱ)网上商店(Web Store)：企业(或其他组织机构)为主体，在互联网上独立注册网站、开设网上商店，出售实物或提供服务给消费者的电子商务平台。

(3) B2B(Ⅰ)网上交易市场(Web Trade Market)：提供给企业(或其他组织机构)为主体间进行实物和服务交易的由第三方经营的电子商务平台。

(4) B2B(Ⅱ)网上交易(Web Business)：企业(或其他组织机构)为主体在互联网上建立网站，向其他企业(或其他组织机构)提供实物和服务的电子商务平台。

(5) C2C 网上个人交易市场(Web Market for Consumers)：提供给个人间在网上进行实物和服务交易的由第三方经营的电子商务平台。

(6) O2O 线上预订与线下交易(Online to Offline)：消费者通过线上筛选需求，在线预订、结算，甚至可以灵活地进行线上预订，线下交易、消费。

这 6 种模式涵盖了当今电子商务的主要业务形态，其他如政府对企业(G2B)型，也可归结为 B2B(Ⅰ)或 B2B(Ⅱ)的“其他组织机构”(也包括事业单位和其他非政府组织等)类中。

1.2.2 电子商务模式的特点与功能

以上每种模式都有其特点和用户群体。电子商务也是众多商务形态中的一种，也需要遵循共同的国家法律法规。这些都是电子商务系统设计时的技术条例与法律边界，它们都有各自特点与作用。

1) B2C(Ⅰ)网上商厦的特点

(1) 由第三方负责经营管理：由第三方负责对网上商厦的交易进行管理，该第三方并不参与交易。这种电子商务网络平台称为“第三方电子商务服务平台”(Third Party e-Commerce Service Platform)，它是基于通信技术和信息技术，由供方、需方之外的第三方为供需双方提供电子商务活动的平台。平台能提供多种标准接口，将服务提供者提供的服务集成起来，且能够转换多种类型数据。

(2) 具备法人主体资格：经营者与商户应具备法人或法人委派的行为主体资格。

(3) 提供实物(服务)交易:各商户在网上商厦开店,提供实物交易和服务,其中包括依法发布商品(服务)信息和广告,遵守知识产权保护法规,提供登录注册功能、交易功能、结算功能、身份认证功能,以及相关的售后服务细则等。

(4) 实现在线支付:网站应具备通过银行业金融机构或经国家有关部门批准的非金融企业提供电子商务交易支付清算服务的功能,并应确保在线支付的安全有效。

(5) 有独立的固定网址:经营者必须取得独立的固定网址,网站须按要求报备 IP 地址信息,并将 IP 地址、营业执照、税务登记证、特殊业务许可证(如涉及特殊业务)、真实的经营地址、联系电话等信息刊登在网站首页。

(6) 具有订单履约的综合支持能力:经营者应具备为交易双方提供订单保管、查询、跟踪及运输与递送服务的解决方案,或与物流公司系统对接,并在网站上具体说明使用服务的方法、时间、收费标准及有关注意事项等。

(7) 商品(服务)描述真实详细:经营者需核实商户的真实身份,监管其所提供的商品(服务)信息的合法性和真实性;须告知商户应在网站上提供合法真实详细的商品(服务)描述,所提供的商品(服务)与描述的内容必须一致。

(8) 在线服务功能齐全:应具备完善与方便的服务功能,并在网站页面上明显标出。

2) B2C(Ⅱ)网上商店的特点

(1) 具备法人主体资格:经营者应具备法人或法人委派的行为主体资格。

(2) 交易对象是消费者:交易对象是以自然人为主体的消费者,不排除企业或其他组织机构以消费为目的购买商品和服务。

(3) 提供商品(服务)交易:经营者在网站上提供实物交易和服务,包括依法发布商品(服务)信息和广告,遵守知识产权保护法规,提供登录注册功能、交易功能、结算功能、身份认证功能,以及相关的售后服务细则等。

(4) 实现在线支付:网站应具备通过银行业金融机构或经国家有关部门批准的非金融企业提供电子商务交易支付清算服务的功能,并应确保在线支付的安全有效。

(5) 有独立的固定网址:经营者须取得独立的固定网址,网站必须按要求报备 IP 地址信息,并将 IP 地址、营业执照、税务登记证、特殊业务许可证(如涉及特殊业务)、真实的经营地址、联系电话等信息刊登在网站首页。

(6) 具有订单履约的综合支持能力:经营者应该提供订单保管、查询、跟踪及运输与递送服务的解决方案,或与物流公司系统对接,并且在网站上具体说明使用服务的方法、时间、收费标准及有关注意事项等。

(7) 商品(服务)描述真实详细:经营者必须具备商品合法来源(服务资质)的证明文件,在网站上提供合法真实详细的商品(服务)描述,所提供商品(服务)与描述的内容必须一致。经营者必须在网站上明码标价。

(8) 服务功能齐全:经营者应该具备完善与方便的服务功能,并在网站页面上明显标出,包括咨询服务、退换货服务、三包服务、赔偿服务等。

这两类 B2C 电子商务形态等同于电子零售业,每笔交易数量相对较小,但参与的消费者人数众多,交易数量庞大,故是一类重要的电子商务类型。B2C 的主要功能为商品信息查询、商品选购、货款与优惠计算、订单生成、客户账户查询、银行支付结算、交易单证提供、货品配送等,其优势主要如下:

① 利用固定与移动通信网络作为企业营销渠道,构建虚拟店铺,消除批发与分销等中间

环节，缩减交易成本，降低商品零售价格。

② 由于B2C的直销方式，消费者能得实惠，商家有竞争优势。

③ 可根据消费者实际需求，采取个性化的产品定制或个性化服务。

3) B2B(Ⅰ)网上交易市场的特点

(1) 由第三方负责经营管理：由经营平台的第三方对网上交易市场的交易提供服务与管理，该第三方不参与交易。

(2) 具备法人主体资格：经营者应具备法人或法人委派的行为主体资格。

(3) 提供实物(服务)交易：买卖双方都必须是法人行为主体。在网上交易市场上提供实物交易和服务，其中包括依法发布商品(服务)信息和广告，遵守知识产权保护法规，提供登录注册功能、交易功能、结算功能、身份认证功能，以及相关的售后服务细则等。

(4) 实现在线支付：网站应具备通过银行业金融机构或经国家有关部门批准的非金融企业提供电子商务交易支付清算服务的功能，并应确保在线支付的安全有效。

(5) 有独立的固定网址：经营者须通过合法的途径取得独立的固定网址，网站必须按要求报备IP地址信息，并将IP地址、营业执照、税务登记证、特殊业务许可证(如涉及特殊业务)、真实的经营地址、联系电话等信息刊登在网站首页。

(6) 具有订单履约的综合支持能力：经营者应该具备为市场交易双方提供订单保管、查询、跟踪及运输与寄递服务的解决方案，并且在网站上具体说明使用服务的方法、时间、收费标准及有关注意事项。

(7) 商品(服务)描述真实详细：经营者需核实市场参与方的真实身份，应该监管市场参与方所提供的商品(服务)信息的合法性、真实性，必须告知市场参与方应该在网站上提供合法、真实、详细的商品(服务)描述，所提供的商品(服务)与描述的内容必须一致。

(8) 功能齐全：网站应具备身份认证和电子签名的功能，网上交易市场经营者须具备完善与方便的服务功能，包括咨询服务、交易服务、售后服务等，并在网站页面上明显标出。

B2B(Ⅰ)交易市场又可分为水平型市场与垂直型市场，其各自特点如下：

(1) 水平型B2B市场：将不同行业的买方和卖方集中到一个虚拟市场中进行信息交流、广告、拍卖竞标、交易、库存管理等。构造水平型市场的技术关键在于：

① 交易处理流程的标准化程度。

② 交易及作业流程处理的专业知识。

③ 提供商品、客户与服务内容的自动化处理水平。

④ 根据行业差异定制处理流程的能力。

水平型B2B市场以大为宜，可兼收各行业各领域企业加入平台，其模式以能获得交易的机会多为特点，目标在于争取不同行业用户群，以促成交易数量获益。由因其跨越多个行业领域，故在服务的专业性上难以深入。故此类平台较适于各类标准件、通用件、结构件、普通原材料和零部件等的交易。

(2) 垂直型B2B市场：将特定产业的上下游企业按供应链聚集在一起，形成虚拟交易市场，让链上各环节企业都能较容易地找到原材料、零部件等供应商与买主。“垂直”代表其专业性和服务的深入性。此类平台往往建于特定行业，如汽车、化学、钢铁、医药等。垂直型市场具有明确的行业特性、产品和用户定位。构造垂直型市场的技术关键在于：

① 上下游交易各方分散。

② 现有供应链封闭且效率低。

③ 能吸引到足够的主要买卖客户。

④ 具备一定的行业专门知识及客户关系。

⑤ 可供主要产品目录及相关查询，能提供商品或服务的更多技术细节。

⑥ 存在可发挥已有客户群体优势的邻近行业。

与水平型市场相比，垂直型市场更有聚集性、定向性，易于建立忠实的客户群且客户多是有效客户，易形成集约化市场。

4) B2B(Ⅱ)网上交易的特点

(1) 具备法人主体资格：网上交易的经营者，即平台运营方由具备独立法人资格的企业负责经营。参与交易各方亦须是具备独立法人行为主体资格的单位。

(2) 提供实物(服务)交易：在网上提供实物(服务)交易，其中包括依法发布商品(服务)信息和广告，遵守知识产权保护法规，提供登录注册功能、交易功能、结算功能、身份认证功能，以及相关的售后服务细则等。

(3) 实现在线支付：网站应具备通过银行业金融机构或经国家有关部门批准的非金融企业提供电子商务交易支付清算服务的功能，并应确保在线支付的安全有效。

(4) 具有订单履约的综合支持能力：网站经营者应该具备为交易双方提供订单保管、查询、跟踪及运输与递送服务的解决方案，并在网站上说明使用服务的方法、时间、收费标准及有关注意事项等。

(5) 商品(服务)描述真实详细：网站经营者必须具备商品合法来源(服务资质)的证明文件，必须确保所提供商品(服务)信息的合法性、真实性，必须在网站上提供合法真实详细的商品(服务)描述，所提供的商品(服务)与描述的内容必须一致。

(6) 服务功能齐全：网站应具备身份认证和电子签名的功能，网上交易(B2B)的经营者应该具备完善与方便的服务功能，包括咨询服务、交易服务、售后服务等，并在网站页面上明显标出。

(7) 有独立的固定网址：网上交易的经营者必须通过合法的途径取得独立的固定网址，网站必须按要求报备 IP 地址信息，并将备案信息、营业执照、税务登记证、特殊业务许可证(如涉及特殊业务)、真实的经营地址、联系电话等信息刊登在网站首页。

这两类 B2B 主要涉及企业间的原材料、零部件、系统和装备间的交易及相应的信息查询、交易商洽、合同签订、货款结算、单证交换、库存管理和物流运输，如涉及跨国间交易，还涉及海关、商品检验、国际运输、外汇结算等业务。另外，B2B 还涉及企业内部的生产和制造过程，故大多数 B2B 电子商务都要求企业的内部网(Intranet)和外部网(Extranet)结合；软件系统还应与企业间的 MRP、MRPⅡ或 ERP 系统互联。

B2B 是各类电子商务中最复杂的，企业间的交易多为大宗货物交易，所涉资金额和物品数量往往较大，许多交易对象技术性高、专业性强。B2B 模式的基本特征如下：

(1) 商务活动发生在供应链中企业与供应商或专业机构之间，商务活动涉及环节较多，知识性和专业性强，交易金额比 B2C 大。

(2) B2B 交易一般通过电子交易市场(Market Place)来完成。

(3) B2B 购销行为经常采用集体竞价形式的拍卖活动来进行，例如，正向拍卖(Forward Auction)或反向拍卖(Reversed Auction)形式，使企业销售或采购成本得以降低。

(4) B2B 支付不一定瞬时完成，即实际操作中购买和支付活动不一定同时完成。

(5) B2B 一般需要有比较完整的物流供应链支持，至少对于订单、货物的跟踪过程是有保证的。

(6) B2B 模式由于涉及范围较广，故其系统构造比较复杂。

(7) 许多大型企业拥有完整的设计与生产管理自动化系统，B2B 往往还需要与之建立复杂的接口。

(8) 一些产业巨头往往占据供应链的最上游或最下游，如 CPU 与汽车行业，少数企业对供应链起支配性作用，其使用的业务报文、交易单证等往往成为标准，对其他企业参与 B2B 的影响较大。

5) C2C 网上个人交易市场的特点

(1) 由中立的第三方负责经营管理：网上个人交易市场是提供给自然人间进行实物和服务交易的由第三方经营的电子商务平台。此第三方须有登记注册的法人主体资格，负责对网上交易市场的交易进行服务和管理，并不得参与交易。买卖双方只能是自然人。

(2) 提供实物和服务交易：在网上个人交易市场上提供实物和服务交易，包括依法发布商品（服务）信息和广告，应遵守知识产权保护法规，提供登录注册功能、交易功能、结算功能、身份认证功能，以及相关的售后服务细则等。网上交易市场的经营者必须建立并储存交易日志，详细记录交易数据。

(3) 实现在线支付：网站应具备通过银行业金融机构或经国家有关部门批准的非金融企业提供电子商务交易支付清算服务的功能，并应确保在线支付的安全有效。

(4) 有独立的固定网址：网上个人交易市场的经营者必须取得独立的固定网址，网站必须要求报备 IP 地址信息，并将备案信息、营业执照、税务登记证、真实的经营地址、联系电话等信息刊登在网站首页。

(5) 具有订单履约的综合支持能力：网上个人交易市场的经营者应该具备为市场交易双方提供订单保管、查询、跟踪及运输与寄递服务的解决方案，并且在网站上具体说明使用服务的方法、时间、收费标准及有关注意事项等。

(6) 商品（服务）描述真实详细：网上个人交易市场的经营者需核实市场参与方的真实身份，应监管商户所提供的商品（服务）信息的合法性、真实性，必须告知市场参与方应该在网站上提供合法、真实、详细的商品（服务）描述，所提供的商品（服务）与描述的内容必须一致。

(7) 服务功能齐全：网站应具备身份认证和电子签名功能，网上个人交易市场应具备完善与方便的服务功能，包括咨询服务、交易服务、售后服务等，并在网站页面上明显标出。

6) O2O 线上预订线下交易模式

O2O(Online to Offline)将线下销售与服务和线上推广相结合，综合利用电子商务和网络营销功能，消费者可通过线上筛选需求，在线预订、结算，线下交易、消费。

O2O 是基于“同城购”模式，近期发展迅速的商务社区综合平台。会员线上订单支付，线下实体店体验消费，依托二维码识别技术应用于所有本地实体商家，锁定消费终端，打通消费通路，通过信息和实物之间、线上和线下之间、实体店与实体店之间的无缝衔接，建立起传统实体店与电子商务网店结合的商业模式。O2O 需要掌握庞大的本地消费者数据，构建本地化程度较高的垂直平台，以“同城购”方式为商家提供一系列增值服务，如智能建站、认证、高级会员等，聚合本地化服务与销售的中小商家，逐步形成区域化电商门户平台。

O2O 将线上和线下的障碍打通，商家通过消费者在网站的选货、预订、支付等活动获取其购物的数据，由此分析出各类消费者的购物习惯、兴趣和偏好等，进而达到区域化精准营销的目的，更好地维护并拓展区域性客户。通过线上资源增加的顾客不会给商家带来太多的成本，同时在一定程度上降低了商家对店铺地理位置的依赖，减少了租金与员工支出。对消费者而言，O2O 提供本地商家的产品与服务信息，使之能够快捷筛选并订购适宜的商品或服务。

O2O 模式的关键是商家的线下服务能力，线下能力的高低很大程度上决定其能否成功；而线下能力的高低又是因为线上的用户黏度决定的，拥有大量优势用户资源、本地化程度较高的垂直网站将借助 O2O 模式，成为角逐电子商务市场的生力军。

O2O 模式较适合于以体验为主的服务型消费，如酒吧、KTV、餐馆、加油站、理发店、健身房、干洗店等，是不能将其服务直接送给消费者的，而需消费者线下实地体验服务。生活服务类商品在团购上更容易被消费者接受，事实也证明这种在线支付购买线下的商品和服务，再到线下去享受服务的模式也很快被公众接受。

以上阐述的 6 类电子商务系统的技术、业务、服务、行政和法律要求，是设计对应类型系统的依据和应当遵守的基本准则。从信息系统角度来看，这几类系统在总体架构、运行流程和服务模式等方面大体相似，故本书并不针对某种具体类型，而是综合了 B2C(Ⅰ)、B2B(Ⅰ)和 C2C 类电子商务的特点，以“第三方电子商务平台”为逻辑对象进行分析，总体涵盖 6 类电子商务的一般知识内容。

1.3 电子商务平台简介

第三方电子商务服务平台是基于公用通信设施和信息技术建立的虚拟交易市场，如上述的 B2C(Ⅰ)、B2B(Ⅰ)和 C2C 类电子商务。所谓第三方，是指与供需双方无关的服务商。第三方电子商务服务平台为参与交易的企业、商家、客户、物流公司等提供开放式、综合性或专业性商品交易服务。虽然物流也属于服务业领域，但物流服务只适用于实物商品递送，不适用于数字类产品或其他智力服务，且物流递送对货物有跟踪与转运等环节，在系统技术实现上与面向一次性交易的商务活动有诸多不同的要求，故本书将物流电子商务平台和实体商品和其他服务的电子商务平台在功能要求上分开介绍。第三方电子商务服务平台可有服务于 B2B(G2B)、B2C、C2C 以及物流等的形态，它应能提供多种标准接口，将各类服务集成起来，且能转换多种类型数据。系统设计时先要从其服务环境、平台功能和提供服务内容等入手，分析其作业流程与运行环境。

1.3.1 电子商务平台服务环境

电子商务服务平台(包括物流服务平台)的主要环境描述如图 1-1 所示。

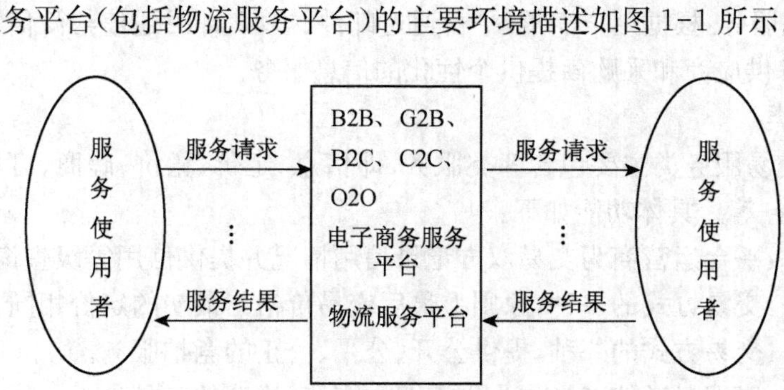

图 1-1 电子商务平台服务环境框架

图中两侧为平台服务的使用者，中间部分代表几类电子商务平台和物流服务平台。用户通过向平台发出请求，与平台开展业务，或将服务结果反馈给平台等交互过程，获取服务。

1.3.2 电子商务平台的服务类型

第三方 B2B、B2C 和 C2C 类平台主要包括 4 种服务，加上物流服务，故共有 5 类：①技术服务类；②信息服务类；③交易服务类；④用户服务类；⑤物流服务类。

虽然第三方物流服务平台也有前 4 类服务，但因面向物流业务平台所需的技术、信息、交易与用户服务等与面向商务交易的技术、信息、交易与用户服务的内容颇有不同，故分别说明。

1.3.3 电子商务平台服务项目

电子商务平台主要面向商品在线交易，涉及 5 类服务中的前面 4 类，即技术服务、信息服务、交易服务和用户服务类。

1）技术服务类

电子商务平台中技术服务主要包含 5 种服务，即接口、集成、安全、数据交换和应用托管等。具体功能如下：

(1) 接口服务：遵循相关协议，建立平台与服务之间的信息系统和设备的数据传输接口。

(2) 集成服务：平台与其他服务之间的网络集成、软件集成、功能集成、数据集成等。

(3) 安全服务：通过网络基础设施、软硬件、数据库管理系统等保证信息安全。

(4) 数据交换服务：平台和服务对象之间的数据传输、转换和处理。

(5) 应用托管服务：为平台服务对象所提供的应用系统托管等服务。

2）信息服务类

电子商务平台中信息服务主要包含 4 种服务，即信息采集与处理、信息发布、信息搜索和信息定制等。具体功能如下：

(1) 信息采集与处理服务：平台采用人工或自动方式对产品或服务信息进行采集、分析和处理。

(2) 信息发布服务：平台发布处理后的产品或服务信息、管理和自身相关信息；产品或服务供应商发布产品或服务的相关信息和自身相关信息。

(3) 信息搜索服务：为产品或服务供应商和采购商提供信息查询功能。

(4) 信息定制服务：根据用户需求，平台通过邮件、短信、即时通信与微信等个人客户端等方式为产品或服务供应商和采购商提供个性化的信息服务。

3）交易服务类

商务平台中交易服务类主要包含 8 类服务，即信息、定价、竞价、磋商、订单、交易管理、支付与结算、物流业务等。具体功能如下：

(1) 信用服务：平台运营商为交易双方记录信用情况并提供信用等级查询。

(2) 定价服务：交易方式的一种，原则上最后交易价格与最初的定价相同。

(3) 竞价服务：交易方式的一种，提供公开、公平、公正的竞拍服务。

(4) 磋商服务：以即时通信工具作为供需双方交流、洽谈的工具。

(5) 订单服务：为交易双方提供交易单证流转、管理等相关的服务。

(6) 交易管理服务:记录每笔交易发生的详细信息,以供用户后续操作。

(7) 支付与结算服务:在交易活动中提供产品或服务的支付和结算。

(8) 物流业务服务:为交易双方提供货物运送服务及物流服务平台的接口。

4) 用户服务类

商务平台中用户服务类主要包含 8 类服务,即认证、用户权益保护、社区、服务质量反馈、争议解决、培训、咨询和广告等。具体功能如下:

(1) 认证服务:安全认证机构对产品或服务供应商的企业进行验证,检验其真实性和合法性。

(2) 用户权益保护服务:保护产品或服务供应商、采购商不受侵害,诸如隐私权和消费者权益、求偿权、公平交易权、知识产权保护、商业秘密保护等。

(3) 社区服务:以论坛等形式给产品或服务供应商、采购商提供交流的平台。

(4) 服务质量反馈:提供用户对服务质量进行反馈与评价的机制和方法。

(5) 争议解决服务:在平台上进行活动时发生争议,平台予以解决的机制和办法。

(6) 培训服务:平台运营商不定期地为产品或服务供应商、采购商举办各种培训活动,使其能熟练使用平台提供的服务。

(7) 咨询服务:为产品或服务供应商、采购商提供与平台相关的问讯服务。

(8) 广告服务:提供广告发布、宣传等服务。

这 4 大类服务构成了具体实现标准要求的电子商务平台的一般技术要求,也构成了第三方电子商务系统的总体功能架构。

1.3.4 电子商务平台服务项目要求

作为应用系统,电子商务平台和物流服务平台的 4 类或 5 类服务在功能实现时都有针对各自业务的具体技术与服务要求。应结合功能实现了解每类服务的具体要求,供系统设计与实施时具体分解与实现。根据相关标准,每类服务都将按其服务内容的深度、服务能力和水平划分“最低要求”、“一般要求”和“高级要求”三等。系统设计应至少满足其中最低要求;稍具竞争力的平台应达到一般要求或高级要求。

1) 技术服务

(1) 最低要求

① 平台应提供易于服务接入的接口。

② 平台应具有信息集成功能。

③ 平台应具备基本安全防御能力,如防火墙、数据备份。

④ 平台能实现与服务对象之间的数据交换等。

(2) 一般要求

① 平台接口应具有标准符合性、系统连接性和可维护性。

② 平台能够提供网络集成、功能集成服务。

③ 平台能保证数据交换的安全性。

④ 平台应提供安全服务,并应符合《信息安全技术—信息系统安全等级保护基本要求》(GB/T 22239—2008)规定的安全保护第一级基本要求。即应能防护系统免受来自个人的、拥有很少资源的威胁源发起的恶意攻击、一般的自然灾难、其他相当危害程度的威胁所造成的关

键资源损害，在系统遭到损害后，能够恢复部分功能。

⑤ 平台应采用标准数据交换格式，能够提供历史数据查询。

(3) 高级要求

① 平台能提供软件集成、数据集成或服务。

② 平台应符合 GB/T 22239—2008 所规定的安全保护第二级基本要求。即应能防护系统免受来自外部小型组织的、拥有少量资源的威胁源发起的恶意攻击、一般的自然灾难、其他相当危害程度的威胁所造成的重要资源损害，能够发现重要的安全漏洞和安全事件，在系统遭到损害后，能够在一段时间内恢复部分功能。

③ 平台支持多种类型的标准数据交换。

在这三级条件中，平台符合一般要求的前提是应全部符合最低要求；符合高级要求的前提是应全部符合最低要求和一般要求。

2) 信息服务

(1) 最低要求

① 平台应提供信息发布服务。

② 平台能提供信息搜索服务。

③ 平台能提供基本的信息采集与处理服务，如鉴别非法信息。

(2) 一般要求

① 平台能发布产品或服务相关信息，确保信息发布的准确性、时效性。

② 平台提供信息采集与处理服务，鉴别或过滤无效虚假信息。

③ 平台能够采集多种信息类型，如图像、音(视)频。

④ 平台能提供多维度搜索服务。

(3) 高级要求

① 平台能够自动采集与处理信息。

② 平台能够提供信息定制服务。

③ 平台能够保证搜索速度和精度。

3) 交易服务

(1) 最低要求

① 平台应提供磋商服务。

② 平台应提供定价、竞价交易服务中的一种。

③ 平台应提供服务提供方的身份、合法资质等基本信用服务。

(2) 一般要求

① 平台能提供交易双方履约记录信用服务。

② 平台能提供自动处理电子订单服务。

③ 平台提供交易管理服务。

(3) 高级要求

① 平台能提供产品或服务提供商的信用等级、信用评价等信用服务。

② 平台支持电子支付，且能保证支付的安全性。

③ 平台能提供物流业务服务。这一条适用于实物交易的第三方电子商务服务平台，而不适用于数字型及服务等无形产品的平台。

4）用户服务

（1）最低要求

① 平台应提供产品或服务提供者有关的认证服务，确保其合法性和真实性。

② 平台应为用户提供权益保护服务，如隐私权、求偿权、公平交易权等。

③ 平台应提供一般的咨询服务，如产品咨询、平台使用方法等。

（2）一般要求

① 平台能提供论坛等形式的社区服务。

② 平台能提供争议解决服务。

③ 平台能提供培训服务。

④ 平台能提供限时的咨询服务。

⑤ 平台能建立服务对象针对服务内容和服务提供者的评价反馈机制。

（3）高级要求

① 平台能提供产品或服务销售策略等咨询服务。

② 平台能提供个性化咨询或培训服务。

③ 平台能提供广告服务。

1.4 物流平台服务项目及要求

1.4.1 物流平台服务项目

此类电子商务平台主要面向物流服务，涉及技术服务、信息服务、交易服务、用户服务和物流服务共5种。虽然前4类与电子商务平台中的名称相同，但却有不同的项目内涵。

① 技术服务类是指物流平台为其他服务对象提供的网络基础设施和技术支持，以及基于网络的信息处理、数据托管和应用系统等信息技术（IT）外包服务。

② 信息服务类是指平台为其服务对象提供相关企业、产品、服务相关物流业务信息的采集、加工处理、发布等方面的服务。

③ 交易服务类是指平台为其服务对象提供的为实现供需双方物流服务交易或供需双方委托物流交易时的服务。

④ 用户服务类是指物流平台为其服务对象提供的一些附加服务。

⑤ 物流业务服务类是指通过平台为其服务对象提供的产品运输、储存、装卸、配送等物流基本功能服务等。

1）技术服务类

物流平台中技术服务主要包含5种服务，即接口、集成、安全、数据交换和应用托管服务等。具体功能如下：

（1）接口服务：遵循相关的协议，建立平台与服务对象之间的信息系统和设备的数据传输接口。

（2）集成服务：平台与服务对象之间的网络集成、软件集成、功能集成等。

（3）安全服务：不同级别的认证服务（包含身份识别）、信息安全等安全服务。

（4）数据交换服务：平台和服务对象之间的数据传输、转换和处理。

(5) 应用托管服务:为平台服务对象所提供的应用系统托管等服务。

2) 信息服务类

物流平台中信息服务主要包含 3 种服务，即信息采集与处理、信息发布和信息搜索服务等。具体功能如下:

(1) 信息采集与处理服务:提供物流相关信息采集、加工与处理等服务，包括采用人工或自动方式对产品仓储、包装、配送等相关交易信息进行采集、分析和处理等。

(2) 信息发布服务:发布物流相关信息，包括新闻、公告、价格、货源、储运资源等。

(3) 信息搜索服务:搜索各类物流服务相关信息。

3) 交易服务类

物流平台中交易服务类主要包含 7 种服务，即信用、定价、竞价、磋商、撮合、单证、支付与结算等服务。具体功能如下:

(1) 信用服务:提供交易双方资质认证、交易履约记录、信用等级查询等服务。

(2) 定价服务:交易方式的一种，原则上最后交易价格与最初的定价相同。

(3) 竞价服务:交易方式的一种，提供公开、公正、公平的竞价服务。

(4) 磋商服务:供需双方共同协商、交流、洽谈等。

(5) 撮合服务:按照价格、时间优先等原则，根据供需条件而进行匹配的交易服务。

(6) 单证服务:为交易双方提供交易单证生成、流转、交换、管理等相关的服务。

(7) 支付与结算服务:提供交易活动中的结算、电子支付等服务。

4) 用户服务类

物流平台的用户服务类主要包含 7 种服务，即用户权益保护、社区、服务质量反馈、争议解决、培训、咨询和广告服务等。具体功能如下:

(1) 用户权益保护服务:保护物流用户服务，诸如隐私权、求偿权、公平交易权等。

(2) 社区服务:以论坛、博客、微博、微信等形式提供用户进行信息交流的服务。

(3) 服务质量反馈服务:提供用户对服务质量进行反馈与评价的机制、方法、渠道和呈现服务。

(4) 争议解决服务:提供争议解决的机制和办法。

(5) 培训服务:提供物流知识、平台开发、系统应用等方面的培训。

(6) 咨询服务:提供市场调研、物流规划、解决方案等方面的服务。

(7) 广告服务:提供广告发布、展览、宣传等服务。

5) 物流业务服务类

物流平台的业务服务主要包含 4 种服务，即物流功能、代理、优化和货物跟踪服务。具体功能如下:

(1) 物流功能服务:提供物流作业的相关服务，包括运输、储存、装卸、包装、流通加工、配送等。

(2) 代理服务:根据客户委托，代表客户办理物流相关业务的服务，如海运、陆运、空运、报关、报检、保险、中转、拼箱、包装、转运、订舱等国际国内代理业务。

(3) 优化服务:利用信息技术优化物流运作过程，如优化配送路线、优化仓储、优化配载、优化方案等。

(4) 货物跟踪:对货物的位置和状态进行有效的定位和跟踪。

这 5 大类服务构成了实现标准要求的物流服务平台的一般技术要求，也是第三方物流服务系统的总体功能架构。应说明，本书将电子商务平台和物流服务平台逻辑上分为两类系统进行分析，实际上这两类平台可由同一个经营商实现，成为功能一体化的业务平台。

1.4.2 物流平台服务项目要求

1）技术服务

（1）最低要求

① 平台应提供易于服务接入的接口。

② 平台应具有基本集成功能。

③ 平台应具备基本安全防御能力，如防火墙、灾难恢复、数据备份。

④ 平台能实现与服务对象之间的数据交换。

（2）一般要求

① 平台接口应具有标准符合性、系统连接性、可维护性和可扩展性。

② 平台能够提供网络集成、功能集成服务。

③ 平台应能保证数据交换的安全性、可靠性和抗抵赖性。

④ 平台应提供安全服务，并应符合 GB/T 22239—2008 规定的安全保护第一级的基本要求。

⑤ 平台应采用标准数据交换格式，能够提供历史数据查询。

⑥ 平台能够提供服务器托管

（3）高级要求

① 平台能提供软件集成或服务集成。

② 平台应符合 GB/T 22239—2008 规定的安全保护第二级基本要求。

③ 平台支持多种类型的标准数据交换报文。

④ 平台能提供应用托管。

在这三级条件中，平台符合一般要求的前提是应全部符合最低要求；符合高级要求的前提是应全部符合最低要求和一般要求。

2）信息服务

（1）最低要求

① 平台能提供基本的信息采集与处理服务，如鉴别非法信息。

② 平台能提供信息发布服务。

③ 平台能提供信息搜索服务。

（2）一般要求

① 平台应确保信息发布的准确性、时效性。

② 平台能提供基本的物流需求、物流供应商、价格、货物定位、货物完好率、到达及时性等物流业务信息采集与处理服务。

（3）高级要求

① 平台能够自动采集与处理信息。

② 平台能够采集多种信息类型，如图像、音(视)频。

③ 平台能够保证信息搜索精度，并提供物流服务全过程的信息搜索服务。

3）交易服务

（1）最低要求

① 平台应提供定价、竞价、撮合交易服务中的一种服务。

② 平台应提供磋商服务。
③ 平台应提供交易双方主体身份、合法资质等基本信用服务。
(2) 一般要求
① 平台能提供交易双方交易履约记录等信用服务。
② 平台能提供电子订单服务。
③ 平台能对交易过程中产生的各种凭据、单证等进行电子化交换、处理和管理。
(3) 高级要求
① 平台能提供交易双方的信用等级、信用评价机构等信用服务。
② 平台支持电子支付,且保证支付的安全性。
③ 平台能自动处理电子单证(合同)。
4) 用户服务
(1) 最低要求
① 平台应为物流交易双方提供权益保护服务,诸如隐私权、求偿权、公平交易权等。
② 平台应为服务对象建立对于服务内容和服务提供者的评价反馈机制。
③ 平台应提供物流业务内容咨询服务。
(2) 一般要求
① 平台能提供争议解决服务。
② 平台能提供论坛、博客、微博等形式的社区服务。
③ 平台能提供培训服务。
④ 平台能提供广告服务。
(3) 高级要求
① 平台能提供物流规划、解决方案等咨询服务。
② 平台能提供个性化定制服务。
5) 物流业务服务
(1) 最低要求
① 平台能提供物流功能服务中的一种物流作业服务。
② 平台能提供代理服务中的一种业务服务。
③ 提供的物流业务服务区域应包含本地区或本省。
④ 物流业务服务的货物完好率比较高。
(2) 一般要求
① 平台能提供物流功能服务中的多种物流作业服务。
② 平台能提供代理服务中的多种业务服务,如货运代理、多式联运等。
③ 提供的物流业务服务区域包括全国 2 个或 2 个以上的省份。
④ 物流业务服务的送达率比较高。
(3) 高级要求
① 平台能对移动车辆、单程货物、全程货物等进行定位和跟踪。
② 平台可提供路径、车辆配载、价格、时间、业务组合等物流优化服务。
③ 物流业务服务的货物储运状态等比较好。
④ 提供的物流业务服务区域包含全国各省或国内外。

1.5 电子商务系统的特点及分类

1.5.1 电子商务系统的特点

1) 电子商务系统是支持商务全过程的技术平台

从企业管理角度看,企业活动包括生产、管理和决策三个层面,电子商务系统依托企业内部网(Intranet),支持企业内部事务,不仅服务于日常操作层面的库存、订单、结算等事务,而且也对决策环节提供支持。

从企业间的商务活动看,电子商务系统通过互联网、企业间专网(外部网 Extranet),使得企业之间构成紧密、动态的商务协作关系,如协同设计、协同制造与协同服务等,实现电子化协作(e- Collaboration),使企业间能快速地适应市场需求的动态变化,进而在一定意义上导致企业及其合作伙伴形成一种虚拟的联盟关系或者共同市场。

所以,无论是企业内部的生产、销售,还是企业外部的市场活动,都可以依托电子商务系统这一平台,这是电子商务系统与 MIS(管理信息系统)、DSS(决策支持系统)等不同的地方。充分支持企业商务活动的各个环节就成为电子商务系统的一个重要特点。

2) 电子商务系统是企业业务流程重构、价值链增值的技术平台

众所周知,电子商务追求的是通过"商务整合",完成企业业务流程再造,充分发挥企业信息资源,提升企业的竞争优势。电子商务系统作为实现这一目标的技术支撑平台,其分析、建造就不能简单地立足于实现企业业务流程的电子化。尽管在 MIS 的分析设计中,也强调需要从企业流程再造(Business Process Rebuilding,BPR)入手,但相对而言,电子商务系统更强调如何通过信息技术手段实现 BPR,甚至从某种意义上讲,能否实现企业价值链的增值,是电子商务系统是否成功的一个标志。

3) 电子商务系统依托于网络,提供基于 Web 的分布式服务

电子商务的形式多种多样,但是支撑企业电子商务运作的电子商务系统却基本上都是依托于固定和移动互联网、企业内部网或企业外部网构造的。以 TCP/IP 协议为基础的网络环境是所有电子商务系统共同的基础,因此,电子商务系统是一个在分布式网络环境中提供服务的系统。

此外,从应用的处理方式上看,大多数电子商务系统中都含有 Web 服务功能,或通过浏览器/服务器(B/S)这种方式向客户提供在线服务。这种方式下,电子商务系统的核心软硬件都集中在 B/S 结构下的应用服务器或者 Web 服务器,而客户端得以大大简化,并通常表现为浏览器的形式。这是电子商务系统的一个突出的技术特点。

4) 电子商务系统在系统、应用的安全方面有较高的要求

(1) 电子商务系统一般处理的是与企业交易活动相关的数据,因此业务数据涉及企业的敏感数据,自然对安全等级的要求很高。

(2) 电子商务系统依托于互联网,要在开放的、公共的网络环境中运行,而且 TCP/IP 协议本身存在漏洞,因此相对于封闭系统而言,存在着一些不安全因素,需要强调安全措施来降低风险。

(3) 企业传统的商务活动是在法律保护下开展的,企业的交易行为通过契约、合同的形式得到法律保障,开展电子商务活动时,有形的纸质合同转变为电子契约,而电子契约存在的

公共密钥体系本身就有很高的安全规范。

5）电子商务系统的技术特点

电子商务系统涉及计算机、网络和信息处理技术的很多方面，从技术角度看它有如下特点：

(1) 分布式的事务处理系统。

(2) 基于 TCP/IP 协议。

(3) 采用客户机/服务器(C/S)的计算模式，通过浏览器(Browser)与客户进行交互。

(4) 以 Web 为基础利用标准的协议(例如 HTML、WML、XML)组织和表达数据。

(5) 应用系统需要独立的 CA 中心支持，并需要与 CA 建立接口。

(6) 可以利用多种工具开发，但面向对象的 Java 技术及可重用的组件技术是电子商务系统开发的主流技术方向。

6）电子商务系统大多是依托企业既有信息资源运行的系统

如前所述的电子商务系统目标，电子商务系统不是要废弃企业既有的信息资源，而是试图将信息资源整合，提升其共享程度，发挥其效益。所以，除非新型电子商务企业，一般企业的电子商务系统基本都依托其既有信息资源建立，并与企业既有信息系统存在密切的接口。这样做，一方面是为了保证企业既有信息化建设的投资不被浪费；另一方面，也是企业信息化得以可持续发展的必然要求。

通常，电子商务系统与企业既有的信息系统之间在硬件与网络资源、数据、应用之间存在密切的联系，两者之间通过数据共享、应用的互操作形成紧密联系的整体。

正因这一特点，要求在电子商务系统的设计和开发中，不能脱离企业既有信息资源，孤立地考虑通过网络帮助企业开展商务活动。

1.5.2 电子商务系统的分类

20 世纪 90 年代开始，互联网的兴起带动电子商务在世界迅猛发展；21 世纪以来，移动通信的发展更促成各种各样的电子商务系统纷纷涌现。现将其按技术基础、商贸业务过程中的不同阶段分类如下：

1）根据网络技术基础分类

从电子商务系统所依靠的网络基础来看，电子商务系统经历了从专用网络(主要是租用广域网专线)、分散小系统到互联网络和全球系统的过程。目前的电子商务系统的发展已经摆脱了专用网络基础的束缚，将电子商务的基点建立在一个面向全社会和对所有公众开放的基础之上。于是从电子商务系统所依据的网络基础来看其发展走过了从专用网络到互联网络，包括移动通信网络的过程。

2）根据商贸业务的性质分类

从电子商务系统针对的商贸业务类型来看，目前的电子商务系统又可分为以下三类：

(1) 国际电子商务系统：主要是指基于 UN/EDIFACT(联合国与欧洲经济贸易便利化委员会制定的电子数据交换)标准的各类国际商贸业务中的电子单证报文数据交换系统。主要涉及海关、税务、商检、担保、保险、银行及交易双方的各种商业往来单证。

(2) 普通电子商务系统：主要是针对不涉及进出口问题的普通商贸业务中的电子数据交换系统。这类系统从业务范围上通常又分两类，一类是 B2B 系统；另一类是 B2C 系统。前者适用于商业活动中的生产资料采购或大宗商品批发业务，所涉业务主要有订购、支付、保险、税务、承运等。后者适于零售业，所涉业务主要有商业零售、物流递送服务、信用卡业务等。

(3) 电子银行系统：主要针对电子商贸过程中的支付和清算业务，例如，电子支付手段(电子支票、电子钱包、信用卡等)、资金清算方式和信用卡结算方式等。

3) 根据商贸业务过程中的不同阶段分类

商贸业务过程可分为4个阶段，即交易前准备阶段、商务磋商阶段、实务操作阶段和支付及实际执行阶段。根据系统支持业务过程的不同，电子商务系统可分3类。

(1) 支持交易前(Pre-Trade/Transaction)的系统：实际上就是通过网络和应用系统提供商贸信息源的一个信息发布和查询系统。这类系统对于供应商来说，是要建立自己的网页，加入到同行业一些著名网站中，积极组织本企业产品的信息动态上网，开始网络营销。而对于需求商来说，则是需要访问一些本行业著名网站，寻找所需要的产品信息，然后进行线下交易。这是电子商贸业务中最简单最常用的一种，目前互联网上的各类电子商务系统大部分都是属于这一类。

(2) 支持交易过程中(Trade/Transaction)的系统：实际上就是在上述系统的基础上更进一步，主要在买卖双方商贸活动过程中交换各种业务文件、单证和票据，例如，订购单、报价单、商务合同、担保书、信用证、报关单、税单、运输说明、发货通知、货物仓单、付款通知、发票等。

由于这类系统传递的都是重要的商务单证，因此业务自身对单证信息交换的准确性、规范性、安全性、保密性及相应的法律制度等方面都有较高要求。

(3) 支持交易后(Post-Trade/Transaction)的系统：是在前两者的基础上再进一步，使之能完成资金的支付、清算、承运、发/到货管理等。这类系统由于涉及银行、运输等部门，所以运行机制的复杂程度和系统开发的难度会大大增加。但是对于加入这类应用系统或想利用它来开展商务活动的用户来说，操作运行的难度并不会增大，而且投入的成本也不会完全同比例地增长。

对于交易后的系统来说，主要涉及银行、金融机构和支付问题。这类系统对数据交换的可靠性和安全保密性都有很高的要求，不仅要求绝对可靠，而且要求对账号、数字化签名、开户银行等严格保密。

2 电子商务平台体系架构

电子商务系统是基于固定与移动通信网络，采用多种信息技术，提供商品信息、交易服务、物流信息、客户管理与后续服务和多种设备与数据接口等的资源共享服务的信息平台。它既具有一般信息平台的特征，也有其自身特征。

就一般特性而言，电子商务平台应具有层次性、交互性、统一性和开放性等特点，具体如下：

(1) 层次性：平台层次性包括结构与功能两方面。一是结构层次性；二是功能层次性。从系统构造来看，信息平台可理解为由不同层级的结构单元、板块和子系统，自下而上地组成整个系统；从系统功能上看，这些分层级的单元、板块和子系统都将行使自己的功能。

(2) 交互性：平台交互性包括横向交互性和纵向交互性两方面。横向交互性是指不同业务信息系统间的互通互联与互操作，如 B2B 环境中，企业内的信息系统就通过与平台的交互实现业务交易。纵向交互性是指不同层次或业务链的信息跨平台交互。如商品交易完成后，可从商务系统直接转到物流系统中，实现上下游服务的无缝衔接。

(3) 统一性：指在结构和功能一体化基础上实现信息一体化。功能一体化是将若干个板块或子系统的职能统合到同一系统中协同作用；结构一体化是指信息平台的信息格式、数据接口、文本协议、操纵环境等结构能按标准进行，确保兼容和系统的后续拓展。在结构和功能一体化的作用下，达到信息一体化，从而实现系统功能。统一性是交互性的基础。

(4) 开放性：指信息平台的功能、结构、层次等系统结构要素和信息资源本身是不断发展变化的，用户需求、服务内容与方式等也在持续进展中。信息平台要适应这些发展和变化，必须是一个开放系统。表现为系统功能的不断扩张，信息处理能力不断提高，用户服务水平不断深化、形态不断多样化等。

一般特性是设计平台的基础。系统分析要在需求调研的基础上从功能、结构和流程等方面进行。本书不专门介绍电子商务平台的需求，而直接从系统分析入手。同时，由于电子商务平台分为面向商品交易和面向物流服务两类，其功能各异但系统架构大致相同，故以“电子商务平台”统称这两类平台，仅在需要区别时另行说明。

各类面向商品交易和物流服务的电子商务平台，在系统结构上都可分为应用扩展层、服务支持层和平台基础层。这 3 层结构划分是一种普遍的电子商务平台的规范化逻辑架构，如图 2-1 所示。各层应可调用下层提供的数据、功能或者服务机制；同层模块、系统可互相调用。

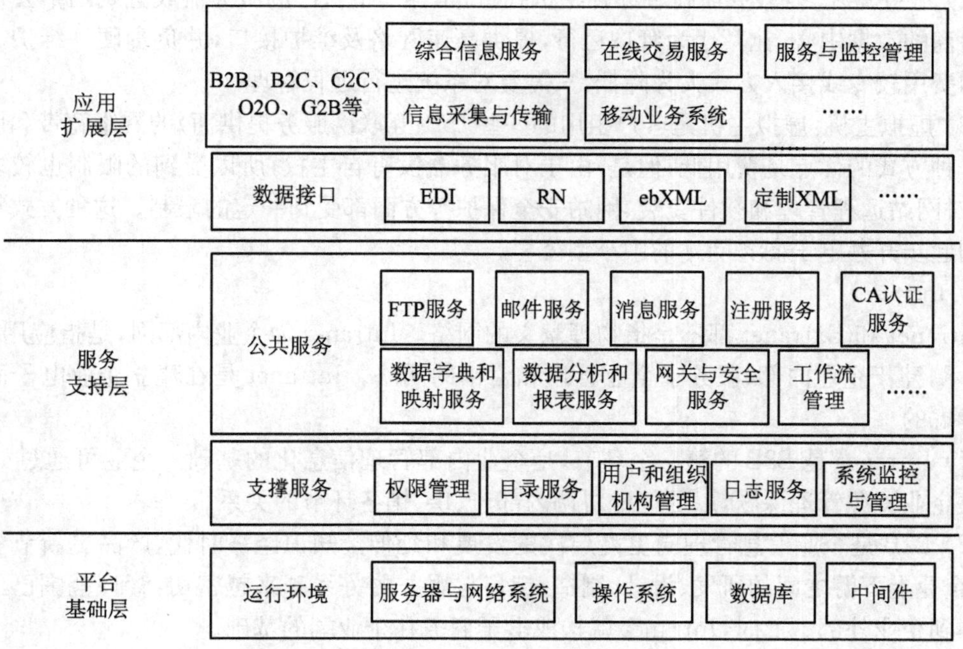

图 2-1　电子商务平台体系架构示意图

2.1　平台基础层

平台基础层是体现电子商务平台技术及其服务作用的支撑，构成平台运行的基本环境。该层逻辑上将所有底层模块和子系统构成一个服务集群，成为全平台运行的基础设施。层内各模块和子系统应具备稳定性、可靠性和独立性，对各类硬软件有较好的兼容性和高性能支持，能在升级操作时不影响上层软件的正常运行。

平台基础层主要包括网络运行环境、服务器、网络系统、操作系统、数据库、中间件等基本运行环境类软硬件和数据资源。

2.1.1　网络运行环境

电子商务系统的网络运行环境包括 Internet、Intranet 和 Extranet 三个组成部分。

1) Internet

电子商务系统要接入 Internet 才能工作。Internet 是电子商务系统与用户的接口，或平台与客户间的交流通道。常规的 Internet 接入方式有专线接入、服务器托管、虚拟主机等几种类型。

(1) 专线接入：专线接入是指通过专门的线路连接到 Internet。按连接线路的方式可分为 DDN 专线、分组交换网、帧中继(FR)及 ATM 等形式。专线接入的优点是服务器置于自己的企业中，维护方便，并且还可以构建电子邮件服务器、Web 服务器和 FTP 服务器及代理服务器等。专线接入的缺点是价格昂贵。这种方式适合于对信息量和网站功能要求较高的大中型企业，以及专门运行的大型第三方电子商务平台等。

(2) 服务器托管:服务器托管亦称主机托管,是客户把自己的服务器放置到网络公司或电信运营商的数据中心,让其代为管理运行,提供高速网络及维护接口,并负责硬件维护。这种方式的费用较专线接入方式大为降低,只需要对系统进行远程管理。

(3) 虚拟主机:虚拟主机是客户租用的一些 ISP(互联网服务提供商)的网络宽带和硬盘空间。这种方式的优点是费用低;但是,由于对服务器没有自主权,所以受到的限制也较多。例如,在对网站远程管理和软件安装、网站安全保护等方面都受到一定的限制。这种方式特别适合于刚起步开办电子商务网站的中小型公司。

2) Intranet

Intranet 和 Extranet 都不是指物理意义的网络。Intranet 为企业内部网,是指应用 Internet 技术,建于企业内部,服务于企业管理和营销的网络。Intranet 是在建立企业电子商务时必须考虑的。

(1) Intranet 是 B2B 的第一个环节,是企业内部管理信息化的基础。企业可通过如 ERP 等解决企业资源管理课题,以更好地协调内部产、供、销各环节的关系。

(2) B2B 是企业信息管理向更高层次的发展和延伸。知识经济时代,产品更新节奏日益加快,企业上下游之间的研发、设计、制造、销售与服务的关系越来越密切,管理范围已经由内部延伸到企业外部。此时,Intranet 就构成电子商务在企业端的基础。

(3) 只有使企业内外的信息平滑流动才能实现完全的 B2B。为实现内外管理的一体化,先要实现信息的一体化。而 Intranet 概念中很重要的一点就是实现企业内外的信息交换与使用环境。

(4) Intranet 采用了 Internet 技术并能与之互联,能使企业信息管理进入更高阶段。其功能主要为:①促进企业信息化,提高工作效率;②将层次化管理模式变为网络化管理模式,便于企业决策人员与员工的双向和多向交流;③便于企业内部资源共享,建立内部协作机制;④节省办公费用,提高办公效率;⑤便于企业内外信息交流和管理;⑥便于企业内部各个信息系统集成;⑦是建立呼叫中心、客户关系管理(CRM)与供应链管理(SCM)等的基础。

3) Extranet

Extranet 是企业外部与电子商务系统进行互联的其他网络的集合。它是 Internet 技术的另一种应用形式,目标是将企业内网连入其他业务伙伴、客户或供应商的网络,故称外部网。

外部网是随着防火墙的出现而产生的。所谓防火墙(Firewall)是指一个由软件和硬件设备组合而成,在内部网和外部网之间、专用网与公共网之间设置的保护屏障,以此获取安全保护的形象说法。它位于计算机和它所连接网络之间,该计算机流入流出的所有网络通信和数据包均经过此防火墙,使 Internet 与 Intranet 之间建立起安全网关,保护内部网免受非法用户的侵入。防火墙主要由服务访问规则、验证工具、包过滤和应用网关等部分组成,企业与外部的数据交换都要经过防火墙。对于与本企业相关的企业,如供应商和客户,其权限应该比其他访问者大,形成一个虚拟业务网,由此提出了外部网的概念,它不局限于一个企业内部,而是把相互合作的企业的网络按相关业务连在了一起。

在网络类型上,Extranet 可以是下列几种中的一种:公共网络、专用网络和虚拟网络,这几种网络都能够实现企业间的信息共享。Extranet 中的信息是安全的,它可以防止信息泄露给未经授权的用户,授权用户可以公开地通过 Extranet 连到其他企业的内部网。

Extranet 通常与 Intranet 一样位于防火墙之后,但不像 Internet 那样为大众提供公共的通信服务：Intranet 只为企业内部服务，不对公众公开。Extranet 把企业内部已经存在的网络扩展到企业之外，用户是由关系紧密的企业结成的小组，其访问是半私有的，信息在信任的业务圈内共享。Extranet 可使企业完成一些合作性的商业应用，如企业和客户及供应商之间的电子商务、供应链管理等。

(1) 公共网络：如某企业允许公众通过公共网络访问其内部网，或两个或更多的企业同意采用公共网络把它们的内部网连在一起，就构成基于公共网络的外部网。在此结构中，安全性是大问题。为保证合作企业之间交易的安全，每个企业在把它的信息送到公共网络之前，必须对这些信息提供安全保护。内部网一般用防火墙来检查来自 Internet(最大的公共网络)的信息包，但是防火墙也不能完全确保安全。这就是公共网络外部网在实际中很少采用的原因，即风险过大。而专用网络和虚拟专用网络就能提供较好的安全保护来满足企业间交易之需。

(2) 专用网络：专用网络是两个企业间的专线连接，即两企业内部网之间的物理连接。专线是两点间永久的专用线路连接，与拨号连接不同，专线是一直连通的，这种连接的最大优点就是安全，除了这两个合法连入专用网络的企业，其他机构和用户都不能进入该网络。所以，专用网络保证了信息流的安全性和完整性。

专用网络的最大缺陷是成本高，每对想要专用网络的企业都需要一条独立的专用线路把它们连到一起。例如，一家企业想通过专用网络与其他 7 家企业建立外部网连接，就须支付 7 条专线的费用。企业一般将此问题称为"伸缩"问题：增加专用网络的数目很困难、昂贵且耗时，企业如何在其内部网之间建立紧密和专用的联系，答案就是使用基于虚拟专用网络设计的外部网。

(3) 虚拟专用网络(VPN)：VPN 是一种特殊的外部网络，它采用"通道"或"数据封装"系统，用公共网络及其协议向贸易伙伴、顾客、供应商和雇员发送敏感的数据。这种通道是 Internet 上的一种专用通路，可保证数据在外部网上的企业之间安全地传输。由于敏感数据处于严格控制中，VPN 也提供了安全的保护。VPN 就像公路上的一条单独密封的车辆通道，公共通道外的车辆看不到通道内的乘客。利用建立在 Internet 上的 VPN 专用通道，异地员工可向企业的计算机发送敏感的信息。外部网合作伙伴间的这种受保护的通道方案发展很快，且成本也很低。

4) Internet、Intranet 和 Extranet 之间的关系

Internet、Intranet 和 Extranet 三者间的区别和联系在于：Internet 是基础，是网络基础和包括 Intranet 和 Extranet 在内的各种应用的集合；Intranet 强调企业内部部门的联系，业务范围仅限于企业内；Extranet 强调各企业间联系，业务范围包括贸易伙伴、合作对象、零售商、消费者和认证机构。三者间的比较情况见表 2-1。

表 2-1 Internet、Intranet 和 Extranet 的比较

网络类型	典型用户	信息访问权限	信息发布范围
Internet	任何联网的用户	公开、无约束	一般、公开和广告社论
Intranet	组织内部授权的用户	内部、有限制	特定的、企业的、私有的
Extranet	授权的合作伙伴	私有的和授权的外部访问	授权合作群体间的共享

需要明确，Intranet 和 Extranet 只是 Internet 上的两种应用，而不是 Internet 发展的一个

阶段或一种新的技术。

5）内外网互联

Intranet 和 Extranet 设计的关键是互联问题，这种互联体现在底层与高层两方面。

(1) 底层互联：底层互联指企业内部信息系统或者外部信息系统与电子商务系统之间通信子网的连通。Extranet 互联的通信子网是一个 VPN，可以在多种数据通信网（如 DDI、PSDN、PSTN、FR 等）的基础上构造。

(2) 高层互联：高层互联是指 Intranet 或 Extranet 上的应用系统和电子商务系统的应用之间能够互相通信，交换数据。所以这方面主要涉及应用的互操作及数据共享问题。

对于 Extranet 而言，高层互联至少需要解决以下三方面的问题：

① 银行支付网关接口：利用该支付网关接口，电子商务系统完成在线支付请求。

② 认证中心(CA)接口：利用该接口，电子商务系统与认证中心之间完成电子证书及认证结果的传递。

③ 企业合作伙伴接口：该接口主要实现电子商务系统的应用程序和企业重要客户、企业供应商等的电子数据交换。传统的 EDI 部分也属于这样一类接口。

尽管电子商务系统各层次的逻辑结构需要设计者独立建造，但对网络实现而言，不见得必须从零开始，因为电子商务网络很多情况下是通过租用方式或 VPN 方式实现的。基于这样一种理念，基础网络的运营服务商提出了主机托管、数据中心等模式来帮助企业实现电子商务基础网络环境保护的建造。

数据中心或者智能中心(Intelligent Data Center，IDC)是继主机托管业务之后，网络运营商为企业提供的一种新的基础网络环境。数据中心将宽带网络、高性能设备及系统运行管理软件等集成在一起，为需要将基础网络环境进行外包建设的电子商务系统经营者提供一揽子服务。

所以，电子商务系统设计时，基础网络环境有两种方案可以选择：一种是依靠自身力量建立自己的完整的计算机网络环境；另一种是利用数据中心实现外包建设。

2.1.2 网络操作系统

1）网络操作系统的概念

网络操作系统(NOS)是网络中用户与各种资源的接口，它运行在服务器上，由一系列软件模块组成，负责控制和管理网络资源，并由联网的计算机共享。网络操作系统与运行在工作站上的单用户操作系统或多用户操作系统因提供的服务类型不同而有差别。通常，网络操作系统以使网络相关特性最佳为目的，并通过网络管理共享数据、软件应用和外部设备等；一般计算机的操作系统，是让用户与设备上运行的各种应用之间的交互作用最佳。

网络操作系统与单机操作系统的不同，除应具有通常操作系统的处理机管理、存储器管理、设备管理和文件管理外，还应具有以下两大功能：

(1) 提供高效、可靠的网络通信能力。

(2) 提供多种网络服务功能，如远程作业录入并进行处理的服务功能，文件转输服务功能，电子邮件服务功能，远程打印服务功能等。

2）网络操作系统的结构

传统网络中的操作系统，基本上都采用客户机/服务器(C/S)架构。此架构的网络操作系统通常由服务器操作系统和客户机操作系统组成。

(1) 服务器操作系统：网络服务器的操作系统的主要功能包括：①管理服务器上的各种资源，如处理器、存储器、I/O设备以及数据库等；②实现服务器与客户机的通信；③提供各种网络服务；④提供网络安全管理。

(2) 客户机操作系统：其功能是使客户机上的用户能使用本地资源和应用程序，实现C/S通信。目前，很多单机操作系统都可直接作为网络客户机操作系统。

3) 常见网络操作系统简介

常见主要网络操作系统有Windows、Unix、Linux等。

(1) Windows操作系统：Windows不仅在个人操作系统中占有绝对优势，它在网络操作系统中也具有强劲力量。这类操作系统在局域网最为常见，大部分的商业用户也选择了它。Windows的流行，是因其功能的强大及易用性：①界面图形化；②多用户、多任务；③网络支持良好；④出色的多媒体功能；⑤硬件支持良好；⑥众多的应用程序。

Windows Server 2012是迄今最稳固的Windows Server操作系统，具备群集和热添加处理器功能，能为高度动态、可扩充的IT基础架构提供良好的基础。可在小型和大型服务器上部署具备企业关键应用及大规模的虚拟化，支持多达64位处理器，支持企业级虚拟化和扩充解决方案。其整合了新架构的IIS 7.0、ASP .NET和Microsoft NET Framework，以便提供任何企业快速部署网页、网站、Web应用程序和Web服务。

(2) Unix操作系统：Unix操作系统是美国贝尔实验室开发的一种多用户、多任务的操作系统，主要特点是结构简练、便于移植和功能强大。经30余年的发展和进化，Unix形成了一些重要且稳定的特色：①技术成熟，可靠性高；②可伸缩性强；③网络功能强；④强大的数据库支持能力；⑤开发功能强；⑥开放性好，这也是Unix最重要的特征。

Unix在用户应用、开发环境、网络功能和硬件配置等方面给用户最自由的选择，它还给用户选择何时升级系统的自由。常用的Unix系统版本有：AIX、HP-UX、IRIX、FreeBSD、Unix SUR 4.0、OS X Server、HP-UX 11.0，SUN的Solaris 8.0，SCO Unix等。支持网络文件系统服务，提供数据等应用。Unix的稳定性和安全性好(网络管理功能良好，拥有丰富的应用软件的支持)。但因它多以命令方式操作，不易掌握，特别对初级用户。因此，大型网站或B2B集市、物流中心、B2C服务平台等多使用Unix。

Unix的缺点是系统过于庞大、复杂，一般用户难于掌握，加上其版本众多，各版本间兼容性差，限制了它的普及。

(3) Linux操作系统：Linux网络操作系统的最大特点是源代码开放，能免费得到许多应用程序。中文版Linux有Redhat，红旗Linux等。该操作系统在用户中得到充分的肯定，主要是在其安全性和稳定性方面与Unix有许多类似之处。Linux的特点主要为：①免费操作系统，用户可通过网络下载，且源代码开放；②系统资源要求低，可运行在低端PC至高端的超级并行计算机上；③Linux是“类Unix”操作系统，也是完整的Unix开发平台；④真正的多任务、多用户操作系统；⑤完全符合POSIX(Portable Operating System Interface，可移植操作系统接口)标准；⑥具有图形用户界面；⑦具有强大的网络功能，有更高的稳定性和安全性。

Linux的缺点是相对于Windows系统其易用性较差，操作不甚方便，为其开发的应用软件目前相对于Windows较少。

4)各类操作系统的选择

每种操作系统都有最适于自己的工作场合，每种系统都能对特定计算环境最支持。例如，

Linux 较适用于中小型网络；Windows 2008 Server 和 Unix 适用于大型服务器应用程序。选择时主要考虑如下因素：

(1) 易用性：指整个操作系统的安装和使用应方便、应用界面友好。这一方面 Windows 系列操作系统拥有优势。

(2) 易管理性：指整个系统管理及维护应较容易，管理员可轻松排除故障，且具有一定的故障恢复功能。

(3) 安全可靠性：指整个系统可提供良好的安全性，如对不同用户可设置不同的访问权限，可识别不同用户的身份，对用户的操作行为可进行审核，可防止黑客入侵等。

(4) 应用支持：指具有丰富的应用软件用于实现相应的系统功能。

2.1.3 移动操作系统

移动通信的迅猛发展，使众多电子商务业务向手机平台转移。手机操作系统一般被称为嵌入式操作系统。随着智能手机的发展和普及，此类操作系统以其移动性和手持性特征在电子商务系统中发挥日益重要的作用。移动操作系统或手持式操作系统在功能上与桌面操作系统类似：如支持第三方软件，支持普通网页，具备良好的用户界面和可扩展性等。

当前主流移动操作系统有：iOS、Android、Windows Phone、Symbian 和 BlackBerry OS 等，其中前 3 种占据市场主导地位。使用移动操作系统的设备有智能手机、PDA、平板电脑，以及各类嵌入式系统、移动通信设备、无线设备和各类物联网终端等。

1) iOS

iOS 操作系统即 iPhoneOS，支持的设备包括 iPhone、iPod touch、iPad、Apple TV 等。iOS 系统架构分为 4 层：核心操作系统层（the Core OS Layer）、核心服务层（the Core Services Layer）、媒体层（the Media Layer）、可轻触层（the Cocoa Touch Layer）。iOS 结构上分两部分：操作系统和能在上述设备上运行程序的技术。与 Android 及 Windows Phone 不同，iOS 不支持非苹果系列的硬件设备。

(1) 支持软件：iPhone、iPod Touch 和 iPad 等使用基于 ARM 架构的中央处理器，而非 x86 处理器，它使用 PowerVR 视频卡渲染的 OpenGL ES 1.1。因此，Mac OS X 上的应用程序不能直接复制到 iOS 上运行，而要对 iOS 的 ARM 重新编写，但苹果的 Safari 浏览器支持 Web 应用程序。从 iOS 2.0 开始，通过审核的第三方应用程序已能通过苹果的 App Store 进行发布和下载了。

(2) App Store：App Store 即 Application Store，通常理解为应用商店，是由苹果公司为 iPhone、iPod Touch、iPad 以及 Mac 创建的服务，允许用户从 iTunes Store 或 Mac app store 浏览和下载为 iPhone SDK 或 Mac 开发的应用程序。让应用程序直接下载到 iPhone 或 iPod Touch、iPad、Mac，其中包含：游戏，日历，翻译程序，图库及许多实用软件。大量第三方应用软件、商务软件和服务软件供应商等也通过与苹果公司合作的方式向用户提供软件。

(3) 优缺点：iOS 平台以其易用性，完美的工业设计获得市场一致认可，市场占有率较大；有苹果公司的支持使其系统版本更新得以保障；具有完善的开发文档以及开发工具。App Store 是目前最成功的软件商业模式之一，对于保护版权，个人开发者以及中小企业和团队有重要意义。

iOS 面向中高端用户，开发环境也非传统的 Windows 环境，进入门槛相对较高，自学难度相对其他平台来说比较大。

2) 安卓

安卓(Android)是一种以 Linux 为基础的开放源代码操作系统,主要用于便携设备。Android 最初仅支持手机,后由 Google 收购注资,与 84 家硬件制造商、软件开发商及电信营运商等组建开放手机联盟,共同研发改良 Android 系统,并扩展到平板电脑及其他领域。2011 年,Android 在全球的市场份额已经跃居第一。

(1) 系统架构:Android 也分 4 层,从高层到低层分别是:应用程序层,应用程序框架层,系统运行库层和 Linux 内核层。具体功能如下:

① 应用程序:应用程序包括客户端,SMS 短消息程序,日历、地图、浏览器、联系人管理程序等。所有应用程序都是使用 Java 语言编写的。

② 应用程序框架:开发人员可完全访问核心应用程序所使用的 API 框架。该架构设计简化了组件的重用;任何一个应用程序都可以发布它的功能块,且任何其他应用程序都可以使用其所发布的功能块。该应用程序重用机制也使用户可以方便地替换程序组件。在每个应用后面的是一系列的服务和系统,包括可扩展视图(Views);可以用来构建应用程序,包括列表(Lists)、网格(Grids)、文本框(Text boxes)、按钮(Buttons)、可嵌入的 Web 浏览器等。

③ 系统运行库:Android 包含一些 C/C++库,它们能被系统中不同的组件使用,通过应用程序框架为开发者提供服务。核心库有:系统 C 库;媒体库,支持多种常用的音频、视频格式回放和录制,同时支持静态图像文件;Surface Manager 是对显示子系统的管理,并且为多个应用程序提供了 2D 和 3D 图层的无缝融合;LibWebCore 用于 Web 浏览器引擎,支持 Android 浏览器和可嵌入的 Web 视图。

④ Linux 系统内核:Android 的 Linux kernel 控制包括安全(Security)、存储器管理(Memory Management)、程序管理(Process Management)、网络堆栈(Network Stack)、驱动程序模型(Driver Model)等。

(2) 应用组件:Android 有 4 大开发组件:活动、服务、广播接收器和内容提供商。

① 活动(Activity):表现功能。应用程序中,一个 Activity 通常是一个单独的屏幕,其上可显示一些控件也可监听并处理用户的事件并做出响应,Activity 间通过互联网通信。

② 服务(Service):后台运行服务。一个 Service 是一段生命周期,无用户界面的程序,可用来开发监控类程序等。

③ 广播接收器(Broadcast Receiver):用于接收广播。用户应用可用它对外部事件进行过滤只对感兴趣的外部事件(如当电话呼入时,或数据网络可用时)接收并做出响应。广播接收器没有用户界面。它们可启动一个 Activity 或 Service 来响应其收到的信息,或用 NotificationManager 来通知用户。通知可用多种方式来提醒用户,如闪动背灯、震动、播放声音等。一般来说是在状态栏上放一个持久的图标,用户可以打开它并获取消息。

④ 内容提供者(Content Provider):支持在多个应用中存储和读取数据,相当于数据库,可将应用程序的指定数据集提供给其他应用程序。只有需要在多个应用程序间共享数据时才需要内容提供者。例如,通讯录数据被多个应用程序使用,则必须存储在一个内容提供者中,实现统一数据访问方式。

(3) 平台优势:Android 系统具有开放性、丰富的硬件和方便开发性等优点。

① 开放性:Android 的开放性体现在其平台允许任何移动终端厂商加入到其联盟中来,使其拥有更多的开发者,随着用户和应用的日益丰富,消费者和厂商将日益集聚,又进一步促

进其普及应用。

② 丰富的硬件：Android平台的开放性使众多手机生产厂商都推出基于该平台的多功能产品，且功能上的差异和特色并不影响数据同步、软件兼容等。

③ 方便开发：Android平台提供给第三方开发商宽泛、自由的环境，限制条件较少，由此促进许多新颖别致的商务应用软件的诞生。又因其开放性，能使运营商、手机制造商、开发商和服务商等各方可结成合作关系，建立标准化、开放式的移动商务服务平台，建立良性的移动商务生态系统。

3) Windows Phone

Windows Phone是微软的智能手机操作系统，它将微软旗下的Xbox Live游戏、Zune音乐与独特的视频体验整合至手机中。Windows Phone具有桌面定制、图标拖拽、滑动控制等一系列的操作体验。其主屏幕通过提供类似仪表盘的体验来显示新电子邮件、短信、未接来电、日历等。它还包括一个增强的触摸屏界面，更方便手指操作以及新版本IE Mobile浏览器。

Windows Phone强调用户体验，例如：资源订阅，社交网站照片分享，邮件体验，通过Outlook Mobile管理多个账号，使用Exchange Server同步；支持Office Mobile办公套装；使用Windows Live Media Manager同步文件，使用Windows Media Player播放媒体文件；短信与即时通信集成；应用程序商店服务Windows Marketplace for Mobile和在线备份服务Microsoft My Phone等可提供多种个性化定制服务，比如主题信息服务等。

4) Symbian

Symbian操作系统由诺基亚主导，目前基于该系统的智能手机已较少。Symbian提供了一系列个人信息管理(PIM)功能，包括联系人和日程管理等，还有众多的第三方应用软件。Symbian完全支持MS Word、Excel和PowerPoint文件，其上的第三方应用软件也数千计。Symbian旗下分为智能与非智能系统，智能系统分为：Symbian 60(S60)，Symbian S80，Symbian S90以及Symbian UIQ等。

5) BlackBerry

BlackBerry(黑莓)与桌面PC同步堪称完美，用户可将Outlook邮件转寄到BlackBerry中。但其在美国之外的影响微乎其微，我国虽有电信运营商引进BlackBerry进行移动电邮的推广试验，但收效不大。RIM公司于2013年1月发布了BlackBerry 10移动操作系统，但迄今BlackBerry在中国的电子商务领域几乎无影响。

2.1.4 服务器

服务器(Server)指在网络环境中提供网上客户机共享资源(包括存储、查询、计算等)的设备。整个网络主要是由服务器、工作站、通信处理设备与各类连接与交换设施组成，服务器在网络各节点起运算与处理的核心作用，它们在网络环境中侦听网络上的其他计算机(客户机)提交的服务请求，并提供相应服务。为此，服务器必须具有承担并保障服务的能力。

1) 服务器的分类

服务器可按体系架构、应用层次、CPU、功能和系统等分类。

(1) 按照体系架构划分：服务器主要分为x86与非x86两类。

① 非x86服务器：包括大型机、小型机和Unix服务器，它们使用RISC(Reduced Instruction Set Computer，精简指令集计算机）或 EPIC（并行指令代码）处理器，并且主要采用 Unix 和其他专用操作系统的服务器，RISC 处理器主要有 IBM 公司的 Power 和 PowerPC 处理器，SUN 与富士通公司合作研发的 SPARC 处理器，EPIC 处理器主要是 Intel 研发的安腾处理器等。这类服务器价格昂贵，体系封闭，但稳定性好、性能强、安全性高，主要用在金融、电信等大型企业的核心系统中。

② x86 服务器：又称 CISC（Complex Instruction Set Computer，复杂指令集计算机）架构服务器，即通常所讲的 PC 服务器，它是基于 PC 机体系结构，使用 Intel 或其他兼容 x86 指令集的处理器芯片和 Windows 操作系统的服务器。它们价格便宜，兼容性好，但稳定性略欠，安全性不算太高，主要用在中小企业和非关键业务中。

(2) 按应用层次划分：也称按服务器档次或按网络规模划分，是服务器最普遍的划分方法，主要按服务器在网络中应用的层次（或服务器档次）划分。服务器档次并不仅是按 CPU 主频划分，而是用整个服务器的综合性能，特别是所采用的服务器专用技术来衡量。按此划分法，服务器可分为入门级服务器、工作组级服务器、部门级服务器、企业级服务器等。

① 入门级服务器：这是最基础的低档 PC 服务器。随 PC 技术的不断提高，许多入门级服务器与 PC 配置差不多，故其包含的服务器特性并不是很多：a. 有一些基本硬件的冗余，如硬盘、电源、风扇等；b. 通常采用 SCSI（Small Computer System Interface，小型计算机系统接口），或采用 SATA（Serial Advanced Technology Attachment，串行高级技术附件）接口的硬盘；c. 部分部件支持热插拔，如硬盘和内存等；d. 通常只有一个 CPU，但非绝对；e. 内存容量最大支持 16 GB。

这类服务器主要采用 Windows 或 NetWare 网络操作系统，可满足中小型网络用户的文件共享、数据处理、Internet 接入及简单数据库应用的需求。它们与一般 PC 相似，在性能和价格上都与一台高性能 PC 相差无几。这种服务器一般采用 Intel 专用服务器 CPU 芯片，是基于 Intel 架构（俗称"IA 结构"）的，一般只能连接 20 余台计算机用户。

② 工作组服务器：是比入门级略高的服务器。可连接一个工作组（50 台左右），网络规模较小，服务器的稳定性也不像企业级服务器那样高，其他性能也相应低一些。工作组服务器有以下特点：a. 通常仅支持单或双 CPU 结构的应用服务器（但 SUN 的工作组服务器可支持 4 个处理器）；b. 支持大容量的 ECC 内存和增强服务器管理功能的 SM 总线；c. 功能较全面，可管理性强，且易于维护；d. 采用 Intel 服务器 CPU 和 Windows/NetWare 网络操作系统，也有一部分采用 Unix/Linux 操作系统；e. 可满足中小型网络用户的数据处理、文件共享、Internet 接入及简单数据库应用的需求。

工作组服务器较入门级服务器的性能有所提高，功能有所增强，有一定的可扩展性，但容错和冗余性能仍不完善，也不能满足大型数据库系统的应用。

③ 部门级服务器：为中档服务器，一般支持双 CPU 以上的对称处理器结构，具备较完全的硬件配置，如磁盘阵列、存储托架等。其特点是：除具工作组服务器的全部特点外，还集成了大量的监测及管理电路，具有全面的服务器管理能力，可监测如温度、电压、风扇、机箱等状态参数，结合标准服务器管理软件，使管理员能及时了解服务器的工作状况。同时，大多数部门级服务器具有优良的系统扩展性，能满足用户在业务量迅速增大时及时在线升级系统，充分保护了用户的投资。它是企业网络中分散的各基层数据采集单位与数据中心保持顺利连通的必要环节，一般为中型企业的首选，也可用于金融、邮电等行业。

部门级服务器一般采用 IBM、SUN 和 HP 各自开发的 CPU 芯片，通常是 RISC 结构，所采用的操作系统一般是Unix系列操作系统，Linux也在部门级服务器中得到了广泛应用。

部门级服务器可连接100个左右的计算机用户，适于对处理速度和系统可靠性高一些的中小型企业网络，其硬件配置相对较高，其可靠性比工作组级服务器高，需安装较多部件，故机箱较大，采用机柜式。

④ 企业级服务器：企业级服务器是属高档服务器，采用4个以上CPU的对称处理器结构，有的多达几十个。结构上还具有独立的双PCI通道和内存扩展板设计，具有高内存带宽、大容量热插拔硬盘和热插拔电源、超强的数据处理能力和群集性能等。企业级服务器除具有部门级服务器全部特性外，还具有高度的容错能力、优良的扩展性能、故障预报警功能、在线诊断和RAM、PCI、CPU等具有热插拔性能。有的还引入了大型计算机的许多优良特性。

企业级服务器适合需要处理大量数据、高处理速度和对可靠性要求极高的金融、证券、交通、邮电、通信或大型企业。企业级服务器用于联网计算机在数百台以上、对处理速度和数据安全要求非常高的大型网络。企业级服务器的硬件配置最高，系统可靠性也最强。

(3) 按CPU分类：服务器的CPU按CPU的指令系统来区分，通常分为CISC型和RISC型CPU，以及64位的VLIW(Very Long Instruction Word，超长指令集架构)指令系统的CPU。

① CISC型CPU：CISC是“复杂指令集计算机”，它指英特尔的x86系列CPU及其兼容CPU(其他厂商如AMD，VIA等生产的CPU)，它基于PC体系结构。这种CPU一般都是32位结构，故也称为IA(Intel Architecture，IA)-32 CPU。

② RISC型CPU：RISC是“精简指令集计算机”，相对于CISC型CPU，RISC型CPU不仅精简了指令系统，还采用了“超标量和超流水线结构”，在同等频率下，采用RISC架构的CPU比CISC架构的CPU性能高很多，这是由CPU的技术特征决定的。RISC型CPU与Intel和AMD的CPU在软件和硬件上都不兼容。

(4) 按系统划分：服务器的类型可分为Unix服务器和PC服务器两种。

① Unix服务器：此类服务器使用强大的RISC处理器，如SUN公司的SPARC、DEC的Alpha等。RISC处理器是64位多处理机的主流芯片。其性能特点为：

a. 由于指令集简化后，流水线以及常用指令均可用硬件执行。

b. 采用大量的寄存器，使大部分指令操作都在寄存器之间进行，提高了处理速度。

c. 采用缓存—主机—外存三级存储结构，使取数与存数指令分开执行，处理器可完成尽可能多的工作，且不因从存储器存取信息而放慢处理速度。

相对于PC服务器，Unix服务器在稳定性、安全性、性能等方面都要求更高，因其CPU、芯片组、内存、磁盘系统、网络等硬件和普通PC有所不同。Unix的重要厂商如IBM、HP等依然对Unix采纳新技术，加强其性能和容量，主要包括64位处理器及64位操作系统，快速可扩充的互联技术、大内存及高性能的群集及高带宽I/O技术等。

Unix系统转向IA-64体系已成业界趋势，与IA-32位处理器相比，IA-64位处理器除增加数据宽度外，还结合CISC和RISC技术，采用显式并行指令计算(EPIC)技术，通过专用并行指令编译器尽可能将原代码编译解析为可并行操作的并行机器码，完全兼容IA-32应用，保证了用户的可持续使用性。

② PC服务器：PC服务器是基于IA(Intel Architecture)架构，以32位或64位处理器，32位或64位系统总线为基础，在强化内存与提升硬盘容量和系统运行速度的同时，更注重其稳定性、安全性和可用性的服务器系统。PC服务器因具有价格低廉、性能稳定、功能较强、操作

简单、维护方便等优点，加之采用集群技术后，其应用范围十分广泛，上至大型企业级系统，下到小型单位的工作组级系统。

PC 服务器在外形设计、内部结构、基本配置、操作系统界面和操作方法等方面与高档 PC 相仿，但它们是针对网络应用设计的，故服务器与一般 PC 机在处理能力、稳定性、可靠性、安全性、可扩展性、可管理性等方面存在差异很大，而其体积和价格却与 PC 机相当。虽然 PC 服务器的软硬件系统仍然基于 Wintel 架构，是一种通用的开放体系，但其基本性和安全性、稳定性却远优于 PC 机。其网络管理与控制方面不仅有高扩展性、可用性、可靠性和稳定性，还有独有的容错能力和冗余结构、较高的运行速度和较宽的带宽，同时具有网络监测功能。

PC 服务器广受欢迎，主要原因如下：

a. 服务器市场需求重心转移。随着企业信息化、社会信息化和电子商务的迅速发展，小型信息化系统建设有了极大发展，为低价的 PC 服务器提供了广阔市场。

b. PC 服务器的拥有成本较低，可降低企业信息技术的一次性和长远应用投入，并能让使用者充分利用与 Windows 系列集成的 Web 应用和通信服务软件。

c. PC 服务器从可靠性、可扩展性、可用性等几方面已随芯片加工、存储与通信技术等的发展有了极大进步，并借鉴了 Unix 服务器应用的高端技术，使其在低、中、高档服务器领域都有较大的实力，特别是新版本的 Windows 操作系统，具有支持更多内存、新增活动目录服务、支持硬件即插即用、使用分布式文件系统、支持新硬件与网络标准，采用动态域名服务以及多重通信协议等功能，给管理员带来极大的方便。

从服务器技术发展来看，PC 服务器性能正与小型机拉近，许多原先为主机系统独有的技术不断地被移植到 PC 服务器上，使之越来越多地占领原有 Unix 服务器的地盘，并越来越多地在小型、中型网络系统中取得市场主导地位，部分甚至已进入大型网络应用市场。

(5) 按功能划分：从功能上，可将服务器分为 Web 服务器、DNS 服务器、文件服务器、应用系统服务器和通信服务器等。同时，这些划分主要按服务器中运行的工作软件来进行，具体如下：

① 文件服务器(File Server)：如 Novell 的 NetWare，Windows 2012 的文件服务器等。

② 数据库服务器(Database Server)：如 Oracle，DB2，MySQL，PostgreSQL，Microsoft SQL Server 等。

③ 邮件服务器(Mail Server)：如 Sendmail，Qmail，MS Exchange，Lotus Domino 等。

④ Web 服务器(Web Server)：如 Apache，Tornado，MS IIS 等。

⑤ FTP 服务器(FTP Server)：如 Pureftpd，Proftpd，WU-ftpd，Serv-U，Titan，Xlight，Quick Easy，FileZilla 等。

⑥ 域名服务器(DNS Server)：如 Bind9 等。

⑦ 应用程序服务器(AP Server)：如 WebLogic，WebShpere，JBoss，GlassFish 等。

⑧ 代理服务器(Proxy Server)：如 Squid cache，GJProxy，ComstGate，EyouProxy，CCProxy 等。

(6) 按服务器结构划分：服务器系统的主要硬件仍然包含 CPU、内存、芯片组、I/O 总线、I/O 设备、电源、机箱和相关软件等，这也构成选择服务器时的主要指标。

对信息服务企业(如 ISP、ICP、ISV、IDC)而言，选择服务器时要考虑服务器的体积、功耗、发热量等物理参数，因这些企业通常使用大型专用机房统一部署和管理大量的服务器，机房通常有严密的保安措施、良好的冷却系统、多重备份的供电系统等，机房造价相当昂贵。如何在有限空间内部署更多的服务器直接关系到企业的服务成本，通常选用机械尺寸符合19英寸工业标准的机架式服务器。机架式服务器也有多种规格，例如1U(4.45 cm高)、2U、4U、6U、8U等。通常1U的机架式服务器最节省空间，但其性能和可扩展性较差，适合一些业务相对固定的使用领域。4U以上的产品性能较高，可扩展性好，一般支持4个以上的高性能处理器和大量的标准热插拔部件。管理也较方便，厂商通常提供相应的管理和监控工具，适合大访问量的关键应用，但体积较大，空间利用率不高。

① 刀片式服务器：刀片式服务器是指在标准高度机架式机箱内可插装多个卡式的服务器单元，实现高密度和高可用性。每块"刀片"是一块系统主板，可通过"板载"硬盘启动自己的操作系统，类似于一个独立服务器。在此模式下，每一块母板运行自己的系统，服务于指定用户群，相互间无关联。相较于机架式服务器和机柜式服务器，单片母板的性能较低，但管理员可将众多母板集合成一个服务器集群。在集群模式下，所有母板可连接起来提供高速的网络环境，共享资源，为相同的用户群服务。在集群中插入新"刀片"可提高整体性能，且因它们都是热插拔的，系统可以轻松地进行替换，将维护时间减少到最小。

② 塔式服务器：塔式服务器的外形以及结构都和立式PC差不多，但因服务器的主板扩展性较强、插槽多，故体积比普通主板大，因此塔式服务器的主机机箱也比标准的ATX机箱要大，内部配置也可较高，冗余扩展更方便，故其应用范围极广，成为使用率最高的一种服务器。

③ 机柜式服务器：一些高档企业服务器中内部结构复杂，设备较多，有的还具有许多不同的设备单元或几个服务器都放在一个机柜中，构成机柜式服务器。它通常由机架式、刀片式服务器加上其他设备组合而成。对证券、银行、邮电等重要企业，则应采用具有完备的故障自修复能力的系统，关键部件应采用冗余措施，对于关键业务使用的服务器也可以采用双机热备份高可用系统或者是高性能计算机，这样的系统可用性就可以得到很好的保证。

2) 服务器的性能特征

服务器要求具有可靠性(Reliability)、可用性(Availability)、可扩展性(Scalability)、易使用性(Usability)、可管理性(Manageability)，此即服务器的RASUM衡量标准。

(1) 可靠性：可靠性是指在一定时间内、一定条件下无故障地执行指定功能的能力或可能性，可用可靠度、失效率、平均无故障间隔等来评价。电子商务服务器面对全球用户，需要24×7×365不间断地为用户提供服务，特别是一些大型商务网站的服务器、B2B平台的核心服务器、提供公众服务的Web服务器等对可靠性的要求都位居首位。

(2) 可用性：可用性即所选服务器能满足长期稳定工作的要求，不能常出问题。实质等同于SUN提出的可靠性(Reliability)。为确保服务器具有高可用性，除了要求各配件质量过关外，还可采取必要的技术和设计配置，如硬件冗余、在线诊断等。

(3) 可扩展性：如服务器没有一定的可扩展性，当用户与业务增多不能胜任时，服务器在短时间内要遭淘汰。为保持可扩展性，通常要在服务器上准备一定的可扩展空间和冗余件，如磁盘阵列架位、PCI和内存条插槽位、CPU的升级或扩展等，以及系统是否支持Windows NT、Linux或Unix等多种可选主流操作系统，以保持前期投资为后期充分利用。

(4) 易使用性：服务器的功能比PC要复杂许多，不仅指其硬件配置，更多指其软件系统配置。服务器没有全面的软件支持是无法想象的。但是软件系统一多，又可能造成服务器的使用性能下降，管理人员难于操纵。所以，除了在服务器的可用性、稳定性等方面要充分考虑外，还须重视服务器的易使用性。

服务器的易使用性主要体现在服务器是不是容易操作，用户导航系统是不是完善，机箱设计是不是人性化，有无关键恢复功能，是否有操作系统备份，以及其他技术支持等方面。

(5) 可管理性：服务器的另一特性是其可管理性。虽说服务器应不间断地持续工作，但再好的产品都有可能出现故障。服务器虽在稳定性方面有一定保障，但也应有必要的避免出错的措施，以及出故障时能及时维护。这不仅可减少服务器出错的机会，同时还可大大提高服务器维护的效率。此性能也是 SUN 提出的可服务性(Serviceability)。

可管理性还体现在服务器有无智能管理系统，自动报警功能，是否有独立与系统的管理系统、液晶监视器等方面，以助管理员轻松管理，高效工作。

2.1.5 应用服务器

应用服务器(Application Server)是指通过各种协议把商业逻辑呈现给客户端的系統软件平台，它在操作系统上将一些通用的、与企业核心商务应用无关的环境和软件包集成在一起，向开发者提供，在软件包中预装部分功能，从而简化用户接口，减少开发难度。它提供访问商业逻辑的途径以供客户端应用程序使用，应用服务器使用此商业逻辑就像调用对象的一个方法一样。

应用服务器实际是支持商务应用的一个运行、支持和开发环境，它为系统的核心——应用软件提供服务。主要包括几个方面：首先是预装部分的应用功能，预装部分服务(如 Search Engine、Content Manage)使应用开发减少工作量；其后是系统管理部分，如服务器管理，用以提高系统的效率，然后是集成与开发工具，用以与其他系统进行集成。应用程序驻留在应用服务器上，为 Web 应用程序提供简单和可管理的对系统资源的访问机制。

目前应用服务器产品很多，但流行的应用服务器主要有 MS 的 IIS、IBM 的 WebSphere、BEA 的 WebLogic、Tomcat、Caucho Technology 的 Resin、Macromedia 的 JRun、NEC 的 WebOTX Application Server、JBoss Application Server 等。每种应用服务器都有自己的优点、局限性和适用性等。

1) IIS

IIS(Internet Information Service)是微软主推的产品，用于在 Intranet 或 Internet 上发布信息的应用服务器。IIS 是目前的主导应用服务器产品之一，它提供图形界面管理工具，称为 Internet 服务管理器，可用于监视配置和控制 Internet 服务。

IIS 是一组 Web 服务组件，其中包括 Web 服务器、FTP 服务器、NNTP 服务器和 SMTP 服务器，用于网页浏览、文件传输、新闻服务和邮件发送等方面，使得在网络(包括在互联网和局域网)上发布信息更加容易。

IIS 支持与语言无关的脚本编写和组件，通过 IIS，开发人员就可开发新一代动态的 Web 站点。IIS 不需开发人员学习新的脚本语言或者编译应用程序，它完全支持 ASP、VBScript、JavaScript 开发软件及 Java，它也支持 CGI 及 ISAPI 扩展和过滤器。它提供 ISAPI(Internet Server API)作为扩展 Web 服务器功能的编程接口，支持如编辑环境的界面(Frontpage)，有全文检索功能的(Index Server)、有多媒体功能的(Net Show)；它还提供一个 Internet 数据库连接器，可以实现对数据的查询和更新。

2) Apache

Apache 服务器是一个开放源码的网页服务器，可在大多数操作系统中运行，因其支持多平台和安全性被广泛使用，是最流行的Web服务器端软件之一，可运行在几乎所有的计算机平台上。它快速、可靠且可通过简单的API扩展，能将Perl/Python等解释器编译到服务器中。

Apache源于NCSAhttpd服务器，经多次修改，成为世界上最流行的Web服务器之一。因其是自由软件，不断有人为其开发新功能、新特性、修改缺陷等。Apache的特点是简单、快速、性能稳定，可运行到几乎所有的Unix、Windows和Linux系统中，尤其对Linux的支持相当完美。Apache有多种产品，可以支持SSL技术，支持多个虚拟主机。但Apache是以进程为基础的结构，进程要比线程消耗更多的系统开支，不太适于多处理器环境，因此，在Apache Web系统扩容时，通常是增加服务器或扩充群集节点而非增加处理器。世界上很多著名的商务网站都运行于其上。

3）WebSphere

WebSphere是IBM的集成软件平台，它不仅包含了编写、运行和监视全天候工业强度的Web应用程序，还有跨平台、跨产品解决方案所需要的整个中间件基础设施，如服务器、服务和工具。WebSphere软件平台能帮助客户在Web上创建自己的业务，或者将自己的业务扩展到Web上，为客户提供了一个可靠、可扩展、跨平台的解决方案。作为IBM电子商务应用框架的一个关键组成部分，WebSphere软件平台为客户提供了一个能充分利用Internet的集成解决方案。

WebSphere应用服务器是一个功能完善、开放的Web应用服务器，它基于Java的应用环境，用于建立、部署和管理Internet和Intranet Web应用程序。WebSphere应用服务器提供了增强的Servlet API和Servlet管理工具，并集成了JSP技术和数据库连接技术。

WebSphere以对多种平台的支持和符合最新的Java标准，提供了开发电子商务应用的可靠平台。WebSphere应用服务器能够为Servlet的开发实现“一次写成，各处使用”的目的。该产品包括一个基于Java的Servlet引擎，独立于Web服务器和它所基于的操作系统。WebSphere应用服务器提供了服务器插件的选项，与大多数流行的应用程序设计接口（API）兼容。其主要功能与特征如下：

(1) 交互功能：人员集成功能允许客户、雇员和业务合作伙伴灵活地与业务信息、应用程序和业务流程交互，可实现呼叫中心功能的自动化，可授权雇员、客户和业务合作伙伴从其PC、移动电话和PDA访问这些功能。以下WebSphere产品提供了人员集成（或交互）功能：

① WebSphere Portal。

② WebSphere Everyplace。

③ WebSphere Voice。

(2) 流程集成：企业可使用流程集成功能对业务流程进行建模、编排、监视和优化。如用户可对某个关键业务流程建模，然后对其模拟与细化，将它投入生产应用，通过对其监视逐步优化，然后在业务需求变化时可快速和智能地调整，实现电子商务系统“随需而变”的目标。以下WebSphere产品提供了流程集成功能：

① WebSphere Business Modeler。

② WebSphere Business Monitor。

③ WebSphere Process Server。

④ WebSphere Integration Developer。

(3) 信息集成：信息集成功能允许用户创建不同来源的结构化和非结构化信息的一致和

统一视图，以及管理和同步产品参考信息。例如，用户可创建跨越各数据资源的自由格式的搜索，这些数据资源包括 Web 站点、关系数据库、文件系统、新闻组、门户、协作系统和内容管理系统等。以下 WebSphere 产品提供了信息集成功能：

① WebSphere Product Center。

② WebSphere Information Integration。

③ WebSphere Commerce。

(4) 程序集成：应用程序集成功能提供服务支持跨应用程序的可靠和灵活的信息流，它们可在不同的企业中运行。例如，用户可简单地在应用程序间交换消息，或如业务需求更复杂，人们可创建一个灵活的、面向服务的体系结构，以支持跨广泛应用程序的系统性信息交换，这些应用程序在不同的公司服务器和平台上运行，并使用不同的语言。提供应用程序集成功能的部分 WebSphere 产品包括：

① WebSphere MQ。

② WebSphere Message Broker。

③ WebSphere Partner Gateway。

④ WebSphere Application Server。

(5) 基础设施：WebSphere 应用程序基础设施使用户能构建、部署、集成和增强新的和现有的应用程序。例如，用户可让遗留系统支持 Web 和扩展它们，并使它们能在 Java 环境中运行。以下 WebSphere 产品提供了应用程序基础设施功能：

① CICS Transaction Server。

② WebSphere Application Server。

③ WebSphere Host Access Transformation Services。

④ WebSphere Developer for zSeries。

4) WebLogic

WebLogic 应用服务器是 BEA 公司的主导产品之一，它是用于开发、集成、部署和管理大型分布式 Web 应用、网络应用和数据库应用的 Java 应用服务器。它将 Java 的动态功能和 Java Enterprise 标准的安全性引入大型网络应用的开发、集成、部署和管理之中。

企业电子商务应用系统需要快速开发，并要求服务器端组件具有良好的灵活性和安全性，同时还要支持关键任务所需的扩展性和可用性。WebLogic 简化了可移植及可扩展的应用系统的开发，并为其他应用系统提供了丰富的互操作性。

凭借群集技术，WebLogic 既实现了网页群集和 EJB 组件群集，且不需专门的硬件或操作系统支持。网页群集可以实现透明复制、负载平衡及表示内容容错，如 Web 购物车；组件群集则处理复杂的复制、负载平衡和 EJB 组件容错，以及状态对象（如 EJB 实体）的恢复。网页群集和组件群集对于电子商务解决方案要求的可扩展性和可用性都是至关重要的，共享的客户机/服务器和数据库连接及数据缓存和 EJB 都增强了性能表现。这是其他 Web 应用系统所不具备的。

WebLogic 被认为是市场上最好的 J2EE 工具之一。J2EE 架构是为企业级提供的一种支持分布式应用的整体框架，为集成后端系统，如 ERP 系统、CRM 系统，以及为实现企业级计算提供了一个简易的，开放的标准。WebLogic 具有开发和部署关键任务电子商务 Web 应用系统所需的多种特色和优势。

(1) 标准：对业内多种标准的全面支持，包括 EJB、JSB、JMS、JDBC、XML 和 WML，使

Web 应用系统的实施更为简单，保护了用户投资，也使基于标准的解决方案的开发更加简便。

(2) 可扩展性：WebLogic 具有高扩展的架构体系，包括客户机连接的共享、资源 pooling 以及动态网页和 EJB 组件群集。

(3) 快速开发：凭借对 EJB 和 JSP 的支持，以及 WebLogic 的 Servlet 组件架构体系，可加速投放市场速度。这些开放性标准与 WebGain Studio 配合，可简化开发，发挥已有的技能，迅速部署应用系统。

(4) 更趋灵活：WebLogic 的特点是与领先数据库、操作系统和 Web 服务器紧密集成。

(5) 可靠性：其容错、系统管理和安全性能已经在全球数以千计的关键任务环境中得以验证。

(6) 体系结构：WebLogic 是专门为企业电子商务应用系统开发的。企业电子商务应用系统需要快速开发，并要求服务器端组件具有良好的灵活性和安全性，同时还要支持关键任务所必需的高扩展、高性能和高可用性。WebLogic 简化了可移植及可扩展的应用系统的开发，并为其他应用系统和系统提供了丰富的互操作性。

5) Tomcat

Tomcat 服务器是一个免费的开放源代码的小型轻量级应用服务器，在中小型系统和并发访问用户不是很多的场合下被普遍使用。Tomcat 是 Apache 软件基金会的 Jakarta 项目中的一个核心项目，由 Apache、SUN 和其他一些公司及个人共同开发而成。由于 SUN 的参与和支持，Servlet 和 JSP 规范均在 Tomcat 中得到体现。Tomcat 技术先进、性能稳定，配置操作简单，而且免费，因而颇受 Java 爱好者的喜爱并得到了部分软件开发商的认可，成为目前比较流行的 Web 应用服务器。

Tomcat 和 IIS 等 Web 服务器一样，具有处理 HTML 页面的功能，另外它还是一个 Servlet 和 JSP 容器，独立的 Servlet 容器是 Tomcat 的默认模式。不过，Tomcat 处理静态 HTML 的能力不如 Apache 服务器。Tomcat 很受广大程序员的喜欢，因其运行时占用的系统资源小，扩展性好，支持负载平衡与邮件服务等开发应用系统常用的功能；而且它还在不断的改进和完善中，任何一个感兴趣的程序员都可以更改它或在其中加入新的功能。

6) J2EE

J2EE 架构在大中型应用中使用得较多，因其是一个开放、自由、大型的技术应用平台。J2EE 的组件封装是通过 EJB 来进行的，开发语言使用 Java。

J2EE 架构的核心是应用服务器。如前介绍，很多软件厂商都开发了基 Java 的应用服务器产品，当前市场上主导的是 WebSphere 和 WebLogic。两者各有其长，WebLogic 长于功能，WebSphere 致力于简化操作。例如，WebSphere 不仅是一套 Web 应用服务器，也是一套集成化的开发工具、门户、商务和集成软件，可跨越各种计算机平台建立、运行和集成电子商务应用，基于 J2EE、XML 等开放标准和新的 Web 服务标准。

J2EE 是一种利用 Java 2 平台来简化企业解决方案的开发、部署和管理相关的复杂问题的体系结构。J2EE 技术的基础就是核心 Java 平台或 Java 2 平台的标准版，J2EE 不仅巩固了标准版中的许多优点，如“编写一次、随处运行”的特性、方便存取数据库的 JDBC API，CORBA 技术及能够在 Internet 应用中保护数据的安全模式等，同时还提供了对 EJB、Java Servlets API、JSP 及 XML 技术的全面支持。其最终目的是成为一个能够使企业开发者大幅缩短投放市场时间的体系结构。

J2EE 体系结构提供中间层集成框架来满足无须太多费用而又需要高可用性、高可靠性及可扩展性的应用的需求。通过提供统一的开发平台，J2EE降低了开发多层应用的费用和复杂性，同时提供对现有应用程序集成强有力的支持，完全支持EJB，有良好的向导支持打包和部署应用，添加目录支持，增强了安全机制，提高了性能。

J2EE目前已经成为应用服务器的主流标准。除了微软之外的主要应用服务器产品都是建立在J2EE标准之上的。应用服务器正在与多种产品整合在一起(如数据库、服务器操作系统和集成开发环境)，成为一种大型应用平台的中心部分，这种平台不仅包括身份管理系统等一些相关技术，而且还包括集成、门户和边缘服务器。

7) .NET

.NET是微软用来实现XML、Web Services、SOA(Service-Oriented Architecture面向服务的体系结构)和敏捷性的技术和新一代技术平台，为敏捷商务构建互联互通的应用系统，这些系统是基于标准的、联通的、适应变化的、稳定的和高性能的。从技术角，一个.NET应用是一个运行于.NET Framework上的应用程序，精确地说，一个.NET应用是一个使用.NET Framework类库来编写，并运行于公共语言运行时Common Language Runtime之上的应用程序。Web Services是智能终端软件的基础，微软为用户创建智能终端提供了一整套丰富的解决方案，包括：

① .NET Framework：智能终端实现跨平台(设备无关性)；

② Visual Studio .NET：建立并集成Web Services和应用程序的快速开发工具；

③ MS Windows Server 2012：新一代的企业服务器，用于提供建立和发布各种解决方案；

④ MS Office Professional Edition 2003：内建的工具集也能帮助开发智能终端。

Web Services是.NET的核心技术。如Web是新一代的用户与应用交互的途径，XML是新一代的程序之间通信的途径一样，Web Services是新一代的计算机与计算机之间一种通用的数据传输格式，可让不同的应用系统更容易进行数据交换。Web Services有几项特性：它允许应用之间共享数据；它分散了代码单元；基于XML这种Internet数据交换的通用语言，实现了跨平台、跨操作系统、跨语言。

微软的ASP和Web Services的不同在于：ASP是一个集中式计算模型的产物，而Web Services以顺应分布式计算模式的潮流，其组件模式小巧、单一，对于开发人员来讲，开发成本较低。

Web Services是一个开放标准，与HTTP、XML、SOAP一样，是个工业标准，具有互操作属性，开发者同样可用Windows开发客户端来调用运行于Linux上的Web Services的方法。

MS服务器架构—— MS提供了最佳的服务器构架——Microsoft Windows Server System，便于发布、配置、管理、编排Web Services。为满足分布式计算之需，微软构造了一系列的服务器系统，这些内建安全技术的系统全部支持XML，加速了系统、应用程序以同样使用Web Services的伙伴应用之间的集成。

2.1.6 数据库管理系统

1) 数据库的概念

电子商务系统中的数据是为众多用户共享业务信息而建立的。在信息系统中，管理数据的系统为数据库(Database)。它摆脱了具体程序的限制和制约，为不同用户按其各自所需用法使用数据库中的数据;多个用户可以同时共享数据库中的数据资源,即不同的用户可以同时存取数据库中的同一个数据。数据共享性不仅满足了各用户对信息内容的要求,同时也满足了各用户之间信息通信的要求。

从结构上看,数据库的基本结构分三个层次,反映了观察数据库的三种不同角度。以内模式为框架所组成的数据库叫做物理数据库;以概念模式为框架所组成的数据库叫概念数据库;以外模式为框架所组成的数据库叫用户数据库,这就构成了如下三个层:

(1) 物理数据层:它是数据库的最内层,是物理存贮设备上实际存储的数据的集合。这些数据是原始数据,是用户加工的对象,由内部模式描述的指令操作处理的位串、字符和字组成。

(2) 概念数据层:它是数据库的中间一层,是数据库的整体逻辑表示,指出了每个数据的逻辑定义及数据间的逻辑联系,是存贮记录的集合。它所涉及的是数据库所有对象的逻辑关系,而不是它们的物理情况,是数据库管理员概念下的数据库。

(3) 逻辑数据层:它是用户所看到和使用的数据库,表示了一个或一些特定用户使用的数据集合,即逻辑记录的集合。

数据库不同层次之间的联系是通过映射进行转换的。

2) 数据库管理系统的功能

数据库管理系统(Database Management System, DBMS)是一种操纵和管理数据库的软件,用于建立、使用和维护数据库。它对数据库进行统一的管理和控制,以保证数据库的安全性和完整性。用户通过DBMS访问数据库中的数据,管理员也通过DBMS进行数据库的维护工作。它可使多个应用程序和用户用不同的方法在同时或不同时刻去建立、修改和询问数据库。自20世纪60年代诞生的数据库技术,为计算机收集、存储、加工和利用数据提供了日臻完善的支持,已成为当今计算机管理信息系统的核心技术,在电子商务系统的建设与运行中占有重要的地位。

大部分DBMS提供数据定义语言DDL(Data Definition Language)和数据操作语言DML(Data Manipulation Language),供用户定义数据库的模式结构与权限约束,实现对数据的追加、删除等操作。具体作用如下:

(1) 数据定义:DBMS提供DDL,供用户定义数据库的三级模式结构、两级映像以及完整性约束和保密限制等约束。DDL主要用于建立、修改数据库的库结构。DDL所描述的库结构仅仅给出了数据库的框架,数据库的框架信息被存放在数据字典(Data Dictionary)中。

(2) 数据操作:DBMS提供DML,供用户实现对数据的追加、删除、更新、查询等操作。

(3) 数据库的运行管理:数据库的运行管理功能是DBMS的运行控制、管理功能,包括多用户环境下的并发控制、安全性检查和存取限制控制、完整性检查和执行、运行日志的组织管理、事务的管理和自动恢复,即保证事务的原子性。这些功能保证了数据库系统的正常运行。

(4) 数据组织、存储与管理:DBMS要分类组织、存储和管理各种数据,包括数据字典、用户数据、存取路径等,需确定以何种文件结构和存取方式在存储级上组织这些数据,如何实现数据间的联系。数据组织和存储的基本目标是提高存储空间利用率,选择合适的存取方法提高存取效率。

(5) 数据库的保护:数据库中的数据是信息社会的战略资源,所以数据的保护至关重要。DBMS对数据库的保护通过4个方面来实现:数据库的恢复、数据库的并发控制、数据库的完整性控制、数据库安全性控制。DBMS的其他保护功能还有系统缓冲区的管理以及数据存储的某些自适应调节机制等。

(6) 数据库的维护:包括数据库的数据载入、转换、转储,数据库的重组合重构以及性能监控等功能,这些功能分别由各个使用程序来完成。

(7) 通信:DBMS 具有与操作系统的联机处理、分时系统及远程作业输入的相关接口,负责处理数据的传送。对网络环境下的数据库系统,还应该包括 DBMS 与网络中其他软件系统的通信功能以及数据库之间的互操作功能。

(8) 数据恢复:当突然停电,出现硬件故障、软件失效、病毒或严重错误操作时,DBMS 应提供恢复数据库的功能,如定期转存、恢复备份、回滚等,使系统有能力将数据库恢复到损坏前的状态。

3) 常用数据库管理系统

电子商务系统开发时,有很多类型的数据库可供选择,以下是目前国内电子商务网站中应用较多的几种数据库。

(1) Access 数据库:这是微软于 1994 年推出的微机数据库管理系统,是把数据库引擎的图形用户界面和软件开发工具结合在一起的一个数据库管理系统。它是微软 Office 的一个成员,具有界面友好、易学易用、开发简单、接口灵活等特点,是典型的桌面数据库管理系统。

MS Access 以它自己的格式将数据存储在基于 Access Jet 的数据库引擎里。它还可以直接导入或者链接数据(这些数据存储在其他应用程序和数据库)。软件开发人员和数据架构师可以使用 MS Access 开发应用软件,"高级用户"可以使用它来构建软件应用程序。和其他办公应用程序一样,Access 支持 Visual Basic 宏语言,它是一个面向对象的编程语言,可引用各种对象,包括 DAO(数据访问对象)、ActiveX 数据对象以及许多其他的 ActiveX 组件。可视对象用于显示表和报表,其方法和属性是在 VBA 编程环境下,VBA 代码模块可以声明和调用 Windows 操作系统函数。其主要特点如下:

① 完善地管理各种数据库,具有强大的数据组织、用户管理、安全检查等功能。

② 强大的数据处理功能,还具备了许多先进的大型数据库管理系统所具备的特征,如事务处理、出错回滚能力等。

③ 可以方便地生成各种数据对象,利用存储的数据建立窗体和报表,可视性好。

④ 作为 Office 套件的一部分,可以与 Office 集成,实现无缝连接。

⑤ 能够利用 Web 检索和发布数据,实现与 Internet 的连接。Access 主要适用于中小型应用系统,或作为客户机/服务器(C/S)系统中的客户端数据库,在开发一些小型电子商务网站 Web 应用程序时,用来存储数据,如 ASP+Access。这些应用程序都利用 ASP 技术在 IIS 中运行。比较复杂的 Web 应用程序则使用 PHP/MySQL 或者 ASP/Microsoft SQL Server。

(2) SQL Server 数据库:这是微软的一种关系型数据库系统。SQL Server 是一个可扩展、高性能、为分布式 C/S 计算所设计的数据库管理系统,实现了与 Windows NT 的有机结合,提供了基于事务的企业级信息管理系统方案。其主要特点如下:

① 高性能设计,可充分利用 Windows NT 的优势。

② 系统管理先进,支持 Windows 图形化管理工具,支持本地和远程的系统管理和配置。

③ 强壮的事务处理功能,采用各种方法保证数据的完整性。

④ 支持对称多处理器结构、存储过程、ODBC,并具有自主的 SQL 语言。SQL Server 以其内置的数据复制功能、强大的管理工具、与 Internet 的紧密集成和开放的系统结构为广大的用户、开发人员和系统集成商提供了一个出众的数据库平台。

SQL Server 在技术上属于微软的一个重要产品，其具体产品和功能如下：

① AlwaysOn：该功能提升数据库的镜像，用于对数据库做灾难恢复。

② Windows Server Core 支持：是命令行界面的 Windows，使用 DOS 和 PowerShell 来与用户交互。其资源占用更少，更安全，支持 SQL Server 2012。

③ Columnstore 索引：是为数据仓库查询设计的只读索引，数据被组织成扁平化的压缩形式存储，极大地减少了 I/O 和内存使用。

④ 自定义服务器权限：DBA 可创建数据库的权限，但不能创建服务器的权限。而 SQL Server 2012 支持针对服务器的权限设置。

⑤ 增强的审计功能：所有的 SQL Server 版本都支持审计。用户可自定义审计规则，记录一些自定义的时间和日志。

⑥ BI 语义模型：该功能用来替代"Analysis Services Unified Dimensional Model"，这是一种支持 SQL Server 所有 BI 体验的混合数据模型。

⑦ 分布式回放(Distributed Replay)：该功能让用户记录生产环境的工作状况，然后在另外一个环境重现这些工作状况。

⑧ PowerView：这是一个自主 BI 工具，可让用户创建 BI 报告。

⑨ SQL Azure 增强：微软对其进行了改进，可将 Azure 数据库的上限提高到 150G。

⑩ 大数据支持：微软宣布了与 Hadoop 的提供商 Cloudera 合作，提供 Linux 的 SQL Server ODBC 驱动，主要合作内容是微软开发 Hadoop 的连接器，也就是 SQL Server 也跨入了 NoSQL(Not Only SQL) 领域。

其他还有如 Sequence Objects，PowerShell 等，均为 SQL Server 的重要功能。

(3) Oracle 数据库：Oracle 是目前使用最为广泛的关系数据库管理系统(RDBMS)，作为一个通用的数据库系统，它具有完整的数据管理功能；作为一个关系数据库，它是一个完备关系的产品；作为分布式数据库，它实现了分布式处理功能，也是目前最流行的客户机/服务器(C/S)或 B/S 体系结构的数据库之一。它可支持多种不同的硬件和操作系统平台，为各种硬件结构提供高度的可伸缩性，支持对称多处理器、群集多处理器、大规模处理器等，并提供广泛的国际语言支持。Oracle 是一个多用户系统，能自动从批处理或在线环境的系统故障中恢复运行。

Oracle 具有很好的可移植性，通过它的通信功能，微型计算机上的程序可以同小型乃至大型计算机上的 Oracle 相互传递数据。Oracle 属于大型数据库系统，主要适用于大、中、小型应用系统，或作为客户服务器系统中服务器端的数据库系统。

Oracle 数据库最新版本为 Oracle Database 12c，它引入了一个新的多承租方架构，使用该架构可轻松部署和管理数据库云。此外，一些创新特性可最大限度地提高资源使用率和灵活性，如 Oracle Multitenant 可快速整合多个数据库，而 Automatic Data Optimization 和 Heat Map 能以更高的密度压缩数据和对数据分层。这些独一无二的技术进步再加上在可用性、安全性和大数据支持方面的主要增强，使得 Oracle 数据库 12c 成为私有云和公有云部署的理想平台。

Oracle 的主要特点如下：

① 完整的数据管理功能：主要体现在：数据的大量性；数据保存的持久性；数据的共享性；数据的可靠性。

② 完备关系的产品：主要体现在：信息准则：RDBMS 的所有信息都应在逻辑上用一种方

法，即表中的值显式地表示；保证访问的准则；视图更新准则：只要形成视图的表中的数据变化了，相应视图中的数据同时变化；数据物理性和逻辑性独立准则。

③ 分布式处理功能：Oracle 数据库自第 5 版起就提供了分布式处理能力，第 7 版就有完善的分布式数据库功能，Oracle 分布式数据库由 Oracle * RDBMS、SQL * Net、SQL * Connect 和其他非 Oracle 的关系型产品构成。

④ 用 Oracle 能轻松地实现数据仓库的操作。

这些特点都使 Oracle 数据库在电子商务平台中起重要的作用，致使许多重要的商务平台都采用 Oracle 数据库。

(4) DB2 数据库：这是 IBM 的一种关系型数据库系统，主要应用于大型应用系统，具有较好的可伸缩性，可支持从大型机到单用户环境，应用于 OS/2、Windows 等平台下。DB2 提供了高层次的数据利用性、完整性、安全性、可恢复性，以及小规模到大规模应用程序的执行能力，具有与平台无关的基本功能和 SQL 命令。DB2 采用了数据分级技术，能够使大型机数据很方便地下载到 LAN 数据库服务器，使得 C/S 用户和基于 LAN 的应用程序可以访问大型机数据，并使数据库本地化及远程连接透明化。它以拥有一个非常完备的查询优化器而著称，其外部连接改善了查询性能，并支持多任务并行查询。DB2 具有很好的网络支持能力，每个子系统可以连接十几万个分布式用户，可同时激活上千个活动线程，对大型分布式应用系统尤为适用。

DB2 除了可支持主流的 OS/390 和 VM 操作系统，中等规模的 AS/400 系统之外，还提供了跨平台（包括 Unix，Linux，HP-UX，SunSolaris，以及 SCO UnixWare，以及 Windows 系统）的 DB2 产品。DB2 数据库可通过使用微软的开放数据库连接（ODBC）接口，Java 数据库连接（JDBC）接口，或者 CORBA 接口代理被任何的应用程序访问。同时，DB2 率先实现了可扩展标记语言（XML）和关系数据间的无缝交互，而无需考虑数据的格式、平台或位置。这对于支持电子商务运行是至关重要的。

DB2 的主要产品如下：

① DB2 Everyplace：主要用于移动计算。移动计算的真正力量并不在于移动设备本身，而在于能利用来自其他来源的数据。DB2 Everyplace 不仅是一种移动计算基础设施，还是一个完整的环境，包含了构建、部署和支持电子商务应用程序所需的工具。它还提供一个指纹引擎，其中包含所有的安全特性，比如表加密和提供高性能的高级索引技术。

它可在当今最常见的各种手持设备上顺利地运行（提供多线程支持），如 Palm OS、Microsoft Windows Mobile Edition、任何基于 Windows 的 32 位操作系统、Symbian、QNX Neutrino、Java 2 Platform. Micro Edition(J2ME)设备（如 RIM 的 Blackberry pager）、嵌入式 Linux 发布版（如 BlueCat Linux）等。

② DB2 Personal Edition：DB2 Personal Edition 是单用户 RDBMS，运行于低价的商用硬件桌面计算机上。DB2 Personal 包含 DB2 Express 的所有特性，但是有一个例外：远程客户机无法连接运行这个 DB2 版本的数据库。

③ DB2 Express - C：它提供了 DB2 Express 的大多数功能，可用于基于 Linux 和 Windows 的操作系统。

④ DB2 Express Edition：这是一种功能全面的支持 Web 的 C/S RDBMS，用于基于 Windows 和 Linux 的工作站，提供一个低价的入门级服务器，用于小型企业和部门的计算任务。

⑤ DB2 Enterprise Edition：这是一种功能全面的支持 Web 的 C/S RDBMS，用于所有支

持 Unix、Linux 和 Windows 的系统，适合作为大型和中型的部门服务器。DB2 Enterprise 包含 DB2 Express 和 DB2 Workgroup 的所有功能，还添加了其他功能。

⑥ Data Enterprise Developer Edition(DEDE)：是为应用程序开发人员提供的特殊版本，它提供了几个信息管理产品，使应用程序开发人员可以对应用程序进行设计、构建和建立原型，产生的应用程序可以部署在任何 IBM 信息管理软件客户机或服务器平台上。

(5) Sybase 数据库：这是 Sybase 公司研制的一种关系型数据库系统，是一种典型的 Unix 或 Windows NT 平台上 C/S 环境下的大型数据库系统。Sybase 提供了一套应用程序编程接口和库，可以与非 Sybase 数据源及服务器集成，允许在多个数据库之间复制数据，适于创建多层应用。系统具有完备的触发器、存储过程、规则及完整性定义，支持优化查询，具有较好的数据安全性。Sybase 通常与 Sybase SQL Anywhere 用于 C/S 环境，前者作为服务器数据库，后者为客户机数据库，采用该公司研制的 PowerBuilder 开发工具，在我国大中型系统中具有广泛的应用。

Sybase 的优势是其高性能。具体体现在以下几方面：

① 可编程数据库：通过提供存储过程，创建了一个可编程数据库。存储过程允许用户编写其数据库子例程。这些子例程是经过预编译的，因此不必为每次调用都进行编译、优化、生成查询规划，因而查询速度要快得多。

② 事件驱动的触发器：触发器是一种特殊的存储过程。通过触发器可以启动另一个存储过程，从而确保数据库的完整性。

③ 多线索化：Sybase 数据库体系结构的另一个创新之处就是多线索化。一般的数据库都依靠操作系统来管理与数据库的连接。当有多个用户连接时，系统的性能会大幅度下降。Sybase数据库不让操作系统来管理进程，把与数据库的连接当做自己的一部分来管理。此外，Sybase 的数据库引擎还代替操作系统来管理一部分硬件资源，如端口、内存、硬盘，绕过了操作系统这一环节，提高了性能。

Sybase 数据库主要由以下 3 部分组成：

① 进行数据库管理和维护的一个联机的关系数据库管理系统 Sybase SQL Server。

Sybase SQL Server 是个可编程的数据库管理系统，它是整个 Sybase 产品的核心软件，起着数据管理、高速缓冲管理、事务管理的作用。

② 支持数据库应用系统的建立与开发的一组前端工具 Sybase SQL Toolset。

ISQL 是与 SQL Server 进行交互的一种 SQL 句法分析器。ISQL 接收用户发出的 SQL 语言，将其发送给 SQL Server，并将结果以形式化的方式显示在用户的标准输出上。

DWB 是数据工作台，是 Sybase SQL Toolset 的一个主要组成部分，它的作用在于使用户能够设置和管理 SQL Server 上的数据库，并且为用户提供一种对数据库的信息执行添加、更新和检索等操作的简便方法。在 DWB 中能完成 ISQL 的所有功能，且由于 DWB 是基于窗口和菜单的，因此操作比 ISQL 简单，是一种方便实用的数据库管理工具。

APT 是 Sybase 客户软件部分的主要产品之一，也是从事实际应用开发的主要环境。APT 工作台是用于建立应用程序的工具集，可以创建从非常简单到非常复杂的应用程序，它主要用于开发基于表格(Form)的应用。其用户界面采用窗口和菜单驱动方式，通过一系列的选择完成表格、菜单和处理的开发。

③ 可把异构环境下其他厂商的应用软件和任何类型的数据连接在一起的接口 Sybase Open Client/Open Server。

通过 Open Client 的 DB-LIB 库，应用程序可以访问 SQL Server。而通过 Open Server 的 Server-LIB，应用程序可以访问其他的数据库管理系统。

4) 电子商务数据管理的特点

随着 B2C 平台的大型化和 B2B 与企业内部业务结合的深入化，电子商务对数据库系统的要求也日益提高。特别在如电力、化工、钢铁、冶金、造纸、交通控制和证券金融等领域，商务系统要为企业提供高速、及时的实时数据服务，能够对快速变化的实时数据进行长期高效的历史存储，也是工厂控制层(现场总线、DCS、PLC 等)与生产管理系统之间连接的桥梁，同时也是流程模拟、先进控制、在线优化、故障诊断等系统的数据平台。

B2B 平台与企业生产系统的对接，要求数据系统能安全、稳定地与现场各控制系统互接，并能对采集来的数据进行高效的数据压缩和长期的历史存储，同时提供方便易用的客户端应用和通用的数据接口(API、DDE、ODBC、JDBC、OPC 等)，使企业的管理和决策人员能及时、全面地了解当前的生产情况，也可回顾过去的生产与交易情况，及时发现生产、供应与后续质量管理中存在的问题，降低生产成本，增强企业的核心竞争力。

在此趋势下，电子商务平台数据管理的特点如下：

(1) 企业级的生产实时数据平台。

(2) 分布式数据库架构，满足集团级需求。

(3) 实时访问全厂生产、供应与销售数据。

(4) 高效的数据压缩和长期历史存储。

(5) 支持在线计算、统计分析。

(6) 完善的图形仿真技术，监视画面、统计分析与控制系统相一致。

(7) 丰富的客户端应用工具。

(8) 优异的跨平台性能，支持 Unix、Linux、Windows 等操作系统。

(9) 开放的数据接口，如 API、DDE、ODBC、JDBC、OPC。

(10) 支持大用户量的访问和突发大流量访问。

(11) 支持固定和移动终端远程访问，随时随地享用生产信息。

(12) 支持个性化定制服务，能满足不同用户不断变化的个性化数据查询、分析与呈现需求等。

2.1.7 中间件

1) 中间件的概念

电子商务系统软件中，中间件(Middleware)起着不可或缺的作用。在众多中间件的定义中，较为普遍被接受的是 IDC 的定义：中间件是一种独立的系统软件或服务程序，分布式应用软件借助这种软件在不同的技术之间共享资源，中间件位于 C/S 的操作系统之上，管理计算资源和网络通信。这一定义表明：中间件是一类软件，而非一种软件；它不仅能实现系统互联，还要实现应用之间的互操作；中间件是基于分布式处理的软件，突出特点是其网络通信功能。

中间件是在计算机硬件和 C/S 架构之上，支持应用软件开发和运行的系统软件，它能够使应用软件相对独立于硬件和操作系统，为大型分布式应用搭起一个标准平台，把大型企业分散的系统和技术组合在一起，借助其在不同的技术之间共享资源，实现应用软件系统的集成。

中间件是一类独立的系统软件或服务程序，可管理计算机资源和网络通信，连接两个独立应用程序或独立系统。相连接的系统，即使它们具有不同的接口，但通过中间件仍能交换信息，应用程序可以工作于多平台或 OS 环境中。中间件包括一组服务，在一台或多台机器上的多个软件通过网络交互时，该服务提供的互操作性，推动了分布式体系架构的演进，该架构通常用于支持并简化那些复杂的分布式应用程序，它包括 Web 服务器、事务监控器和消息队列软件。

在具体实现上，中间件是一个用 API 定义的分布式软件管理框架，具有强大的通信能力和良好的可扩展性。中间件的产品种类很多，常见的中间件可分为数据库中间件、远程过程调用中间件、消息中间件、交易中间件、对象中间件、基于对象请求代理的中间件、事务处理中间件等。

2）中间件的优势

中间件位于具体应用和底层系统（包括操作系统、网络协议集、硬件等）之间，它所扮演的角色是：连接应用程序和底层软硬件基础设施，协调应用各部分的连接和互操作；使系统开发者能够实现并简化基于各种不同技术的服务组件之间的集成。在应用系统开发中采用中间件技术有以下优点：

（1）能对软件开发者屏蔽底层的、复杂烦琐的、易出错的平台细节，减少应用开发的复杂性。

（2）能提供大批可复用的、构件化的服务，从而加快应用开发周期，降低开发成本。

（3）能为应用提供一个面向网络的高层抽象的集合，这种一致的高层抽象能简化分布式系统的开发。

（4）协调应用系统各部分之间的互联、互操作，使得从小到组件模块、大到企业应用实体所提供的服务都能够相互集成，并使这种集成得到简化。

总之，中间件技术为降低分布式应用系统的开发、部署、运行和维护的复杂性提供了有力的工具。但是现在，使用中间件集成复杂系统的要求还不能完全得到满足，相关的技术还不够成熟。因为，从中间件上层的分布式应用需求到下层的基础架构的不断发展都给中间件技术带来了新的问题和潜在的解决方案；而且，以网络为中心的系统开发范式促使多层次中间件的形成，每个层次的中间件都包含了互相交织的技术，这给基于中间件的系统集成带来了新的复杂性。

3）中间件功能架构

中间件有多种类型，但一般而言，其功能主要如下：

（1）企业服务总线（Enterprise Service Bus，ESB）：ESB 是一种开放的、基于标准的分布式同步或异步信息传递中间件。通过 XML、Web Service 接口以及标准化基于规则的路由选择文档等支持，ESB 为企业应用程序提供安全互用性。

（2）事务处理（Transaction Processing，TP）监控器：为发生在对象间的事务处理提供监控功能，以确保操作成功实现。

（3）分布式计算环境（Distributed Computing Environment，DCE）：指创建运行在不同平台上的分布式应用程序所需的一组技术服务。

（4）远程过程调用（Remote Procedure Call，RPC）：指客户机向服务器发送关于运行某程序的请求时所需的标准。

（5）对象请求代理（Object Request Broker，ORB）：为用户提供与其他分布式网络环境中对象通信的接口。

(6) 数据库访问中间件(Database Access Middleware, DAM):支持用户访问各种操作系统或应用程序中的数据库。SQL 是该类中间件的其中一种。

(7) 信息传递(Message Passing):电子邮件系统是该类中间件的其中一种。

(8) 基于 XML 的中间件(XML - Based Middleware):XML 允许开发人员为实现在 Internet 中交换结构化信息而创建文档。

4) 中间件的作用

中间件在上述功能的集成下,成为分布式软件系统不可或缺的关键基础设施,它同操作系统、数据库系统共同构成了基础软件体系的三大支柱,实现以下作用。

(1) 支持分布式软件(资源)的交互与访问:分布式软件必须包含分布式操作,需要与其他分布软件/服务通信交互,访问分布资源。现代操作系统不能解决这些互联、互操作问题,而中间件系统就是要提供高层次的抽象和封装,解决分布式软件的通信交互、分布资源的访问问题。

(2) 屏蔽异构:网络分布应用面临多种多样的异构问题,要实现分布应用的正确交互,必须有相应的机制解决异构问题,而中间件系统的主要作用就是提供不同层次和方面的抽象机制,屏蔽操作系统、编程语言、通信协议、交互模式和数据编码的异构,提高网络分布应用的互操作性。

(3) 提供公共服务:公共服务是对分布式应用共性功能的抽取,其好处在于一方面共性功能的抽取由中间件统一提供,减少系统开发的工作量;另一方面使得应用开发者更关注业务功能,有助于提高软件质量。

(4) 提升系统标准化程度与可维护性:由于标准接口对于可移植性以及标准协议对于互操作性的重要性,中间件已成为许多标准化工作的主要部分。对于应用软件开发,中间件提供的程序接口定义了一个相对稳定的高层应用环境,不管底层的计算机硬件和系统软件怎样更新换代,只要将中间件升级更新,并保持中间件对外的接口定义不变,应用软件几乎不需任何修改,从而保护了企业在应用软件开发和维护中的投资。

5) 中间件的运行管理

中间件支持网络分布应用的连接交互,支撑网络分布应用的运行。在分布应用运行时,中间件需要对其通信能力进行调度,对其计算资源进行管理,对负载进行均衡,对计算进程、线程进行调度等。中间件不仅提供这些管理能力,重要的是使这些管理活动自动进行,这样就降低了系统管理的复杂度,提高了系统的可靠性。

中间件软件能够提高系统的性能、简化开发的流程,但是在系统设计过程中,选择何种中间软件以充实和强化系统性能要根据应用软件的具体需要,从系统的性能指标、投资费用、开发难度等多方面进行考虑。

6) 中间件的分类

中间件种类复杂,可提供不同形式的通信服务,包括同步、排队、订阅发布、广播等,在这些基本的通信平台之上,可构筑各种功能框架,为应用程序提供不同领域内的服务,如事务处理监控、分布数据访问、对象事务管理等。因此,可将中间件分为以下几类。

(1) 远程过程调用中间件(RPC):远程过程调用是一种广泛使用的分布式应用程序处理方法。一个应用程序使用 RPC 来远程执行一个位于不同地址空间里的过程,且从效果上看和执行本地调用相同。RPC 应用分两部分:Server 和 Client。Server 提供一个或多个远程过程;

Client 向 Server 发出远程调用。Server 和 Client 可以位于同一台计算机，也可位于不同的计算机，甚至运行在不同的操作系统之上。它们通过网络进行通信。相应的 Stub 和运行支持提供数据转换和通信服务，从而屏蔽不同的操作系统和网络协议。RPC 通信是同步的。采用线程可以进行异步调用。

(2) 面向消息的中间件(Message-Oriented Middleware, MOM)：MOM 指的是利用高效可靠的消息传递机制进行平台无关的数据交流，并基于数据通信来进行分布式系统的集成。通过提供消息传递和消息排队模型，它可在分布式环境下扩展进程间的通信，并支持多通信协议、语言、应用程序、硬件和软件平台。流行的 MOM 中间件产品有 IBM 的 MQSeries、BEA 的 MessageQ 等。消息传递和排队技术有以下 3 个主要特点：

① 通信程序可在不同的时间运行：程序不在网络上直接相互通话，而是间接地将消息放入消息队列，因为程序间没有直接的联系，所以它们不必同时运行。消息放入适当的队列时，目标程序甚至根本不需要正在运行；即使目标程序在运行，也不意味着要立即处理该消息。

② 对应用程序的结构没有约束：在复杂的应用场合中，通信程序之间不仅可以是一对一的关系，还可以进行一对多和多对一方式，甚至是上述多种方式的组合。多种通信方式的构造并没有增加应用程序的复杂性。

③ 程序与网络复杂性相隔离：程序将消息放入消息队列或从消息队列中取出消息来进行通信，与此关联的全部活动，比如维护消息队列、维护程序和队列之间的关系、处理网络的重新启动和在网络中移动消息等是 MOM 的任务，程序不直接与其他程序通话，并且它们不涉及网络通信的复杂性。

(3) 对象请求代理中间件(Object Request Brokers, ORB)：随着对象技术与分布式计算技术的发展，两者相互结合形成了分布对象计算，并发展为当今软件技术的主流方向。首先，对象管理集团 OMG 首次推出对象管理结构 OMA(Object Management Architecture)，对象请求代理是这个模型的核心组件。其作用在于提供一个通信框架，透明地在异构的分布计算环境中传递对象请求。CORBA 规范包括了 ORB 的所有标准接口。其后推出的 CORBA 1.1 定义了接口描述语言 OMG IDL 和支持 C/S 对象在具体的 ORB 上进行互操作的 API。CORBA 2.0 规范描述的是不同厂商提供的 ORB 之间的互操作。

ORB 是对象总线，它在 CORBA 规范中处于核心地位，定义异构环境下对象透明地发送请求和接收响应的基本机制，是建立对象之间 C/S 关系的中间件。ORB 使得对象可以透明地向其他对象发出请求或接受其他对象的响应，这些对象可以位于本地也可以位于远程机器。ORB 拦截请求调用，并负责找到可以实现请求的对象、传送参数、调用相应的方法、返回结果等。Client 对象并不知道与 Server 对象通信、激活或存储 Server 对象的机制，也不必知道 Server 对象位于何处、它是用何种语言实现的、使用什么操作系统或其他不属于对象接口的系统成分。

(4) 事务处理监控中间件(Transaction Processing Monitors)：最早用于大型机，为其提供支持大规模事务处理的可靠运行环境。随着分布计算技术的发展，分布应用系统对大规模的事务处理提出了需求，比如商业活动中大量的关键事务处理。事务处理监控界于 Client 和 Server 之间，进行事务管理与协调、负载平衡、失败恢复等，以提高系统的整体性能。它可以视为事务处理应用程序的"操作系统"。总体上来说，事务处理监控有以下功能：

① 进程管理：包括启动 Server 进程，为其分配任务，监控其执行并对负载进行平衡。

② 事务管理：即保证在其监控下的事务处理的原子性、一致性、独立性和持久性。

③ 通信管理：为 Client 和 Server 之间提供了多种通信机制，包括请求响应、会话、排队、订阅发布和广播等。

事务处理监控能为大量的 Client 提供服务，如火车订票系统。如 Server 为每一个 Client 都分配其所需资源的话，则 Server 将不堪重负。实际上，同一时刻并非所有的 Client 都需要请求服务，而一旦某个 Client 请求了服务，就希望得到快速的响应。事务处理监控在操作系统之上提供一组服务，对 Client 请求进行管理并为其分配相应的服务进程，使 Server 在有限的系统资源下能高效地为大规模的客户提供服务。

7）中间件的发展趋势

中间件通过网络互连、数据集成、应用整合、流程衔接、用户互动等形式，已经成为大型网络应用系统开发、集成、部署、运行与管理的关键支撑软件。随着中间件的广泛应用，其需求也表现出一些新的特点：

(1) 可成长性：Internet 是无边界的，中间件必须支持建立在 Internet 之上的网络应用系统的生长与代谢，维护相对稳定的应用视图。

(2) 适应性：环境和应用需求不断变化，应用系统需要不断演进，作为企业计算的基础设施，中间件需要感知、适应变化，提供对下列环境的支持：

① 支持移动、无线环境下的分布应用，适应多样性的设备特性以及不断变化的网络环境。

② 支持流媒体应用，适应不断变化的访问流量和带宽约束。

③ 在 DRE(Distributed Real-time Embedded)环境下，适应强 QoS 的分布应用的软硬件约束。

④ 能适应未来还未确定的应用要求。

(3) 可管理性：领域问题越来越复杂，IT 应用系统越来越庞大，其自身管理维护则变得越来越复杂。中间件必须具有自主管理能力，简化系统管理成本。具体如下：

① 面对新的应用目标和变化的环境，支持复杂应用系统的自主再配置。

② 支持复杂应用系统的自我诊断和恢复。

③ 支持复杂应用系统的自主优化。

④ 支持复杂应用系统的自主防护。

(4) 高可信性：提供安全、可信任的信息服务。具体如下：

① 支持大规模的并发客户访问。

② 提供 99.99%以上的系统可用性。

③ 提供安全、可信任的信息服务。

(5) 负载均衡：负载均衡(Load Balance)是将负载(工作任务)进行平衡，分摊到多个操作单元上进行执行，从而共同完成工作任务。它有如下两方面的含义：

① 将单个重负载的运算或进程分发到多台节点设备上做并行处理，系统处理能力得到大幅度提高。

② 将大量的并发访问或数据流量分担到多台节点设备上分别处理，减少用户等待响应时间，这主要针对 Web 服务器、FTP 服务器、企业关键应用服务器等网络应用。

多数中间件都支持负载均衡，实现负载均衡大大降低了系统的崩溃现象。

中间件技术的发展方向，将聚焦于消除信息孤岛，推动无边界信息流，支撑开放、动态、多变的互联网环境中的复杂应用系统，实现对分布于互联网之上的各种自治信息资源(计算资源、数据资源、服务资源、软件资源)的简单、标准、快速、灵活、可信、高效能及低成本的集成、协同和综合利用，提高组织的 IT 基础设施的业务敏捷性，降低总体运维成本，促进 IT 与业务之间的匹配。中间件技术正在呈现出业务化、服务化、一体化、虚拟化等诸多新的重要发展趋势。

2.2 服务支持层

服务支持层逻辑上分为支撑服务类与公共服务类。主要为应用扩展层提供所需的系统部署、集成支持业务软件，平台管理所需的公共服务软件等，一般与业务流程或应用模式无关。其功能架构如图 2-1 所示。

2.2.1 支撑服务

服务支持层的支撑服务类包括：权限管理、目录服务、用户和组织机构管理、日志服务、系统监控与管理等。

1）权限管理

（1）权限管理的概念：指根据系统设置的安全规则或安全策略，用户可访问且只能访问被授权的资源。权限管理为商务系统所需，它与“用户身份认证”、“密码设置”、“系统管理”等概念有所不同。系统管理员一般为系统定义角色，给用户分配角色，再按角色分配权限，形成常见的基于角色的访问控制。这些权限管理和数据直接相关，又称为数据级权限管理、细粒度权限管理或者内容权限管理。

商务平台中的权限管理应按灵活、通用的设计原则，对所有对象资源和商品、客户及服务项等数据资源进行访问权限控制，确保对各类角色、不同作业系统的使用功能和访问数据范围进行权限的统一管理和控制。例如平台中应用系统的功能菜单、界面按钮、数据显示项，各种数据的执行、访问、新增、修改、删除、拷贝等都可进行权限控制。

权限管理的主要功能包括：登录权限管理、特殊权限管理、层级权限管理、数据访问权限管理、授权与复核管理、权限的检验与控制。系统管理中的权限管理往往通过操作界面实现，各种职能对应的安全策略是事先拟定的并由系统管理员具体实施，系统背后是一系列的权限验证逻辑。

用户身份认证本不属于权限管理范畴，它仅要用户告诉系统“我是谁”，系统就问用户凭什么证明你就是“谁”呢？对于采用用户名、密码验证的系统，就是出示密码。当用户名和密码匹配，则证明当前用户是谁；对于采用指纹等系统，则出示指纹；对于硬件 Key 等刷卡系统，则需要刷卡。权限管理则是在用户身份业已确认的前提下，按其身份限定的职能范围赋予其相应的操作权限。而信息加密隶属于用户身份认证领域，不属于权限管理范畴。

（2）权限管理的分类：从控制力度来看，可将权限管理分为功能级权限管理和数据级权限管理；从控制方向来看，可将权限管理分为从系统获取数据（如查询订单、查询商品和供应商资料）和向系统提交数据（如删除订单、订购物品、修改价格等）。这些分类决定其技术需求。

（3）技术实现

① 功能权限管理技术实现：功能权限管理一般采用基于角色访问控制技术 RBAC（Role Based Access Control），被广泛运用于各种商务系统，其模型是“用户→角色→权限”进行设置。即针对相应用户，视其在业务中的角色授予其相应权限。RBAC 权限设置模型提供如下

功能：

a. 用户管理：根据系统运行模式，定义各环节上的各类用户，按业务逻辑建立相应的安全策略。

b. 角色管理：按安全策略，系统对各业务阶段的用户定义相应角色，并赋予对应的权限。

c. 权限管理：作业界面上，支持用户通过身份验证等方式获得相应权限。

② 功能级权限控制：能让系统使用者（如平台管理员）定义角色，给用户分配角色。该步骤使用户能在功能级进行权限管理。这样当系统新增功能时，或安全策略变更时可将需要保护的功能添加到系统。

③ 预定部分数据级权限：平台应提供相应规则和管理界面，让系统使用者（如商家与购买者）输入规则参数。特别是 B2B 中可让企业管理者按职能管控权限，如规定普通审查员可审查财务数据的金额范围，或选择哪些用户能查询哪些机构的订单数据等。

这给使用平台的企业提供了部分控制数据级权限的能力。但这是有限的能力，仅限于已定义的安全策略，不能随安全策略而变化。现实中，企业需求可能会随业务模式的发展而变化，比如：普通审查员审查区间由原来设置的金额区间，改为可按行业、按地域来设置不同的区间。用户查询订单不仅和商业机构有关，还和具体业务领域有关等。当此类需求发生时，就需要平台开发方修改其管理逻辑。

(4) 权限管理策略：权限管理策略涉及功能级权限和数据级权限管理两方面。B2B、B2C 和 C2C 在权限管理的策略上可能有很大差异。一些大型 B2B 系统，因其前端交易与其后台生产管理流程关联较紧，故往往要求其功能级权限管理可由用户自己控制；数据级权限管理亦可由用户自己控制。而 B2C 和 C2C 则因其在线商务流程较短且模式固定，其功能级与数据级权限管理均由平台预定规定，用户往往无法修改。

当 B2B 中允许系统管理员管理其用户权限时，管理平台应具有如下要求：

① 权限管理界面图形化，权限集中管理，便于平台中企业处置。

② 可在线测试，定制策略后能在不影响业务的情况下进行测试，确保权限管理无误。

2) 目录服务

目录服务将商务活动参与方与交易对象（如产品、价格、供应商家、供货地点、购买方、资金结算机构、商誉等级等）信息存储为具有描述性属性的分类对象。参与者可通过目录服务按名称、代码、字号、价格等特征查找对象。

(1) 目录的概念：目录是一种为查询、浏览和搜索而建立的专用分布式数据库，它以树状结构组织数据，如 Linux、Unix 系统中的文件目录一样。目录数据库和关系数据库不同，它有优异的读性能，但写性能差，且没有事务处理、回滚等复杂功能，不适于存储修改频繁的数据。故目录是用来查询的，目录服务是由目录数据库和一套访问协议组成的系统。DNS（域名系统）是目录服务的一种形式，它保存有关域名的信息。类似的如下信息适合储存在商务目录系统中。

① 网站平台管理员及其身份类信息。

② 供应商、物流商及相关信息。

③ 商品信息（分类、规格、型号、价格等）。

④ 客户及相关信息。

⑤ 公用证书和安全密钥等。

⑥ 邮件地址、网址、即时通信工具用户、IP 等信息。

(2) 目录服务的概念:商务平台将众多商家提供的各类商品汇聚其中,这些商品连同其生产方与客户分布各地,资源总量庞大,需按一定机制来分类组织这些资源,服务于商务活动,这就是目录服务的作用。目录服务是使目录中所有信息和资源发挥作用的服务,如用户和商品资源管理、基于目录的网络服务、基于网络的应用管理等。活动目录服务是将网络中的各种资源组合起来,集中管理,方便网络资源的搜索,使企业可轻松管理复杂的网络环境。

Windows 体系中,活动目录(Active Directory, AD)功能强大,是符合工业标准的目录服务器,Unix 与 Linux 也有相应的目录服务器。目录服务器的主要功能是提供资源与地址的对应,维护资源-地址映射关系,对平台中应用的共用信息资源以目录形式统一管理。共用信息资源包括系统用户目录、机构目录、商品目录、业务目录和服务器目录等。

商务系统中目录服务的主要作用包括:

① 用户目录管理:通过一定权限管理、分配和授权机制,管理和维护用户信息。

② 机构目录管理:可按参与商务活动的组织分配其不同的目录,并与用户目录管理相关联。

③ 商品目录管理:可按通用或行业标准,对平台中交易的商品与服务项目进行分类目录登记与管理。商品目录可与用户目录、机构目录相关联。

④ 业务目录管理:用户在商务活动中将产生相应的交易对象与交易过程数据,对其分类管理将生成一系列的业务目录,它们是提升平台服务质量,提供个性化、特色化与专业化服务的基础。业务目录管理与用户目录、机构目录、商品目录等相关联。

⑤ 服务器目录管理:服务器将对上述诸项目录与作业过程中的目录提供统一管理。

(3) 目录服务的功能:目录服务是商务系统中最重要的资源服务方式之一。

① 按安全策略的定义实施权限管理以保持信息安全,以防入侵者的攻击。

② 在一个网络的多台计算机间分配目录,提供更高的服务与管理性能。

③ 目录可分类细化,使资源组织更加高效、专业与细致,可向用户提供多视角的信息查询方式,这也是平台开展个性化服务的基础。

④ 可将目录划分为多个数据源(存储区),以便存储大量对象。

随着网络中对象数量的增长,目录服务也变得日益重要。过去,目录服务主要用于命名和定位网络资源。现在,这些功能得到了扩展,目录服务也变成 Internet/Intranet 基础结构内的一个重要组件,提供类似参考目录、白页和黄页、电子邮件列表、货品清单、供货产品比较、价格排序、商誉分级等之类的服务。目录服务还启用了在不同邮件系统之间传递和集成电子邮件的功能。这是网站服务历程、即时通信记录与商品交易专区服务等的基础。

技术上,目录服务在应用程序集成中起越来越重要的作用,成为一个涵盖所有应用程序、访问和安全信息的集中存储库。许多应用程序中都启用了新型目录,它们将目录作为网络基础设施中的重要组成部分。目录被看做是一个具有特殊用途的自定义数据库,只要安全地连接到这个数据库,用户和应用程序便可以轻松地查找、读取、添加、删除和修改信息。然后,此信息便可以自动分布到网络中的其他目录服务器。

目录的应用程序还要执行其他三种关键服务:身份验证和授权,资源命名和定位,平台与网络资源的支配和管理等。

(4) 目录服务器:目录服务是在全球范围内查找用户、商业伙伴和交易对象。平台中的通信簿都支持 LDAP(轻量级目录访问协议)访问目录服务,其内置功能可以访问最流行的几种目录服务。

（5）目录数据库：目录服务器在很多方面不同于传统的数据库。目录组织是有层次的，具有对象类及对象子类。目录主要用于查找操作而非连续的读取和写入，信息并不像事务交易数据库中那样经常更改。因此，也很少考虑对目录服务数据库的分布式副本作经常更新。

早期的目录服务标准为 X.500，MS Windows Active Directory（AD）和 Novell Directory Services（NDS）等，它们都是基于该模型构建的。LDAP 是重要的目录服务协议，它是 IETF（Internet Engineering Task Force，互联网工程任务组）定义的访问目录的客户机/服务器协议。LDAP 用于访问 X.500 的目录服务。它特别针对简单管理和浏览器程序，提供对 X.500 目录进行简单的读/写交互式访问，也是对目录访问协议（DAP）本身的一种补充。

现在的目录用于管理各种大量的信息，包括 QoS、带宽管理策略、配置文件、电子商务信息及其他信息，在用户身份验证、防火墙过滤及 VPN 访问方面也起重要的安全作用。大多数目录产品现将证书映射到目录中的用户账户，且目录能为用户提供一次注册。

目录服务在 B2C 和 B2B 中扮演重要的角色。目录可保存有关企业网络外部的人员的重要信息，用于鉴别这些人员并定义他们对于网络业务资源的访问权限。管理员可将策略应用于目录中的对象中以快速定义其访问权，如业务合作者等。

目录服务器提供一个公用位置以存储所有类型目录信息。同时，某个组织可能由于安全性或商业原因想要拥有多个不同的目录，元目录是单独的或综合的目录部分，可帮助链接多个不同目录并使各目录中的信息同步。LDAP 起着连接其他目录的作用，XML 可提供表示需要在目录之间进行交流的信息的标准方法。

（6）元目录：元目录通过充当其他目录服务的单个访问点，为目录服务实现了可互用性。它以中间件形式为不同的目录服务提供了交换数据方式。可将元目录视为一种将目录连接到其中以交换信息的中央集线器。

元目录给出了联合、集中注册、属性流和其他目录服务的功能规范。该术语源自数据库领域中的元数据。元数据以目录卡描述图书馆中的书籍的相同形式描述数据库中的数据；元目录则描述多种目录体系中的目录资源，并能对其进行集成与转换，成为资源服务中与应用密切相关的各种目录。商务平台中的元目录服务合并了多个目录中信息的子集，其中包括有关人、团体、职能、组织单位、位置和其他资源的信息。这种合并创建了组织中不同目录的联合或统一的视图。元目录使得通过 LDAP 和基于 Web 的访问协议可访问联合视图。

另外，元目录还可以控制数据的更新方式。例如，对于员工姓名更改，如果此更改由 HR 数据库引起，则元目录会视这些更改有效；如这些更改由其他任何数据库或目录引起，则元目录将撤销这些更改。

考虑单个用户在网上常有多个身份（如其注册实名、昵称与电子邮件名等），就可理解元目录的联合作用。元目录也可帮助解决组织内或商业伙伴之间建立的目录中的命名方案中的差异问题。所有这些都通过跟踪更改并确保相应更新这些更改信息的系统动态完成。MS Metadirectory Service 和 Sun One Meta Directory 为元目录产品实例。

3）用户和组织机构管理

用户和组织机构管理也是电子商务平台必要的系统功能。"用户"指参与商务交易的自然人和企业团体等；"组织机构"既有参与交易的团体组织，也有商务服务组织，如各类金融、保险、物流、征信、认证机构等。用户和组织管理主要功能包括以下几种：

（1）用户和组织机构以及多级组织机构的信息维护。

(2) 用户注册、登录与注销的管理，组织机构注册与注销的管理。

(3) 用户和组织机构的证书维护，例如证书发放、启用、恢复、更新和作废等，需与 CA (Certificate Authority，数字证书认证)服务功能结合使用。

用户和组织机构管理在技术上主要强调在开放环境中对用户数据的采集、身份确认和个人隐私保护等。

4) 日志服务

日志服务是对系统日志的分类查询、维护与配置、筛选的相应管理，是电子商务平台基本的系统功能之一。

(1) 对不同类型的日志定义不同的处理方式，便于存储管理。用户根据日志类型可通过电子商务平台提供的分类方法进行查询。

(2) 维护日志类型、优先级别、格式设置、日志输出源配置等，默认的优先级为：调试、一般信息、关键信息、警告与错误。

(3) 通过定制格式进行筛选，筛选的内容包括：类型、操作者、时间、级别、日志体、系统进程与来源等。

5) 系统监控与管理

系统管理是实现对网络、服务器、数据库与应用服务等单元的集中管理和监控，应具有灵活、开放、可扩展的结构，可将其他定制系统纳入系统管理框架之中。主要功能包括：

(1) 对 CPU 资源利用、内存引用情况、应用进程队列、系统运行时间、系统登录用户、应用请求负载、平均响应时间与数据库连接情况等的实时监测。

(2) 应用配置管理、服务进程管理、服务器及数据库性能管理、系统安全管理、系统资源管理、系统入口管理、远程控制管理与节点系统时间同步管理等。

2.2.2 公共服务

为用户提供各类商务业务系统是电子商务平台的主要功能。平台服务商或应用服务提供商可为 B2B 及 B2C 客户提供业务应用系统服务，或与用户合作建立商务与物流业务应用系统。无论哪种服务，平台都有一些通用性、标准性与模块化的服务组件，构成其公共服务的内容。图 2-1 中只罗列了如 FTP 服务、邮件服务、消息服务、注册服务、CA 服务、数据字典和映射服务、数据分析和报表服务、网关与安全服务、工作流管理等，其他还有如短信服务、微信服务、即时通信服务、视频服务等，使用户能方便地实现商品上线、商品展示、信息发布、交易实现、资金结转与清算、客户与商家的在线交流、客户与商家的售后互评，以及物流业务中的仓储、运输、客户管理、财务、决策支持以及日常业务功能。

公用服务类在平台中占据基础性的地位，它为电子商务平台提供必需的基础设施和数据资源，包括网络系统、基本软硬件设备、操作系统、数据库管理系统和各类基础与应用信息等，以满足服务支持层和应用扩展层正常运行的需求。

1) 网站服务

网站服务即通过商务网站向公众和企业提供服务，这是最基本的服务方式，包括以下各类服务的入口：信息发布、信息搜索、文件下载、电子邮件、留言板、公共论坛、安全认证、在线业务受理等。

2) 信息发布服务

通过商务网站将信息向外发布，这是最基本和最广泛的服务。从信息变动情况来看，商务网站发布的信息主要有静态和动态两种。静态信息主要是指发布变动周期较长的信息,如法规、指南、手册、商务资料、研究报告等。动态信息主要是指发布后会更新频率较高的信息,如通知、展览、交易程序、市场动态、商品与企业设置等。

3) 信息检索服务

信息发布方式中,用户接收信息的方式较被动;信息检索服务中,用户获取信息的方式较主动。用户向搜索系统提出需求,系统处理后,将查询结果返回给用户。主要技术手段包括搜索引擎、WWW 数据库等。

4) FTP 服务

FTP 服务是基于 FTP 协议的文件传输服务,提供用户验证和匿名访问两种方式,为文件上传和下载提供稳定、高效的服务。主要包括文件的传输管理、异常控制等功能。

5) 邮件服务

邮件服务提供平台用户的邮件发送、接收和过滤等功能,包括 POP3 服务和 SMTP 服务两部分。

电子商务平台的邮件服务器应充分考虑其安全性以及支持 S/MIME①。

6) 消息服务

消息服务实现信息系统间结构化数据集合的动态共享,是平台动态信息交互功能的重要支撑。主要功能包括:

(1) 可靠投递管理:即使在网络临时中断或异常的情况下,服务仍能持续发送消息,并保证同一消息不重复发送。

(2) 消息路由管理:使消息服务具有在消息源和目的源之间选择最佳路由的能力。

(3) 消息存储和激活管理:将有存储要求的消息保存到数据库,并且在其生命周期保持激活状态。

(4) 识别和解释管理:根据预定义的消息结构对消息进行解释,并根据一定规则进行消息的重组、过滤和转发。

(5) 触发管理:当特定消息产生时,消息服务可根据规则触发相应的应用程序。

(6) 消息优先级管理:设定消息的优先级,使消息按照其设定的优先顺序进行有序的传递。

7) 注册服务

注册服务主要提供用户与企业机构注册、查询和管理服务。主要包括:消费者与商业实体维护,技术模板和规则维护,Web 服务绑定,Web 服务注销,Web 服务访问权限管理,Web 服务 API(Application Programming Interface,应用程序接口)部署和管理等。

8) CA 认证服务

CA 认证服务提供电子商务平台密钥存储分配、客户端认证机制、服务器认证机制和较高安全级别的信息认证。此功能可以加强系统安全性,应尽可能实现。其主要功能包括:

(1) 密钥管理、密钥算法、用户身份认证管理。

(2) 与相关用户和组织机构服务功能共同实现证书的颁发、作废和更新等管理功能。

---

① MIME 为多用途的网际邮件扩充服务(Multipurpose Internet Mail Extensions),S/MIME 是 MIME 的安全版本(Secure/Multipurpose Internet Mail Extensions)

9）即时通信服务

除了电子邮件外，电子商务网站还设置了留言板、专题公共交流区，特别是即时通信服务等，可让各种客户间能随时开展业务交流，在线洽谈，互相交换看法等。

10）数据字典和映射服务

数据字典和映射服务是电子商务平台的关键服务，是不同应用及异构数据整合的基础。数据字典应以数据元为基本单元对其定义和内容进行详细说明，作为电子商务平台数据信息的集合，数据字典为用户提供了数据的明确定义，并帮助用户建立系统逻辑模型。

数据映射服务定义不同数据对象之间的映射关系，完成从多种数据源抽取数据自动转换为目标数据的过程，以减轻数据库压力，避免复杂的数据访问逻辑。

(1) 数据项、数据结构、数据流、数据存储、加工和外部项等定义和说明。

(2) 数据录入处理、数据提取管理、数据格式设计、数据映射模型定义、数据导入导出处理、数据交换流程及封装处理等。

11）数据分析和报表服务

数据分析和报表服务为基于电子商务平台的应用系统提供基础的数据挖掘和数据分析、报表定制、查询和打印等服务，具有数据分析工具、图形化工具、统计报表定制、分析报告、多种格式的报表下载及打印功能。

12）网关与安全服务

网关和安全服务包括平台通信协议管理、网络连接方式管理、信息传输安全和数据加密服务。通信协议应支持大部分网络应用层协议，如 HTTP、HTTPS、FTP、TFTP、POP3、SMTP、TELNET 等，加密算法应支持足够强度的对称密码算法和非对称密码算法，可以与 CA 认证服务配合使用。应提供安全防护功能实现系统防病毒防入侵或攻击，确保文件系统和数据的安全。

13）电话呼叫中心

电话呼叫中心(Call Center)是一种将电话和互联网联系起来的公共服务方式，是一种集成传统通信技术和计算机网络技术的服务方式，多用于业务咨询、客户投诉受理等。该项服务在前端接听客户电话，后端与计算机系统连接，可将电话交流内容内容输入计算机，也可从商务系统中寻找适合答案提供给公众。呼叫中心不光接电话，还可主动与特定客户联系，并能处理电子邮件、短信、BBS 留言等多种信息源。许多大型商务网站都有拥有特定服务号的呼叫号码，构成公众联系平台。

14）短信服务

随着移动通信的迅速发展，商务网站也纷纷采用如短信、微信等新兴平台拓展系统功能，主要利用短信方式与特定客户或公共商户等进行交流，由此极大地增加了商务系统的服务与交流功能。

2.2.3 工作流管理

根据工作流管理联盟(WFMC)的定义：工作流是一类能够完全或者部分自动执行的业务过程，根据一系列过程规则，文档、信息或任务能够在不同的执行者之间传递、执行。工作流包括一组活动及它们的相互顺序关系，还包括过程、活动的启动和终止条件，以及对每个活动的描述。它所要解决的主要问题是“自动进行在多个参与者之间按照某种预定义的规则传递文档、信息或任务的过程,从而实现某个预期的业务目标或促使此目标的实现”。

工作流管理系统(Workflow Management System, WMS)的定义:它是一个软件系统,完成工作流的定义和管理,并按照在计算机中预先定义好的工作流逻辑推进工作流实例的执行。

近年,工作流技术发展迅速。工作流管理联盟颁布了一系列工作流产品标准,包括工作流参考模型、工作流术语表、工作流管理系统各部分间接口规格、工作流产品的互操作性标准等。这些举措加速了工作流技术的商品化。许多公司都基于这些标准推出了自己的工作流产品,主要分为以下两大类:

(1) 基础工作流系统:提供引擎、设计器、相关接口等。系统开发商基于此类系统开发具有工作流管理功能的应用软件。典型产品如 ActionTechnologies 公司的 ActionWorkflow、IBM 的 FlowMark 等。

(2) 应用工作流技术:包括内置完整的工作流功能,但面向应用的应用级软件系统,这种系统是直接面向最终用户的流程化应用。同时,系统中还往往针对应用需要,集成了其他功能。如神州数码的工作流管理系统(Smart Workflow)是基于 Java 开发的专业工作流产品,是高效的、轻量级的工作流引擎,可实现业务流程及应用组装的自动化运行和管理、监控过程。

1) 工作流管理的优势

工作流管理的主要优势有:

(1) 快速、高效、稳定的流程引擎,引擎支持大并发访问。

(2) 兼具人工和自动流程,可柔性管理工作流。

(3) 灵活的部署方式,支持集中部署、分布式部署。

(4) 高效的流程集成、整合框架,支持嵌入式流程开发。

电子商务是一个复杂系统,需要综合的、集成化的解决方案。工作流管理系统可以带来以下收益:①改进和优化业务流程,提高业务工作效率;②实现更好的商务过程控制,提高顾客服务质量;③提高业务流程柔性等。

2) 工作流管理的内容

工作流管理支持不同企业的不同业务,实现跨应用的工作流程管理。电子商务平台利用计算机系统为工作流程的导向并定制提供数字化支持的业务协同服务。主要包括:交易过程定义、过程实例创建与执行、调度活动、调用应用接口交互、提供监控和管理功能。

2.3 应用扩展层

2.3.1 应用扩展层架构

应用扩展层提供电子商务业务中共性功能的软件系统,以系统数据接口软件为基础。电子商务平台中的业务应用系统应是普遍适用的系统,或某一领域内或行业内通用的应用系统,并具有与平台交互的开放性,以及基本业务功能脱离于平台运行的独立性。

应用扩展层主要包括数据应用和具体领域的应用扩展部分。数据接口作为平台应用的重要扩展,应支持国内外成熟、通用的电子商务标准接口规范和报文协议,接口模块与应用系统之间为松耦合。各应用系统和接口在技术上遵循平台实施框架的原则,不影响平台整体架构。图 2-2 就以电子商务中的物流应用为例,展示了具体的应用扩展层内容。应用扩展层可不断扩充应用和接口以满足需要。

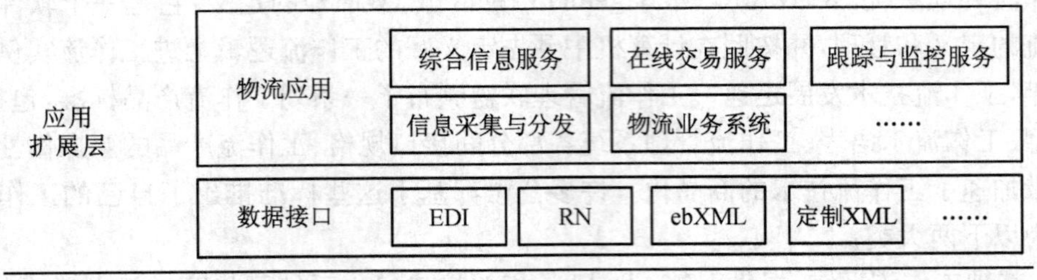

图 2-2　应用扩展层架构示意图

2.3.2　数据接口

数据接口服务主要解决与其他系统的数据交换和互联互通，需要和数据字典和映射服务以及网关和安全服务功能相结合，实现接口的启用与关闭、接口类型设置、接口服务的参数设置、报文数据字典管理、报文规格设置、数据来源和目标服务器的配置等。

数据接口的种类主要包括：EDI（Electronic Data Interchange，电子数据交换）标准接口、RN（RosettaNet①）标准接口、ebXML（Electronic Business using Extensible Markup Language，用于电子商务的 XML）标准接口、定制 XML（Extensible Markup Language，可扩展性标记语言）接口和其他数据接口等。

（1）EDI 接口：支持以 Internet 为基础的 EDI 传输方式 AS 2，将 MIME 和 HTTP 用于过程到过程的实时传输，并采用 UN/EDIFACT 或 X. 12 标准，或参照国内已有的报文格式标准，如通关、港航运输等方面的报文标准，以满足主要单证的数据转换。非 Internet 的 EDI 传输方式 AS1，使用 MIME 和 SMTP 的异步传输，不推荐实现。如需要可考虑与增值网接入服务商合作，用接口定制实现 EDI 专网和平台结合。

EDI 接口服务功能包括：实现用户认证、传输加密和数字签名的安全机制，提供用户报文发送的时间编排服务和回应确认服务，产生报文收发的存证及计费，为用户提供基于浏览器的应用单证模板等。

（2）RN 接口：应遵循 RosettaNet② 实施框架 RNIF，即 RosettaNet 电子商务标准执行框架。对所有贸易伙伴接口 PIPs 可友好地进行扩展，支持所有 RosettaNet 兼容的网络协议。对 PIPs 的消息导言、消息头、消息体可验证结构、语法、内容合法性，并封装为标准的 MIME 报文。

RosettaNet 接口功能包括：实现用户认证、传输加密、数字签名的安全机制，提供用户参数设置、报文网关设置、XML Schema 的导入、导出和交易流程定义等。

（3）ebXML 接口：ebXML 提供规范的模块化套件，使不同地点、任何规模的企业能够通

---

① RosettaNet 源于埃及公元前 196 年的 Rosetta Stone，其上用不同语言镌刻了同一消息，通过希腊语可译解，实现了不同语言的内容对照。RosettaNet 名称由此而来，它是一套 B2B 业务协议，由合作伙伴接口过程（Partner Interface Processes，PIPs）、RosettaNet 实现框架（RosettaNet Implementation Framework，RNIF）和 RosettaNet 业务和技术字典等组成，构成业务公用交流语言，使不同贸易伙伴可通过 Internet 开展 B2B。

② EDI 和 RosettaNet 的主要区别在于：EDI 在公司间交换文档，RosettaNet 则跨网络定义业务流程并对其进行集成。因此，RosettaNet 更具处理大量业务流程的能力，更适于实时事务处理，具有更高的可伸缩性。

过 Internet 进行交易，平台采用其标准规范来交换企业业务消息及进行贸易。

ebXML 接口功能包括公共术语定义、数据传输机制、商业过程定义与注册和商业关系指导。

(4) 定制 XML 接口：系统应充分利用 XML 标准的开放性和扩展性，将其作为主要的数据交换格式。可自由定义数据标记名以及相关的元素、元素层次，但应该遵循和参考通用的、流行的 XML 数据结构、元素名称、元素数据类型等，设计成易于理解的数据结构，保持不同系统之间、不同网络之间电子数据交换的广泛性和灵活性。

其他电子商务系统接口可由电子商务平台按需定制开发。

2.3.3 扩展应用

由于扩展总是针对具体领域进行的，以图 2-2 所示的物流应用类为例，分为：综合信息服务、在线交易服务、跟踪与监控服务、信息采集与分发、物流业务系统等。其实，不同电子商务的系统架构可有不同的层级结构与功能模块，相关扩展也视其业务模式、服务领域和作业形态而异。但总体架构分层、模块功能聚类的分析与设计逻辑则基本类似。

本节实例选择物流为基本业务，它包括：运输管理(海运、空运、铁路运输、汽车运输等)、仓储管理、码头管理、配送管理、货代管理、船代管理、报检系统、报关系统、回收物流管理、客户管理、订单管理、信息反馈、财务结算与统计分析等。这些都可在 B2B 环境中运行，故结合物流业务对应用扩展类的功能介绍如下。

1) 综合信息服务

电子商务平台应是商务交易与服务信息资源的汇集中心，具有信息发布和查询功能，满足不同交易主体的信息需求和功能需求，包括以下信息的发布和查询：

(1) 交易企业信息：供货企业的商品内容(规格、型号、款式和包装等信息)、质量承诺、企业规模以及资信等相关信息。

(2) 交易服务信息：商品存货与供货条件，能否提供特殊规格与型号商品，是否能个性定制等；物流服务中的货物动态、承运动态信息、物流供求信息和报价信息等。

(3) 交易与物流综合信息：包括商品交易与优惠条件，是否支持团购，信息披露，如货主、购方的商誉评级和留言评价，各款商品的实时购销数。物流需提供运输规费信息、预计送达日程、实时运送进程、服务点联系方式等。

(4) 商品与物流知识库：包括相关政策法规，商品规格标准，使用条件，简易使用方式在线说明或图像与视频培训，行业业务知识等。

(5) 查询、搜索、推送和统计工具：能按平台的分类目录体系，关键词检索用户所需商品或服务项目；能按模板查询一定时期、一定区域范围、不同方式排序的商品与服务项目；能按商誉等级查询卖主等；能按用户查询商品历史向其推送类似与相关商品或服务；能提供商品销售统计数据，辅助用户决策。

2) 在线交易服务

在线交易服务为电子交易双方提供身份确认以及资质审核服务，确保交易者信息的唯一性和不可抵赖性，以提高交易各方的可信任度，实现安全交易。

在线交易服务可以利用前述注册服务、CA 认证服务、网关和安全服务、工作流管理等支持功能及数据接口服务，实现商务综合信用认证、网上采购招标、在线撮合、电子支付与结算、网上保险、网上报关、网上交税、网上出入境商品检验检疫、电子订舱等服务。

在线交易应能与银行、第三方支付平台等金融机构系统连接，进行余额查询、付款、退款和结算等主要交易，在线交易服务发生后，应及时更新相关信息，以确保在线信息的准确性；同时及时以短信或微信等方式通知客户，以确保用户资金安全；还需记录发生的交易信息，保证信息的完整性和可追溯性。

3）跟踪与监控服务

业务跟踪与监控服务是商务系统的重要内容之一。它主要利用电子邮件、短信息、即时通信、微信、数据采集中间件等系统的统一接口，通过服务支持层的消息服务、注册服务、数据字典和映射服务、网关和安全服务等，对在线交易情况，资金在客户账户、第三方支付平台及卖方账户间的流转及时通报各相关方。

4）信息采集与分发

信息分发服务可采用发布/订阅方式，提供相关的复合事件信息，保证将新发生的事件及时、可靠地传送给所有目标地址。通过本地或远程的人工录入、系统自动生成、实时采集[例如采用 GPS/GIS、RFID、条形码或 LBS(Location Based Service，基于位置的信息服务技术)]等方式将采集的数据传送到电子商务平台，依照一定的安全策略、数据过滤及定义的规则进行写入、存储、分发等数据处理，可利用消息服务、数据字典和映射服务、网关和安全服务等提供的支持功能来实现。

5）物流业务系统

通过平台的 GPS/GIS、RFID、电子邮件、短信息、即时通信、数据采集中间件等系统的统一接口，利用服务支持层的消息服务、注册服务、数据字典和映射服务、网关和安全服务等，对政府管理部门，相关企业所关注的运输工具、货物等进行位置跟踪及相关信息的记录和监控，并提供在线查询和主动报告等服务功能。

2.4 电子商务平台的设计要求与系统性能

2.4.1 平台设计要求

电子商务平台的设计，要求在实现图 2-1 的功能架构基础上，满足安全性、可靠性和稳定性、可扩展性、先进性和成熟性、数据标准化和系统性等。

1）安全性

(1) 系统安全：电子商务平台应具有较强的安全措施和安全防范能力，提供足够的系统安全保障和网络环境安全措施。系统可根据需要设定安全等级。安全等级设定见 GB 17859—1999。

(2) 设备安全：系统硬件设备应置于专业机房内，应配备不间断电源供应，最好实现双机热备，确保系统不间断运行。限制机房人员的随意进出，制定 24 h 值守或定时巡检制度。

(3) 数据安全：电子商务平台应采用可靠数据传输技术，通过软加密或硬加密的方式对传输的数据流进行实时加密传输，网络传输必须支持 SSL 以及数字签名认证，推荐 128 位以上的数据加密强度，对外提供关键数据作封装和加密处理。

2）可靠性和稳定性

电子商务平台必须具有较高的可靠性，关键设备和关键部件应有冗余配置，提供人工、自动数据备份和多种灾难备援方案。

3）可扩展性

电子商务平台应具有良好的可扩展性，应提供与第三方企业、机构及物流信息系统或其他信息管理系统的集成接口，便于各种信息系统的接入、访问与业务集成。各种设备应具有可升级的能力，以适应将来业务发展的需要。

4）先进性和成熟性

电子商务平台以开放标准为基础，采用国际上成熟的、先进的、具有多厂商广泛支持的软硬件技术来实现，保证基础架构的可扩充性和可靠性。

5）数据标准化

数据标准化包括元数据、数据元、数据分类编码、目录体系以及数据交换报文等格式方面的标准化，还包括一些商品对象（如重要工业品、装备器材等）特征内容描述等方面的内容标准化。

电子数据交换（EDI）的标准化应尽量做到数据共享的最大化和低成本。可利用已有的国际上通用的标准或按一定的规范统一格式提供不同的信息服务内容，使各个信息系统易于接收和处理，如UN/EDIFACT标准、RosettaNet标准等。

2.4.2 系统性能

通过软件与硬件的平衡配置，满足各系统日常访问量的最高峰值。应从软件并发性能的设计、服务器处理速度、磁盘系统、网络系统等几个方面进行硬件选型和系统调整，满足硬件升级的同时不影响软件的运行。

3 电子商务系统的开发技术和工具

3.1 电子商务系统架构

电子商务系统由一系列的软件系统、数据库、硬件设备和各类接口构成，架构如图 3-1 所示。

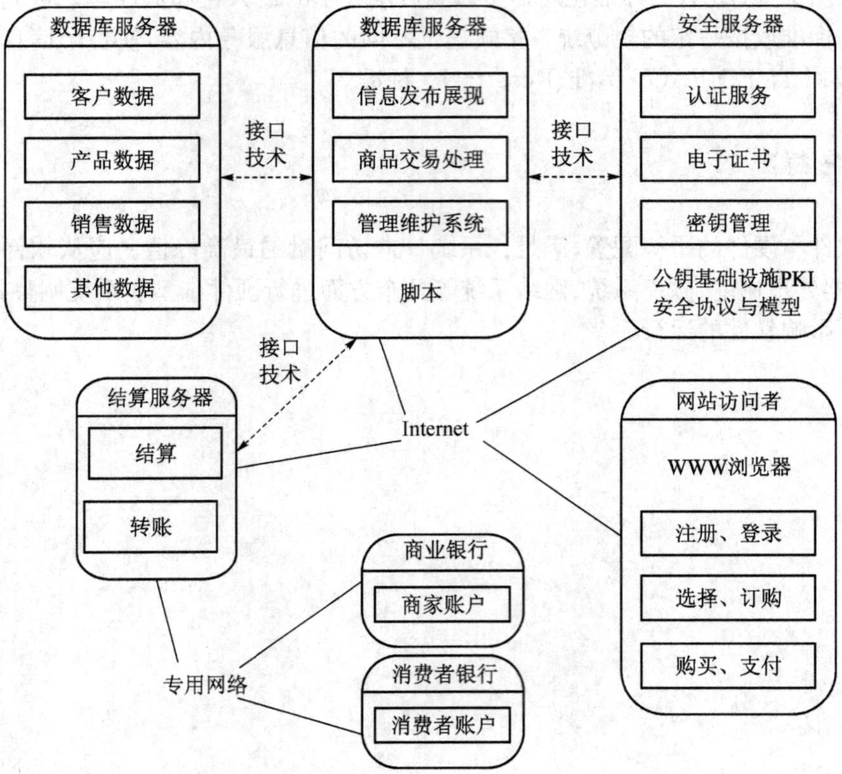

图 3-1　电子商务网站组成示意图

图 3-1 是从网站角度描述电子商务系统的基本功能模块，主要包括：商品目录显示、购物车功能、交易接收与处理、商品多维呈现和虚拟商铺构建等工具。系统不仅要提供 B2B 和 B2C 等的支持工具，使用户通过完整的配置，迅速、快捷、安全地实现电子商务，并对其后的物流提供跟踪服务，并要与企业后台系统如 MRP、MRP Ⅱ、MIS 和 ERP 系统等连接。因此，电子商务系统结构比较复杂，所涉及信息技术领域亦较广泛。需要对其主要硬件设备、软件系统等进行介绍。

3.2 系统硬件设备

3.2.1 服务器

服务器已在第2章中介绍。传统信息系统主要是根据系统的应用、负荷及运行环境等参数来选择服务器的性能与配置。电子商务系统面临的则是用户对系统响应的苛刻要求、动态变化和难以预估的未来负荷、未知的升级周期等，故在选择服务器时，要综合可用性、易使用性、可管理性、可扩展性、安全性和网络吞吐量等方面进行考虑。

3.2.2 数据存储设备

小容量存储设备主要有只读光盘、可读写光盘、磁光盘和磁带机等。大容量存储设备主要有磁盘阵列、磁带库、光盘塔和缩微胶卷等。电子商务系统对数据存储设备的容量、性能、安全性及灾难恢复能力等有很高的要求。随着网络和存储技术的飞速发展，市场上对存储系统的需求日益增长，使其逐渐从主机系统中独立出来，产生了网络存储系统。网络存储技术有直接存取存储、网络连接存储和存储区域网络技术。

1）直接存取存储

直接存取存储(Direct Access Storage，DAS)，也称总线存取存储，是传统的以服务器为中心的存储结构。各种存储设备通过 IDE、SCSI 等 I/O 总线，经过一个通用的服务器连接在网络上，服务器实际上起到存储转发数据的作用。客户端如需访问存储器上的数据，必须先给文件服务器发送请求信息。

2）网络连接存储

网络连接存储(Network Attached Storage，NAS)是一种可以提供文件级服务的存储设备，特点是可以直接挂到网络上向用户提供文件级服务。它有自己简化的实时操作系统，将硬件和软件有效地集合在一起，用以提供文件服务。

3）存储区域网络技术

存储区域网络技术(Storage Area Network，SAN)是一种千兆位速率的网络，它依托光纤通道(Fibre Channel)为服务口和存储设备之间的连接提供更高的吞吐能力，支持更远的距离和更可靠的连通。SAN 技术采用可扩展的网络拓扑结构连接存储设备和服务器，是一种面向服务器提供数据存储服务，并将数据的存储和管理集中在相对独立的专用网络中的存储技术。在 SAN 技术中，由于服务器和存储设备之间的多路、可选择的数据交换，故 SAN 可以是交换式网络，也可以是共享式网络。

典型的 SAN 是企业网络资源的一部分，通常与其他计算资源集群来实现远程备份和存储。SAN 支持磁盘镜像技术(Disk Mirroring)、备份与恢复(Backup and Restore)、档案数据的存档和检索、存储设备间的数据迁移以及网络中不同服务器间的数据共享等功能。SAN 还可用于合并子网和网络附接存储(Network-attached Storage，NAS)系统。

3.2.3 网络设备

网络是电子商务的实现空间与承载基础。常见的网络设备主要有网卡、集线器、交换机、路由器、中继器、网桥、网关、防火墙和网线等网络连接设备和传输介质。在组网过程中，可根据具体网络拓扑结构选择合适的网络设备，其中几种主要设备如下：

1）集线器

集线器(Hub)的主要功能是对接收到的信号进行再生整形放大，以扩大网络的传输距离，同时把所有节点集中在以其为中心的节点上。集线器工作于OSI七层模型的第一层，即物理层。集线器与网卡、网线等传输介质一样，属于局域网中的基础设备。集线器采用CSMA/CD(Carrier Sense Multiple Access/Collision Detection，在以太网中使用随机争用型的介质访问控制方法，即用冲突检测的载波监听多路访问方法的一种协议)介质访问控制机制。

集线器可分为以下5种不同类型。

(1) 单中继网段集线器：此为最简单的集线器，用于最简单的中继式LAN网段，与堆叠式以太网集线器或令牌环网多站访问部件等类似。

(2) 多网段集线器：从单中继网段集线器派生而来，有多个中继网段。可将用户分布于多个中继网段上，以减少每个网段的信息流量负载，网段间的信息流一般要求独立的网桥或路由器。

(3) 端口交换式集线器：这是在多网段集线器基础上，将用户端口和多个背板网段间自动连接，并通过增加端口交换矩阵(PSM)来实现其功能的集线器。PSM提供自动工具，将任何外来用户端口连接到集线器背板上的任何中继网段上，优点是可实现移动、增加和修改的自动化。

(4) 网络互联集线器：端口交换式集线器注重端口交换，而网络互联集线器在背板的多个网段之间提供多种类型的集成连接，通过一台综合网桥、路由器或LAN交换机来完成。

(5) 交换式集线器：目前，集线器和交换机之间的界限已变得模糊。交换式集线器有一个核心交换背板，采用交换系统代替传统的共享介质中继网段。这类集线器和交换机之间几乎没有区别。

随着技术的发展，在一些大中型局域网中集线器已被交换机代替。而集线器主要应用于一些中小型网络或大中型网络的边缘部分。

2）交换机

交换机(Switch)是一种在通信系统中完成信息交换功能的设备，它拥有高带宽的总线和内部交换矩阵。所有端口都挂接在总线上，控制电路收到数据包后，处理端口会查找内存中的地址对照表，以确定目的MAC(网卡的硬件地址)的网卡挂接在哪个端口上，通过内部交换矩阵将数据包传送到目的端口。目的MAC若不存在于其广播的端口中，接收端口回应后交换"学习"新的地址，并把它添加到内部MAC地址表中。通过在数据帧的始发方和目标接收方之间建立临时的交换路径，使数据帧直接由源地址到达目的地址。

交换机也可将网络分段，通过对照MAC地址表，只允许必要的网络流量通过交换机。通过过滤和转发，能有效地隔离广播风暴，减少误包和错包，避免共享冲突。交换机在同一时刻可进行多个端口对之间的数据传输。每一端口都可视为独立网段，连接在其上的网络设备独自享有全部带宽，无须同其他设备竞争使用。

三层交换机是具有部分路由器功能的交换机，其功能是加快大型局域网内部的数据交换，所具有的路由功能可做到一次路由，多次转发。对于数据包转发等规律性的过程由硬件高速实现，而像路由信息更新、路由表维护、路由计算、路由确定等功能，则由软件实现。三层交换技术就是二层交换技术＋三层转发技术。传统交换技术是在OSI网络标准模型的第二层数据链路层进行的，而三层交换技术是在网络模型中的第三层进行，实现了数据包的高速转发，既可实现网络路由功能，又可根据不同网络状况达到最优网络性能。

3）路由器

路由器(Router)的作用是将一个网络的数据包传递到另外一个网络，实现网络间互联的设备，它会根据信道情况自动选择和设定路由，以最佳路径，按前后顺序发送信号。路由和交换之间的主要区别是交换发生在OSI参考模型第二层，而路由发生在第三层，即网络层。该区别决定了路由和交换在传输信息过程中需用不同的控制信息，所以两者间实现各自功能的方式不同。

路由器用于连接多个逻辑上分开的网络，逻辑网络代表一个单独网络或子网。当数据从一个子网传输到另一子网时，可通过路由功能来完成。因此，路由器具有判断网络地址和选择IP路径的功能，它能在多网络互联的环境中，建立灵活的连接，可用不同的数据分组和介质访问方法连接各子网，路由器只接受源站或其他路由器的信息，实现网络层互联。

路由器分本地和远程路由器，本地路由器用来连接网络传输介质，如光纤、同轴电缆、双绞线等；远程路由器用来连接远程传输介质，并要求相应的设备，如电话线要配调制解调器；无线路由设备要配无线接收机与发射机等。

路由器通过路由决定数据转发，转发策略称为路由选择(Routing)。作为不同网络间互相连接的枢纽，路由器系统构成了基于TCP/IP的网络的主体脉络，构成了Internet的骨架。

4）中继器

中继器(Repeater，RP)是网络连接装置，用于两个网络节点间物理信号的双向转发，在两节点之间按位传递信息，完成信号复制、调整和放大，以此来延长网络的长度。由于网络中存在传输损耗，线路上的信号功率会衰减，造成信号失真，导致接收错误。中继器实现物理线路的连接，对衰减的信号放大。通常，中继器两端连接的是相同的媒体，但有的中继器也可完成不同媒体的转接。中继器工作于OSI的物理层，功能是放大信号，补偿信号衰减，支持远距离通信。

(1) 中继器的优点

① 扩大了通信距离。

② 增加了节点的最大数目。

③ 各个网段可使用不同的通信速率。

④ 提高了可靠性，当网络出现故障时，一般只影响个别网段。

⑤ 使网络性能得到改善。

(2) 中继器的缺点

① 由于中继器使收到被衰减的信号再生到发送时的状态才转发出去，因此增加了延时。

② 控制器局域网总线(Controller Area Network，CAN)是一种广泛用于工业自动化、船舶、医疗设备、工业设备等领域的现场总线。CAN的MAC子层并没有流量控制功能，当网络负荷大时，可能因中继器中缓冲区的存储空间不够而发生溢出，以致产生帧丢失的现象。

③ 中继器若出现故障，对相邻两个子网的工作都将产生影响。

3.3 商务系统软件和开发工具

电子商务系统中，软件及开发技术对系统建设、运营和维护有很大的影响。选择技术应从网站的经济投入、系统功能、技术人员和维护成本等方面综合考虑。相关技术有静态网页开发技术及工具、动态网页开发技术及工具、数据库开发连接技术等。

3.3.1 静态网页开发技术及工具

静态网页是指其对访问者是单向、固定的，访问者不能改变网页内容与网站交互。若要改变网页内容，须通过网站管理员修改 Web 服务器上的 HTML 文件。动态网页对访问者是双向、动态可变的，访问者可通过与网站交互获取不同的页面内容，有限地更新 Web 服务器上的内容。形式上，静态网页是以 html、htm、shtml、xml 等为扩展名的网页文件。

静态网页是动态网页的基础，大多数动态网页通过在静态网页中插入相关程序，或生成静态网页的方式来实现的。静态网页中可包含文本、图像、声音、Flash 动画、客户端脚本、ActiveX 控件及 Java 小程序等。尽管网页上使用这些对象后可使其具有动感，但是，这种网页不包含在服务器端运行的任何脚本，网页上的代码均由设计人员预先编写好后，放置到 Web 服务器，发送到客户端的浏览器上后不再发生任何变化，因此称其为静态网页。

静态网页是网站建设的基础，为使网站适应搜索引擎检索的需要，即使采用动态网页技术时，也可将网页内容转化为静态网页发布。在同一个网站上，动态网页内容和静态网页内容同时存在也是很常见的事情。

1) 常见的静态网页开发技术

(1) HTML 语言：HTML 是最常见的静态网页开发技术。HTML(Hyper Text Mark-up Language，超文本标记语言)是构成网页的最基本的元素，是 WWW 的描述语言。HTML 的结构包括头部(Head)和主体(Body)两大部分，其中头部描述浏览器所需的信息，主体则包含所要说明的具体内容。

HTML 中定义了一系列的标签，它用各种标签来标志文件属性和超链接信息。根据 HTML 语法编写的文件称为 HTML 文件。HTML 文件是一个纯文本文件，可使用任何一个文本编辑器进行编写(如 Windows 的记事本等)，扩展名为 html 或 htm。

(2) XML 语言：电子商务活动中要传送各种数据，它们由不同的应用生成，具有不同格式和业务含义。各种应用系统间的数据比较复杂，不同类型企业，不同系统中的数据格式间存在很大的差异。如何在不同行业、不同领域和不同企业间传输业务数据，实现业务交互，是 B2B 与 B2C 等中的一个关键问题。

XML(eXtensible Markup Language)是可扩展标志语言，是一种可创建自己标识的标记语言。它与 HTML 一样，也是 SGML(The Standard Generalized Markup Language，通用标志语言标准)的一个简化子集，是 Web 上表示结构化信息的一种标准文本格式，却没有 SGML 那样复杂的语法和庞杂的数据定义。也就是说正因 SGML 过于庞大与复杂，才导致了 HTML 的诞生；又由于 HTML 已无法满足日益深化的 Web 应用，才导致了 XML 的诞生。

XML 将 SGML 的丰富功能与 HTML 的易用性结合到 Web 应用中，保留了 SGML 的可扩展功能。同时，XML 已不再是固定的标记，允许定义数量不限的标记来描述文档中的资料，允许采用嵌套的信息结构。XML 提供了直接处理 Web 数据的通用方法，着重描述 Web 页面内容。结合 HTML 和 XML 实现数据内容与页面形式分离，使 Web 应用程序更容易扩展和移植。

XML 是互联网中跨平台、依赖于内容的技术，它使用一系列简单的标记描述数据。这些标记可方便地建立，简单且易于掌握和使用。XML 不是 HTML 的替代品，它是描述数据的，针对的重点是什么是数据，如何存放数据；HTML 是用来显示数据的，针对的重点是如何格式化数据，如何显示数据。

XML 的主要特点如下：

① 简单性：XML 继承了 SGML 的许多特性，其规范不到 SGML 的 1/10，却具有 SGML 约 80%的功能。它简单易懂，是既无标签集又无语法集的标记语言，描述网络上的数据内容和结构的标准。XML 保留了 SGML 的结构化功能，使网站设计者可定义自己的文档类型；XML 也推出了一种新型文档类型，使开发者可以不必定义文档类型。

② 可扩展性：XML 允许使用者创建和使用自己的标记以及相应的标签参数、属性和值等。商家可用之自定义内部生产和外部供应等应用的标记语言，甚至为特定行业定义专用的标记语言，作为该领域信息共享与数据交换的基础。这使得 XML 很快成为数据交换的唯一公共语言。虽然不同的应用系统也支持其他的数据交换格式，但它们都支持 XML，使得 XML 程序可更容易地与 Windows、Mac Os、Linux 及其他平台中的信息结合，更容易地加载到程序中并分析它，并以 XML 格式输出结果。

③ 互操作性：XML 可在多种平台上使用，可用多种工具进行解释。因为文档结构是相容的，故能建立解释它们的语法分析器。XML 支持用于字符编码的许多主要标准，允许在许多不同的计算环境中使用。XML 对 Java 进行了很好的补充，也有用 C++、C、JavaScript 和 Python 等编写的语法分析器。这些插件为 XML 的应用提供了语法分析能力，降低了使用 XML 建立应用的成本。

④ 开放性：XML 标准是开放的，可免费获取。XML 文档也是开放的，任何人都可对一个结构良好的 XML 文档进行语法分析；如果提供了 DTD(Document Type Definition，文档类型定义)，还可进行校验。虽然开发者可以建立语意模糊的 DTD 或以自己的方式加密数据，但这将会失去使用 XML 的许多好处。XML 并不禁止创建私有格式，但其开放性是它最大优点之一。

⑤ 灵活性：HTML 难于进一步发展，是因其格式、超文本和图形用户界面语义混合一体，要同时发展这一混合体是很困难的。而 XML 提供了一种结构化的数据表示方式，使用户界面分离于结构化数据。所以，用户寻求的许多先进功能在 XML 环境下更容易实现。

⑥ 自描述性：XML 文档通常包括文档类型声明，故文档是自描述的。XML 表示数据的方式真正做到了独立于应用系统，且能够重用。XML 文档被看做是文档的数据库化和数据的文档化。

(3)XML 的作用：XML 的出现，极大地方便了企业间协调商务处理，且不依赖于操作系统、编程模式或编程语言。基于这种标准的集成化环境，可为企业内部和互联网间的企业提供协调商务处理的良好解决方案。人们将 XML 称为现代电子商务语言，主要基于以下原因：

① XML 推动了电子商务的数据标准化：XML 有利于数据交换和传递的特性，促进了电子商务尤其是 B2B 的数据标准化。许多基于 XML 的商务数据标准和规范纷纷制定和发布，如 Open Buying on the Internet(OBI)等，这些标准加快了全球 B2B 和 G2B 等电子商务的

发展。

② XML 可实现与 EDI 的融合——XML/EDI：互联网时代，企业间电子商务正从传统 EDI 转向 Web-EDI，利用 Web 实现商品信息交换和接发订单，从而降低交易、通信和软件成本。XML 标准最适合于 Web 开发，应用于 Internet EDI 可得到基于 Web 的 EDT-XML/EDI。XML 支持结构化数据，可更详细地定义某个数据对象的数据结构，例如，描述产品，详细定义其生产厂、产品名、产品号、产地等信息，这种定义不仅为标记产品提供方便，且使得按生产厂、产品名等排序和查询变得更方便。

XML/EDI 还引进了模板(Template)概念，解决了 EDI 存在的映射问题。模板描述的不是消息的数据，而是消息的结构及如何解释消息，能做到无须编程就可实现消息的映射。通过模板，用户可得到对其环境的最佳集成。模板可以存储在别处，需要时再动态地结合到本地应用程序中。

此外，XML 大大降低了数据管理和交换的成本。传统的 EDI 是通过使用 SMTP 和 FTP 来进行数据格式转换的；而 XML 是专为互联网通信设计的，它的强大之处在于具有一套统一的数据格式，可以使数据管理和交换的成本更低，也更易于管理。

③ 应用于无线通信 WML：无线应用协议(WAP)包括两个部分：一个是通信部分，负责传输数据；另一个是 WML (Wireless Makeup Language，无线标注语言)，可在具有 WAP 功能的微型浏览器的小屏幕上发送信息。WML 类似于 HTML 语法，是 WAP 规范中的一部分，它延伸自 XML，是 XML 用于无线应用的特定实例。WML 完全符合 XML 的规则，用于标记和说明 WAP 移动终端收发的 Internet 信息和用户接口。

2) 静态网页开发工具

使用 HTML 代码编写网页代码量较大，且编写和调试较困难，因此在设计静态网页时常用一些可视化的网页编写工具，如 FrontPage 和 Dreamweaver 等工具软件。这些工具软件可提供网站管理、编辑 HTML、发布网页、数据库集成、支持动态网页、所见即所得等功能，大大简化了页面设计和网站开发的工作。

(1) FrontPage：FrontPage 是微软的一款网页设计、制作、发布、管理的软件，它提供了一个所见即所得的主页编辑方式，集编辑、代码、预览三种模式于一身，具有良好的表格控制能力。FrontPage 使用方便，简单易学，使得会用 Word 就能做网页，它很快成为了制作网页入门的首选编辑工具。

微软已使 FrontPage 被两款更专业的网页设计工具所取代：Expression Web 和 Sharepoint Designer，并将后者融合到微软 Office 中，作为组件的一部分。

(2) Dreamweaver：Dreamweaver 是 Macromedia 公司开发的集网页制作和网站管理于一身的所见即所得的网页编辑器，它是第一套针对专业网页设计师特别发展的视觉化网页开发工具，利用它可方便地制作出跨越平台限制和跨越浏览器限制的充满动感的网页。

Dreamweaver、Flash 及在 Dreamweaver 之后推出的针对专业网页图像设计的 Fireworks 被 Macromedia 公司称为 Dream Team(梦之队)，在国内被称为网页三剑客。

Dreamweaver 与 FrontPage 有如下不同之处：

① FrontPage 缺少动态元素，实现的是简单页面间的跳转，使用不如 Dreamweaver 广泛。

② Dreamweaver 设计可使用框架、动画轴、表单、按钮等页面元素，可以使页面更丰富，给浏览者更美的视觉效果。

③ Dreamweaver 经常使用 Fireworks 制作、处理的图片和 Flash 制作的动画。

④ Dreamweaver 允许全文检索页面。

3.3.2 动态网页开发技术

静态网页的页面内容固定，不随访问要求的改变而变。动态网页与静态网页的本质区别是其能与用户进行交互。

使用动态网页可实时显示网站资源的更新信息，可进行用户与企业之间动态的数据交互，对于电子商务极其重要。如对于供应商，当同类产品的不同规格、款式和型号众多时，如以静态网页来表达，需要制作大量的静态页面，不仅工作量大，管理与维护颇为繁杂，客户访问也不方便。而如果用动态网页表达，当用户发出范围请求（如标价为 2 000～3 000 元）时，动态网页就会执行相应的业务数据处理，列出所有符合条件的商品。同样，从商品查询、用户注册、在线商洽、商誉排序乃至建立商务网站等，动态网页都能胜任。同时，动态网页又是连接商务表达层和商务逻辑层的桥梁，服务器端的动态网页通过调用应用服务器上的商务逻辑，实现了完整意义上的电子商务功能。

动态网页实现的技术有很多，分为浏览器端动态网页开发技术和服务器端动态网页开发技术。如动态 HTML、JavaScript、VBScript、ASP、PHP 和 JSP 等，具体介绍如下：

1) 动态 HTML

动态 HTML(Dynamic HTML, DHTML)是一种即使从网页下载到浏览器后仍能随时变换的 HTML，能与访问者进行交互。DHTML 本质上不是一种新语言，而是 HTML、CSS 和客户端脚本的集成，即一个页面中包括 HTML＋CSS＋Javascript 或其他客户端脚本，CSS 和客户端脚本是直接写入页面而不是链接其文件。因此，DHTML 不是一种技术或者标准，只是一种将目前已有的网页技术、语言标准整合运用，制作出能在下载后仍然能实时变换页面元素效果的网页设计概念。

HTML 进行变化需要一些手段来通过浏览器完成，这些就构成 DHTML 的相关技术。

(1) 客户端脚本语言(Client Side Scripting Language)：运用客户端编写脚本（如 JavaScript 和 VBScript）来使 HTML 产生变化，如当鼠标滑过一幅图像时使其产生变化，就是一个例子。脚本是一系列控制计算机运算操作程序的组合，其中可实现一定的逻辑分支等。脚本程序在执行时，由系统的一个解释器，将其一条条地翻译成机器可识别的指令，并按顺序执行。因脚本在执行时多了一道翻译过程，所以它比二进制程序执行效率稍低。脚本通常由应用程序临时调用并执行。各类脚本被广泛应用于网页设计中，因其不仅能减小网页规模并提高网页浏览速度，还可丰富网页的表现，如动画、声音等。

(2) 文档对象模型：众多浏览器都具备动态 HTML 的编写功能，使网页中的 HTML 功能元素(HTML Elements)得到发挥。这种将网页功能元素（或文件目标）通过编写语言全面开放的机制被称为文档对象模型(Document Object Model, DOM)。

DOM 是动态 HTML 的核心，它体现网页元素的等级关系，这些元素在指定时间在浏览器上呈现。DOM 包括：时空背景信息，如当前日期、时间；浏览器自身属性，如其版本号；窗口自身属性，如网页的 URL；最后还包括各 HTML 元素，如<p>标签、divs 或表格。通过将 DOM 向动态 DHTML 语言公开，浏览器能使网页更多的功能元素发挥作用，如像日期、时间之类元素不能自动变换的话，也可以通过脚本修改其他元素来完成。

DOM 中指定元素进行变换的部分称为事件模型(Event Model)。“事件”指一系列对页面的动作,如将鼠标在某一页面元素上移动(Onmouseover)进行网页发布(Onload)、提交反馈表格(Onsubmit)、单击反馈表输入区(Onfocus)等。

(3) 层叠样式表:层叠样式表(Cascading Style Sheets, CSS)属于DOM,其属性也可通过动态HTML编写语言体现,故能实现页面外在视觉效果的所有变化。通过改变页面元素的CSS属性(如颜色、位置、大小),可达到通信带宽和计算机的处理器运行速度允许范围内的一切效果。

在面向对象程序设计法中,每一页、每个段落、图像和表格、任何元素都视为一个对象,然后声明该对象的每一个实例都有一种样式(Style),即一组属性或显示指令。只要声明一次,这些属性就会贯穿在整个网页甚至整个站点中。

因此,CSS是进行网页改变的对象,DOM是其具有变动性的机制,而客户端脚本是实际促成变化的程序,它们的有机综合就是动态HTML。

2) 浏览器端动态网页开发技术

这种技术在浏览器端生成动态网页,常用的主要有JavaScript、VBScript和JavaApplet等,简介如下。

(1) JavaScript:电子商务系统需要通过Web页面处理各种事件,客户端进行一些逻辑判断和数据处理,动态决定是否提交数据给服务器端程序。这些要求可通过JavaScript实现。JavaScript的主要特点如下。

① JavaScript是一种可以嵌入Web页面中的、基于对象和事件驱动的脚本语言,它扩展了浏览器的功能。它可用来制作与网络无关的、与用户交互作用的复杂软件。它是一种基于对象(Object-Based)和事件驱动(Event-Driver)的编程语言,因而提供了丰富的内部对象供设计者使用。它可将HTML和Java小程序放在Web页面中协同工作,增强了开发客户端应用的能力。

② JavaScript是一种解释性编程语言,一般不用在服务器端,不直接对文本和图形进行操作,不具有读写文档及网络控制等功能,只完成一些与用户直接打交道的任务,如显示日期、表单检查、交互游戏等。源代码发往客户端执行前不需编译,而是将文本格式的字符代码发给客户端,由浏览器解释执行。JavaScript中变量在使用前不需声明类型,由解释器在运行时检查其数据类型。

③ JavaScript的代码是一种文本格式代码,可直接嵌入HTML文档中,且可动态装载。

(2) VBScript:VBScript是一种脚本语言,它源于Visual Basic。为增强网络安全性,VBScript减少了VB中的一些功能。由于该语言使用简单,代码短小,容易掌握,最常用于动态网页的制作中。

可在HTML文件中直接嵌入VBScript脚本以扩展HTML,使它不仅是一种页面格式语言。带有VBScript脚本的网页在每次下载到浏览器时都可不同,且可以对用户的操作作出反应。

VBScript和JavaScript都是为了提高网页的交互性,增强HTML的功能而开发的,故它们很相似,掌握其中之一便可轻松掌握另一种。

(3) JavaApplet:HTML和JavaScript具有简单与灵活的特点,但客户端多不能承担复杂的数据处理任务,而是将其放在服务器端进行。但有些商务系统有复杂的用户界面和计算,客户端和服务器端的交互非常频繁且传输数据量大,数据关系复杂,对结构化要求高等。此时,HTML和JavaScript就显得不足,而可选技术之一是JavaApplet(Applet)。

Applet 是嵌入 HTML 页面在浏览器中执行的 Java 程序，它包含一个主类（继承 Java. Applet 类），可包含 0 个或多个其他类。Applet 可单独工作，也可和 HTML 及 JavaScript 组合使用。

Applet 要考虑和服务器上的 Servlet、JSP、CGl 等程序间的通信方式，Web 应用中 Applet 的使用与通信主要有以下几种方式：

① 单独使用 Applet：Applet 可发挥 Java 的多数特性。如它可使用 JDBC、RMI 等技术访问数据库、LDAP 目录和其他组件等后端信息；可用 Applet 直接完成数据访问和业务逻辑。客户端 Applet 可包含较复杂的业务逻辑和用户界面；安装、发布应用简单，只需在 Web 服务器上发布一次。

② Applet 和服务器端的 Servlet、JSP、CGI 等程序配合使用：该方式将资源及业务逻辑等封装到服务器端程序中，Applet 仅处理前端工作，将事务逻辑从界面中分离出来，让应用更灵活，易于设计，易升级和维护。例如，当 Servlet 收到 Applet 请求时，可在数据库中查询信息、执行计算，再返回给 Applet；如使用 EJB 技术构建应用程序，则一个 Applet 与一个 Servlet 通信，Servlet 再与 EJB 组件通信。在程序构建中引入由 EJB 组件、Servlet 和前端的 Applet/HTML 组成的层次结构，可提供最大的弹性和良好性能。Applet 和服务器端程序可用 HTTP 协议交换字节流或对象流，其中封装了相关的业务数据。Java 提供的 URL 和 URLConnection 类使得通过 HTTP 协议读取数据变得很容易。

此方式的优点是：如采用三层结构，则结构清晰，系统安全性高，可实现复杂的用户界面。前端可完成复杂计算，能满足其和服务器端交互活动频繁、数据传输量大、数据结构复杂的要求。

③ Applet 和后端程序使用 Socket 连接：浏览器端和服务器端使用 HTTP 协议通信只能短暂交换信息，这是由 HTTP 协议的请求/响应式的模式决定的。如让 Applet 持续获取服务器端信息，Applet 须不断地重建与 HTTP 的连接，连接前后开始的数据传输较慢，影响应用性能。使用 Socket 连接，可建立与服务器的连接，让其一直保持，并使用该连接相对快速地实现数据通信。使用 Socket 的另一好处是连接为双向的，客户端和服务器端可互传数据。

使用 Applet 构建多线程应用程序较简单，可在一个 Applet 中启动多个线程和服务器联系，也可有几个 Applet 同时与一个服务器联系。Applet 作为客户端在 Web 上的主要应用有：实现各种动画效果；动态图形绘制，如股票曲线等；一些需要多线程的聊天室的应用等。

a. Applet 的优点：完全采用 Java 语言，擅长 Java 者可用其来进行客户端编程。Applet 具有几乎所有 Java 程序的功能，可制作图形及应用程序的用户界面，可使用 Java 丰富的网络编程类，实现 HTML 和 JavaScript 不能满足的需求等。

Applet 保存在服务器上，每次浏览器访问包含 Applet 网页时，客户机会自动下载 Applet 文件并执行。Applet 和其类文件通过标准的 HTTP 请求传输到客户端的浏览器上，故可越过 Web 页面数据所在平台的防火墙发送。Applet 应用的更新类似于 HTML 网页组成的应用的更新，只需在服务器上安装最新的 Applet 类和支持库，安装和维护简单，成本较低。

b. Applet 的缺点：每次访问 Applet 时，须将 Applet 类和其支持库下载到客户机，如果类和库较大，则程序初始化较慢。

Applet 代码从 Web 主机上下载并在访问者的浏览器中执行。如不做限制，一些恶意的 Applet 可能对客户机进行破坏。这可使其因安全性而受到一定程度的约束。

Applet 可与提供 Applet 类的主机建立网络连接，但是 Applet 不能建立或接受其他外来的 Socket 连接。

Applet 对开发者有一定的入门要求，有技术难度，要求设计者掌握完整的程序设计方法，特别是面向对象的方法；同时，Applet 下载到客户端后可获取其源代码，程序安全性差，技术易泄密等。

3) 服务器端脚本开发技术

客户端技术的发展虽极大地改善了用户界面，但其受安全和功能性制约，对支持整个动态网站来说是不够的。于是，出现了一些服务器端的动态网页技术，如 JSP、ASP 和 PHP 等。

(1) Java：面向对象的 Java 语言具备一次编程、任何地方均可运行的能力，使其成为服务提供商和系统集成商用以支持多种操作系统和硬件平台的首选解决方案。Java 技术具有卓越的通用性、高效性、平台移植性和安全性，以及简单性、面向对象、分布式、健壮性、安全性及跨平台等。使之广泛应用于 PC、数据中心、游戏控制台、超级计算机、互联网和移动网络。在全球云计算和移动互联网的产业环境下，Java 具备了显著优势和广阔前景。如今，Java 已成当今世界信息技术的主流之一，在各种形态的电子商务应用中广泛的应用。

(2) ASP：ASP(Active Server Page)意为“动态服务器页面”，是微软的服务器端脚本环境，内含于 IIS 中，通过 ASP 可结合 HTML 网页、ASP 指令和 ActiveX 元件建立动态、交互且高效的 Web 服务器应用程序。

该技术利用插件和 API 简化了 Web 应用程序的开发。ASP 的优点是可以包括 HTML 标签，可直接存取数据库及使用无限扩充的 ActiveX 控件，因此在程序编制上更富有灵活性。

ASP 是代替 CGI 脚本程序的一种应用，它可以与数据库和其他程序进行交互，是一种简单、方便的编程工具，其网页文件的格式是. asp，常用于各种动态网站中。

ASP 采用面向对象的特征及对 ActiveX 控件的扩展，可实现对 Web 数据库的动态访问。ASP 对数据库的访问采用 ADO(ActiveX Data Objects)方式，即通过建立对象将访问数据库的细节高度抽象。ADO 本身具有高速、简便及低内存开销的特点。

ASP 内部提供了两种脚本引擎：JScript 和 VBScript，ASP 默认的脚本语言为 VBScript，用于 ASP 的编码开发，同时 Microsoft 在其整套开发工具包中也提供界面友好的开发平台，使熟悉 Microsoft 产品的开发人员能够很容易使用。

ASP 能与任何 ActiveX Scripting 语言相容。ActiveX 服务器元件具有无限可扩充性，可使用 Visual Basic、Java、Visual C++、COBOL 等编程语言来编写用户所需的 ActiveX 服务器元件。同时，ASP 源程序不会被传到客户端浏览器，可以避免所写源程序被他人窃取，提高了程序的安全性。

此外，ASP 是一种解释脚本语言环境而无需编译，在脚本代码中做的任何一个改动，立刻就可在浏览器中呈现出现。一个 ASP 并不一定每次都要重新编译解释，如再次接收以前的请求且无任何变化时，ASP 会从缓存中提出结果而不是再次运行。ASP 的这些优点，使其在各种规模的电子商务系统构造中都得到广泛的应用。

ASP 的缺点主要是该技术基本局限于微软的操作系统平台之上，主要工作环境也是微软的 IIS 应用程序结构，故 ASP 技术不容易实现跨平台的 Web 服务器程序开发；而运行在 Unix 系统的 Web 服务器上其应用范围受到很大限制。

① ASP 的工作原理：ASP 提供了使镶嵌在 HTML 页面中的脚本程序运行的环境，其程序中可包含纯文本、HTML 标记及脚本命令。只需将. asp 程序放在 Web 服务器的虚拟目录

下(须有可执行权限),就可以通过 WWW 方式访问 ASP 程序。

② ASP 的工作步骤

a. 用户浏览器网址栏中添入 ASP 文件,触发申请后浏览器将此 ASP 要求发给 IIS。

b. Web Server 接收申请要求并从磁盘或者内存中接收正确的 ASP 文件。

c. Web Server 将此文件发送到一个 ASP. DLL 的特定文件中。

d. ASP 文件将被执行并根据命令要求生成相应的静态主页。

e. HTML 主页被送回浏览器。

f. 用户浏览器解释执行 HTML 主页并显示在浏览器上。

(3) PHP:PHP(Hypertext Preprocessor)即"超文本预处理器",用于创建动态网站。作为一种服务器端 HTML 嵌入式脚本描述语言,PHP 的特色在于使 Internet 网页上对数据库操作更方便。电子商务的发展,要与数据库链接的网页越来越多,在 PHP 之前,人们只能用 Perl 和 C 编写的 CGI 程序来实现这些功能。而 PHP 为各种流行的数据库,包括 Linux 平台中的 PostgreSQL、mSQL、MySQL、Solid 和 Oracle,以及 Windows 平台的 SQL Server 等都设计了专门的函数,使操作这些数据库变得非常方便。特别是 MySQL 数据库的普及,形成了使用 PHP 必用 MySQL 的习惯,使之发展进一步加快。

PHP 独特的语法混合了 C、Java、Perl 及 PHP 自创的语法,采用类似于 ASP 技术,比 CGl 或 Perl 能更快速地执行动态网页。PHP 在大多数 Unix 平台、GNU/Linux 和 Windows 平台上均可运行,这就决定了用其编写的程序可以方便地进行系统间的移植,从而保证其具有广阔的使用范围。用 PHP 作出的动态页面是将程序嵌入到 HTML 文档中去执行,执行效率大大高于完全生成 HTML 标记的 CGl;PHP 还可以执行编译后代码,编译可以达到加密和优化代码运行,使代码运行更快。

PHP 在服务器端执行,可充分利用其强大的性能;PHP 执行引擎还将用户经常访问的 PHP 程序驻留在内存中,其他用户再一次访问此程序时不需要重新编译程序,直接执行即可。PHP 可实现所有的 CGl 或 JavaScript 的功能,提供了多种数据库的接口手段。此外,PHP 在 Web 可发布的动态图形图像生成方面也有很多独到之处,这就使其在电子商务系统的构造中很流行。

① PHP 的主要优点

a. 支持多种系统平台。这包括微软的各种 Windows 平台,各种版本的 Unix 系统,包括 Linux、Solaris 和 Sco Unix 平台等。

b. 开放源码,具有自由软件特性。PHP 使用时不会有道德及法律上的困扰,并可自行加入使用者所需的功能。

c. 版本更新快。相比微软数年才更新一次的 ASP 而言,PHP 数周就更新一版。

d. 语法简单,容易与现有的网页整合。PHP 提供交互功能,修改成本低,动态创建图像,让网页美工及程序开发人员能各司其职。

e. 具有丰富的功能。PHP 从结构化特性、对象式设计、数据库处理、网络接口使用到安全编码机制等,加之具有良好的数据库支持,使之几乎囊括所有建立网站所需的功能。

f. 系统移植速度快。PHP 只需少许修改,就可将整个网站从 Windows 平台上转移到 Unix 平台上。

② PHP 的缺点:PHP 也存在一些弱点,主要是它是一种解释型语言,不支持多线程结构,支持平台和连接的数据库都有限,特别是在支持的标准方面存在不足。但 PHP 的开放性又

使其版本更新很快，许多弱点在其发展中正不断被改进和克服。

③ PHP的工作环境：PHP程序开发需要这样几个环境：程序源码编辑环境，PHP自身工作环境，支持PHP的浏览器环境。其中最主要的是PHP自身工作环境，Linux对PHP的匹配支持相当好。比如，其自带的WWW服务器Apache是PHP最原始支持的工作环境，现在也有许多和PHP集成的Apache服务器版本。在Linux的Apache中，如从源码开始安装，可选择多种安装PHP的方式，比如，可以作为Apache的一个模块，也可以作为一个CGI程序，还可对整个PHP进行定制，选择所支持的功能，从而使PHP服务变得短小而精悍，让用户从定制中得到最高的安全性，使整个网站变得极为健壮。

PHP还移植到了Windows体系中，现在Windows平台一般可使用IIS作为Web服务器，一些曾在Linux下运行的程序如Apache和MySQL等软件也为Windows下PHP工作环境提供了新的组成方案。在客户端浏览器方面，各种浏览器都可以获得比较好的效果。

(4) Servlet：Servlet源于Server+Applet，为小服务器程序，主要功能在于实现前后端交互式浏览和变更数据，生成动态Web内容，这就极大地增强了应用开发的能力，成为运用Java开发Web应用的基础，JSP也是在它的基础上发展起来的。

Servlet是基于Java实现的服务器端组件，用来扩充Web服务器的功能。Servlet可视为一个Java类，但其运行在一个服务器端的Servlet容器内，通过容器提供会话管理和对象生命周期管理。相对于其他的服务器端开发技术，Servlet效率更高、更容易编程、功能更强、更安全且具有良好的可移植性，因而成为主流的动态网站技术。Servlet的优点和其工作原理如下。

① Servlet的优点：Servlet的优点在于其高性能，一个Servlet在第一次初始化时装载并驻留在内存中，以后直接从内存中运行，不像CGI程序那样每次都要重新装入内存。其次，在默认情况下，Servlet以单实例多线程的方式工作，一个新请求到达后，Servlet实例开启一个新的线程来为这个请求服务，而不像CGI需要开启一个进程。Servlet继承了Java的所有优势，包括易升级以及平台无关性，在编程时可调用Java所提供的大量的API。

② Servlet的基本工作原理：一个Servlet在服务器端由称为Server容器(或称Servlet引擎)的程序来解释执行，Servlet在被调用后会被动态载入容器，由其解释执行，通过Servlet包含的功能就扩展了Web服务器的功能。Servlet可在服务器端接收客户端的请求并给出响应，客户端的请求和Servlet的响应通过HTTP协议来完成。一个客户端程序(Web浏览器或其他可连接Internet的程序)会访问Web服务器并发出请求，该请求最终被运行在Web服务器上的Servlet容器接收，并交给Servlet处理，Servlet通过HTTP协议将其响应通过容器转发到客户端。

Web服务器和Servlet容器可以是两个独立的松耦合的应用程序，如图3-2所示；也可以是紧密集成的一个应用程序，如图3-3所示。图3-2和图3-3显示了一个典型的基于Servlet和JSP(Servlet的变体)的Web应用程序，包括若干Servlet或JSP文件，也可能包含许多HTML文件和图片等其他资源文件。客户端对于Servlet的访问先到达Web Server，如访问的是HTML文件和图片这样的静态资源文件，Web Sever会直接处理并给出响应，而如访问的是Servlet，则通过Servlet容器去执行Servlet并给出响应。浏览器或其他应用程序一般通过HTTP协议访问Web Server。典型地，浏览器通过HTTP协议访问Web Server，Web Server返回给浏览器HTML格式的数据，而客户端应用程序可通过HTTP协议访问服务器端的应用，服务器端的应用程序通过Web Server可返回给客户端应用程序HTML格式的数据、XML 格式的数据或应用约定格式的数据。

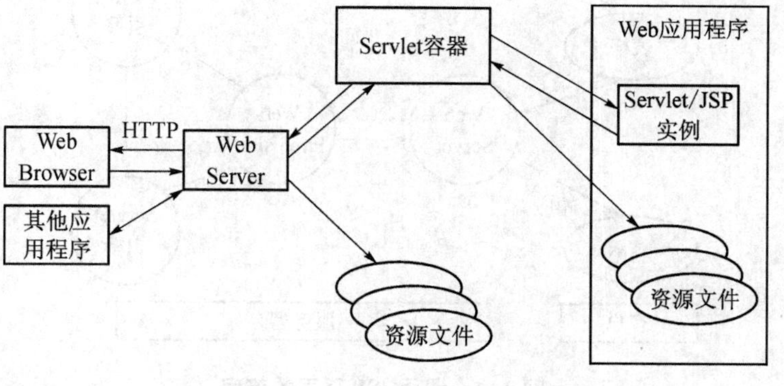

图 3-2　Servlet 的工作原理图

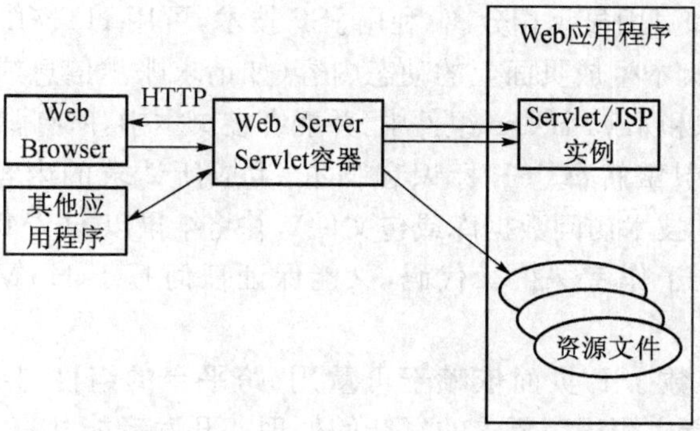

图 3-3　JSP 的工作原理

(5) JSP:JSP(Java Server Page)是一种动态网页技术,是 Servlet 的扩展,目的是简化建立和运行动态网站,因而是 J2EE 的一个关键技术。用 JSP 开发的 Web 应用是跨平台的,既能在 Linux 上运行,也能在其他操作系统上运行。

JSP 在更高一层上抽象 Servlet,让常规静态 HTML 与动态产生的内容结合后,作为 Servlet 来运行。许多应用服务器都支持 JSP 技术,如 WebLogic、WebSphere、JRun 等。使用 JSP 比 Servlet 更简单。如有一个支持 JSP 的 Web 服务器,就可将一个 JSP 文件放到任何 HTML 文件可放置的位置,不用编译与,不用打包,也无需进行 ClassPath 设置,就可以如访问普通网页那样访问它,服务器会自动处理。

① JSP 的工作原理:JSP 是基于文本的文件,任何基于文本格式的都可以被表示,例如 HTML、SVG、WML、XML 等;动态内容由 JSP 元素构成。故 JSP 文件看似一个包含了一些 Java 代码的静态 HTML 文件,以.jsp 为后缀,JSP 的工作原理如图 3-3 所示。

当 Web 服务器接收到 Web 客户的 JSP 文件请求时,它对 JSP 文件进行语法分析并生成 Java Servlet 源文件,然后对其编译,再由 Servlet 引擎处理。Servlet 引擎装载这个类,处理客户请求,并把结果返回给客户,过程如图 3-4 所示。以后再访问该页面时,如文件未发生过更改,JSP 引擎就直接调用已装载的 Servlet;如文件已经修改,就会再次执行以上重新生成 Servlet 并进行编译和装载过程,这会耗费一些时间,但其后的访问就不会这样了。

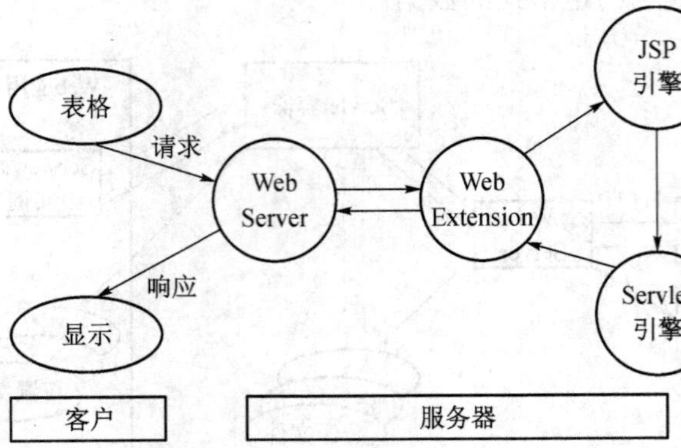

图 3-4 调用 JSP 页面的流程

② JSP 的特点

a. 应用程序逻辑和页面显示相分离：利用 JSP 技术，可用 HTML 或 XML 标识来设计和格式化页面，标识或以脚本生成页面上的动态内容（如请求账户信息或要求报价等）。生成内容的逻辑被封装在标识和 Java Beans 组件中，并捆绑在脚本中，所有脚本都在服务器端运行。

在服务器端，JSP 引擎解释 JSP 标识和脚本，生成所请求的内容（例如，通过访问 Java Beans 组件，使用 JDBC 技术访问数据库或包文件），并将结果以 HTML（或 XML）页面形式发送回浏览器。这既有利于作者保护其代码，又能保证任何基于 HTML 的 Web 浏览器的可用性。

b. 可重用组件：多数 JSP 页面依赖于可重用、跨平台的组件（Java Beans 或 Enterprise Java Beans 组件）来执行应用程序要求的复杂的处理。开发者能共享和交换执行普通操作组件，使其为更多的系统使用，同时加速了系统开发过程。

c. 采用标识：JSP 技术封装了许多功能，它们是在与 JSP 相关的 XML 标识中为动态内容生成所需。标准的 JSP 标识能访问和实例化 Java Beans 组件，设置或检索组件属性，下载 Applet及执行其他方法更难于编码和耗时的功能。通过开发标识库，JSP 技术可进一步扩展。第三方开发者可创建自己的标识库，这使他们能使用其熟悉的工具和标识来执行特定功能构件。

d. 适应多平台：几乎所有平台都支持 Java，JSP＋ Java Beans 几乎可在所有平台上运行。跨平台移植时，JSP 和 Java Beans 甚至不用重新编译。

e. 数据库连接：Java 中连接数据库的技术是 JDBC，Java 程序通过 JDBC 驱动程序与数据库相连，执行查询、提取数据等操作。通过 JDBC-ODBC bridge，Java 程序可访问带有ODBC 程序的数据库。由于大多数数据库系统都有 ODBC 驱动程序，所以 Java 程序能访问诸如 Oracle、Sybase、MS SQL Server 和 MS Access 等数据库。

JSP 页面的内置脚本语言是基于 Java 的，且所有的 JSP 页面都被编译成 Java Servlets，所以 JSP 页面具有 Java 技术的所有优点，包括强大的存储管理和安全性等，具备了 Java 的“一次编写，各自运行”的特点。

JSP 建立在 Servlet 技术基础上，但它克服了纯 Servlet 方案的如下一些问题：

- 开发和维护应用程序要有较深的 Java 编程知识，因处理代码和 HTML 元素相交织。
- 改变应用程序的外观和风格，或加入对某种新类型客户机（如 WML 客户机）的支持时，需要更新并重新编译 Servlet 代码。

• 难于利用网页开发工具来设计应用程序界面。因为如使用这些工具来开发网页布局，生成的 HTML 代码必须手工嵌入到 Servlet 代码中，既耗时又易出错。

JSP 可将请求处理和商务逻辑与外观呈现分离，此时不是将 HTML 标签嵌入到程序代码中，而是将所有静态 HTML 放到 JSP 页面中，就像一个通常的网页一样，然后加入一些 JSP 元素来产生页面的动态部分。对请求的处理可由 Servlet 程序员来做，商务逻辑则可由 JavaBeans 和 EJB 组件来处理。

将请求处理和商务逻辑与外观呈现分开后，JSP 允许将开发任务分派给拥有不同技术的人。Java 程序员实现请求处理和商务逻辑，网页设计师实现用户界面。网页设计师可使用 JSP 标准行为和 JSTL 库及开源组织或商业公司提供的 Java 组件来开发拥有许多动态特性的 Web 应用程序。

JSP 技术规范给出了两种使用 JSP 开发 Web 应用的模式，主要差别在于其处理业务的流程不同。模式一如图 3-5 所示，称为 JSP＋JavaBeans 模型。其中，JSP 页面独自响应请求并将处理结果返回给客户，所有的数据通过 JavaBeans 来处理，JSP 实现页面的表现。

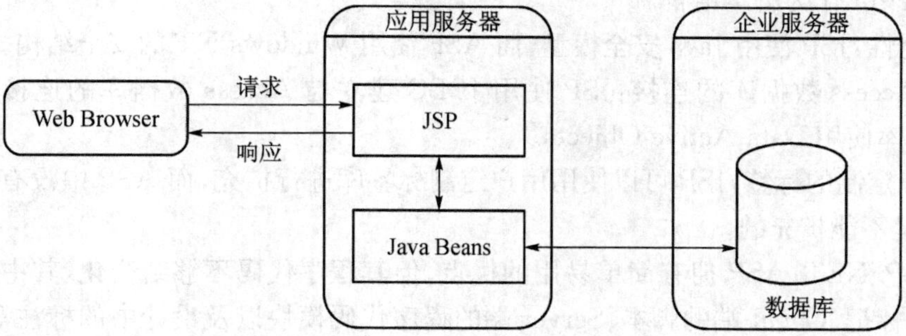

图 3-5　JSP 应用模式一示意图

图 3-5 模式实现了页面表现和业务逻辑相分离。但该方式要在 JSP 页面中使用大量的 Java 代码，当业务逻辑很复杂时，大量的嵌入式代码会使页面程序变得异常复杂。所以，该模型不能满足大型应用之需，但该模式简单，能较好地满足小型应用的需要。

模式二如图 3-6 所示，称为 JSP＋Servlet＋JavaBeans 模式。它结合了 JSP 和 Servlet 技术，能充分利用两者的优势。即用 JSP 来表现页面，用 Servlet 完成事务处理，用 Beans 来存储数据。Servlet 处理请求的事务，充当一个控制者的角色，向客户发送请求，它创建 JSP 需要的 Beans 和对象，然后根据用户请求行为，决定将哪个 JSP 页面发送给客户。

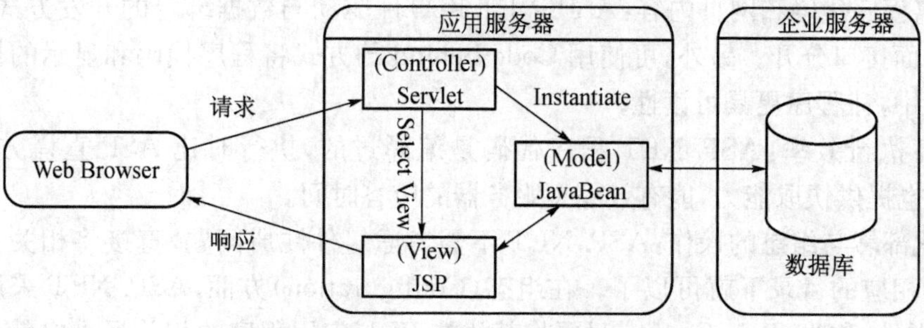

图 3-6　JSP 应用模式二示意图

从开发观点来看,模式二具有更清晰的页面表现,清楚的开发角色的划分,这些优势在B2B和大型B2C等商务环境中表现得尤为突出,网页设计者可专注于页面设计与呈现,程序员可专注于业务逻辑的处理,企业管理或商务人员可专注于实际生产与商务处理。

③ JSP与ASP的比较:JSP和ASP都是动态网页技术,都是可嵌入HTML中的程序,两者的不同主要如下:

• Web服务器的支持:大多数Web服务器如Apache、Netscape和IIS等都支持JSP页面,但只有微软的IIS和Personal Web Server支持ASP。

• 平台支持:JSP具有平台独立性,只要Java程序可运行的平台,都支持JSP程序。Windows平台可很好地支持ASP,但ASP对Win32模型的依赖,使其难于移植到其他平台上。

• 组件模型:JSP建立在可重用的、跨平台的组件(如JavaBeans、Enterprises JavaBeans和用户定制的标签库等组件)之上,而ASP使用的是基于Win32的COM组件模型。

• 脚本语言:JSP可使用Java编程语言或JavaScript作为脚本语言,而ASP使用VBScript或JScript作为脚本语言。

• 安全性:JSP使用Java安全模型,而ASP使用Windows NT的安全结构。

• 与Access数据库的连接:JSP使用JDBC建立与Access数据库的连接,而ASP对Access数据库使用Data Active Objects。

• 用户定制的标签:JSP可以使用用户定制标签库进行扩充,而ASP中没有用户定制标签库,ASP是不能扩充的。

(6) ASP. NET:ASP拥有简单易用的优点,但其程序代码不够结构化,其中混合了显示界面的Tag标记、Client端的脚本、Server端的程序代码模块以及设计中的标注等,程序难于维护。因此,微软为推广其新一代网络操作平台.NET FrameWork,开发出了ASP. NET。它是一种建立在通用语言上的程序构架,能被用于一台Web服务器来建立强大的Web应用程序,使其成为建立动态Web应用程序的全新技术。ASP. NET特点和与ASP的比较如下。

① 简化开发:ASP虽然易用,但网页程序大时会显复杂。ASP. NET代码编写的特色是将页面逻辑和业务逻辑分开,分离程序代码与显示的内容,让网页更易撰写,且程序代码更洁净、更简单。

② 语言独立:ASP网页虽可用多种语言撰写程序代码,但只限于脚本语言,如VBScript、JScript。ASP. NET则允许使用编译式语言,提供较好的执行效率和跨语言兼容性,如Visual Basic. NET、C#、C++ With Manage Extension、JScript. NET等。

③ 分离程序代码和网页内容:ASP. NET用事件驱动与数据绑定的开发方式,将程序代码与用户界面接口分开。另外,可使用Code-Behind的方式将程序代码和显示的标注分离在不同的文件中,让程序更具可读性。

④ 提高执行效率:ASP. NET程序代码是编译过的,执行时比ASP直译方式快很多。ASP. NET也提供快取能力,能有效缩短服务器的应答时间。

⑤ 简化部署与组态的操作:ASP. NET不需考虑组件注册问题,直接将相关文件复制到目的机器中相应的目录下就可以了。在组态(Configuration)方面,ASP. NET采用易阅读的XML组态文件,称为Web. Config,只要将其放在Web应用程序的相关目录中就可完成组态操作。因此,可使用文件复制或FTP的方式来设置Web应用程序的组态。

⑥ 支持多种客户端类型:ASP. NET提供许多Server Control,执行中能自检浏览器所支

持的功能，并自动产生符合其可用的网页。

⑦ 支持 Web Service：简单地说，Web Service 是指可跨 Internet 调用的应用程序，提供重复使用功能，它能让两个不同的系统拥有一个沟通的渠道。

⑧ 增进适用性：ASP. NET 在解决应用程序故障——内存泄漏（Memory Leak）时，能自动重启进程，增进适用性，不至死机。任何造成内存泄漏的程序代码或产生无穷循环或没关闭使用的资源的程序代码将只会影响一条线程。ASP. NET 检测到某条线程运行失常，它会把新要求导向新线程，不再和问题线程交互。受损线程将会被自动回收，最后一个使用此线程的要求将被毁灭，这表示服务器不需重启动来配置线程。

⑨ 增进延展性：除使用编译过的语言和快取能力增进延展性之外，ASP. NET 使用全新的 Session-State 管理方式，让应用程序很容易地在一台服务器生多个处理进程中使用 Session。

⑩ 更佳的安全机制：ASP 中唯一能使用的验证方式是 Windows Authentication；ASP. NET 则提供 3 种不同的登录验证方式：Windows、Passport 和 Cookie，也可使用 Impersonation 功能，使用登录者的权限执行一些程序代码或存取资源。

⑪ Session 可跨进程、跨机器：若使用 ASP. NET，Session 的状态就可在不同机器的不同进程上进行维护，以解决多处理进程的 Session 维护问题。

综上所述，ASP. NET 在 ASP 的基础上有了质的飞跃，它不是简单的软件版本升级，而是重新打造的新技术。

ASP. NET 与 ASP 的比较如表 3-1 所示。

表 3-1　ASP. NET 与 ASP 的比较

ASP. NET	ASP
程序代码和页面标志可以完全剥离	程序代码和页面标志混合在一个页面中，无法剥离
使用 Web 控件，不再区分客户端程序与服务器端程序，可以直接进行数据交换	程序员需要严格区分一个页面中客户端脚本程序与服务器端的程序，而且客户端的程序与服务器端的程序很难交互
支持 HTML Element、Web Control	仅支持 HTML Element
第一次请求时自动编译执行，以后再次请求时不需要重新编译	解释执行
支持 COM 组件，Class Library 和 Web Service 组件	支持 COM 组件
可以方便地调试和跟踪	很难调试和跟踪
支持 C++、Visual Basic 和 JScript	支持 Visual Basic
支持面向对象编程	不支持面向对象编程

3.3.3　动态网页开发工具

不同的开发技术可以使用相应的开发工具，如 ASP .NET 使用 Visual Studio .NET，JSP 可使用 JBuilder、Eclipse 等 Java 开发工具，这些常用工具简介如下。

1) Visual Studio . NET

Visual Studio . NET 是一套完整的开发工具，用于生成 ASP Web 应用程序、XML Web Services、桌面应用程序和移动应用程序。Visual Basic . NET、Visual C++. NET、Visual C #. NET 和 Visual J #. NET 全都使用相同的集成开发环境(IDE)，该环境允许它们共享工具并有助于创建混合语言解决方案。另外，这些语言利用了. NET Framework 的功能，此框架提供对简化 ASP Web 应用程序和 XML Web Services 开发的关键技术的访问。

Visual Studio . NET 集成开发环境现在包括开发各种智能设备应用程序的工具。通过使用这些工具和. NET Framework 精简版(. NET Framework 的子集)，可以在个人数字助理(PDA)、智能手机和其他资源受约束的设备中，创建、生成、调试和部署在. NET Framework 精简版上运行的应用程序。

作为快速创建及集成 XML Web 服务和应用程序的单一综合工具，Visual Studio . NET 在改善操作的同时极大地提高了开发人员的效率。

2) JBuilder

JBuilder 是 Borland 公司开发的针对 Java 的开发工具。使用 JBuilder 可以快速、有效地开发各类 Java 应用。JBuilder 的核心有一部分采用了 VCL 技术，使得程序的条理非常清晰。JBuilder 另一个特点是简化了团队合作，它采用的互联网技术可使不同地区甚至不同国家的人联合开发一个项目。

JBuilder 的特点如下：

(1) JBuilder 支持最新的 Java 技术，包括 Applets、JSP/Servlets、JavaBean 及 EJB 的应用。

(2) 用户可以自动地生成基于后端数据库表的 EJB Java 类，JBuilder 同时还简化了 EJB 的自动部署功能。此外，它还支持 COREA，相应的向导程序有助于用户全面地管理 IDL(Interface Definition Language，分布应用程序所必需的接口定义语言)和控制远程对象。

(3) JBuilder 支持各种应用服务器。JBuilder 与 Inprise Application Server 紧密集成，同时支持 WebLogic Server，还有 EJB 1.1 和 EJB 2.0，可以快速开发 J2EE 的电子商务应用。

(4) JBuilder 能用 Servlets 和 JSP 开发和调试动态 Web 应用。

(5) 利用 JBuilder 可创建(没有专有代码和标记)纯 Java 2 应用。由于 JBuilder 是用纯 Java 语言编写的，其代码不含任何专属代码和标记，它支持最新的 Java 标准。

(6) JBuild 拥有专业化的图形调试界面，支持远程调试和多线程调试，调试器支持各种 JDK 版本，包括 J2ME、J2SE、J2EE。JBuilder 环境开发程序方便，它是纯的 Java 开发环境，适合企业的 J2EE 开发。但是 JBuilder 也有缺点，开始通常难于把握整个程序各部分之间的关系，对机器的硬件要求较高，内存占用较大，这时运行速度显得较慢。

3) Eclipse

Eclipse 是一个开放源代码的、基于 Java 的可扩展开发平台。就其本身而言，它只是一个框架和一组服务，用于通过插件组件构建开发环境。

Eclipse 最初是由 IBM 开发的替代商业软件 Visual Age for Java 的下一代 IDE 开发环境。但其目标不仅是成为专门开发 Java 程序的 IDE 环境，根据 Eclipse 的体系结构，通过开发插件，它能扩展到任何语言的开发，甚至能成为绘图工具。目前有人通过插件使其作为计算机语言比如 C++和 Python 的开发工具。

Eclipse 的主要特性如下：

(1) 可以很方便地对源文件进行导入和导出。

(2) 源代码的管理更加随心所欲。

(3) 支持团队开发。

(4) 支持辅件开发功能。

Eclipse 是个开放源代码的软件开发项目，专注于为高度集成的工具开发提供一个全功能的、具有商业品质的工业平台。它主要由 Eclipse 项目、Eclipse 工具项目和 Eclipse 技术项目三个项目组成，具体包括四部分组成——Eclipse Platform、JDT、CDT 和 PDE。JDT 支持 Java 开发，CDT 支持 C 开发，PDE 支持插件开发。Eclipse Platform 是个开放的可扩展 IDE，提供了一个通用的开发平台，它提供建造块和构造并运行集成软件开发工具的基础。Eclipse Platform 允许工具建造者独立开发与其他工具无缝集成的工具，从而无须分辨一个工具功能在哪里结束，而另一工具功能在哪里开始。

3.3.4 数据库连接技术

数据库访问是商务系统中的一项重要功能，对数据库访问存在着多种不同的处理方法，以下为几种常见的数据库开发连接技术。

1) ODBC

ODBC(Open DataBase Connectivity，开放数据库互联标准)由 Microsoft 公司提供，定义了数据库访问的应用程序接口，即 API 接口。ODEC 的目的是屏蔽各种数据库存取 API 接口的差异，为访问数据库的应用程序提供一致的接口。应用程序可以通过称为 ODBC 驱动程序的不同数据库引擎访问不同的数据库管理系统。

2) JDBC

JDBC(Java DataBase Connectivity，Java 数据库连接标准)和 ODBC 类似，它为 Java 应用程序提供统一的 API 接口。JDBC 包括两个基本部分，一部分是面向开发人员的 JDBC API，其作用是为程序员提供不同的数据库连接方式。另一部分是 JDBC Driver，它可以建立在 ODBC 基础上，即程序对 JDBC 的访问先转换成为对 ODBC 的调用，然后利用 ODBC 完成数据库访问，JDBC 也可以直接与数据库连接。目前几乎所有的应用服务器都为 Java 程序提供 JDBC 接口。

3) ADO

ADO(ActiveX Data Objects，ActiveX 数据对象)是微软提出的应用程序接口，用以实现访问关系或非关系数据库中的数据。利用它可以比较容易地实现对数据库的查询、存取操作。ADO 是一个数据访问编程模型，能使大部分数据源可编程的属性直接扩展到 Active Server 页面上；ADO 也不是专门为关系数据库或索引顺序存取方法(Indexed Sequential Access Method，ISAM)数据库设计的，它是一个任意数据源的接口。ADO 使用本机数据源，通过紧凑简明的脚本连接到 ODBC 兼容的数据库和 OLE DB 兼容的数据源，就可访问任何与 ODBC 兼容的数据库，包括 MS SQL、Access、Sybase、DM2、Oracle 等，不仅支持任何大型数据库的核心功能，而且支持许多数据库所专有的特性。比如网站开发人员要让用户通过访问网页来获得存在于 DB2 或 Oracle 数据库中的数据，就可在 ASP 页面中包含 ADO 程序，用来连接数据库。当用户浏览网页时，返回的网页将会包含从数据库中获取的数据，这是由 ADO 代码实现的。

3.4 电子商务领域的热点技术

3.4.1 系统优化技术

电子商务系统必须面临非线性增长的访问压力，经常遇到资源负荷过载的情况。为使有限的硬件发挥更大的效益，出现了很多优化电子商务系统性能的技术手段。一些主要系统优化技术如下。

1）动态负荷优化技术

商务系统中，一台服务器的处理能力只能达到每秒几万到几十万个请求，无法在1秒钟内处理上百万个甚至更多的请求。但若能将多台服务器组成一个系统，并通过软件技术将所有请求平均分配给所有服务器，则该系统就拥有了每秒钟处理几百万个甚至更多请求的能力。这就是负载均衡最初的设计思想。同时，访问压力在不同服务器上的分布是不均衡的。动态负荷优化技术通过定义一定的规则，实时、动态地调整系统承受的总压力，将负荷均衡地分配到不同的设备上，避免因设备过载而造成的系统服务瓶颈。

负载均衡由多台服务器以对称方式组成服务器组，服务器间地位等价，每台都可单独对外提供服务而无须其他服务器的辅助。通过负载分担，将外部请求均匀分配到对称结构中的某台服务器上，接收到的服务器独立回应客户的请求。

均衡负载能平均分配客户请求到服务器列阵，借此提供快速获取重要数据，解决大量并发访问服务问题。这种群集技术可用较小投资获得接近于大型主机的性能。

2）搜索及检索技术

在商务活动过程中，用户都希望在海量信息中尽快找到自己关心的数据。为满足这样的要求，内容管理(Content Management)、目录管理(Directory Management)和搜索技术有了长足进展。前两项技术主要侧重于强化对信息内容的组织，使之合理、可管理；后者则侧重于提高检索的效率。

(1) 内容管理(CM)：包括参与电子商务企业的内部内容(如 ERP)管理，商务平台的 Web 内容管理，商务交易内容管理和企业外部网(Extranet)信息共享内容管理(如 CRM 和 SCM)等。Web 内容管理是商务系统的重点，e-Business 和 XML 是推动内容管理发展的动力。

从功能上看，内容管理侧重于电子商务的企业管理者、公众用户、合作伙伴和供应商等获得结构化与非结构化信息的处理过程。目的是把相关商务信息发布到企业内部网，外部网和网络商贸交换(Internet Trading Exchanges，ITE)等系统，从而使用户能检索、使用、分析和开展生产与商贸业务。

从技术上看，内容管理作为电子商务的内容引擎，必须和商务服务器紧密集成，形成内容生成、传递并实现电子商务端到端的信息系统。

从架构上看，内容构成商务系统的核心价值链，它将各类发布企业与商品信息和交易数据的参与方称为内容供应方(Content Providers)，平台为服务提供商(Service Providers)，查询与购买商品的企业与客户视为内容消费者(Content Consumers)。因此，完善的电子商务内容管理解决方案必须提供从内容创建、发布、传播到个性化提供与交互等全套功能。

由此可见，内容管理不是某种单项技术，而是多种先进技术的综合应用，它突破了传统信息流管理软件、办公自动化软件以及文档管理软件的应用范围、使用效果和商业价值。内容管理的目标是实现商务系统中内容价值链的最优化。

(2) 目录管理:目录是一种特殊数据库,商务系统中有许多目录服务于各种应用与管理程序,包括 LDAP(轻量级目录访问协议)目录和基于 X.500 的目录。这些目录都是通用的标准的目录。

电子商务系统中面向用户提供的目录服务主要用于在全球范围内查找商户、业务伙伴和产品与服务项目等的搜索工具,供查找网上用户。同检索工具一样,目录服务用不同方式收集数据,为目录服务器建立用户与商品数据库提供了信息源。这些数据存储在 LDAP 服务器上,供用户通过 LDAP 协议来访问其提供的目录服务。

目录服务器是商务系统中的一种基础架构,支持网络结构化、安全认证、资源集中管理和资源共享功能等。

(3) 检索技术:检索是指依据特定的方法,从已经组织好的大量数据资源中,查找并获取特定数据的过程,且检索出的特定数据,往往不是业务信息本身,而是关于它们的线索。

检索包括信息存储和检索两过程,前者将大量分散、无序的业务信息集中起来,根据信息的格式与内容特征,经过整理、分类、归纳、标引、组织、存储或链接处理等,建立各种各样的检索系统使其特征化、序列化,后者则采用特征标识匹配等相关的检索工具或技术构成具有检索功能的数据库与查询系统。

检索工具的选用要根据系统检索之需制定检索策略,选择检索途径和方法。所谓检索,是使用者输入应用系统的检索提问,按检索者预定的检索策略与系统中的存贮标识进行类比、匹配运算,以人机对话方式查找出所需内容。

信息检索系统通常由信息源、信息组织管理、系统功能、用户接口和系统支持技术等部分组成。

① 信息源:如商务系统中的企业、产品与服务项目等的各类数据源,如其名称、分类、特征属性描述、编码标志,等等。

② 信息组织管理:主要是指信息标引的方法、组织方式和更新周期,其管理应科学、实用、合理等,会直接关系到检索结果。

③ 系统功能:检索系统功能取决于其提供的检索途径、检索方式和检索方法,系统功能的状况会在很大程度上影响到检索结果。

④ 用户接口:用户接口承担用户与系统间的通信功能,它通常由用户模型、信息显示、命令语言和反馈机制等部分构成。

⑤ 系统技术支持:主要是指检索系统及其软硬件平台,用户输入检索词或提问式后,系统将其与数据库中的信息进行比较运算,再将运算结果输出给用户。

⑥ 优化查询机制:好的机制可提升检索速度并减少查询数据库的工作量。现代数据库都包含了不少优化程序,主要分两类:基于规则的优化程序和基于成本的优化程序。前者根据一套特定规则进行优化,后者的优化程序则注重特定查询的时间成本。

可以在 SQL 语句中为优化程序添加一些注释,原则如下:

① 将最常用的查询结果高速缓存起来。

② 先对限制较多的部分进行查询/更新操作,余下部分处理的数据将会少一些,以加快运行速度。

③ 在与数据库交互操作之间保持较大的时间间隔,执行少量的较大的查询,而不是大量的较小的查询。

④ 对表进行预编译。

⑤ 将锁定限制到用户真正想锁定的数据位上。如所有查询都锁定于同一张表，则这些查询只能串行执行，性能会下降。

要优化电子商务平台，优化方法非常重要，并需要多种优化策略系统地组合，才能取得理想的效率和效果。

3.4.2 集群技术

1）集群的概念

集群(cluster)技术是将至少两个以上的服务器集中起来一起进行同一种服务，在客户端看来就像一个服务器。集群可利用多个计算机作并行计算从而获得很高的计算速度，也可用多个计算机做备份，即使任何一个机器坏了，整个系统还是能够正常运行。

例如，一个有两台服务器生成的 Web 服务器集群系统，它对每个终端用户是透明的，而且看起来完全就像一个 Web 服务器。采用集群系统可以提高系统的稳定性和数据处理能力。集群中的各个节点机使用 TCP/IP 或其他网络协议通过标准的网络设备连接在一起，可以非常方便地添加或更换集群中的单个节点机，因此，松耦合的集群系统有较好的可扩展性。

2）集群的优点

集群系统中，所有服务器拥有一个共同的名称，集群内任一系统上运行的服务可被所有的网络客户所使用。集群需要协调管理各分离组件的错误和失败，并可透明地向集群中加入组件。用户的公共数据被放置到共享磁盘柜中，应用程序被安装到所有的服务器上，即在集群上运行的应用需要在所有的服务器上安装一遍。当集群系统正常运转时，应用只在一台服务器上运行，并且只有这台服务器才能操纵该应用在共享磁盘柜中的数据区；其他的服务器监控这台服务器，只要这台服务器上的应用停止运行（无论是硬件损坏、操作系统死机、应用软件故障，还是人为误操作造成的应用停止运行），其他的服务器就会接管这台服务器所运行的应用，并将共享磁盘柜上的相应数据区接管过来继续运行。集群的优点如下：

(1) 提高系统处理性能：一些商务计算密集型应用，如大数据环境中的多行业、多领域需要分析，多区域市场动态分析等，均需要计算机拥有很强的运算处理能力，现有的技术，即使普通大型机也很难胜任。此时，就需使用计算机集群技术，集中几十台甚至上百台计算机的运算能力来满足要求。提高处理性能一直是集群技术研究的一个重要目标之一。

(2) 降低成本：通常，一套较好的集群配置的价值，与专用超级计算机相比已很便宜。在达到同样性能条件下，采用集群比采用同等运算能力的大型计算机具有更高的性价比。

(3) 提高可扩展性：传统情况下若想扩展系统性能，通常要购买更高性能的服务器，才能获得所需的 CPU 和存储器资源。但在集群技术中，只需将一般服务器接入集群即可，对于客户而言，服务在连续性上几乎没有变化，且系统仍完成了性能升级。

(4) 增强可靠性：集群技术使系统在故障发生时仍可以继续工作，将系统停运时间减到最小。集群系统在提高系统的可靠性的同时，也大大减小了故障损失。

3）集群关键技术

典型的集群体系涉及的关键技术可归属于如下 4 个层次。

(1) 网络层：网络互联结构、通信协议、信号技术等。

(2) 节点机及操作系统层：高性能客户机、分层或基于微内核的操作系统等。

(3) 集群系统管理层:资源管理、资源调度、负载平衡、并行 IPO、安全等。

(4) 应用层:并行程序开发环境、串行应用、并行应用等。

关键技术是以上 4 者的有机结合,各自解决的问题不同。集群系统管理层是集群系统所特有的功能与技术的体现。在按需计算时代,每个集群都应成为业务网格中的一个节点,所以自治性(自我保护、自我配置、自我优化、自我治疗)也将成为集群的一个重要特征。自治性的实现,各种应用的开发与运行,大部分直接依赖于集群的系统管理层。此外,系统管理层的完善程度,决定着集群系统的易用性、稳定性、可扩展性等诸多关键参数。

20 世纪 90 年代前,中心服务器一般都用大型机(Mainframe),其上可完成一切的应用和服务,用户从终端通过网络完成应用。其好处是:应用集中、较好部署、系统监控、管理方便等。但大型机的缺点也很明显:设备昂贵,很难实现高可用解决方案;非高可用系统在出现故障时,全部应用都受到影响;操作系统、设备和部件比较专用,用户维护困难,可扩展性不强等。随着 PC 及其操作系统的普及和 Intel CPU 的性能和稳定性的不断提高,人们逐渐用 PC 服务器构成的分布式系统(Distributed System)代替大型机。分布式系统解决了大型机上面提到的多个缺点,同时也失去了大型机应用的优点,服务器多且杂,不好监控、管理,不好部署。因此综合大型机和分布式系统优势的服务器必将成为趋势,集群系统就是这样应运而生的服务器。

3.4.3 .NET

1) .NET 简介

.NET 提供了一种新的软件开发模型,它允许用不同程序设计语言创建的应用程序相互通信。这个平台也允许开发者创建基于 Web 的应用程序,这些程序能够发布到多种不同的设备(甚至是无线电话)和台式机上..NET 策略的一个主要方面是它与具体的语言或平台无关,不需要程序员使用唯一的程序设计语言,程序员可以将多种与.NET 兼容的语言结合起来开发.NET 应用程序。多个程序员还可以共同参与同一个软件项目,每个人都可以使用自己最精通的.NET 语言(如 Visual C++ .NET、C#、Visual Basic 和其他许多语言)来编写代码。

2) .NET 的核心技术

Web Services 是.NET 的核心技术。Web Services 是新一代的计算机之间通用的数据传输格式,可让不同运算系统更容易进行数据交换。Web Services 有以下几点特性:

(1) Web Services 允许应用之间共享数据。

(2) Web Services 分散了代码单元。

(3) 基于 XML 的互联网数据交换的通用语言,实现了跨平台、跨操作系统、跨语言。

3.4.4 云计算

1) 云计算的概念

对云计算(Cloud Computing)的定义有多种说法。目前广为接受的是美国国家标准与技术研究院(NIST)的定义:云计算是一种按使用量付费的服务模式,该模式提供可用、便捷、按需的网络访问,进入可配置的计算资源共享池(资源包括网络、服务器、存储、应用软件和服务等),这些资源能够被快速提供,只需投入很少的管理工作,或与服务供应商进行很少的交互。

云计算是分布式计算（Distributed Computing）、并行计算（Parallel Computing）、效用计算（Utility Computing）、网络存储（Network Storage Technologies）、虚拟化（Virtualization）、负载均衡（Load Balance）等传统计算机和网络技术发展融合的产物。

云计算通过使计算分布在大量的分布式计算机上，而非本地计算机或远程服务器中，企业数据中心的运行将与互联网更相似。这使得用户机构能将资源切换到需要的应用上，根据需求访问计算机和存储系统。这好比是从古老的单台发电机模式转向了电厂集中供电的模式。它意味着计算能力也可作为一种商品进行流通，就像煤气、水电一样，取用方便，费用低廉，最大的不同在于，它是通过互联网传输的。

2）云计算的特点

被普遍认可的云计算的特点如下：

(1) 超大规模："云"具有相当的规模，Google 云计算已经拥有 100 多万台服务器，Amazon、IBM、微软、Yahoo 等的"云"均拥有几十万台服务器。企业私有云一般拥有数百上千台服务器。"云"能赋予用户前所未有的计算能力。

(2) 虚拟化：云计算支持用户在任意位置、使用各种终端获取应用服务。所请求的资源来自"云"，而不是固定的有形的实体。应用在"云"中某处运行，但实际上用户无需了解，也不用担心应用运行的具体位置。只需一台笔记本或者一部手机，就可通过网络服务来实现用户之需，甚至包括超级计算这样的任务。

(3) 高可靠性："云"使用了数据多副本容错、计算节点同构可互换等措施来保障服务的高可靠性，使用云计算比使用本地计算机可靠。

(4) 通用性：云计算不针对特定的应用，在"云"的支撑下可构造出千变万化的应用，同一个"云"可以同时支撑不同的应用运行。

(5) 高可扩展性："云"的规模可以动态伸缩，满足应用和用户规模增长的需要。

(6) 按需服务："云"是个庞大的资源池，用户可按需购买，如像自来水、电、煤气那样计费。

(7) 极其廉价：由于"云"的特殊容错措施可采用极其廉价的节点来构成云，"云"的自动化集中式管理使大量用户无需负担日益高昂的数据中心管理成本，"云"的通用性使资源的利用率较之传统系统大幅提升，用户可充分享受"云"的低成本优势，通常只要花费几百美元、几天时间就能完成以前需要数万美元、数月时间才能完成的任务。因此，云计算可改变电子商务模式，甚至人们未来的生活。

(8) 潜在的危险性：云计算除提供计算服务外，还必然提供存储服务。但是云计算集中在云存储平台的拥有者的手中，而他们仅能提供商业信用。对于政府机构、商业机构（特别如银行这样持有敏感数据的机构）对选择云计算服务应保持足够的警惕。云计算中的数据对于数据所有者以外的其他云计算用户应是保密的，但对提供云计算的商业机构而言却并无秘密可言。这些潜在危险，是商业机构和政府机构选择云计算服务时不得不考虑的一个重要的前提。

4 UML 建模方法

统一建模语言(Unified Modeling Language, UML)是一种支持模型化和软件系统开发的图形化建模语言,为软件开发的所有阶段提供模型化和可视化、详述、构造及文档化的语言。利用 UML 所建的模型是精确、无歧义、完整的,且与各种编程语言直接相连。UML 也是一种文档化语言,它适用于建立系统体系结构及其所有的细节文档,提供了用于表达需求和测试的语言及对系统设计与和描述的活动进行建模的语言。

UML 建模包括由需求分析到规格、构造和配置,是用于对真实世界物体进行建模的标准标记,该建模过程是开发面向对象设计方法的第一步。UML 规范用来描述建模的概念有类(对象的)、对象、关联、职责、行为、接口、用例、包、顺序、协作以及状态等。

4.1 UML 核心元素

4.1.1 UML 的三个基本构造块

组成 UML 有三个基本的构造块:事物、图和关系。事物是 UML 中重要的组成部分,代表概念上或物理上的元素。关系把事物紧密联系在一起。图是很多有相互相关的事物的组。

1) 事物

(1) 结构事物(Structural Things)

① 类:是对具有相同属性、方法、关系和语义的对象的抽象,一个类可以实现一个或多个接口。在 UML 中类用包括类名、属性和方法的矩形表示。

② 接口:是为类或组件提供特定服务的一组操作的集合。接口描述了类或组件的对外可见的动作。在 UML 中接口用圆表示,在图形旁边还要标注接口的名字。

③ 协作:定义了交互操作,在 UML 中,用虚线构成的椭圆表示,椭圆中要标注协作的名字。

④ 用例:描述系统对一个特定角色执行的一系列动作。在 UML 中,用例用标注了用例名称的实线椭圆表示。

⑤ 活动类:是类对象有一个或多个进程或线程的类,在 UML 中,活动类和类的表示法相同,只是边框用粗线条。

⑥ 组件:是实现了一个接口集合的物理上可替换的系统部分。

⑦ 节点:是在运行时存在的一个物理元素。它代表一个可计算的资源,通常占用一些内存,具有处理能力。一个组件集合一般来说是一个节点。

(2) 动作事物(Behavioral Things):是 UML 模型中的动态部分。它们是模型的动词,代表时间和空间上的动作。有下列两种主要的动作事物：

① 交互(Interaction)：它是由一组对象之间在特定上下文中，为达到特定的目的而进行的一系列消息交换而组成的动作。

② 状态机(State Machine)：状态机由一系列对象的状态组成。其表示如图 4-1 所示。

图 4-1　状态示例

(3) 分组事物(Grouping Things)：是 UML 模型中组织的部分，可以把它们看成是个盒子，模型可以在其中被分解。UML 中只有一种分组事物，称为包(Package)，如图4-2 所示。

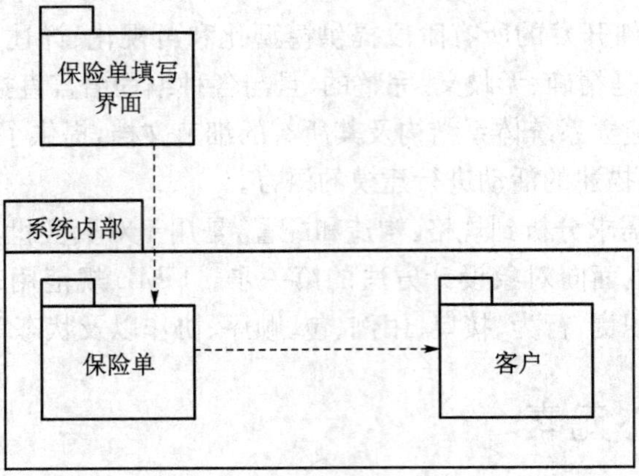

图 4-2　包示例

(4) 注释事物(Annotational things)：是 UML 模型的解释部分。UML 中用如图 4-3 中的椭圆中文字表示。

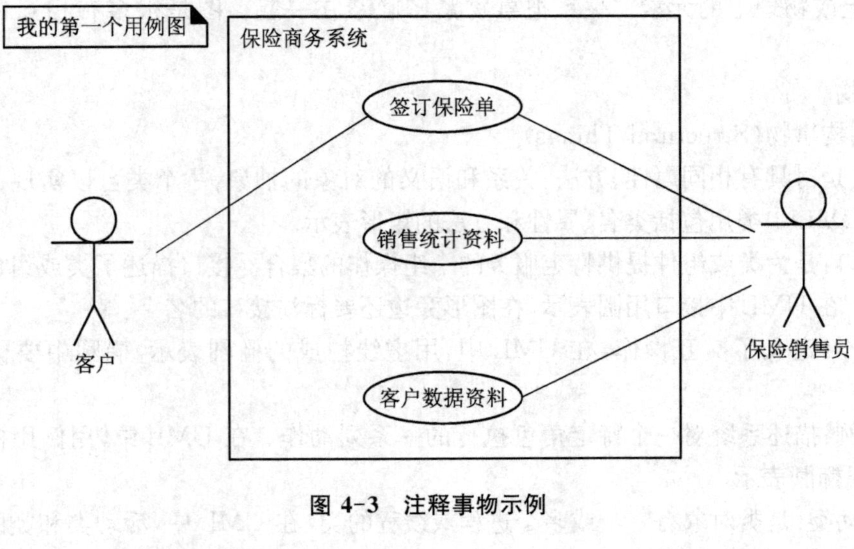

图 4-3　注释事物示例

2) 图

UML 中的图有 5 种类别(9 种图形)。

(1) 用例图。

(2) 静态图：类图、对象图。

(3) 行为图：状态图和活动图。

(4) 交互图:合作图和序列(顺序)图。

(5) 实现图:部署图和组件图(构件图)。

3) 关系

关系是建模元素之间的语义(有意义)联系,是 UML 把事物联系到一起的方法。UML 中的关系类型有以下几种:

(1) 依赖:是两个元素之间的关系,对一个元素(提供者)的改变可能影响或提供信息给其他元素(客户)。依赖不仅发生在类间,还发生在包和包之间、对象和类之间。

UML 中表示依赖的图形如图 4-4 所示。

在 UML 中有 4 种基本的依赖类型:

① Usage(使用):客户使用由提供者所提供的服务以实现它的行为,这是最普遍使用的依赖类型。

② Abstraction(抽象):表示客户和提供者之间的关系,提供者比客户更加抽象。

③ Permission(授权):提供者为客户提供某种权限以访问提供者的内容,这是一种提供者控制和限制对其内容访问的方法。

④ Binding(绑定):一般用于提供参数化类型(模板)的语言中(如 C++)。

图 4-4 依赖关系的 UML 符号表示

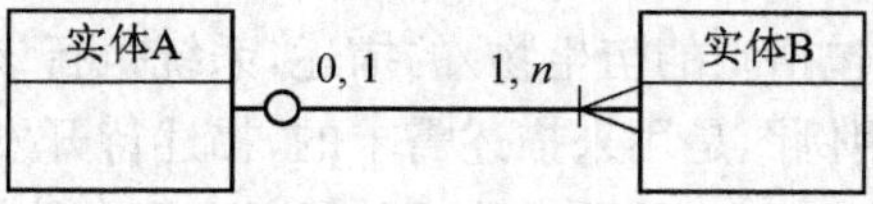

图 4-5 关联图示例

(2) 关联:是类间的语义联系,是类实例间连接的描述。在 UML 中表示关联的图如图 4-5 所示。

关联可以具有以下各项参数:

① 关联名称:是动词短语,表明源对象正在目标对象上执行的动作。

② 角色名称:表明关联中类的对象所扮演的角色。

③ 多重性:表明在任意时刻关系所能够涉及的对象数目,用来约束任意时刻对象的数目。

④ 导航性:用关系端部的箭头显示,表明可以从源类的任何对象到目标类的一个或多个对象(根据多重性确定的)遍历。

(3) 泛化:一个元素是另一个元素的特例,而且它可以取代更一般的元素。

泛化是一般元素和特殊元素之间的关系,是更概括的描述和更具体的种类间的关系,适用于继承。在 UML 的表示泛化的符号如图 4-6 所示。

(4) 实现:说明和实现间的关系。在 UML 中表示实现的符号如图 4-7 所示。

图 4-6 泛化的 UML 符号表示

图 4-7 实现的 UML 符号表示

4.1.2 UML 中建模的机制

在 UML 中存在两种建模机制:静态建模机制和动态建模机制。

当我们在实际应用中使用面向对象的设计和分析方法时,一般遵循的步骤是:

第一步：描述需求，一般产生用例图。

第二步：根据需求建立系统的静态模型，构造系统的结构。产生类图，对象图，组件图和部署图。

第三步：描述系统的行为。这里建立的模型或者可以执行，或者表示执行时的时序状态或交互关系。产生状态图、活动图、顺序图和合作图。

第一步和第二步建立的模型都是静态的，称为静态建模；第三步称为动态建模。

4.2 UML 核心视图

4.2.1 静态视图

1) 用例图

假设 A：一个仓库管理系统，仓库管理员需要进行物品进仓和出仓的操作，物品出仓的前提是相关物品的库存必须大于一定额度。

(1) 用例图的组成：用例图表示处于同一个系统中参与者和用例之间的关系，是一组动作序列（包括它的衍生物）的描述，系统执行该动作序列来为参与者产生一个可观测的结果值。

用例图是用来描述需求的，描述待开发系统的功能需求，本质上是用来描述用户和系统间一次交互。它是需求分析阶段（MSF 中的构想阶段）的主要任务之一。

用例图分为两个部分：用例（Use Case）和执行者（Actor）。

① 用例（Use Case）：UML 中表示为一个椭圆。它有以下特点：

a. 用例捕获某些用户可见的需求，实现一个具体的用户目标。

b. 用例由执行者激活，并提供确切的值给执行者。

c. 用例可大可小，但它必须是对一个具体的用户目标实现的完整描述。

② 执行者（Actor）：指用户在系统中所扮演的角色。用表示。这里的执行者可以是实际的用户也可以是另外的计算机系统。

(2) 用例间的关系：分为使用（Include）和扩展（Extend）两种。

① 使用：指的是用例 A 要用到用例 B。

例如出仓，需要检查库存情况，那用例“物品出仓”就要用到用例“显示物品库存”，如图 4-8 所示。

② 扩展：表示某个用例是从另外一个用例扩展而来的。

例如仓库管理员在物品进仓的时候，可以查看相关物品的库存情况。那么用例“查看物品的库存情况”就是扩展自用例“物品进仓”，如图 4-9 所示。

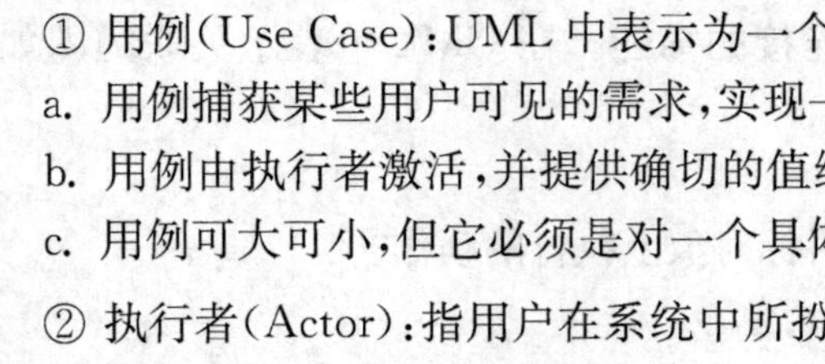

图 4-8　用例及使用用例示例

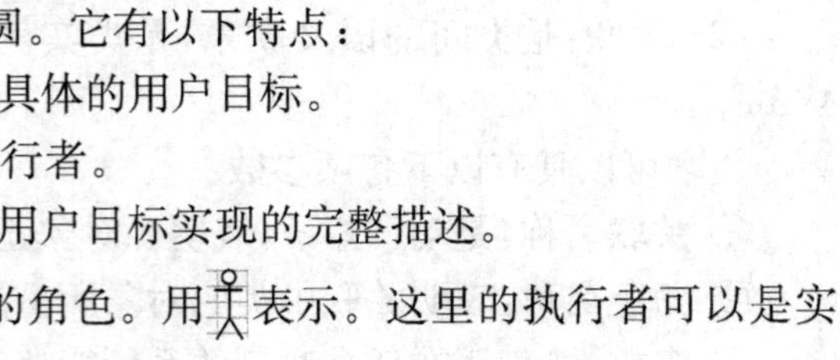

图 4-9　扩展用例示例

(3) 发现用例的方法：一般可以采用“主谓”结构的方式来发现用例，也就是“谁做什么”。

“谁”就是 Actor,“做什么”就是用例。对于已识别的角色,通过询问以下问题就可以发现用例:

① 角色需要从系统中获得哪种功能?角色需要做什么?

② 角色需要读取、产生、删除或修改存储系统中的某种信息吗?

③ 系统中发生的事件需要通知角色吗?或者角色需要通知系统某件事件吗?这些事件(功能)能干些什么?

④ 如果采用系统的新功能处理角色的日常工作是简单化了,还是提高了工作效率?

⑤ 还有一些与当前角色可能无关的问题,也能帮助建模者发现用例。例如:

a. 系统需要的输入/输出是什么信息?这些输入/输出信息是从哪里来到哪里去?

b. 系统当前的这种实现方法要解决的问题是什么(也许是用自动系统代替手工操作)?

对于假设 A,仓库管理员就是 Actor,要进行的动作有“物品进仓”、“物品出仓”和“获得物品的库存情况”,相应的用例就是这 3 个。

(4) 实例

[实例 1] 参与者之间的泛化关系

参与者:经理、安全主管、保安。

用例:管理人事、批准预算、批准安全证书、监视周边。

在参与者之间不存在泛化关系的情况下,各个参与者参与用例的情况分别是:经理参与用例管理人事和批准预算;安全主管参与用例批准安全证书;保安参与用例监视周边。由于安全主管与经理、安全主管与保安之间泛化关系的存在,意味着安全主管可以担任经理和保安的角色,并能够参与经理和保安参与的用例。这样,安全主管就可以参与全部 4 个用例。但经理或者保安却不能担任安全主管的角色,也就不能参与用例批准安全证书。具体如图 4-10 所示。

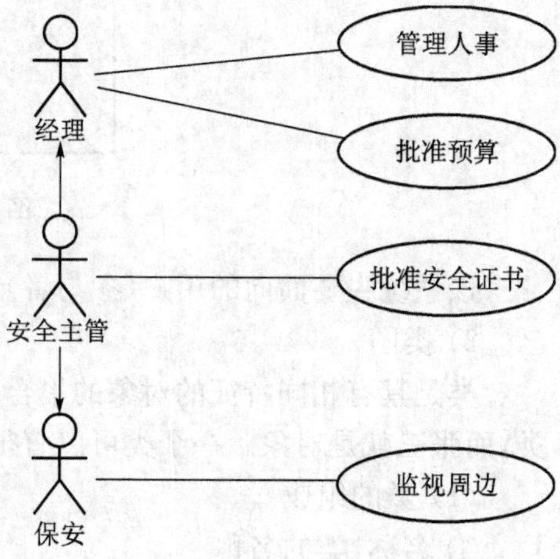

图 4-10 参与者间泛化关系用例

[实例 2] 用例之间扩展和包含关系

用例的上下文是:短途旅行但汽车的油不足以应付全部路程。那么为汽车加油的动作在旅行的每个场景(事件流)中都会出现,不加油就不能完成旅行。吃饭则可以由司机决定是否进行,不吃饭不会影响旅行的完成,具体如图 4-11 所示。

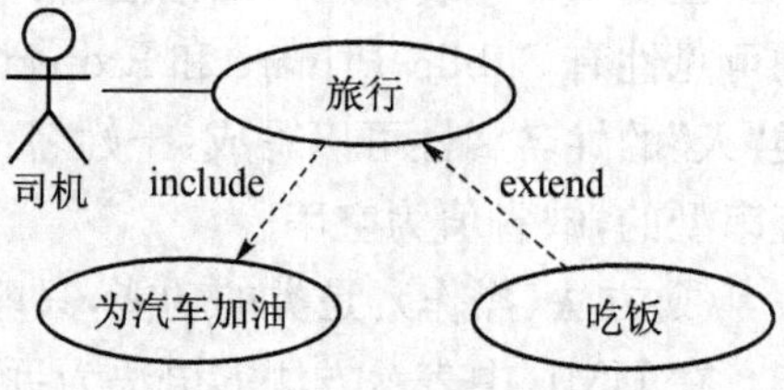

图 4-11 用例间扩展和包含关系

[实例 3] 航空售票的用例图

参与者:Clerk、监督员、信用卡服务商、信息亭,如图 4-12 所示。

用例:Buy Tickets、Buy Subscription、Make Charges、Survey Sales。

参与者 Clerk 参与(或称发起)Buy Tickets 和 Buy Subscription 两个用例(关联关系)。这两个用例的事件流都包含 Make Charges。

Charges 用例(包含关系):

系统由 Buy Tickets、Buy Subscription、Make Charges、Survey Sales 组成。

该系统主要包含:Buy Tickets、Buy Subscription、Make Charges、Survey Sales 这几个功能。

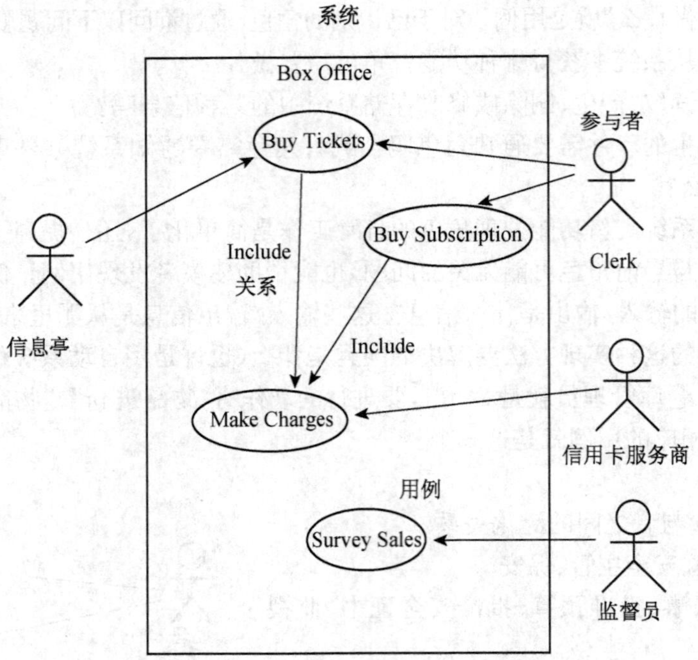

图 4-12　航空售票用例图

该系统主要面向的用户(参与者):Clerk、监督员、信用卡服务商、信息亭。

2) 类图

类是具有相同特征的对象的集合。对象是类的一个实例,是类的一个具体表现。如人是类,而张三就是对象。一个类可以有很多个实例(对象)。

(1) 类的组成

① 名称:类的名称。

② 属性:描述类的对象包含的数据。例如,类“人”,它的属性有:姓名、性别、年龄等。

在 UML 中表示属性的语法是:可见性 属性名 :类型 = 缺省值{约束特性}。其中常用的可见性有 Public、Private 和 Protected 三种,在 UML 中分别表示为“+”、“-”和“#”。对于类“人”的姓名属性可以写成:+姓名:字符串型=“”。表示姓名的属性是 Public 的,类型是字符串型的,缺省值为空串。

③ 方法(操作):是类的功能,只能作用到该类的对象上,定义了对象之间可能的交互。

在 UML 中表示方法的语法为:可见性 操作名(参数表):返回类型{约束特性}。对于类“人的吸气方法”,我们可以写成:+吸气(氧气):二氧化碳。表示吸气方法是 Public,需要氧气做参数,返回的类型是二氧化碳。

(2) 类之间的关系

① 关联:关联用于描述类与类之间的连接。由于对象是类的实例,因此,类和类之间的关联也就是对象和对象之间的关联。类和类之间有多种连接方式,每种连接方式各不相同(语义的连接),但外部表现形式相类似,故称之为关联。关联关系之间一般都是双向的,关联的双方都能够互相通信;反过来说,如果某两个类能够互相通信或者一方能感知另一方,那么这两个类之间就存在关联关系。描述这种关系常用的子句是“彼此知道,互相连接”。

关联有 0 或 1 对多、多对多等几种。例如班级(Class)类和学生(Student)类,它们之间就是 1 对多的关系。

关联类是起关联作用的类，是通过一根虚线与关联连接。如图 4-13 中每个“保险单”属于一个“客户”，而“客户”可以签订多个“保险单”。除了这个关联外，还有另外两个关联，分别是每个“保险单”包含若干个“保险单上的项目”，而每个“保险单上的项目”涉及单一的“保险类别”。

a. 聚合：一种特殊形式的关联。聚合表示类之间的关系是整体与部分的关系。比如计算机与打印机的关系，一台完整的计算机可以包括打印机，但是没有打印机，计算机也可以运行。

b. 组合：另一种特殊形式的关联。组合也表示类之间的关系是整体与部分的关系，但整体拥有各部分，部分与整体共存，如部分不存在了，整体也就不完整。例如计算机跟 CPU 的关系，如果没有了 CPU，那么计算机就没有办法运行。

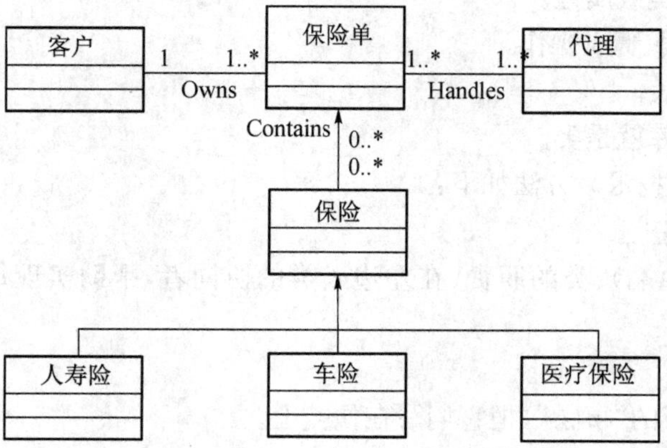

图 4-13　关联类

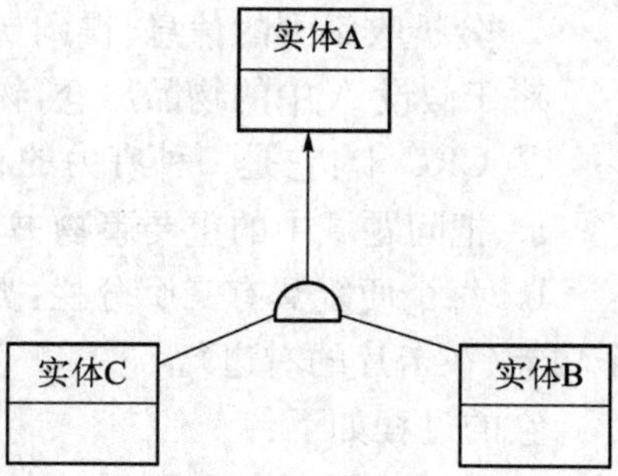

图 4-14　继承示例

在 UML 中，聚合表示为空心菱形，组合表示为实心菱形。

② 继承：定义了一般元素和特殊元素之间的分类关系。在 UML 中，继承表示为一端是空心半圆形的实线，例如人，人是共性(一般)的元素，而男人和女人就是特殊的元素。我们可以说：男人继承自人，女人也继承自人，而漂亮女人继承自女人。一般示例如图 4-14 所示。

③ 依赖：有两个元素 X、Y，如果修改元素 X 的定义可能会引起对另一个元素 Y 的定义的修改，则称元素 Y 依赖(Dependency)于元素 X。在类中，依赖由各种原因引起，如一个类向另一个类发送消息；一个类是另一个类的数据成员；一个类是另一个类的某个操作参数。UML 中依赖表示为虚线加箭头，如图4-15 所示。

(3) 类图：它是描述类和类之间的静态关系，是用来记录系统的静态结构，也就是指出系统包括哪些类，它们是如何关联的，但不包括为实现特定的行为而进行的交互。它是定义其他图的基础。

在 UML 中通常用矩形方框表示，如图 4-16 所示。

图 4-15　依赖的 UML 符号表示

图 4-16　类图

矩形顶部：名称，类名称首字母大写。如保险基础数据模型中主题编号描述为P*nn*，*nn*表示从01开始的两位数字编号，如P01。

矩形中部：属性，一般用小写字母。

矩形底部：方法，一般用小写字母。它通常包含：类、接口、协作、类间的关系。

(4) 如何发现类：标识正确的类是设计面向对象系统的主要工作，找出系统中的类的方法有以下几种：

① 名词及动词分析：它是一种非常简单的方法。首先对系统需求进行简明一致的陈述，然后将名词和名词短语用下划线表示出来，即标识出代表事物的词和短语。这样就产生一个候选类列表，从中筛选整理后获得系统的初始类列表。过程是：

a. 找出名词或名词短语，这些是候选类或属性。

b. 找出动词或动词短语，这些是候选职责或操作。

c. 分析收集到的信息，得到初始类列表。

对于假设A中的物品出仓，物品和仓库就是类。

② CRC卡：它是一种有力的和有趣的技术。方法如下：

a. 把问题域中的重要事物书写在便笺上。

b. 每个便笺具有三个分栏：类名(在顶端)、类的职责(在左边)、类的协同者，帮助实现每个功能(在卡片的右边)。

它的过程如下：

a. 要求团队成员命名运转在业务领域的“事物”，把它们写在便笺上。

b. 要求团队陈述该事物的职责，把它们记录在便笺的职责分栏上。

c. 要求团队识别可能一起工作的类，并且在它们之间连线或者把这些记录在每个便笺的协同者分栏中。

对于假设A，建立的类图如图4-17所示。

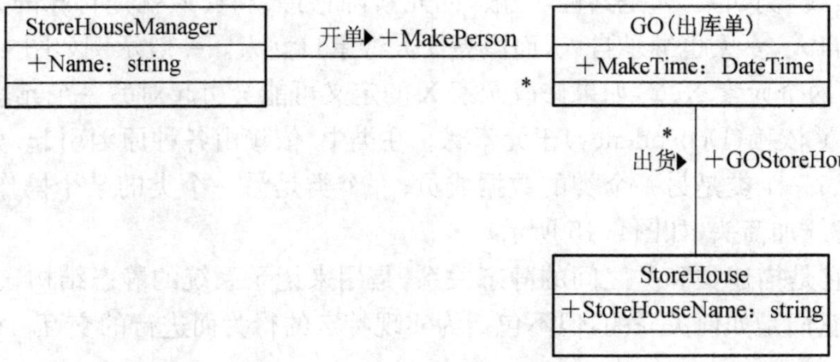

图4-17　类图示例

该图意在表示类和关系的用法，并不完整(不包括产品和订单细目部分，也没有体现库存检查部分)。

4.2.2　动态视图

1) 序列图

(1) 定义：是一种动态建模方法，用来描述对象之间动态的交互关系，着重体现对象间消息传递的时间顺序。

(2) 组成：UML 中序列图中存在两根轴，分别是时间轴(垂直方向)和对象轴(水平方向)。

顺序图中的对象用一个带有垂直虚线的矩形框表示，并标有对象名和类名。垂直虚线是对象的生命线，用于表示在某段时间内对象是存在的。对象间的通信通过在对象的生命线间画消息来表示。消息的箭头指明消息的类型。

顺序图中的消息可以是信号(Signal)、操作调用。当收到消息时，接收对象立即开始执行活动，即对象被激活了。

通过在对象生命线上显示一个细长矩形框来表示激活。消息可以用消息名及参数来标识，如图 4-18 所示。

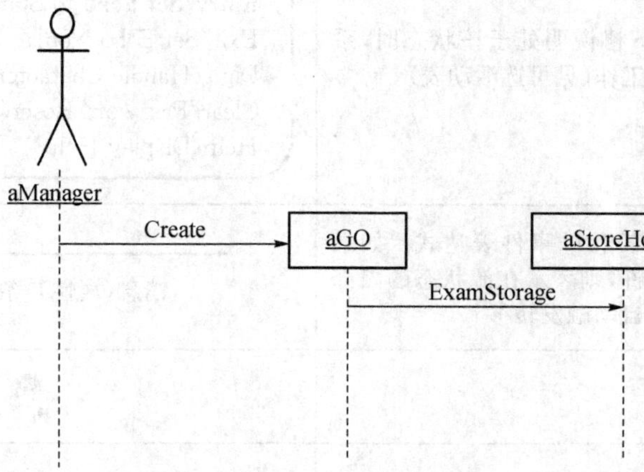

图 4-18　顺序图示例

上图表示 aManager(仓库管理员)建立出货单，然后再进行库存检查的过程。当然，库存检查是在增加产品之后由产品对象调用库存检查，但是此处设计不包括产品部分，为了体现效果，改用订单对象直接调用库存检查。

2) 活动图

(1) 定义：UML 活动图是一种特殊的状态图，记录了单个操作或方法的逻辑，单个用户案例，或者单个业务流程的逻辑，表示一个程序或工作流。工作流是被活动图所建模的过程的例子。活动图通常出现在设计的前期，即在所有实现决定前出现，特别是在对象被指定执行所有的活动前，其状态代表活动的执行，就像一个计算机或真实世界不间断的操作，而转换由状态内活动的完成来触发(若有约束条件，可能有几个不同的出口)。

活动图是强调计算过程中顺序和并发步骤的状态机，示例如图 4-19。

(2) 组成

① 状态：用来表示某个活动或动作，分为“动作状态”、“状态”、“初始状态”、“最终状态”。

② 泳道(
)：用来表示活动图中的责任，是活动图中活动的分组，每个组代表活动职责的一些有意义的部分。

③ 控制流：表示从一个状态到另一个状态的变化。

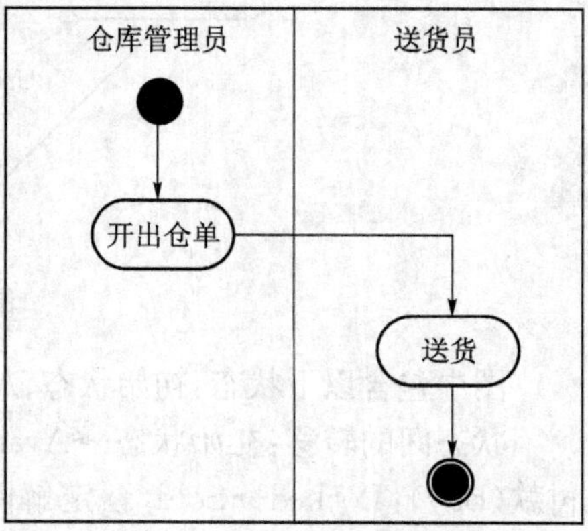

图 4-19　活动图示例

3）状态图

状态图用来描述一个特定对象的所有可能状态及其引起状态转移的事件。大多数面向对象技术都用状态图表示单个对象在其生命周期中的行为。一个状态图包括一系列的状态以及状态之间的转移。

(1) 组成：状态图组成元素如表 4-1 所示。

表 4-1　状态图组成

组成元素	说明	图示
状态	上格放置名称，下格说明处于该状态时，系统或对象要做的工作（见可选活动表）	Enter Password Entry/Set Echo to Star，Password Reset() Exit/Set Echo Nomal Digit/Handie Character Clear/Password Reset() Help/Display Help
转移	转移上标出触发转移的事件表达式。如果转移上未标明事件，则表示在源状态的内部活动执行完毕后自动触发转移	——————→ 消息（属性）[条件]/动作
开始	初始状态（一个）	
结束	终态（可以多个）	

(2) 实例

[实例 1]　对象的状态图

以订票为例，其状态图如图 4-20 所示。

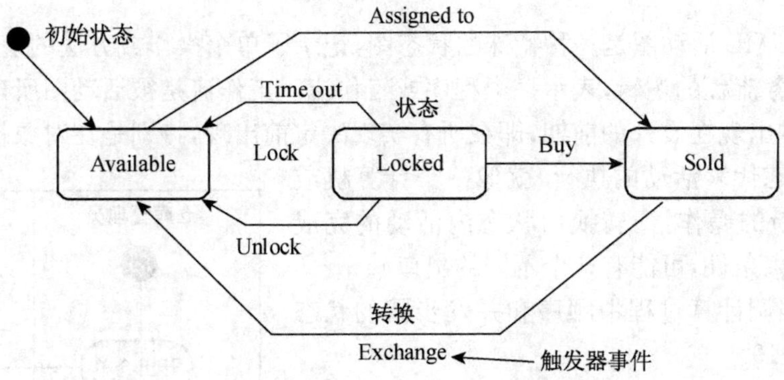

图 4-20　订票状态图实例

图中包含以下状态：初始状态、Available 状态、Locked 状态、Sold 状态。

状态间的转移：初始状态→Available 状态，票被预订（Lock）：Available→Locked，预定后付款（Buy）：Locked→Sold，预定解除（Unlock）：Locked→Available，预定过期（Time Out）：Locked→Available，直接购买（Assigned to）：Available→Sold，换其他票（Exchange），该售票

有效:Sold→Available。

［实例 2］ 网上银行登录系统

网上银行登录要求提交个人社会保险号(SSN)和密码(PIN),经验证有效后登录成功。该过程状态如图 4-21 所示。

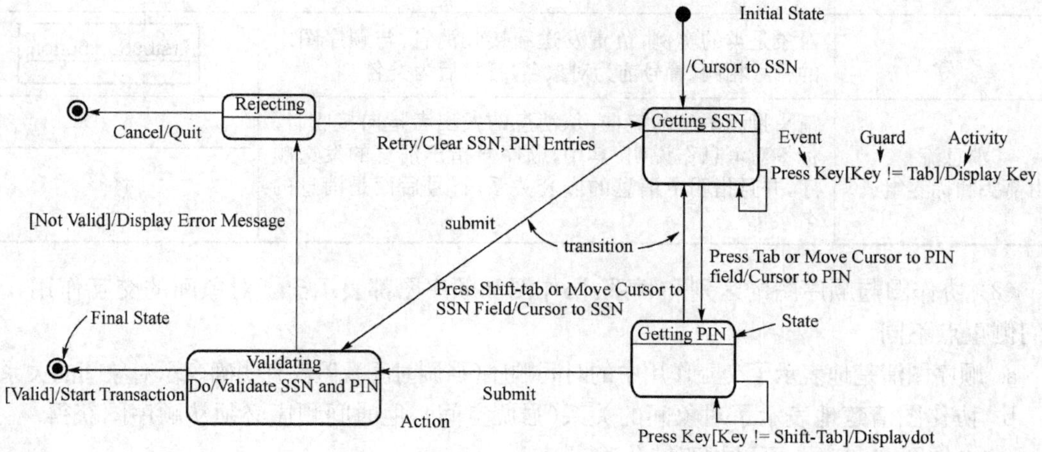

图 4-21 网上银行登录状态图实例

登录过程包括以下状态:初态(Initial State)、获取社会保险号状态(Getting SSN)、获取密码状态(Getting PIN)、验证状态(Validating)、拒绝状态(Rejecting)、终态 (Final State)。

状态转移过程如表 4-2 所示。

表 4-2 图 4-21 中状态转移过程表

出发状态	动 作	到达状态
Initial State	移动鼠标到 SSN	Getting SSN
Getting SSN	键入非 tab 键,显示键入内容	Getting SSN
	键入 tab 键,或移动鼠标到 PIN	Getting PIN
	提交	Validating
Getting PIN	键入非 Shift-tab 键,显示“ * ”	Getting PIN
	键入 Shift-tab 键,或移动鼠标到 SSN	Getting SSN
	提交	Validating
Validating	验证提交信息有效,状态转移	Final State
	验证提交信息无效,显示错误信息	Rejecting
Rejecting	退出	Final State
	重试,清除无效的 SSN、PIN	Getting SSN

4) 协作图

协作图是一种交互图,强调的是发送和接收消息的对象之间的组织结构,主要描述协作对象间的交互和连接,显示对象、对象间的连接以及对象间如何发送消息。可使用协作图来说明系统的动态情况。

协作图可以表示类操作的实现。

(1) 协作图中的事物及解释:协作图中的事物及解释如表 4-3。

表 4-3　协作图中事物

事物名称	解释	图示
参与者	发出主动操作的对象，负责发送初始消息，启动一个操作	 Actor
对象	对象是类的实例，负责发送和接收消息，与顺序图中的符号相同，冒号前为对象名，冒号后为类名	firstbutton:button
消息流（由箭头和标签组成）	箭头指示消息的流向，从消息的发出者指向接收者。标签对消息作说明，其中，顺序号指出消息的发送顺序，并且指明了消息的嵌套关系；冒号后面是消息的名字	标签

(2) 协作图与顺序图的区别和联系：协作图和顺序图都表示出了对象间的交互作用，但是它们侧重点不同。

a. 顺序图清楚地表示了交互作用中的时间顺序(强调时间)，但没有明确表示对象间的关系。

b. 协作图清楚地表示了对象间的关系(强调空间)，但时间顺序必须从顺序图获得。

c. 协作图和顺序图可以相互转化。

(3) 实例

[实例 1]　打印操作的协作图如图 4-22 所示。

图 4-22 中，Actor 发送 Print 消息给 Computer，Computer 发送 Print 消息给 PrinterServer，如果打印机空闲，PrintServer 发送 Print 消息给 Printer。

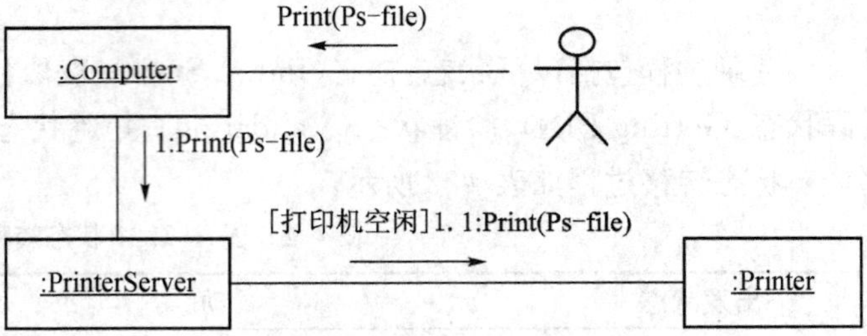

图 4-22　打印操作的协作图

[实例 2]　乘坐电梯的协作图

参与者需要乘坐电梯，他从门外部按下按钮，让电梯到达他想去的楼层。此时，电梯系统的操作被启动，电梯控制对象以循环的方式检查所有的电梯，从中选择一个工作队列长度最短的。然后，创建一个作业命令，并将该命令放入对应电梯的工作队列。激活队列，电梯对象并发运行，从队列中选择一个作业并执行。电梯是一个活动对象，它与它的控制线程并发执行。协作图如图 4-23 所示。

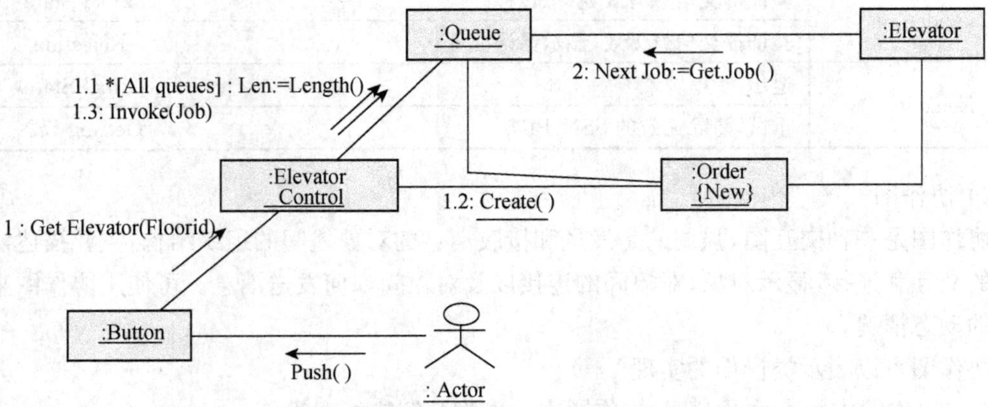

图 4-23　乘坐电梯协作图

图中存在的事物:参与者、按钮对象、电梯控制对象、命令对象、工作队列、电梯对象。

图中存在的关系是连接。

4.3 UML 核心模型

4.3.1 用例模型

用例模型使用用例描述了系统的功能需求,模型化表示了系统的功能和系统的环境。用例模型为客户和开发者提供了一种契约。当客户同意了用例模型,客户希望得到的系统功能也就确定了。在软件开发过程中,用例模型可以作为一种方式用来与系统的客户进行交流。

用例模型的作用有:

(1) 在系统开发的早期就可以明确最后提交的产品功能和特性。

(2) 确保双方都对需求有了准确的理解标识(系统的用户群和系统的功能)。

(3) 确定对系统与用户群之间接口的需求验证(是否客户所有的需求都被捕获)。

(4) 确保开发团队已完全理解了客户的需求。

用例模型是使用用例的方法来描述系统功能需求的过程。它主要包括两部分内容:用例图和用例描述。用例模型即为需求工作流程的结果,可当作分析设计工作流程以及测试工作流程的输入使用。用例模型如图 4-24 所示。

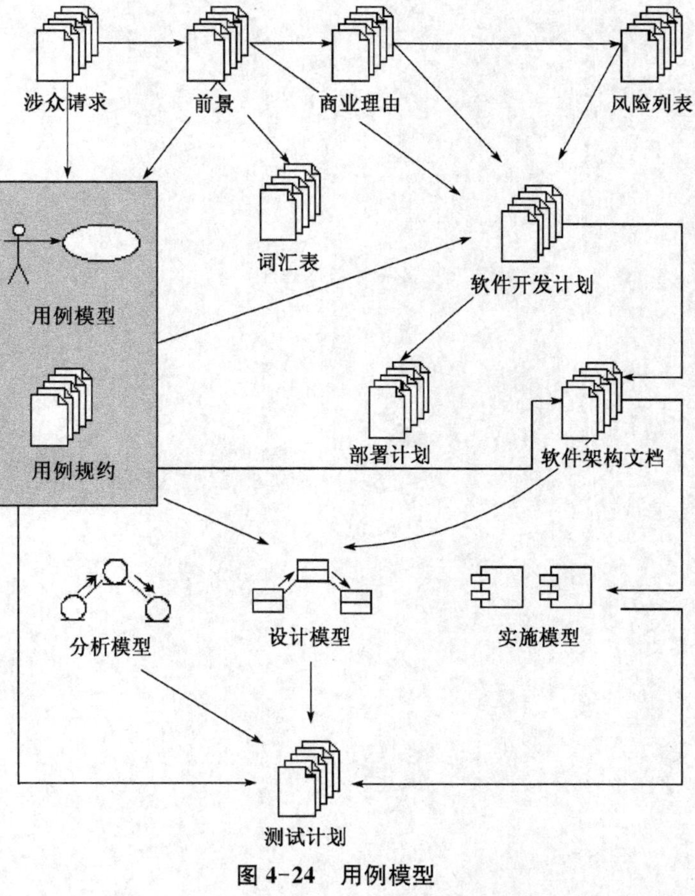

图 4-24　用例模型

4.3.2 业务用例模型和系统用例模型

业务用例模型是为现有的或客户预想中的真实业务建立模型，是为了理解客户的业务并与客户达成业务理解上的共识而建立的模型。

业务用例模型要准确而完备地描述客户的现有或预想业务，而系统用例模型只是业务的片段或者部分。

业务用例模型描述的是业务范围，系统用例模型描述的是系统范围，如图 4-25 所示。

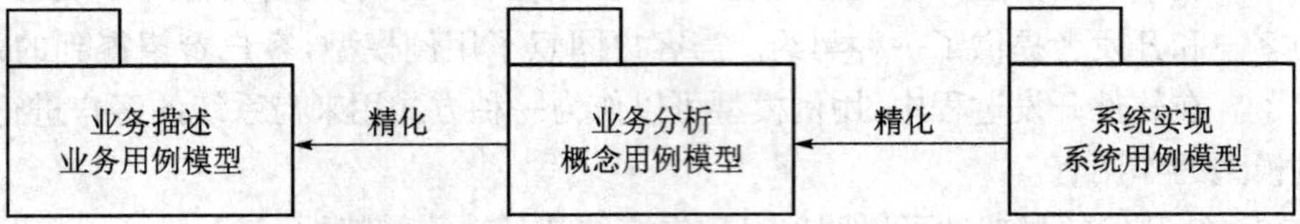

图 4-25 业务用例模型与系统用例模型的使用范围

5 商品特征信息描述

迄今,各类商品和服务项目是电子商务交易的最大主体。商品和服务项目具有量大面广、形态各异、规格多样、款式丰富、品牌和档次互异等特点,它们在各种电子商务系统中均以商品信息呈现给交易各方。商品信息是反映在线交易的商品与服务项目的各类特征信息,这些特征信息足以使商务交易方能作出购买与否的决定。因此,商品特征信息在电子商务系统中起着核心资源的作用。

商品特征是一个内容广泛的概念,涉及商品或服务的技术、功能、结构、使用与维护等特征,且随对象的不同而呈现很大的差异。如日常消费品与生产资料之间就存在很大差异;服装、饰品等感性消费品与高科技产品之间又有很大的差异。电子商务平台应能支持供货方对其商品与服务项目进行规范、精准、完整的商品特征描述,才能促使系统运行。因此,商务平台设计者需要了解各项商品和服务的常规和特殊属性。

现代工业发展,推动产品朝着功能多样化、结构复杂化、性能高科技化、外观精美化等方向发展,甚至可为客户量身定制,这些都将最终反映到商品特征信息中。互联网时代,商品信息不仅反映商品特征,还反映交易模式,实现各种新型商业模式的运行。同时,网络还将特征信息延伸到在线交易、货品配送、物流和后续服务与升级等领域。所有这些都极大地扩充了"商品特征信息"的范畴,需要商务系统设计者全面、准确地把握商品特征、交易特征和服务特征,并将三者结合后融合到商务信息资源的开发与利用中去。

5.1 商品信息概述

5.1.1 商品信息的概念

商品信息是反映商品特征的数据资源集合,是商务交易中有关商品和服务项目的各种文字、数字、音像、图表、语言、流媒体等形态信息的总称。电子商务系统设计的核心任务之一,是要在系统中实时、动态地采集与加工商品信息,范围涉及工业、农业、服务业及互联网中各种交易对象与模式。商品信息,既涉及各产业门类特征,又与信息服务和商务交易诸特征密切关联,并综合了它们的特征。商品信息主要反映在其特征描述上,因此,商务系统设计与开发的主要内容就在商品特征资源开发与利用上。

5.1.2 商品信息的特征

商品信息既涉及信息领域,又涉及产业领域,故需要从这两方面进行特征描述。

1) 商品信息的信息领域特征

所谓商品信息的信息领域特征,是指从信息角度描述商品特征,具体涉及以下领域:

(1) 实体性特征:为商品的实体特征,如物理、化学、声、光、电、磁等方面的特征在信息空间的反映。

(2) 结构性特征：商品结构，或零件、部件间的组配关系属性等在信息空间中的反映。

(3) 过程性特征：商品或服务从交易、配送、接收、使用到后续维护等过程中对象描述的反映。对于 B2B 或某些商品，甚至前向可上溯至设计、生产和管理的特征信息，后向可延伸至商品生命周期后的回收、无害化处理与剩余价值利用等内容的信息。

(4) 控制性特征：商品生产工序与质量控制等信息，以及商品销售、运输与物流描述等。

(5) 管理性特征：工商业活动的组织性、配合性与协作性特征等信息。

(6) 增值性特征：电子商务应产生传统商务模式中所没有的一些可提升客户价值的信息，如购物积分、买卖双方互评、社区营销、团购、虚拟奖品、竞价竞拍等信息。

2) 商品信息的工业领域特征

绝大多数商品，包括农产品等均可视为工业品。它们有一系列区别于其他领域(如服务业等)的属性。商品的工业特征主要为：基础性、层次性、统一性、系列性、稳定性、标准性、结构性、配套性、增值性和系统性等。这些特征都将反映到商务平台中。

(1) 基础性：现代产品日趋复杂，特征信息资源的开发与管理难度大幅提高，商品特征数据越来越多，资源加工量日趋浩繁。如 B2B 中，商品信息可能涉及各种零部件、组件、子系统和产品总成等。系统要登录其名称、分类、代码、识别号等外部数据，还要对零部件的物理结构、电气、化学、材料、尺寸以及声、光、电、磁等性能进行描述，并进一步与各制造厂的图纸、规格、标准及有关技术文件等建立参照。这些信息与商品实体融合，成为基础信息资源。

(2) 层次性：现代工业品朝大型化、复杂化、集成化、多功能化等方向发展，结构分为零件、部件、组件、子系统与总成等层级。反映到信息领域，就体现为资源的层次性。信息作为特殊形态产品，出于加工、使用与管理之需，导致了如元数据、数据元素、标识符、类目号、关联数据、描述数据、主数据等不同层次信息资源的产生。对此要建立统一的数据处理机制，解决标准数据元、数据项、格式与代码、分类体系、识别和数据获取、传输、交换与整合等。

(3) 统一性：为实现商务信息效用的最大化，许多工业系统都要求规范信息资源加工、处理和组织，使商务信息具有复用性。统一性是规范性的高级形态。基础信息在格式、语义、特征描述和逻辑定义等方面越统一，资源就越具有重用性和普适性，信息也越能体现多样性、可变性与灵活性。

统一性通常位于系统资源的底层，如对象名称、分类、标识代码与模式类信息等统一后，就不至于引起应用层的混乱。统一性还体现在信息加工规程的一致性上，这与应用层面的信息的多样性、可变性与灵活性互补，体现了资源加工与应用的对立统一关系。

(4) 系列性：系列性是指商品商务对象在主要特征统一的前提下，设计者对其部分参数、型式、尺寸、结构等作出合理的规划，使部分特征呈现规律性变化，以满足广泛的社会需求。这是客观世界的统一性与多样性、连续性与间断性之间的互补关系。当其反映到商品信息上时，就体现为信息的系列性，这在特征描述领域最为常见。系列性是对统一性的扩展和补充，它也是标准化的高级阶段。系列性既能保证反映客观对象的信息资源具有丰富多样、随需而变的性质，也能防止其数量与种类无序化增长。

(5) 稳定性：工业品信息中还包含大量的规则类、方法类与基准类信息，这些特征一旦变化，会导致相关内容和处理规则产生连锁性、全局性的震荡，甚至导致相应的硬软件失效，故稳定性也是对商品信息开发的基本要求之一。

(6) 标准性:基础工业信息资源多由相关信息标准构成。标准化是规范化的高级形态,依据标准加工信息资源,可提升信息资源的规范化程度。信息规范化程度越高,就越具备可用性和共享性,价值也因此增高。与工业领域中存在大量模块、构件与组件一样,信息的模块化、组件化趋势也日益明显。信息加工中,可通过资源模块间的组配生成新的信息资源。在商务系统中,信息标准化成为关键性的特征。

模块化的前提是标准化,包括模块的内容、结构与接口等的标准化。电子商务的发展不仅促使产品信息、管理信息的标准的发展,也形成了以管理标准控制作业标准,作业标准控制产品信息标准的梯度式传导模式。

根据标准化的范围与程度,可分为国际标准、区域标准(如欧盟标准)、国家标准、行业标准与企业标准等级别。电子商务系统开发中,应尽可能采用国际信息标准、我国和发达国家的信息标准,以及各行业信息标准,只有当没有上述标准时,才能自行制定企业标准。

(7) 结构性:信息资源结构性体现在两方面:一是商品实体结构在信息空间中的反映;二是信息空间中的管理类与控制类的结构信息。当两者融合后,还会产生一些全新业务的结构性。

(8) 配套性:工业品的复杂性导致信息资源需要进行不同层级、不同进程和不同颗粒度的加工。有的是针对其规范性,有的针对其完整性、可用性、复用性、准确性、可理解性、关联性、可信性等方面。配套性既是信息加工要求的综合体现,也是在商务环境中资源集成的要求。

(9) 增值性:工业品增加值的来源,已从传统的产品制造、工程、功能集成等扩展到概念创意、原创设计、管理维护、软件支持、分析预测、咨询服务等高知识性与高附加值领域。这些附加值多与信息资源密切相关,信息支持就体现为资源的增值性。如苹果公司的 iPhone 手机,就有几十万种附加游戏和应用程序,其价值高于普通类型的手机。

(10) 系统性:系统性体现在两方面:一是商品结构的复杂性与功能的集成性,反映到资源体系就成为工业品的内在系统性;二是与工业品相关的生产、管理、销售与使用等领域的应用,此为工业品的外在系统性。

以上诸特征的复杂性加之商品数量与品种规格的庞大,给商品信息资源的开发和应用带来了难度。直接管理所有这些信息是有困难的,故只能对其中部分关键数据进行加工和管理,即对元数据进行整理、加工、整合、使用与管理。

5.2 商品元数据

5.2.1 元数据相关概念

电子商务系统中,元数据是一种重要的概念簇,相关术语内涵如下:

(1) 元数据(Metadata):是定义和描述其他数据的数据。俗称"关于数据的数据"。电子商务系统中,数据反映了交易、事件、对象和关系;而元数据反映了数据间的交易、事件、对象和关系以及描述各类业务数据背景、内容、结构及整个应用过程的数据。

元数据是结构化或半结构化的信息，用于确保应用数据在商务活动间形成、记录、分类、利用、保管和处理，反映具体商品与服务的特定活动。其中，管理类元数据还可用于对交易各方面的要素进行定义、识别、确认和证实，以说明其背景关系：形成、管理、维护和使用商务数据的各相关方、过程和系统等。

(2) 元数据元素(Metadata Element)：构成元数据的基本单元(元数据元素在元数据实体中是唯一的。元数据元素与UML术语中的属性同义)。

(3) 元数据实体(Metadata Entity)：一组说明数据相同特性的元数据元素(可包括一个或一个以上的元数据实体。它与UML术语中的类同义)。

(4) 元数据子集(Metadata Section)：由相关的元数据实体和元素组成。

5.2.2 元数据的功能

商务系统中最主要的对象是商品、供应商、消费者和服务商等。数量最大的就是各类商品，因此，解决商品元数据的采集、处理、加工和使用，就成电子商务系统设计与开发中最为关键的内容。

元数据在数据加工与管理中的作用，类似于传统图书馆的目录检索卡。通过目录检索卡可查询图书馆中保存了哪些图书，分在哪个类目下，放在馆内什么架位上，以及作者、主题、出版社、出版日期和内容摘要等。使用者可根据卡片内容来查询书籍。所以，商务元数据是电子商务系统中物理数据、技术要求和业务流程、数据规则和约束以及数据的物理与逻辑结构等方面的信息。在功能上，商务元数据是描述性资源，用于描述数据(如数据库、数据元素、数据模型)、概念(如商务流程、应用系统、软件代码、技术架构等)以及它们间的联系等。

在商务系统的数据资源设计中，商务元数据渗透到多个业务数据加工领域，主要有以下几个方面：

(1) 业务设计：数据定义、数据结构、数据管理、使用方法和描述模式等。

(2) 业务架构：系统角色、职责及其对应的数据组织、加工处理目标和功能等。

(3) 业务定义：系统中的对象、事实、过程等的定义。

(4) 数据处理：数据加工策略、标准、规程、项目、角色、组织和质量等。

(5) 数据整合：数据源、数据目标、数据转换、迁移和变换规则、数据集成等。

(6) 逻辑数据模型：实体、属性、关系和规则、业务名称和定义等。

(7) 物理数据模型：文件、表、列、视图、存储、索引、性能和变更管理等。

(8) 流程模型：职能、活动、角色、输入/输出、工作流和业务规则等。

(9) 数据构件定义：数据库、数据块、数据特征集、中间数据、过程数据、数据间的组配、映射数据和计划等。

5.2.3 元数据的类型

电子商务系统中的元数据一般分为4类：业务元数据、技术和操作元数据、流程元数据、数据管理元数据等。具体内容如下。

1）业务元数据

商务系统中业务元数据包括：主题概念、对象实体及其属性的名称和定义，属性的数据类型和其他特性，范围描述，计算公式，算法和业务规则，以及有效值域及其定义等。在系统中，业务元数据将业务目标和业务进程关联起来。业务元数据有以下几类：

(1) 商务数据定义，包括计算公式等。

(2) 商务规则、算法和资源层级。

(3) 数据继承、处理和分类。

(4) 商务数据模型，支持各种特定的业务模型（如计点积分、“秒杀”计时、商品推介、物品功能匹配等）。

(5) 交易历程回溯。

(6) 有效值约束，如物品计量及取值范围等。

(7) 商务报表和数据呈现规则与模式。

2）技术和操作元数据

技术类元数据主要包括：物理数据库表示名和字段名、字段属性、其他对象的属性和数据存储特性，数据采集、加工、访问、备份、映射、查询和呈现规则等。操作类元数据主要满足商务系统的运维需求，它包括了数据迁移信息、数据源和目标信息等。技术和操作元数据的具体示例如下：

(1) 数据分类与编码，映射、转换及建模。

(2) 数据源标识。

(3) 业务审计控制和核验信息。

(4) 数据归档和保留规则。

(5) 从业务记录到目标数据存储系统（OLTP、OLAP）的映射、转换和统计。

(6) 物理数据模型，包括数据表名、键和索引。

(7) 数据清洗规则，备份与恢复规则。

(8) 版本维护。

3）流程元数据

流程元数据用于定义和描述商务系统中其他元素（流程、业务规则、程序、任务、工具等）特性的数据。部分流程元数据如下：

(1) 流程名称、分类与编码。

(2) 流程触发、顺序和计时。

(3) 流程结构和匹配。

(4) 流程反馈文档。

(5) 流程数据存储和分发流转。

(6) 流程涉及的角色和职责。

(7) 流程管理逻辑与程序。

(8) 流程相关活动与价值链。

4）数据管理元数据

对商务平台中聚合的多个业务系统（如 B2B）中业务数据进行管理的各类数据，用于确保各种数据和元数据在全平台范围内正确共享和具有实际效能。数据管理元数据包括：

(1) 业务驱动因素与目标。

(2) 数据 CRUD(增加、删除、修改、查询)规则。

(3) 数据定义(业务定义与技术定义)。

(4) 数据拥有、加工、转换、映射与共享规则。

(5) 数据管理架构和职责等。

5.2.4 元数据的管理

电子商务平台是复杂系统,可能由多家企业系统集成。元数据管理颇为复杂,涉及元数据来源、元数据需求、元数据技术等。

1) 元数据源管理

B2B、B2C 和 C2C 都由多家供应商汇聚而成,造成元数据来源的多样化。

(1) 商务系统运行和用户交互中,需要随时定义多样化的业务元数据。

(2) 商务系统维护中,可能将描述各种数据的元素添加到元数据资源库中,或从其他系统中获取元数据。

(3) 数据统计时,依据业务流程生成的各项数据特性和编码等的描述与识别元数据。

(4) 各项商务作业在各类数据和过程间进行管理的各类导航、记录与标识类元数据等。

元数据有许多来源,第一,企业内任何业务数据集都可以是元数据之源。第二,B2B 系统间桥接时也产生大量元数据。第三,数据管理工具创建各种元数据库时,这些工具的供应商也将提供一些额外的元数据资源。第四,系统成长中也会产生各种元数据,这些不断生成的元数据会给其管理带来困难。

2) 元数据管理内容

元数据管理的主要内容有:了解商务系统中业务用户和技术用户的元数据需求,定义元数据架构,开发和维护元数据等。

(1) 了解元数据需求:元数据管理要求对商务系统有透彻的理解,具体为了解商务系统的元数据管理环境、元数据建模、元数据标准和元数据服务。元数据需求要求对商务系统的业务用户和技术用户进行了解,对交易过程中各个岗位角色、职责与范围等进行分析。

① 业务用户需求:业务用户对元数据的需求源于对业务操作的分析与理解,具体有来自数据库、应用和交易过程中的角色,报表、查询、推送、OLAP、仪表盘等中的数据呈现,商务文档和上下文背景等。例如,“商品价格”数值在商务操作和分析中有相应的描述数据元素,它们会出现在交易表、OLAP 立方和数据挖掘模型中。在使用这一数据时,需要获得相关定义、使用方法和算法等的统一描述信息。

② 技术用户需求:一般技术需求,如每日数据处理流量和处理时间、现有元数据、已知和未知数据源、目标、转换、物理与逻辑架构流程、非标准元数据等,这部分元数据用户较为特殊,包括数据库管理员、元数据专家、架构师、IT 支持人员和开发人员等。通常,他们可以是第三方商务平台的建立与运行维护者,也可以是 B2B 中各企业的 IT 人员。应完整地理解元数据对数据描述的技术实现,包括原子级的细节、数据整合点、接口和映射关系等。必须对数据的业务背景有足够理解,以便为业务用户提出的需求提供必要的支持,包括实现计算过程或衍生的数据规则,以及实现数据整合程序等。

(2) 定义元数据架构:元数据管理包含元数据创建、获取、整合、单一或多个元数据存储库、元数据发布、元数据应用和控制等。元数据存储通常有 3 种技术架构:集中式、分布式和混合式，三种架构都应考虑元数据的存储和更新，各类电子商务应根据需求选择最合适的架构与机制。

① 集中式元数据架构：集中式架构包括单一元数据存储库，保存各来源的最新元数据。如 B2B 平台重视元数据存储的统一和一致，宜采用集中式架构。集中式存储库的优点为：

a. 高可用性，因其独立于各元数据的来源系统。

b. 快速查询元数据，因存储库和查询融于一体。

c. 元数据库结构经过重构，不受第三方系统或商业工具的影响。

d. 抽取的元数据可进一步转换或附加其他元数据，生成诸源系统中没有的元数据。

集中式架构的局限包括：

a. 需要复杂流程来确保将元数据新来源与变更快速复制到库中。

b. 集中式存储库的维护质量与速度颇具难度，局部的质量问题和维护迟滞都会影响全局。

c. 元数据抽取可能需要定制化的模块或中间件，会增加对内部门人员和软件供应商的需求。

② 分布式元数据架构：分布式架构只维护单一访问点，元数据引擎响应用户需求，从各源系统获取元数据，但不存在唯一的元数据库，只需维护一个元数据源目录。对元数据源系统的访问与查询是通过一个公共对象请求桥接器或中间件协议来实现。分布式元数据架构的优势包括：

a. 元数据始终是最新且有效的。

b. 分布式请求，可提升响应和处理时间。

c. 局部系统的元数据请求只受限于查询，而不需要对私有数据结构进行深入理解，降低了实施和维护的投入。

d. 自动元数据查询与处理可能更简单，人工参与较少。

e. 减少批量处理，不需要做元数据复制或同步。

分布式架构存在以下局限：

a. 系统间没有必要的元数据改进或标准化。

b. 查询能力直接受制于各元数据来源系统的可用性。

c. 不支持用户定义的元数据条目，因没有存储这些内容的统一的库。

③ 混合元数据架构：混合架构是以上两种方法的结合。其中，元数据依然从各来源进入元数据库。但库的设计只考虑用户增加的元数据、标准化的元数据及手工获取的元数据。

该架构的好处是可实时获取元数据，提供完善的元数据信息，更好地满足元数据用户的需求。混合架构减少了 IT 人工参与和访问私有系统所需的开发难度。并能满足及时性和有效性要求，但其不能提升系统的可用性。

因后端系统处理查询请求是分布式的，所以元数据来源系统的可用性是一个限制。在把最终查询结果展现给用户之前，需要在库中将初始的查询结果与元数据参数建立关联，这会带来额外的开销。

混合架构适用于有快速变更的元数据，需要元数据的统一和一致，且元数据数量和元数据来源数量都在动态增长的组织。如果商务系统中更多的是静态元数据和较小的元数据量增长，则混合式架构的益处可能不大。

5.2.5 元数据的采集

商务系统中元数据的采集是一个复杂过程，因为 B2B、B2C 中的元数据包括外部数据来源、自行采集加工两类。因此，将各系统源来的元数据，与各类业务元数据和技术元数据进行混合采集。元数据的采集或抽取有多种方式，需要利用一定的适配程序、扫描程序、桥接程序等进行检测，或直接访问数据库中的元数据。一些元数据抽取工具提供适配程序，有时需要通过工具的 API 来开发适配程序。

元数据采集对象为内部商品数据集、外部业务数据集、非结构化数据集（如系统网页）等，此时，可能出现许多数据质量和与语义方面不一致的问题，这就给需要利用数据治理流程来处理元数据的此类问题。

元数据的扫描捕获有如下两种方式：

1）私有接口

采用单步方式，扫描程序从来源系统中扫描采集元数据，并按调用与元数据格式相关的装载程序，将元数据装载到元数据库中。在此过程中，不需要输出任何中间元数据文件，元数据的采集和装载也是同步完成的。

2）半私有接口

采用两步方式，扫描程序从来源系统中采集元数据，并输出到特定格式的数据文件中。扫描程序只产生元数据库能读取和装载的数据文件，可读取生成的元数据文件。这种接口的架构更开放。在此过程中，扫描程序产生和使用以下几种文件：

(1) 控制文件：包含元数据模型的数据源结构信息。

(2) 重用文件：包含了装载流程的重用规则信息。

(3) 日志文件：在流程的每一阶段、每次扫描或抽取操作生成的日志。

(4) 临时和备份文件：在流程中使用或做追溯流程所使用的文件。

可用元数据暂存区临时存储和备份文件，支持回滚和恢复流程，提供中间审计跟踪信息，可跟踪元数据的来源或质量。通常可用数据仓库和商务智能工具的数据提取、转换与加载工具进行元数据整合。

5.2.6 元数据的存储与加工

元数据管理涉及一系列的控制措施，包括其迁移、存储库更新，监视、响应报告、报警、任务日志等，都要在元数据库中存储和解决。元数据操作和接口维护需以控制措施为标准。元数据加工手段有：

(1) 备份、恢复、归档、清洗。

(2) 变更配置。

(3) 对用户和数据管理的培训。

(4) 任务调度或监视。

(5) 装载统计分析。

(6) 生成管理指标与分析。

(7) 性能组配。

(8) 元数据质量控制。

(9) 查询统计分析。

(10) 生成查询或报告。

(11) 元数据库管理。

(12) 安全管理。

(13) 源映射或迁移。

(14) 提供控制措施及查询或报告。

(15) 元数据用户界面管理。

(16) 版本记录。

存储元数据的数据库通常采用关系型数据库环境,需要后续开发出各种控制和接口程序。元数据库应是通用的,反映源系统库的元数据资源,并基于一个易于理解的元数据模型。元数据的整合在库中进行,应存储当前的和历史版本的元数据。

5.2.7 目录、术语表和元数据组织

目录是一种元数据组织方式,将元数据定位于特定的位置及数据入口处。各元数据还需打标记,记录其所属概念域并指明其来源。元数据目录主要供系统开发人员、数据用户和数据分析师等使用。

术语表提供术语使用指导,同义词可指导用户完成包括3类关系的结构化选择。概念的关系类型有:相等、层级和关联等。商务数据可分不同领域,各自可有其目录,不同术语表的概念间会有诸项关联,系统可为术语表内和术语表间的两个术语之间指定关系类型。术语间还可以和元数据库中多种类型的元数据建立关系,以提升其可用性。与目录一样,术语表也可有许多个,其功能为:

(1) 存储来自多个商务源的业务概念、定义和术语表述。

(2) 展示某个单一数据源内的多个术语之间的关系。

(3) 建立灵活架构,支持存储多个数据源中输入的新术语,并能和各术语建立关系。

(4) 连接元数据库中记录的元数据属性集合。

其他用于管理的元数据库包括专用列表,如来源表或接口、代码集、专业词汇、空间和时间模式、空间参照、地理数据集、存储库和业务规则。

5.2.8 元数据提取与发布

元数据提取是将元数据从库中抽取出来提交给系统用户和相关应用与工具。常用的元数据抽取与交付机制包括:

(1) 元数据内网,提供浏览、查询、搜索、报告和分析功能。

(2) 报告、术语表、其他文档及网站。

(3) 数据仓库、数据集市和商务智能工具。

(4) 建模和软件开发工具。

(5) 消息传输交换。

(6) 应用程序。

(7) 外部组织接口方案(如供应链方案)。

元数据设计常与商务智能系统相关联,因此要仔细定义元数据的内容及元数据的时效性,并与商务智能内容同步。可通过元数据与商务智能间的连接将元数据整合到商务智能系统中。一些 CRM、SCM 或 ERP 方案可能也需要在应用层整合元数据信息。有时要以文件方式将元数据与外部商务机构交互,常见方式是使用 XML 传输格式,在各子系统间以私有方案进行元数据交互。

5.2.9 元数据管理职能

商务系统中元数据的管理,要与其使用的相关角色相关联,还要考虑与数据管理相关的组织与结构问题。这些就构成了元数据的管理职能,其具体内容如下:

(1) 建立商务系统的元数据管理战略,确立元数据使用目标。

(2) 从业务全局规划,确保管理的可扩展性,并采取迭代和渐进交付的实现方案。

(3) 采用相应的元数据标准,确保在商务系统内元数据的互操作性。

(4) 确保对商务系统内部和外部元数据的有效获取。

(5) 寻求元数据的同一性和规范性,以此为元数据质量管理目标。

(6) 评估元数据的内容和各子系统中的使用情况。

(7) 在商务数据监管体系中,赋予元数据管理以明确的内容和责任。

(8) 定义元数据操作流程并进行监控,确保元数据质量和可用性。

(9) 关注与元数据相关的角色、人员、标准、操作程序、培训和评估指标等。

5.3 商品核心元数据

5.3.1 商品核心元数据概述

电子商务系统中,各种商品无疑是数量最多、形态最复杂、交易量最大的对象。对其的描述也就成为系统数据资源建设的核心。对商品元数据的建立与管理自然是商务数据系统建设与运行的重点。根据国内外标准,从众多商品元数据中抽取部分核心元数据的属性进行介绍。

商品核心元数据要从语义和语法两方面对每个元数据元素和元数据实体进行描述,具体使用下列属性和要求。

1) 中文名称

赋予元数据元素或元数据实体一个中文名称、标记。元数据实体名称在一个商务应用系统中应唯一,元数据元素名称在元数据实体中也应唯一。

2) 英文名称

赋予元数据元素或元数据实体一个英文名称或表述。

3) 缩写名

元数据元素或元数据实体的英文缩写名称。具体规则为:

(1) 缩写名在整个商务系统中必须唯一。

（2）元数据实体缩写名采用UCC(Upper Camel Case)命名方式，即每个单词的首字母均大定，其他字母均小写，并各单词组合起来；元数据元素缩写名采用LCC(Lower Camel Case)命名方式，即除第一英文单词外，每个单词的首字母大写，其他字母均小写，并将这些单词组合起来。

（3）对有英文缩写者，采用惯用缩写。

4）定义

定义是对元数据元素或元数据实体含义的解释，以使元数据元素或元数据实体与其他元数据元素或元数据实体在概念上相区别。

5）数据类型

数据类型是对元数据元素的有效值域的规定和允许对该值域内的值进行有效操作的规定，例如数值型、字符串、日期型、二进制、布尔形等。

6）值域

值域是元数据元素允许值的集合。

7）约束条件

约束条件是元数据元素或元数据实体的一个说明符，说明一个元数据元素或元数据实体是否应当总是在元数据中选用或有时选用(即有值)。该说明符分别为：

（1）M：必选项，即该元数据实体或元数据元素必须选择。

（2）C：条件项，一定条件下必选，即当满足约束条件定义的条件时必须选择，条件必选用于以下3种可能性之一：

① 当在多个选项中进行选择时，至少有一个选项必须选择使用。

② 当一个元数据元素已经使用时，就要选用另一个元数据实体或元数据元素。

③ 当一个元数据元素已经选择了一个特定值时，选用另一个元数据元素。

（3）O：可选项，根据实际应用可以选用、也可以不选用的元数据实体或元数据元素。

已定义的可选元数据实体和可选元数据元素，用于指导元数据制定说明其信息。如果一个可选元数据实体未被使用，则该实体所含的元素(包括必选元素)也不选用。可选元素数据实体可以有必选元素，但只当可选实体被选用时才成为必选。

8）最大出现次数

这是指元数据实体元素在实体使用时可能重复出现的最大次数。只出现一次的表示为“1”，重复出现的表示为“N”。

9）备注

备注是对元数据元素或元数据实体进一步的补充说明(根据需要选用)。

5.3.2 商品核心元数据模型

1）UML模型符号

采用统一建模语言(UML)描述元数据子集、元数据实体和元数据元素之间的关系。用UML中的包来表示元数据子集，类来表示元数据实体，属性来表示元数据元素。应使用UML符号如图5-1所示。

2）商品核心元数据包

电子商务活动中商品核心元数据包如图5-2所示。

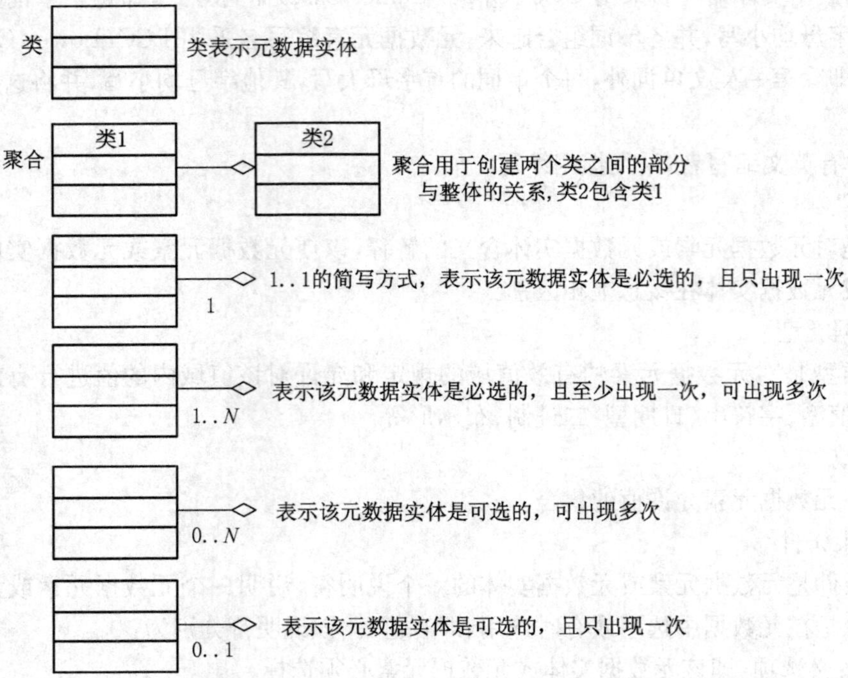

图 5-1　UML 符号及说明

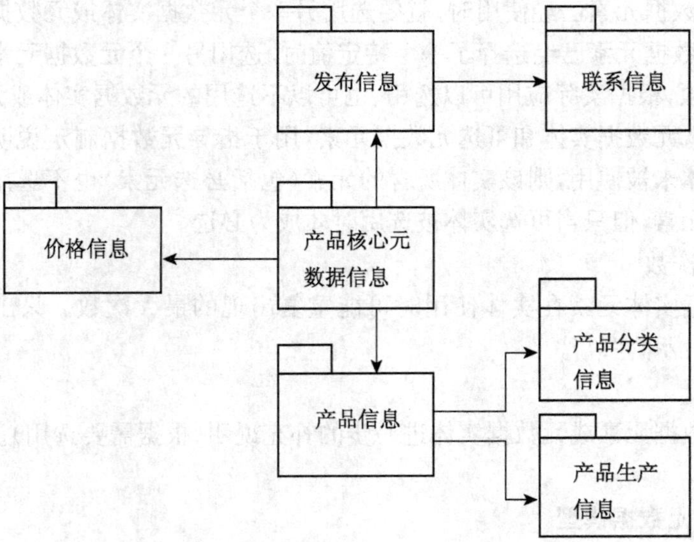

图 5-2　商品核心元数据包

商品核心元数据的组成包括产品信息、发布信息、价格信息。产品信息又包括产品分类信息和产品生产信息，发布信息又包括联系信息。

3）商品核心元数据包 UML 图

建立商品系统库时，要在图 5-2 的架构上用 UML 图进行描述。现以药品类产品为例，用 UML 图对商品核心元数据包进行描述，具体如图 5-3 所示。

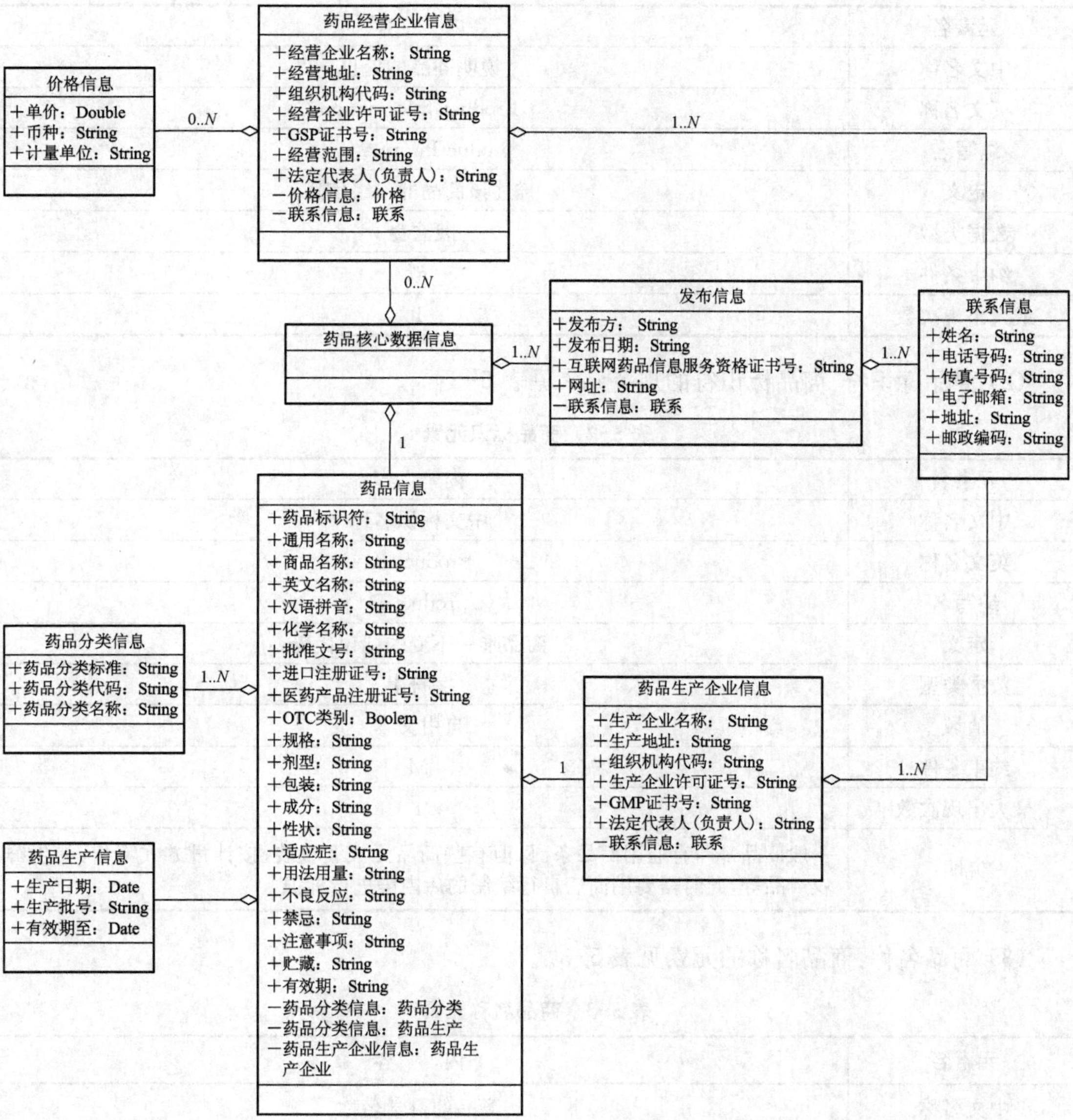

图 5-3　药品核心元数据 UML 图

与其相配的元数据表述形式有数据字典形式，产品核心元数据的元数据 XML Schema 等。

4）商品核心元数据规范

根据相关标准，电子商务系统中描述商品的各核心元数据规范如表 5-1 至表 5-24 所示。可以看出，各组对象的元数据规范，均由一定数量与格式的元数据元素组合而成。应说明，这些表格均按相应标准制定，它们给出的是商务系统内和跨系统交易中最基本的元数据元素（以下简称“元素”）。商务系统建立时应采用这些标准，同时还可根据实际需要对元素进行必要的扩充与添加。

（1）商品信息：其规范元素见表 5-1。

表 5-1 商品信息元素

元素名	内 容
中文名称	说明商品的信息
英文名称	Product Information
缩写名	productInformation
定义	描述该商品的一组信息
数据类型	复合型
约束条件	M
最大出现次数	1

(2) 商品标识符:商品标识符的规范元素见表 5-2。

表 5-2 商品标识元素

元素名	内 容
中文名称	中文标识名称
英文名称	Product ID
缩写名	productID
定义	商品唯一不变的标识代码
数据类型	字符串
值域	自由文本
约束条件	M
最大出现次数	1
说明	一般商品都印有通用商品条码,但有些商品无成型包装,按计量方式零售,如生鲜农产品等,此时需要用商店自行编制的店内码进行标识

(3) 商品名称:商品名称的元素见表 5-3。

表 5-3 商品名称元素

元素名	内 容
中文名称	商品的科学名称
英文名称	Product Name
缩写名	productName
定义	描述该商品的一组信息
数据类型	字符串
值域	自由文本
约束条件	M
最大出现次数	1
说明	我国幅员辽阔、历史悠久、民族众多、文化包容性强,这导致几乎每一种商品都有各种俗称。为使不同地区用户采用不同称谓都能查询商品,故此处应收集商品的规范名称与各种俗称、简称、昵称等,并在它们间建立对照

(4) 商品描述:商品描述的元素见表 5-4。

表 5-4 商品描述元素

元素名	内　容
中文名称	对商品的描述
英文名称	Product Description
缩写名	productDescription
定 义	商品的详细描述,应采用相关标准,或由商品信息发布人自行描述
数据类型	字符串
值域	自由文本
约束条件	O
最大出现次数	1

(5) 关键词:关键词元素见表 5-5。

表 5-5 关键词元素

元素名	内　容
中文名称	关键词
英文名称	Key Word
缩写名	keyWord
定义	用于描述商品的通用词、形式化词或短语
数据类型	字符串
值域	自由文本
约束条件	O
最大出现次数	*N*

(6) 商品分类代码:商品分类代码元素见表 5-6。

表 5-6 商品分类代码元素

元素名	内　容
中文名称	商品分类代码
英文名称	Product Classification Code
缩写名	productClassificationCode
定义	商品名称在相应的商品分类体系中的代码
数据类型	字符串
值域	自由文本
性质	M
最大出现次数	1
说明	为确保系统中的商品信息具有规范性,商品分类代码应尽量采用国际通用的商品分类代码标准。通常可采用 UNSPSC、HS、GB/T 7635.1 等国际与国内标准中规定的分类代码

(7) 商品分类名称:商品分类名称通常和商品分类代码成对使用,其元素见表 5-7。

表 5-7 商品分类名称元素

元素名	内 容
中文名称	商品分类名称
英文名称	Product Classification Name
缩写名	productClassificationName
定义	商品分类体系中产品分类代码对应的中文名称
数据类型	字符串
值域	自由文本
性质	M
最大出现次数	1
说明	同样,为确保系统中的商品信息具有规范性,商品分类名称应尽量采用国际通用的商品分类名称标准。通常可采用 UNSPSC、HS、GB/T 7635 系列等国际与国内标准中采用的分类名称

(8) 商品生产信息:商品生产信息元素见表 5-8。

表 5-8 商品生产信息元素

元素名	内 容
中文名称	商品生产信息
英文名称	Product Manufacture Information
缩写名	productManufactureInformation
定义	描述商品生产情况的信息
数据类型	复合型
值域	自由文本
约束条件	M
最大出现次数	*N*
说明	B2B 中,商品生产涉及大量生产过程信息,它们更多地出现在企业的 ERP、MRP Ⅱ或 SCM 等中,两者间将建立基于产品信息标准的接口

(9) 生产厂商名称:生产厂商名称元素见表 5-9。

表 5-9 生产厂商名称元素

元素名	内 容
中文名称	生产企业名称
英文名称	Manufacturer Name
缩写名	manufacturerName
定义	生产商品的厂商名称
数据类型	字符串
值域	自由文本

续表 5-9

元素名	内　容
约束条件	M
最大出现次数	1
说明	许多生产厂商都有简称，商务系统应记录其在工商营业执照上登记的正式全称，并将简称与全称建立对照

(10) 生产日期:生产日期元素见表 5-10。

表 5-10　生产日期元素

元素名	内　容
中文名称	产品生产日期
英文名称	Manufacture Date
缩写名	manufactureDate
定义	生产商品的日期
数据类型	日期型
值域	按相关国际标准
约束条件	O
最大出现次数	1

(11) 发布信息:发布信息元素见表 5-11。

表 5-11　发布信息

元素名	内　容
中文名称	商品发布信息
英文名称	Publish Information
缩写名	publishInformation
定义	描述商品发布的一组信息
值域	自由文本
数据类型	复合型
约束条件	M
最大出现次数	*N*

(12) 发布方:发布方元素见表 5-12。

表 5-12　发布方元素

元素名	内　容
中文名称	商品发布者信息
英文名称	Publisher
缩写名	publisher
定义	商品信息的发布厂商、发布机构或发布人的名称
数据类型	字符串

续表 5-12

元素名	内　容
值域	自由文本
约束条件	M
最大出现次数	1
说明	发布方可以是供应厂商、生产厂,也可是求购方,如物流企业、消费者等

(13) 发布日期:发布日期元素见表 5-13。

表 5-13　发布日期元素

元素名	内　容
中文名称	商品信息的发布日期
英文名称	Product Information Publish Date
缩写名	productInformationPublishDate
定义	发布商品信息的日期
数据类型	日期型
值域	按相关国际标准
约束条件	O
最大出现次数	1

(14) 网址:商务系统网址元素见表 5-14。

表 5-14　网址元素

元素名	内　容
中文名称	商品信息发布网址
英文名称	Web Site
缩写名	webSite
定义	商品信息所在网址
数据类型	字符串
值域	自由文本
约束条件	O
最大出现次数	1

(15) 联系信息:联系信息元素见表 5-15。

表 5-15　联系信息元素

元素名	内　容
中文名称	商品信息发布方的联系信息
英文名称	Contact Information
缩写名	contactInformation

续表 5-15

元素名	内　容
定义	商品发布方的联系信息
数据类型	复合型
值域	自由文本
约束条件	M
最大出现次数	*N*

(16) 姓名:商务系统中姓名元素见表 5-16。

表 5-16　姓名元素

元素名	内　容
中文名称	商品信息发布者的姓名
英文名称	Name
缩写名	name
定义	发布方联系人的姓名
数据类型	字符串
值域	自由文本
约束条件	M
最大出现次数	1
说明	B2C 与 C2C 环境中,许多客户都使用昵称或假名等,此处指的是其实名。商务系统中应在实名与各种昵称间建立关联

(17) 电话号码:商务系统中电话号码元素见表 5-17。

表 5-17　电话号码元素

元素名	内　容
中文名称	联系人电话号码
英文名称	Telephone Number
缩写名	telephoneNumber
定义	联系人的电话号码
数据类型	字符串
值域	自由文本
约束条件	M
最大出现次数	*N*
说明	许多联系人都有多个电话号码,应将其与姓名建立关联

(18) 电子信箱:商务系统中电子信箱元素见表 5-18。

表 5-18　电子信箱元素

元素名	内　容
中文名称	联系人的电子信箱
英文名称	E-mail
缩写名	email
定义	联系人的电子信箱
数据类型	字符串
值域	自由文本
约束条件	O
最大出现次数	*N*

(19) 地址:商务系统中地址元素见表 5-19。

表 5-19　地址元素

元素名	内　容
中文名称	相关人员的联系地址
英文名称	Address
缩写名	address
定义	联系人的详细地址
数据类型	字符串
值域	自由文本
约束条件	O
最大出现次数	*N*
说明	相关人员对象可能拥有几个地址,如 B2C 中收货人就可能在工作日和周末给出不同的交货地址

(20) 邮政编码:与地址相关的邮政编码元素见表 5-20。

表 5-20　邮政编码元素

元素名	内　容
中文名称	联系人及相关企业等的邮政编码
英文名称	Postal Code
缩写名	postalCode
定义	联系人及相关企业、机构等的邮政编码
数据类型	字符串
值域	自由文本
约束条件	O
最大出现次数	*N*
说明	此元数据应和联系地址相匹配

(21) 价格信息:商务活动涉及繁多的价格信息,其信息元素见表 5-21。

表 5-21 价格信息元素

元素名	内　容
中文名称	商品价格
英文名称	Price Information
缩写名	priceInformation
定义	描述产品价格的信息
数据类型	复合型
值域	采用相关标准
约束条件	O
最大出现次数	1
说明	有关各国货币的中英文名称、字母和数字代码应采用相应的 ISO 标准

(22) 单价:交易中商品单价元素见表 5-22。

表 5-22 单价元素

元素名	内　容
中文名称	商品单位价格
英文名称	Unit Price
缩写名	unitPrice
定义	商品的单位价格
数据类型	数值型
值域	正实数
约束条件	M
最大出现次数	1

(23)币种:全球电子商务中,交易可能使用多种货币,其元素见表 5-23。

表 5-23 币种元素

元素名	内　容
中文名称	货币的种类
英文名称	Currency
缩写名	currency
定义	单价的币种,如人民币、美元等
数据类型	字符串
值域	采用相关国际标准
约束条件	M
最大出现次数	1

(24)计量单位:商务系统中各类计量单位元素见表5-24。

表5-24 计量元素

元素名	内容
中文名称	量值的计量单位
英文名称	MeasureUint
缩写名	measureUnit
定义	计量商品的标准量和名称,如千克、升、台、件、个等
数据类型	字符串
值域	采用相关国际标准
约束条件	M
最大出现次数	1
说明	应指出,尽管国际标准化组织(ISO)推行国际单位制,但许多国家仍广泛使用非国际标准单位,如美国采用如磅、加仑、打、英里等计量单位。因此,商务系统中计量单位系统中应在私制与公制单位间建立对照

以上是电子商务系统中与商品信息相关的部分元数据,还有用于描述客户、供应商、物流企业和金融服务机构等的多种形态的元数据,也应采用相应的元数据标准来描述。它们的内容虽各有不同,但其采用的元数据元素格式与上述基本相同。

随着电子商务领域的横向拓展以及业务管理向纵深发展(如B2B与O2O模式中),系统内不同层级的构件、数据资源等对象越来越多,相应的描述元数据也在日益增多,均应采用相应的规范元数据来构建与描述。

6 商品分类编码

分类是依据对象特征的共同性与差异性，按“相似者相容”原则，对其主要属性、次要属性等进行识别与区分，按一定的分类法或分类模式（Classification Scheme），对对象进行分层分级划分与组织。分类的结果是基于对象特征以集、子集和集隶属关系，或分类单元的逐级展开而成的一种分层资源集。对象特征可按其来源、构成、属性、结构、功能和关联等选择。分类模式是划分和组织这些特征的方法，它要与系统目标相适应。

电子商务系统中，分类是对象组织、加工、管理与作业设计中的重要内容，分类可针对客户、供应商、物流机构、商品和服务等实体对象进行，也可针对交易流程与作业等进行。在 B2B 环境中，分类对象可为产品实体、工艺过程、管理服务和资源要素等。但商务系统中分类最复杂、数量最多也最需要进行标准化处理的对象是商品和服务。且分类还与电子商务类型相关，如 B2C 与 C2C 分类多针对最终成品，而 B2B 和 G2B 分类往往还涉及商品的结构与工艺流程。因为现代工业品结构日益复杂、零件内聚度与集成度也越来越高，从零件、组件、子系统到总成的特征属性分类日趋庞大，分类法也日趋复杂。故本章主要讨论商品分类问题。

6.1 商品分类的范围、目标与原则

6.1.1 商品分类的范围

在商务系统中，企业、机构和消费者都不希望处理格式过多、分类各异的信息分类体系。但现实中，不同的分类体系在企业、行业与社会中漫延滋长。因此，采用基于国际或国家标准的商品分类体系就日显重要。然而，即使是国际标准，也因制定机构不同、产业背景不同、管理对象不同、职能范围不同等，出现了几种在国际上通行的商品分类标准。

在此背景下，电子商务系统的分类范围要满足以下几点要求：

1）覆盖行业范围

商品分类范围应适合于其交易业务对象。如综合电子商务系统应覆盖品种尽可多的商品与服务对象，而专业型商务系统虽然涵盖的商品种类有限，但在分类深度上却细致与专业得多。

2）技术适应性

分类体系应根据产品的技术发展而更新，增加新类别，细化现有类别，修改或删除淘汰类别及其下细目等，以满足商品的更新换代的变化。如个人计算机的配置，曾有过 5′软盘驱动器、3′软盘驱动器等标准设备，但这些设备已相继退市，在 IT 类商品目录中早已被删除。

3）管理适应性

分类体系应满足商务系统常规管理的需要，如 B2B 中与企业内部部门之间的对象分类，

如统计、核算、财务管理、物资管理、预算管理等作业的连接，并要达到与商务平台中商品分类统计、聚类、信息定制与客户需求匹配等的关联。

6.1.2 商品分类的特点与目标

1）商品分类的特点

商务系统中，对象描述、识别、分类、标识与编码是一体化的业务。商品描述是分类的基础，根据商品特征属性定义其描述模型，建立特征属性数据资源后，商品分类是水到渠成之事。但商品识别与商品分类最大的不同是，识别在系统中是唯一的，分类则可能在系统中存在多重性。

2）商品分类的目标

(1) 建立并控制商务系统的商品分类结构，使其与分类标准（如联合国商品与服务项目分类与代码）体系相符。

(2) 协调与解决商务系统内分类结构中的矛盾和不一致。

(3) 动态、有序地根据电子商务的发展改进商品系统分类结构，增加或删除具体的分类条目以满足交易拓展之需。

(4) 保证商品分类系统的各项分类规则在类目架构与条目上能与技术和社会需求的发展相协调。

(5) 解决商品多重分类与多重视图呈现中的技术问题。

应说明，现代商品的发展正朝着多功能化、集成化与高科技化方向发展，从而使许多商品出现了跨越门类、覆盖多领域的现象。如“太阳能”就既从属于“能源”类目，也从属于“环保”类目，从而使多重分类现象在商品系统中不可避免。这一现象的出现，自然会使商品分类体系的维护与管理变得日趋困难。

6.1.3 商品分类的原则

商品分类主要遵从以下原则与规定。

1）每种商品归入一个类别

原则上，一种商品只归入一个类别。对一种商品编制分类号时，应不受其识别方法及识别模型（即针对该种商品的特征属性描述方式）的影响。

2）零部件在有专门类别中的分类

零部件最显著的特征是其结构的配合性与功能的从属性。通常，当某一零部件在标准分类体系中有对应的类别时，就应归入该类，而不随其装配结构的上一级组件归类。但如专门设计的零部件，在分类体系中没有规定时，就随其上一级组件或成品分类。

3）零部件在无专门类别中的分类

非专门设计的零部件，且在分类体系中无适合的类别时，则其应随上一级组件或成品分类。

4）多用途零部件的分类

当通用零部件能用于多种组件，这些组件又分属两个以上类别时，则分类原则如下：

(1) 如使用该零部件的多个上级组件（每种组件均有不同用途）已经归入了不同类别，则按以下子原则对其分类:①按该零件最重要的用途归类;②归入其过时可能性最小的类别;③归入零部件使用最多的类别。

(2) 多用途零部件归类后,如其原来的用途已不再需要时,则应另行分类。

(3) 零部件按其与某一组件的从属关系(即功能与构造)分类后,如发现其还可用于其他组件时,原分类不变。

5) 成套装置、工具的分类

成套装置、工具如由多个不同物品组成,它们可能属于某一大类中的某一小类或若干小类,或属于不同大类的不同小类,则应归入最适合该成套装置、工具的用途、作用的大类的相应类目中。

商品分类原则的复杂性,是客观世界复杂性的反映,它导致产生多面分类的结果。另一方面,B2B 中多个企业的交易系统整合后,也会产生多重分类体系的并存。目前,基于描述内容松耦合的多重类目分类机制的发展,代表了商品分类的一种新趋势,但传统"一物一类"的分类模式依然是其基础。

6.2 商品分类体系结构

商务系统中对商品的分类通常采用 3 种分类方法,即线分类、面分类和混合分类方法。

6.2.1 线分类法

系统中基础分类体系多采用线分类法,也称层次分类、等级分类或树形分类法。线分类法按选定的若干属性(或特征)将分类对象逐次地分为若干层级,每个层级又分为若干类目。同一分支的同层级类目之间构成并列关系,不同层级类目之间构成上下位的隶属关系,每个下位类目仅对应于一个上位类目。同层级类目互不重复,互不交叉。

线分类法是一种最为普遍的分类方法,如与电子商务活动密切相关的两个分类体系《国民经济行业分类》(GB/T 4754—2011)、《中华人民共和国行政区划代码》(GB/T 2260—2007)等,都采用线分类法。经线分类组织的信息资源呈金字塔架构,即类目分层,内容逐级增加,直到最终条目。

1) 线分类法的优点

(1) 容量大:每层可容纳较大的条目。

(2) 结构清晰:采用树形结构能较好地反映类目之间的逻辑关系。

(3) 使用方便:既适合于人类的思维习惯,又便于计算机处理。

2) 线分类法的主要缺点

(1) 结构弹性差:分类体系一经确定后,就难于改动,否则会引起全局性振荡。

(2) 效率较低:当分类较多时,代码的码位长,影响其处理速度。

6.2.2 面分类法

1) 面分类法的基本概念

面分类法是将分类对象的若干特征或属性视为许多个"面",每个"面"中又分成彼此独立的若干个类目。面分类法又称平行分类法,特征是将拟分类的商品集合,根据其属性分成相互间无隶属关系的面，每个面都包含一组特征类目。将每个面中的特征类目与其他各个面中的特征类目组合，即形成一个复合类目。

如服装类商品可有如表 6-1 所示的面分类特征描述。

表 6-1　面分类法示例

性别	年龄	质料	款式	季节	颜色
1—男 2—女	1—童装 2—成年装 3—老年装	1—全棉 2—化纤 3—混纺 4—纯羊毛 5—毛腈混纺 6—皮革 ……	1—制服 2—西装 3—休闲装 4—运动装 5—中山装 6—校服 ……	1—春秋装 2—夏装 3—冬装 4—风雪衫 5—连衣裙 ……	1—灰色 2—藏青 3—红色 4—白色 5—黑色 6—米黄 ……

表中仅列举了服装行业的部分分类描述法，如进一步描述还可列出许多个属性面，面越多，商品描述就越全面细致。

2）面分类法的优点

(1) 具有较大的弹性：一个面内的属性内容与数量几乎不受限制，且其数量的调整不会影响其他的面。

(2) 适应性强：可根据需要组成任何类目，也便于机器处理。

(3) 易维护：可方便地对每个面和面中各元素进行增、删、改。

3）面分类法的缺点

(1) 不能充分利用信息：面分类法形成的分类体系中，可组成的逻辑类目很多，但有时有些特征组合类目实际上并不存在，如表 6-1 中，“质料”为“皮革”，“季节”为“夏装”的组合可能就不存在。

(2) 管理性差：对于对象特征达数十个面的商品，用手工组成其属性类目比较困难。

6.2.3　混合分类法

混合分类法是将线分类和面分类法组合使用，以其中一种分类法为主，另一种分类法为补充的信息分类方法。电子商务体系中常用的组合方式为以线分类法为分类主导架构，用面分类法描述商品特性。

以上述服装商品为例，可用线分类法分为从商品大类到中类到服装小类，再以面分类法对各种服装进行描述。

6.3　商品分类编码的原则与代码分类

6.3.1　商品分类编码的基本原则

现代社会中工业品升级换代日益加快，推动电子商务系统商品品种与款式不断变化。因此，商品分类编码需要遵从以下几种基本原则。

1）科学性

（1）类目的划分应符合其功能与本质内涵、性质及使用与管理要求。

（2）应选择商品的本质属性和特征作为分类的依据，使分类体系结构具有稳定性。

2）系统性

分类结构中各类信息应按其反映的对象属性关系排成合理的序列，形成一种既有区别，又有关联，脉络与层级分明的系统，既便于使用者区分其特征、识别属性，又便于平台和用户从整体上把握信息间的关系。

3）实用性

商务系统复杂多样，有行业垂直型、水平综合型、混合型和专题型。商品分类编码最重要的设计原则之一，就是其商品分类应与其经销范围相适应。由于商品的属性和描述信息特征的多样性，在系统中对它们的选择就要考虑系统、企业、消费者等的实际需要。

例如，B2B中的企业在开发新产品时，管理部门、设计部门、制造部门等都对特征信息的分类有不同的要求。

① 管理部门从企业经营目标出发，希望信息分类要便于生产的计划与控制，并能反映成本和市场需求。

② 设计部门从商品设计出发，希望信息分类体系能体现新产品开发组合化、模块化、标准化、序列化的趋势。

③ 制造部门则从实现产品的小批量、多品种成组生产，以提高生产效率和质量的目标出发，希望信息分类体系能反映产品的形态、部件的几何特征与工艺特征等。

所以，在制订企业分类体系时，要从企业的经营战略出发，充分考虑各部门的要求，进行商品分类体系的优化。同时，还要考虑企业内部的分类与其在商务系统中供客户选择的特征分类等有所不同。许多企业内部面向产品生产的特征信息分类与面向商品交易的特征信息分类有所不同，故商务系统分类时应慎重选择其分类。

6.3.2 商品分类编码的要求

编码是将实体对象或概念赋予具有一定规律、易于计算机和人识别与处理的符号，形成代码元素集合。代码元素集合中的代码就是赋予编码对象的符号，即编码对象的代码值。

商品分类编码包含数据表达成代码的方法、代码表示的形式、代码元素集合的赋值等。商品分类编码的过程，也是使分类对象、被描述特征和分类的标识规范化的过程。编码就是信息规范化的标识符。

商品分类编码的成果是一系列用于指代商品及其特征的数据代码，它们在内容与格式上都有一系列的要求。

（1）代码标识唯一，便于分类识别，防止同码异义、异码同义的现象发生。

（2）代码标识结构统一，便于信息检索、交换与利用，实现跨数据库、跨系统的资源共享。

（3）代码标识有序，便于信息的加工、排序、归整、查询与提供。

（4）代码标识明确，可表达特定含义，也可不具备特定含义。

（5）代码标识简洁，可提高信息处理的效率。

（6）代码标识的形式与内容的对应关系可按选定模型设计，以利于信息的安全保密。

6.3.3 商品分类编码的特性

(1) 代码的唯一性:即在代码系统内,一个商品的代码必须是唯一的。

(2) 代码的合理性:商品的编码方案、代码结构、总体容量、赋码规则等都应适当、合理。

(3) 代码的可扩展性:代码应在各层级和品目上具有一定的冗余,能适应商品品种与数量的增减,及时在变化后编码。

(4) 代码的简洁性:代码的层级结构,每级代码的码位设计上,都要体现其经济性,使之既能保证代码具备相应的可扩展性,层级不过多、码位也不过长。

(5) 代码的可识别性:对象赋码虽然主要用于计算机处理,但也应便于人们识别,代码过长、码段不规整、编码元素混乱等都将影响代码的识别性。

(6) 代码的规范性:指商品代码在层级划分、编码元素、码位设置、结构设计和分类面元素选择等方面的规范与统一。

(7) 代码的稳定性:指整个商品代码体系的稳定,以及每种商品在其生命周期中的不变性等。很多商品虽然已经退市,但其生命周期尚未结束。为确保商品质量责任的可追溯性,一旦赋码的商品,即使其已不在市场上流通,其原代码仍不能取消并另外赋予其他种类的商品。

6.3.4 代码的分类

代码分类通常从编码符号、符号含义等两方面进行划分。

1) 编码符号分类

可将代码分为数字型代码、字母型代码、混合型代码 3 种。

(1) 数字型代码:数字型代码又称数字码,是一种用一个或多个阿拉伯数字表示分类对象的代码。其优点是结构简单,符号单纯,使用方便,特别是易于排序处理,易于全球用户使用。缺点是对分类对象属性与特征的指代不直观。目前,这是使用最为普遍的一种代码,许多商务系统中的商品代码多用此种代码,如标准的通用商品条码,就由 13 位数字码组成;固定电话号码、移动电话号码等也都由数字码组成。

(2) 字母型代码:字母型代码又称字母码,是一种用一个或多个字母表示分类对象的代码。其优点是其与数字代码相比时,同样码位的代码比数字码的容量大得多。如 2 位数字码最多只能表示 100 个对象,而 2 位字母码理论上可表示 26×26=676 个对象。其次,字母码由于其拼音字母的特点,便于人们识别代码所表示的类目内容,也方便人们记忆。如用 CN 表示中国(China),BJ 表示北京(Beijing)等。其缺点是当对象数量较多,或增加、修改代码频繁时,用字母型代码易出现重复与冲突现象。另外,当用户不知系统采用纯字母型代码还是混合型代码时,极易将数字"0、1、2"与字母"O、I、Z"混淆,导致代码出错。为此,一些国际标准组织提出,字母编码时"O、I、Z"3 个字母不参与编码。

(3) 混合型代码:混合型代码又称混合码,是由数字、字母,或数字、字母、特殊字符组合表示分类对象的代码。其优点是兼有数字型代码与字母型代码的优点,具有直观性与表达性。如火车时刻表上的 G112、D318 分别代码南京至北京的一列高铁和一列动车。缺点是混合型代码组成复杂,造成计算机输入不方便,录入效率低,错误率高。特别是有数字"0、1、2"与字母"O、I、Z"混淆的情况存在,故一些编码标准规定,混合编码时字母"O、I、Z"3 个字母不参与编码。

2）符号含义分类

可将代码分为：无含义代码（包括顺序码、间断顺序码、无序码等）、有含义代码（包括系列顺序码、数字-字母顺序码、层次码、特征组合码、矩阵码、复合码等）2 种。

（1）无含义代码：组成代码的字符本身不表示实际含义的代码，代码只作为编码对象的唯一标识符。其中几种代码如下：

① 顺序码：顺序码是将数字或字母按顺序赋予编码对象。这是一种最简单和常用的无含义代码。优点是代码结构简单，对编制者和使用者都很方便。缺点是代码不包含编码对象的任何其他信息，不便于标识与理解，不能满足特殊对象的特殊需求。有时，新增对象的出现会导致原来的顺序代码体系"胀破"，即无法再按既定顺序给对象赋码。

② 间断顺序码：是一种改良顺序码，它可避免编码对象的增加导致原顺序码体系"胀破"现象的发生。间断顺序码的特点是编码时按一定规则保留一部分代码暂不赋予对象，以备新对象增加时再启用保留代码，以保证整个代码体系的灵活性与稳定性。

③ 无序码：将无序的数字或字母赋予编码对象的代码。特点是代码无编制规则，通常依靠机器产生的随机数赋予对象。此种代码仅表示编码对象是某约定的分类体系中的一个条目。有时，无序码甚至不代表任何实际对象，仅仅用于对象验证。如许多商务网站在客户登录、资金交易或用户口令变更时，系统临时生成的验证码就是无序码。无序码常常用于编码对象数量巨大，无法事先预知其总量的场合，许多生产企业用于唯一标识其产品的代码，如手机中的序列号等。故其优点是能在对象总量不知或不能预测的场合中使用。缺点是代码不易于记忆，但这一特点又使其普遍用于商务系统用户密码管理或资金交易时的验证码。

（2）有含义代码：有含义代码指代码不仅具有编码对象唯一标识的功能，而且提供编码对象的分类、层次、排序与逻辑意义等信息的代码。有含义代码也是商品标识中使用最为普遍的一种代码。其中几种主要类型代码介绍如下：

① 系列顺序码：将顺序码分成若干个段（系列），与编码对象的分类一一对应，给每段编码对象赋予一定的顺序。形式上，系列顺序码和上述间断顺序码有相似处，但其更强调规则性。如移动用户的 11 位手机号分为 3 段，首段 3 位代码为数字蜂窝移动业务接入号，如 135～139 为中国移动，130～132 为中国联通，133、189 等为中国电信；第二段 4 位代码为 HLR（归属位置登记器）识别码；第三段最后 4 位代码为各个 HLR 中每个移动用户的号码。

系列顺序号的优点是可表示一定的对象特征或信息属性，易于添加、记忆与管理；缺点是可能产生较多的空码，不适于复杂的分类体系。

② 数字-字母顺序码：这种代码是将编码对象按其名称的首字母（或其产品系列号——如奔驰汽车的 C 系列、E 系列等）排列，然后按此赋予递增的数字代码。其优点是代码容易归类，便于检索，适于根据人名、企业名、机构名及地名来检索信息。缺点是新增代码时调整困难。

③ 层次码：层次码常用于线分类法，是一种按编码对象的从属层次关系为排列规则的一种代码。编码时，按对象的逻辑含义将代码分成若干层级，与分类对象的分类层级相对应。代码自左向右分为相应的码段，表示层级由高向低，每个层级的代码可采用顺序码或间断顺序码。其优点是能明确表明编码对象的类别，各码段的严格的含义或隶属关系，代码结构简单，容量大，便于计算机处理与分析。缺点是当层次较多时，码位过长，难于记忆，且代码弹性较差。

我国居民身份证号就是典型的层次码，它由行政区划、出身日期、属地户籍机构、校验码共 4 段组成。

④ 特征组合码:特征组合码常用于面分类体系,它将编码对象按其属性或特征分为若干个面,每个面内的诸项属性或特征按相应规则分别进行编码,面与面之间的代码没有层次与从属关系。使用时按对象描述逻辑顺序与容量,根据需要将不同的面中的代码组合起来以表示所代表的类目。其优点是类目间组合比较灵活,适于机器处理。缺点是代码往往较长,不便于记忆,总体代码利用率低,不便于求和与汇总。

制造业中大量零部件特征描述中使用特征组合码,如机械类对象通常就有"材料"、"定型尺寸"、"形状"、"位置"、"表面处理"等特征,构成各个代码描述面。

⑤ 矩阵码:矩阵码是一种建立在多维空间坐标位置基础上的代码,代码的值是通过赋予多维空间坐标的代码组合而成,或通过赋予多维空间位置的序号构成。如二维矩阵码通过赋予 x、y 坐标的数值(序号)确定代码的值。矩阵码的优点是逻辑关系明确,容易理解其含义。缺点是编码时较困难,需要考虑建立逻辑关系。

例如,《顺序日期表示法》(ISO 2711—73)就以行表月份,列表日期,从下至上、从左至右依次表示全年每天。

⑥ 复合码:复合码是由两个或两个以上完整、独立、关联的代码组合而成。与特征组合码的不同,是其码段间虽独立,但有一定的关联,而又比层次码码段间的关联弱,故某种程度上也可视其为层次码,其优缺点也与层次码基本相同。

6.4 商品分类编码体系

6.4.1 商品分类编码体系管理

从上述介绍可看出,分类编码体系本身是个复杂领域,其管理涉及以下问题:

1) 分类属性管理

分类体系需要描述,主要通过特征元数据来描述分类属性。具体的分类属性元素如下:

(1) 分类组分标识符:分类多采用层次码或特征组合码等,此时的关键是要管理好每段代码对应的分类组,每段分类组采用相应的分标识符构成一个拥有相对独立含义的码段,需要独立管理。

(2) 分类组分名称:每段代码组对应于一个层级的特征组分,需要分层建立与维护,直到最终品目名称。

(3) 分类模式类型:商务系统中有多种对象分类体系,如客户、企业、供应商、金融机构和商品分类体系,均随不同的商务系统采用不同的分类模式,如线分类法、面分类法、复合分类法等。特别商品分类,尤其是 B2B 中涉及不同机构的商务系统时,可以采用复合分类体系,以及线分类加面分类的组合分类模式。但这些复杂分类模式的业务融合与管理具有一定的难度,需要计算机辅助管理。

(4) 分类模式名称:目前的商品分类模式均采用主流的国际或国家标准,如 UNSPSC(联合国通用标准产品和服务分类与编码体系)或 NAICS(北美工业品标准分类与编码体系)等。

(5) 分类模式版本:有两种原因会导致分类体系变化,一是商品分类体系采用的相应标准有不同版本,其版本变化并为系统采用后导致分类体系变化。这种变化有时是全局性的,应跟踪记录所采用的标准版本。二是各种商务系统在采用分类标准时,都会根据自身需求对标准内容进行一些局部改造后再引用，如将原标准中未收录的商品，特别是一些品目甚至小类添加到分类模式中等。这种维护会导致编码目录的更动，可视为分类体系的版本变化。对此需要跟踪记录其演化历程，采用版本标识代码。

(6) 分类模式项类型：如大类单元标识，小类单元标识等。

(7) 分类模式项值：即对各码段代码的记录与管理，例如“59-电气和电子设备元件大类”。

这些分类属性的元数据元素，在商务系统内部严格统一，才能保证商品类目资源的一致性与可用性。

2) 分类体系管理

分类体系管理涉及对象内容、分类结构、商务系统内外接口等工作。内容分以下两方面：

(1) 分类结构维护：涉及商品分类中任何大类或小类的变动，此类变化较大，主要有以下几种：

① 增设新大类或小类。

② 取消大类或小类。

③ 修正大类或小类的范围，扩大或缩小其范围。

④ 修订分类原则。

导致分类结构维护的主要原因是产品更新换代加速。如多年前胶卷的研发、生产、销售、冲洗与传统相机等一起还是一个完整的产业，现已基本被数码产品取代，故对应的商品类目也被取消。

(2) 分类条目或细节的修改：此类修订的变动较小，仅影响商品分类和品目细节，其修订内容如下：

① 增添新商品名。

② 修改商品对象内涵。

③ 商品概念发生重大变化。

④ 某种商品出现新用途。

⑤ 重新考虑商品的分类。

6.4.2 主流商品分类编码标准体系

为使电子商务系统具有最大的实用性与稳定性，商品分类应从其经营范围出发，采用最适合的国际标准与国家标准。几种可供采用的主流标准体系如下。

1) ISIC 体系

ISIC 是国际标准产业分类体系(International Standard Industrial Classification)，由联合国制定并维护，是国际上最有影响力且历史最悠久的产业分类体系之一。二战后，为促进世界统计工作的发展，1946 年，联合国成立了隶属于经济及社会理事会的统计委员会，并于 1948 年发布了 ISIC。其后，于 1958 年推出了 ISIC 1.0，1968 年推出 ISIC 2.0，1990 年推出 ISIC 3.0，2002年推出 ISIC 3.1，2006 年推出了 ISIC 4.0 等版本。该分类体系主要在宏观经济和统计分析领域使用，较适用于 G2B 和与电子政务系统结合的电子商务系统。

2) eCl@ss 体系

这是一种工业物品和服务项目分类与描述的国际标准。由德国多个行业的领导企业协同参与研制，兼容了欧洲诸国标准及部分国际标准。覆盖了 26 个专业范围，4 层分类级，大类

524 种，中类 4 813 种，小类 27 227 种，包含约 75 000 个主题词。eCl@ss 的另一个重要特点是其不仅有对象的分类、代码，还包含对产品和服务的理化与电气属性描述集。目前，该体系共归纳出 14 300 种标准属性和 10 930 种延伸属性，支持多语种的电子商务。由于机械、电气、化工、精密仪器等行业在德国具有传统优势，加上如西门子、大众汽车、宝马、奔驰-戴姆勒、巴斯夫、奥迪、安龙、博斯、施赖德电气、德国铁路、魏德米勒、蒂森克虏伯等国际大公司的参与、支持和采用，使 eCl@ss 体系在欧盟中颇具影响力，特别适用于与欧洲企业有关联的 B2B。

随着服务业的蓬勃发展，该体系也适用于现代服务业项目交易，并支持许多消费品的 B2C。

3) NAICS

NAICS 是北美工业分类体系（North American Industry Classification System）。源于标准工业分类（Standard Industrial Classification，SIC）体系。SIC 是美国沿用了百余年的工业分类统计核算体系，经历了从手工作业到计算机时代的每一步信息技术变迁，成熟度和普及率极高。不仅在美国，在西方各工业国的政府、军方、企业与社会各机构中也拥有众多用户。有三大原因促使其从 SIC 升级为 NAICS 体系：

(1) 知识经济时代催生了大量传统工业时代没有的产业门类，SIC 在经历了多次结构性调整后，已无法承受新增产业造成的更大的变化。

(2) 科技发展使原有的产业门类发生了多次调整，最著名的如 1997 年美国将“计算机制造”从“高科技领域”调整至“一般制造业”类目，引发了一系列相关产业门类的调整，导致了 SIC 的彻底变革。

(3) 在全球经济一体化趋势下，北美自由贸易协定（NAFTA）的签订使美、加、墨三国放弃此前各国的产业分类系统，统一使用一套官方的商品和服务分类系统，终于导致 NAICS 体系诞生。

NAICS 体系有广泛的实用性，既适合于多种形态的电子商务，也适于电子政务；特别适用于与美国等北美诸国相关的电子商务。

4) UNSPSC

UNSPSC 即通用标准产品和服务分类体系（The Universal Standard Products and Services Classification），是由联合国通用编码体系（Common Coding System，UNCCS）和邓白氏的标准产品与服务分类（Standard Products and Services Classification，SPSC）两个系统合并而成。该体系是在全球电子商务蓬勃发展的环境中，利用联合国的权威性和邓白氏征信所在全球的影响，建立起适合于电子商务的产品与服务的分类系统。

该体系已由联合国开发计划署委托 GS1（全球第一商贸标准化组织）进行维护。GS1 是由首先建立通用商品条形码系统的美国统一编码委员会（Uniform Code Council，UCC）和欧洲物品编码协会（European Article Numbering Association，EAN）两机构合并而成，拥有商品零售与物流管理领域的丰富经验，以及与各国各地区的编码机构有着官方联系等优势。这套分类体系比较适合于非政府与军事物资领域的民用商品与服务项目的电子商务。

5) CPV 共同采购分类词典

这是欧盟政府采购时使用的官方商品和服务分类与代码系统，适合于 G2B 和 B2B 以及两者融合型的电子商务。

6) Industry Classification 产业分类标准

这是由富时集团及道琼斯指数公司合作推出的标准。该体系基于透明管理规则建立，所有 ICB 数据库中的公司及证券按管理规则进行四级行业分类。行业分类基准为交易及投资决策提供了一个最全面、最有效、最易于使用的行业分类系统。该分类从投资者的复杂需求出发，为金融行业提供了一个统一而全面的行业分类系统，对全球范围内的 4 万多家公司及 4.5 万种股票进行分类管理。该体系共分四级，包含 10 个产业、18 个超行业、39 个行业及 104 个从属行业，可帮助用户在监控宏观行业趋势的同时，也关注小型细分市场，并进行定量和定性分析。该体系独立的管理及全球研究团队的支持确保了其准确的代表性、持续的增长性以及对市场监控的连续性。该分类体系较适于金融保险等领域的电子商务交易。

7) FCS/NCS

FCS/NCS 即美国联邦分类编码/北约物资分类编目系统。这是历史最悠久的分类体系，也西方国家政府和军方工业信息资源的主分类体系。其主要内容是传统工业品和基础物资类商品，适用于 G2B 与 M2B(军方与企业间)型的电子商务。

8) HS 协调制度

HS(商品名称及编码协调制度)是世界海关组织(WCO)主持制定的商品分类目录与代码体，为全球各地的海关广泛使用的公约体系。HS 编码涵盖了《海关合作理事会税则商品分类目录》(CCCN)和联合国的《国际贸易标准分类》(SITC)两大分类编码体系，是系统的、多用途的国际贸易商品分类体系。

HS 体系的主要特点之一是其前 6 位代码在世界海关组织的各成员国中都是相同的，以符合协调制度公约要求。6 位以后的代码才可由各国按需扩展，如《中华人民共和国进出口税则》就是以《商品名称及编码协调制度》为基础，结合我国贸易政策而制定的，包括了我国本国税目和关税税率等内容。HS 体系除了用于海关税则和贸易统计外，对运输商品的计费、统计、计算机数据传递、国际贸易单证简化以及普遍优惠制税号的利用等方面，都提供了可用的国际贸易商品分类体系。因此，HS 体系适合于进出口贸易的电子商务以及综合应用管理等领域。HS 体系的另一特点是 6 位以后采用不定长代码，因此，可满足对各类目下商品款式品种的不断翻新的描述。

6.4.3 UNSPSC 分类代码实例

在以上诸分类代码中，最适于 B2B 和 B2C 电子商务系统，可用于各类商品和服务项目的是 UNSPSC 体系。主要是因其是互联网时代的产物，覆盖了现代服务业的绝大多数领域，并能积极跟踪和收录实体产品与新型服务业态的发展。该系统中，每种商品的概念都按树形结构得到层次分类号，表 6-2 就是一段包括实体商品和服务项目(包括相关机构)等的 UNSPSC 分类示例。

表 6-2 UNSPSC 分类代码实例

序列号	类别号	英文名称	中文名称
106964	52141510	Domestic portable air conditioners	家用轻便空调
106965	52141511	Domestic juicers	家用榨汁机
106967	52141513	Domestic electric can openers	家用电动开罐头器
106968	52141514	Domestic food processors	家用食物处理
106969	52141515	Domestic trash compactors	家用垃圾压实机
106970	52141516	Domestic deep fryers	家用深煎锅
106971	52141517	Domestic popcorn poppers	家用爆米花机

续表 6-2

序列号	类别号	英文名称	中文名称
106972	52141518	Domestic bread making machines	家用制面包机
106973	52141519	Domestic convectional ovens	传统家用烤箱
106974	52141520	Domestic mixers	家用混合器
106975	52141521	Domestic toaster ovens	家用吐司炉
106976	52141522	Domestic toasters	家用烤面包机
106977	52141523	Domestic electrical kettles	家用电水壶
106978	52141524	Domestic blenders	家用搅拌器
106979	52141525	Domestic hot plates	家用轻便电炉
⋮	⋮	⋮	⋮
109993	93171800	Trade analysis	贸易分析
109994	93171801	Trade projections	贸易项目
109995	93171802	Balance of trade projections	贸易项目平衡
109996	93171803	Trade statistics	贸易统计
109882	93141800	Employment	就业
109883	93141801	Employment promotion or planning services	就业促进和计划服务
109884	93141802	Recruitment services	招聘
109887	93141805	Unemployment services	失业服务
109888	93141806	Employment statistics or forecasting services	就业率统计和预测服务
109889	93141807	Work time arrangements	工作时间安排
109890	93141808	Occupational health or safety services	职业健康和安全服务
109893	93141812	Labor inspection services	劳动检查

表 6-2 中第 2 列的 8 位类别号以 2 位为一组，代表大、中、小类和细目。UNSPSC 在用于电子商务时还需在编码、载体、对象特征描述和数据架构等方面按实际之需作进一步的拓展与细化。

6.4.4 全球产品分类系统

上述诸类单纯的分类标准体系和面向应用的分类系统不同，为支持全球电子商务，GS1 推出了全球产品分类(GPC)系统。

GPC 的产生是由于各国零售业多次寻找一种统一的标准分类方案终未果，同时，采购商需要将商品映射到多个内部分类结构，如生产厂、采购商、贸易商、物流商等的内部系统，以使它们能建立商务协同；销售商需要灵活、多角度地描述产品，并在不改变自身分类体系的情况下映射到内部分类结构中。

GPC 提出的是一种基于分类标准的分类体系主要功能框架。它能在不同商务环境中支持零售商采购计划，实现使用者自定义查询、分类块(brick)的查询，拟为品类分析提供通用语言，同时为不同商务系统中的分类体系提供整合、分析和查询。结合后述的全球数据同步系统，可实现分类标准的工具化。GPC 系统内容详见第 8 章。

7　商品编码体系与符号表示

电子商务系统设计应以采用国际标准和行业先进标准为原则，以所建系统具有普适性、兼容性和稳定性为目的。众多标准中最重要的是商品和物流等方面的数据链标准，其中以商品和物流的编码与符号体系标准为核心。它们是构建全球贸易项目（即商品与服务）统一体系的基础。

国际上商品编码与符号表示最早为商品代码与标识，即 EAN/UPC 条码。早期通过自动销售点系统（POS）扫描商品条码通关结算在全球迅速普及。随着电子商务的兴起，商品和物流标识体系逐步完善，并向对象属性特征标识发展。通用商品条码也转向全球贸易项目代码（Global Trade Item Number，GTIN）。这些标准的引用，对商品与物流数据的标准化起到了关键作用，也决定了一个电子商务系统的后续发展潜力。

编码体系对商业与物流领域中所有产品与服务（包括贸易项目、物流单元、资产、位置和服务关系等）对象特征数据加工的重要类型资源，其规范化与共享化程度将限定其他商务数据资源的共享性与可用性。为此，国际物品编码协会（Global Standard 1，GS1，又称为“全球标准第一机构”）及全球商务数据标准化工作者经多年的积累，形成了如图 7-1 所示的系统编码体系（图中附加属性代码不能脱离标识代码独立存在）。本章将在这一架构基础上，对其中部分重要代码进行介绍。

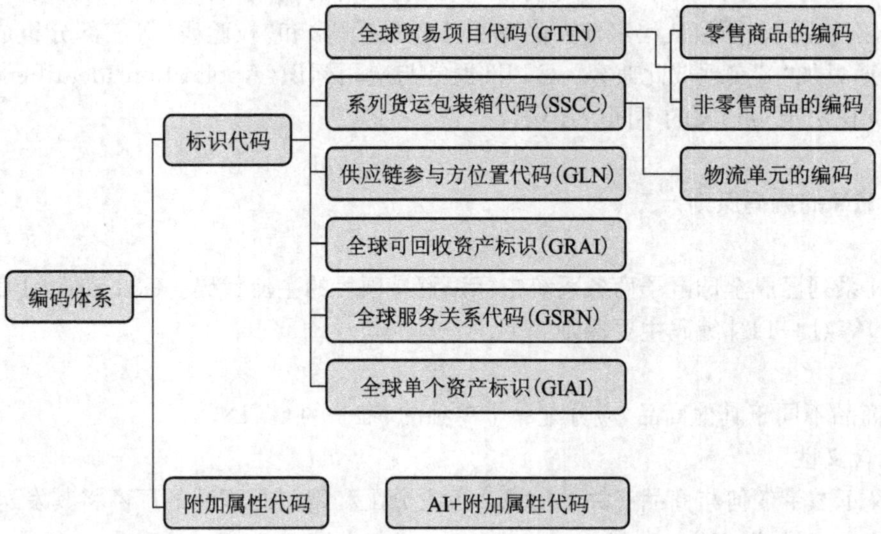

图 7-1　GS1 系统编码体系

7.1 全球贸易项目代码

国际标准中,“贸易项目(Trade Item)”是商品与物流编码系列标准的主要规范化对象,其定义是“指从原材料直至最终用户可具有预先定义特征的任意一项产品或服务,对于这些产品和服务,在供应链过程中有获取预先定义信息的需求,并且可以在任意一点进行定价、订购或开具发票。”因此,本章亦称其为“商品”或“产品”,指“商品及服务项目”。

7.1.1 GTIN 的基本结构

互联网兴起前,通用商品条码有 EAN/UCC-8、UCC-12、EAN/UCC-13 和 EAN/UCC-14 等标准形态与代码结构,用于商品标识。互联网时代,这些代码均变为 GTIN 代码及格式(其中 EAN/UCC-8 可转换为 EAN/UCC-13),并可统一到 GTIN-14 位代码形态下,变为全球贸易项目代码(GTIN),构成在世界范围内贸易项目的唯一标识代码。目前统一结构为 14 位数字,参见表 7-1。

表 7-1 以 GTIN 格式表示的不同数据结构

标识代码	AI	GTIN													
		厂商识别代码→								←项目代码					检验码
GTIN-12	01	0	0	N_1	N_2	N_3	N_4	N_5	N_6	N_7	N_8	N_9	N_{10}	N_{11}	N_{12}
GTIN-13	01	0	N_1	N_2	N_3	N_4	N_5	N_6	N_7	N_8	N_9	N_{10}	N_{11}	N_{12}	N_{13}
GTIN-14	01	N_1	N_2	N_3	N_4	N_5	N_6	N_7	N_8	N_9	N_{10}	N_{11}	N_{12}	N_{13}	N_{14}

表 7-1 列出了 3 种形态的 GTIN 标识代码,它们都有对应的条码符号表示。GTIN 本体由“厂商识别代码”、“项目代码”(即商品和服务项目代码)和“校验码”等三部分组成,12、13、14 位代码通过加“0”实现彼此兼容。GTIN 通常与应用标识(Application Identifier, AI)结合使用,AI 标识决定 GTIN 的不同应用场合。

7.1.2 GTIN 的编码原则

GTIN 系列已成全球电子商务系统中标识贸易项目的主流代码。GS1 和自动编码技术联盟(FACT)等对 GTIN 编码主要原则如下:

1) 唯一性

一种商品不同于其他商品,应分配一个单独的、唯一的 GTIN。

2) 无含义性

GTIN 不携带任何与商品有关的信息。负责分配和编制 GTIN 的厂商将其发送至其业务伙伴和 GS1 全球数据中心。

3) 稳定性

只要商品没有发生变化,所分配的 GTIN 就不能改变。因此,在初始商品进行订货、储存或开具发票时就应与其他商品区分开来。

7.2 商品应用标识符

表7-1中商品和物流单元的应用标识符(AI)具有规范的含义及相应的数据结构,相应的编码、条码表示、标签等的技术亦应参考相关标准。

7.2.1 定量商品应用标识符

表7-1中应用标识符AI值为“01”时代表定量商品的GTIN,具体包括GTIN-12、GTIN-13与GTIN-14标识代码。定量贸易项目(Fixed Measure Trade Item)是指按相同规格和成分(类型、大小、质量、内容、设计等)来生产和销售的商品。通常按商品的件数计价销售,绝大多数商品都是定量商品类。

7.2.2 变量商品应用标识符

变量贸易项目(Variable Measure Trade Item)是指在质量、尺寸、包含的商品项目数或体积等特性中有一项是变化的商品。通常按基本计量单位计价,以随机数量销售。

变量商品编码数据是GTIN-14数据结构的一个特殊应用。当应用标识符AI为(01),表7-1中 N_1 为9时,表示变量商品;而 N_1 为0～8,表对象为定量商品项目。为完整标识商品,应同时标识变量商品的对应变量信息。表7-2为5种变量商品的类型。

表7-2 变量商品的类型

类型	项目描述
A	散装商品:为零售准备或预包装的商品,可以任何数量订购,为非标准的商品交货(例如:鱼、水果、蔬菜、电缆、地毯、木材、纺织品等) 标识代码将商品表示为一个贸易实体,形成特定的产品数量,必要时也涉及包装的形式、质量或尺寸,使单个单元的标识完整
B	可计件订购与交货(包装的或未包装的),按质量或计量开票的商品:这是由于产品属性或生产过程而形成的质量或计量变化(例如:成块奶酪、熏肉、生牛肉、鱼、香肠、火腿、鸡、菜花、电影胶片等) 标识代码指示特定的预定实体,必要时指明包装的形式。价格或质量或尺寸使单个项目的标识完整
C	分割好的商品:按质量预先包装好再出售给消费者,数量上没有标准化(例如:肉类、奶酪、水果、鱼片、分段猪肉、冷盘等) 标识代码表示按商业惯例和商品包装形式而划分的项目类型。价格或质量使单个单元的标识完整
D	具有可选尺寸的标准化商品:EAN/UCC系统的标准编码未能包含所有变化种类(例如:木板、地毯等) 标识代码表示预先规定了的基本商品。应用尺寸使成单个单元的标识完整
E	一定数量的B类或C类商品的标准化组合,例如:商品包含10只鸡(B类型项目) 标识代码表示标准化商品是一个实体,必要时指明它的包装形式。所有项目的总质量使该定量商品的标识完整

7.2.3 物流单元内定量商品的应用标识符

表 7-1 中应用标识符 AI 取值“02”时，代表物流单元内的商品的 GTIN，表示在物流单元内包含商品项的最大包装级别的标识代码。当 N_1 为 0～8 时，物流单元内的商品项目为定量商品。

物流单元内商品的标识代码应与同一物流单元上的 AI(37)及其对应的编码数据一起使用。此数据名称为 CONTENT(物流单元内商品的标识只用于本身不是商品的物流单元，且所有处于相同包装级别的商品具有相同的 GTIN)。

7.2.4 物流单元内变量商品项目的应用标识符

表 7-1 中的应用标识符 AI 取值“02”，且 N_1 为 9 时，对应编码代表物流单元内商品的 GTIN，表示商品为变量的项目。应注意，物流单元内商品的标识只用于本身不是商品的物流单元，并所有处于相同包装级别的商品项目具有相同的 GTIN。如商品为变量商品项目，则所包含的商品上不出现项目数量。

物流单元内商品的 GTIN 表示在物流单元内包含商品项目的最大包装级别的标识代码。物流单元内商品项目的标识代码应与同一物流单元的 AI(37)及其对应的编码数据一起使用。当物流单元内的商品为变量商品项目时，应对有效的贸易计量标识。此数据名称为 CONTENT。

7.2.5 物流单元内商品数量应用标识符

表 7-1 中应用标识符 AI 取值“37”时，对应编码代表物流单元内商品的数量，由数字字符表示，长度可变，最长 8 位。数据名称为 COUNT，应与前述AI(02)一起使用。编码数据格式见表 7-3。

表 7-3　商品数量

AI	商品数量
37	$N_1 \cdots N_j (j \leqslant 8)$

7.2.6 变量商品中项目数量的应用标识符

表 7-1 中应用标识符 AI 取值“30”时，对应编码代表变量商品中的项目数，由数字字符表示，长度可变，最长 8 位。变量商品数量应与商品的 GTIN 一起使用。数据名称为 VAR. COUNT，不单独使用。编码数据格式见表 7-4。AI(30)不用于标识一个定量商品包含的数量。如其错误地出现在一个定量商品上，并不表示它是无效项目标识，只作为多余数据处理。

表 7-4　项目数量

AI	项目数量
30	$N_1 \cdots N_j (j \leqslant 8)$

7.2.7 变量商品量度应用标识符

表 7-1 中应用标识符 AI 取值“31 nn，32 nn，35 nn，36 nn”时，对应编码代表变量商品的量度和量度单位。变量商品量度用于变量商品的标识，包括贸易单元的重量、尺寸、体积、直径等信息。变量商品量度不能单独使用，编码数据格式见表 7-5。

表 7-5 量度标识

AI	量度值
$A_1A_2A_3A_4$	$N_1N_2N_3N_4N_5N_6$

(1) 应用标识符 A_1 到 A_3：指变量商品量度的单位，其标识符和数据名称等见其后的国际单位制贸易计量单位和非国际单位制贸易计量单位。

(2) 应用标识符数字 A_4：指示量度值中小数点右起位置。0 表示没有小数点，1 表示小数点在 N_5 和 N_6 之间。以下相关量值中小数点的标注法亦如此。

(3) 量度值：对应的编码数据为商品上的变量量度值。变量商品量度应与商品的 GTIN 一起使用。

7.2.8 单价应用标识符

表 7-1 中应用标识符 AI 取值“8005”，对应编码代表变量商品单价，编码格式见表 7-6。单价是在变量商品的商品上标记单位量度的价格，以区别相同项目的不同价格。单价是商品的一个属性。

表 7-6 单价应用标识符

AI	单价
8005	$N_1N_2N_3N_4N_5N_6$

单价编码数据的内容和结构由贸易伙伴决定。单价应与商品的 GTIN 一起译码和处理。数据名称为 PRICE PER UNIT。

7.2.9 变量商品应付款金额应用标识符

表 7-1 中应用标识符 AI 取值“392n”时，对应编码代表变量商品的应付款金额，编码格式见表 7-7。

表 7-7 应付款金额应用标识符

AI	应付款金额
392n	$N_1 \cdots N_j$ ($j \leqslant 15$)

应用标识符数字 n：指示应付款金额中小数点右起的位置，用法见前。$N_1 \cdots N_j$ 为变量商品应付款金额的总额，由数字字符表示，长度可变，最长 15 位。变量商品应付款金额应与变量

商品的 GTIN 一起使用。数据名称为 PRICE。

7.2.10 具有 ISO 货币代码的变量商品应付款金额应用标识符

表 7-1 中应用标识符 AI 取值“393n”时，对应编码代表具有 ISO 货币代码的变量商品的应付款金额，编码格式见表 7-8。

表 7-8 ISO 货币代码应用标识符

AI	ISO 货币代码	应付款金额
393n	$N_1N_2N_3$	$N_4 \cdots N_j$($j \leqslant 18$)

(1) 应用标识符数字 n：指示应付款金额中小数点右起的位置，用法见前。

(2) N_1 N_2 N_3：指示 ISO 标准(对应于 GB/T 12406—2008)中的货币代码。

(3) $N_4 \cdots N_j$：付款单中应付款金额的总额，由数字字符表示，长度可变，最长 18 位。ISO 货币代码的变量商品应付款金额应与变量商品的 GTIN 一起使用。数据名称为 PRICE。

7.2.11 商品组件应用标识符

表 7-1 中应用标识符 AI 取值“8006”时，对应编码代表商品及其组件标识代码，编码格式见表 7-9。

表 7-9 商品组件标识

AI	GTIN	组件代码	组件总数
8006	$N_1N_2N_3 \cdots N_{12}N_{13}N_{14}$	$N_{15}N_{16}$	$N_{17}N_{18}$

组件代码：商品组合内组件的连续代码。某个给定商品的一个组件对各商品应是相同的。组件总数：商品组件的总数。商品组件的标识可根据特定应用需求处理。数据名称为 GCTIN。

7.2.12 定制产品代码应用标识符

表 7-1 中应用标识符 AI 取值“242”时，对应编码代表定制产品代码，编码格式见表 7-10。定制产品代码为数字符，长度可变，最长 6 位。

表 7-10 定制产品代码

AI	定制产品代码
242	$N_1 \cdots N_j$($j \leqslant 6$)

应用标识符 AI(242)不能单独使用，只能与第 1 位数字为 9 的 GTIN-14 的应用标识符 AI(01)或 AI(02)一起使用，唯一标识一个定制的商品。

第 1 位数字为 9 的 GTIN-14 与定制产品代码仅用于 MRO(Maintenance Repair and Operations，指企业中设施和设备保养、维修的备品备件等物料，保证企业正常运行的相关设备、耗材等物资)。数据名称为 MTO Variant。

7.2.13 商品变体应用标识符

通常,当商品形态、功能、性能或款式发生改变时,就需为其重新分配一个 GTIN。但如商品的某些改变不足以达到需要重新分配 GTIN 的程度,或其变化仅与品牌拥有者和代表品牌拥有者的第三方有关时,就可用产品变体编码数据区别标准商品的一般变体。

商品变体仅限于品牌拥有者和代表品牌拥有者的第三方使用,且不能与贸易伙伴进行交易。如需根据 GTIN 的分配规则为变化的产品分配一个新 GTIN 时,将不能使用产品变体。

表 7-1 中应用标识符 AI 取值"20"时,对应编码代表商品的变体号,编码格式见表 7-11。

表 7-11 商品变体应用标识

AI	变体号
20	N_1N_2

变体号:商品外的补充代码。一个特定的商品只允许产生 100 个变体。商品变体应与同一项目的 GTIN 一起译码与处理。数据名称为 VARIANT。

7.3 物流单元的应用标识符

表 7-1 中应用标识符 AI 取值"00"时,对应编码代表系列货运包装箱代码(Serial Shipping Container Code, SSCC),编码格式见表 7-12。

表 7-12 系列货运包装箱代码应用标识

AI	SSCC		
	扩展位	厂商识别代码 → ← 系列代码	校验码
00	N_1	$N_2N_3N_4N_5N_6N_7N_8N_9N_{10}N_{11}N_{12}N_{13}N_{14}N_{15}N_{16}N_{17}$	N_{18}

表中,扩展位用于增加 SSCC 内系列代码的容量,由编制 SSCC 的公司自行分配。厂商识别代码采用相关标准。系列代码用于对厂商识别代码标识下的各个对象进一步作逐一区分。数据名称为 SSCC。

7.4 资产的应用标识符

7.4.1 全球可回收资产应用标识符

表 7-1 中应用标识符 AI 取值"8003"时,对应编码代表全球可回收资产标识符(Global Returnable Asset Identifier, GRAI)。随着人类环保意识的增强和对垃圾跟踪与回收技术和信息化的不断发展,此类代码标识的应用正迅速普及。编码数据格式见表 7-13。

表 7-13　全球可回收资产应用标识

AI	GRAI		系列代码（可选项）
	厂商识别代码 → ← 资产类型代码	校验码	
8003	0 N_1 N_2 N_3 N_4 N_5 N_6 N_7 N_8 N_9 N_{10} N_{11} N_{12}	N_{13}	$X_1 \cdots X_j$ ($j \leqslant 16$)

(1) 厂商识别代码：资产所有者的厂商识别代码，见相关标准（如 GB 12904 的规定）。

(2) 资产类型：由资产的所有者分配的代码，唯一标识可回收资产的类型。

系列代码为可选项，由资产的所有者分配，用于唯一标识特定资产类型中的单个资产。应用标识符对应的编码数据是字母数字字符，长度可变，最长 16 位。

全球可回收资产标识代码可以根据特定应用需求进行处理。数据名称为 GRAI。

7.4.2　全球单个资产应用标识符

表 7-1 中应用标识符 AI 取值“8004”时，对应编码代表全球单个资产代码（Global Individual Asset Identifier, GIAI），用于唯一标识单个资产。全球单个资产标识代码不用于标识商品或物流单元，不用于订购资产，而用于对资产，特别是各类固定资产与高值动产等的定位与跟踪等。编码数据格式见表 7-14。

表 7-14　全球单个资产应用标识(GIAI)

AI	GIAI	
	厂商识别代码 →	← 单个资产项目代码
8004	$N_1 \cdots N_i$	$X_{1+2} \cdots X_j$ ($j \leqslant 30$)

厂商识别代码：资产的所有者的厂商识别代码，同样参照上述标准。该标识由分配资产项目号码公司的厂商识别代码和单个资产项目代码组成。单个资产项目代码的结构与编码由厂商识别代码的所有者决定，其对应的编码数据是字母-数字字符，长度可变，最长 30 位。

全球单个资产标识代码可以根据特定应用需求进行处理。数据名称为 GIAI。

7.5　位置与路径信息的应用标识符

7.5.1　物理位置的全球位置码应用标识符

表 7-1 中应用标识符 AI 取值“414”时，对应编码代表标识物理位置的全球位置码（Global Location Number, GLN），编码格式见表 7-15。与以上诸码相同，GLN 也是一种规范的 GTIN 代码，能标识一个不连续的、唯一的物理位置，比如一座码头的各个仓库箱位，或标识一个集合物理位置。一个 GLN 能代表一个逻辑实体，如一个执行某个业务功能（如下订单）的机构。

表 7-15　全球位置码应用标识符

AI	GLN	
	厂商识别代码 → ← 位置参考代码	校验码
414	$N_1 N_2 N_3 N_4 N_5 N_6 N_7 N_8 N_9 N_{10} N_{11} N_{12}$	N_{13}

厂商识别代码部分同前。位置参考代码由物理位置的所有者或使用者分配。标识物理位置的全球位置码可以单独处理，或者与相关的标识数据一起处理。数据名称为 LOC NO.。

7.5.2 全球位置码扩展部分应用标识符

当应用标识符 AI 取值为"254"时，对应编码代表 GLN 的扩展部分代码。AI(254)为可选择项，但一旦选择使用时，就应与 AI(414)一起使用。编码格式见表 7-16。

表 7-16 GLN 的扩展部分应用标识符

AI	GLN 扩展部分
254	$X_1 \cdots X_j$（$j \leqslant 20$）

GLN 扩展部分代码由与之一起使用的全球位置码的厂商识别代码的所有者分配。GLN 扩展部分代码一经确定，在 GLN 的生命周期内不得改变。GLN 扩展部分代码是 GLN 的一个属性，因此不应单独使用。

GLN 扩展部分代码为字母-数字字符，长度可变，最长 20 位。数据名称为 GLN EXTENSION。

7.5.3 交货地全球位置码应用标识符

将表 7-15 中的应用标识符 AI 取值由"414"变为"410"时，对应编码代表交货地全球位置码，用于标识交货地的物理位置或法定实体。厂商识别代码同前，位置参考代码由收件人的公司分配。该应用标识符的编码格式与表 7-15 相同。

交货地全球位置码可以单独使用，或与相关的标识数据一起使用。数据名称为 SHIP TO LOC.。

7.5.4 受票方全球位置码应用标识符

当表 7-15 中的应用标识符 AI 取值"411"时，对应编码代表受票方的全球位置码，用于标识发票接收方的物理位置或法定实体。该应用标识符编码数据格式与表 7-15 相同。

位置参考代码由受票方分配。受票方全球位置码可单独使用，或与相关的标识数据一起使用。数据名称为 BILL TO。

7.5.5 供货方全球位置码应用标识符

当表 7-15 中的应用标识符 AI 取值"412"时，对应编码代表供货方全球位置码，用于标识供货方的物理位置或法定实体。该应用标识符编码数据格式与表 7-15 相同。

供货方位置参考代码由商品的供货方分配。供货方全球位置码可单独使用，或与相关的标识数据一起使用。数据名称为 PURCHASE FROM。

7.5.6 货物最终目的地全球位置码的标识符

当表 7-15 中的应用标识符 AI 取值为"413"时，对应编码代表货物最终目的地全球位置码，用于标识货物最终目的地的物理位置或法定实体。货物最终目的地全球位置码是收货方内部使用，承运商不使用。该应用标识符编码格式与表 7-15 相同。

位置参考代码由货物的最终接收方分配。货物最终目的地全球位置码可以单独使用，或与相关的标识数据一起使用。数据名称为 SHIP FOR LOC。

7.5.7 路径代码应用标识符

当应用标识符 AI 取值"403"时，对应编码代表路径代码，编码格式见表 7-17。

表 7-17 路径代码应用标识符

AI	路径代码
403	$X_1 \cdots X_j$ ($j \leqslant 30$)

路径代码由承运人分配，提供一个已经定义的国际多式联运方案的移动路径。路径代码为字母-数字字符，长度可变，最长 30 位，包含所有 ASCII 字符。其内容与结构由分配代码的运输商确定，如果运输商希望与其他运输商达成合作协议，则需要一个多方认可的指示符指示路径代码的结构。路径代码应与同一单元的 SSCC 一起使用。数据名称为 ROUTE。

此外，还有如"同一邮政行政区域内交货地邮政编码应用标识符(AI 取值为"420"，数据名称为 SHIP TO POST)"，"ISO 国家(或地区)代码的交货地邮政编码应用标识符(AI 取值为"421"，数据名称为 SHIP TO POST)"等。

7.6 服务关系的应用标识符

当应用标识符 AI 取值(8018)时，对应编码代表全球服务关系代码(Global Service Relation Number，GSRN)。全球服务关系代码用于标识服务关系中服务的接受方。这一标识的启用，将服务业中非实体对象的交易也纳入电子商务领域。编码格式见表 7-18。

表 7-18 全球服务关系的应用标识符

AI	GSRN	
	厂商识别代码 → ← 服务项目代码	校验码
8018	$N_1 N_2 N_3 N_4 N_5 N_6 N_7 N_8 N_9 N_{10} N_{11} N_{12} N_{13} N_{14} N_{15} N_{16} N_{17}$	N_{18}

服务项目代码：由服务提供方分配，其结构和内容由具体服务的提供方决定。服务项目的内容与代码可参考相关国际与国家标准，如 UNSPSC 中的服务项目。服务关系代码可根据特定应用需求处理。数据名称为 GSRN。

7.7 用于可追溯性的应用标识符

传统商品条码并不具备对同品种、同型号与同规格下的不同批次甚至单件产品的标识功能。随着各国对食品、药品、汽车和许多儿童用品等的卫生与安全责任要求的增加,均要求商务系统能标识、跟踪和追溯单独批次甚至单件商品。

7.7.1 批号应用标识符

批号是与商品相关的数据信息,用于产品追溯。对应编码批号数据信息可涉及商品本身或其所包含的项目,如一个产品的组号、班次号、机器号、时间或内部的产品代码等。

应用标识符 AI 取值"10"时,代表对应的编码为商品批号,编码格式见表 7-19。

表 7-19 商品批号应用标识符

AI	批号
10	$X_1 \cdots X_j\ (j \leqslant 20)$

批号为字母-数字字符,长度可变,最长 20 位,包含 ASCII 码的所有字符,足以标识同一产品下的不同批号产品。批号代码的内容通常由企业编制和赋予,并与商品 GTIN 一起使用,作为其附加标识段。数据名称为 BATCH/LOT。

7.7.2 序列号应用标识符

序列号是分配给一个实体的永久性代码,用于标识每个单件的商品。传统的通用商品条码含义如表 7-1 所示,其中仅标识厂商和商品项,不能识别不同的产品批次,更不能识别同一批次下的每一件独立商品。当表 7-1 的 GTIN 标识增加了应用标识符 AI"10"及其对应的代码时,可区别同一产品的不同批次,但仍不能识别同批次的每一件产品。本节的序列号,就能识别每个单件产品,从而实现对销售后商品的跟踪与追溯。

当表 7-19 中应用标识符 AI 取值"21"时,对应编码为"商品序列号",格式同表 7-19。为字母-数字字符,长度可变,最长 20 位。

序列号由制造商分配,与商品的 GTIN 一起使用。数据名称为 SERIAL。

7.7.3 二级序列号应用标识符

在使用 AI(21)及其编码表示商品序列号的基础上,还可进一步采用 AI(250)来标识商品的某个部件的二级序列号。如采用 AI(21)可标识某品牌、某型号汽车下的每一台车辆,而汽车发动机又须单独标识,这就要采用二级序列号应用标识符 AI(250)来标识与跟踪产品中的关键部件。

AI(250)应与 AI(01)、AI(21)一起使用。一个特定的 GTIN 只允许包含一个 AI(250)编码数据。例如:AI(01)表示商品的 GTIN;AI(21)表示商品的系列号;AI(250)表示商品中一个部件的系列号。

应用标识符 AI(250)对应的编码数据格式见表 7-20。

表 7-20　二级序列号应用标识

AI	二级系列号
250	$X_1 \cdots X_j$ ($j \leqslant 30$)

二级序列号编码为字母-数字字符,长度可变,最长 30 位。数据名称为 SECONDARYSERIAL。

7.7.4　源实体参考代码应用标识符

源实体参考代码是商品的一个属性,用于追溯商品的初始来源。例如,源自某个牛胴体的各种产品,其源头是一只活牛。采用此应用标识编码数据能对源自该活牛的产品溯源,一旦发现它受到污染,所有来自该牛身上的其他产品都要被隔离。这一标识符的设置,使电子商务系统能支持商品安全性和可靠性的管理。

当应用标识符 AI 取值"251"时,对应编码代表商品的源实体参考代码,编码格式见表 7-21。

表 7-21　源实体参考代码应用标识符

AI	源实体参考代码
251	$X_1 \cdots X_j$ ($j \leqslant 30$)

源实体参考代码为数字字符,长度可变,最长 30 位。源实体参考代码应与商品的 GTIN 一起使用。数据名称为 REF. TO SOURCE。

7.8　日期的应用标识符

商品交易、使用管理和服务等中涉及一系列的日期和时间均需采用各项应用标识符。它们的形态、格式等具体如表 7-22 所示。

表 7-22　与商品相关的日期标识符

<table>
<tr><th>标识符值</th><th colspan="8">相关日期与时间</th></tr>
<tr><td rowspan="3">AI(11)</td><td colspan="8">生产日期 (应与商品的 GTIN 一起使用)</td></tr>
<tr><td>年</td><td>月</td><td>日</td><td colspan="2">数据名称</td><td colspan="3">说明</td></tr>
<tr><td>N_1N_2</td><td>N_3N_4</td><td>N_5N_6</td><td colspan="2">PROD DATE</td><td colspan="3">生产、加工或组装日期,由制造商确定</td></tr>
<tr><td rowspan="3">AI(8008)</td><td colspan="8">产品生产的日期与时间(应与商品的 GTIN 一起使用)</td></tr>
<tr><td>年</td><td>月</td><td>日</td><td>时</td><td>分</td><td>秒</td><td>数据名称</td><td>说明</td></tr>
<tr><td>N_1N_2</td><td>N_3N_4</td><td>N_5N_6</td><td>N_7N_8</td><td>N_9N_{10}</td><td>$N_{11}N_{12}$</td><td>PROD TIME</td><td>数据均由制造商确定,其中:分、秒可省略</td></tr>
<tr><td rowspan="3">A(13)</td><td colspan="8">包装日期 (应与商品的 GTIN 一起使用)</td></tr>
<tr><td>年</td><td>月</td><td>日</td><td colspan="2">数据名称</td><td colspan="3">说明</td></tr>
<tr><td>N_1N_2</td><td>N_3N_4</td><td>N_5N_6</td><td colspan="2">PACK DATE</td><td colspan="3">商品的包装日期</td></tr>
</table>

续表 7-22

标识符值	相关日期与时间			
A(15)	保质期（应与商品的 GTIN 一起使用）			
	年	月	日	数据名称
	N_1N_2	N_3N_4	N_5N_6	BEST BEFORE 或 SELL BY
A(17)	有效期(应与商品的 GTIN 一起使用)			
	年	月	日	数据名称
	N_1N_2	N_3N_4	N_5N_6	USE BY 或 EXPIRY

7.9 量度的应用标识符

7.9.1 物流量度应用标识符

应用标识符 AI 取值为“33nn，34nn，35nn，36nn”时,对应编码代表物流单元或变量商品的量度和计量单位。商品条码体系为物流量度提供国际单位制和其他量度单位的标准。原则上一个给定的物流单元只采用一个物流量度单位。物流量度编码格式见表 7-23。

表 7-23 物流量度的应用标识符

AI	量度值
$A_1A_2A_3A_4$	$N_1N_2N_3N_4N_5N_6$

(1) 应用标识符数字 A_1 到 A_3:指示物流量度的单位,见后续相关国际计量单位标准标识符。

(2) 应用标识符数字 A_4:指示量度值中小数点右起的位置。

(3) 量度值:对应的编码数据为物流单元的量度值。物流量度应与同一单元上的标识代码 SSCC 或变量商品的 GTIN 一起使用。数据名称见后续相关国际计量单位标准标识符。

7.9.2 kg/m^2 应用标识符

应用标识符 AI 取值“337n”时,对应编码数据的含义为商品的 kg/m^2,编码格式见表 7-24。

表 7-24 kg/m^2 应用标识符

AI	kg/m^2
337n	$N_1N_2N_3N_4N_5N_6$

应用标识符数字 n:指示 kg/m^2 中小数点右起的位置。kg/m^2 应与商品的 GTIN 一起使用。数据名称为 KG per m^2。

7.10 各种参考代码的应用标识符

7.10.1 客户订购单代码应用标识符

应用标识符 AI 取值“400”时，对应的编码代表客户订购单代码，其只限于贸易伙伴间使用，编码格式见表 7-25。

表 7-25 客户订购单代码应用标识符

AI	客户订购单代码
400	$X_1 \cdots X_j$（$j \leqslant 30$）

客户订购单代码由发单公司分配。客户订购单代码的结构与内容由客户决定。客户订购单代码为数字-字母字符，长度可变，最长 30 位。例如，订购单代码可以包括发布号与行号。

客户订购单代码在适当的时候可单独处理，或与同一单元的编码数据一起处理。数据名称为 ORDER NUMBER。此单元离开客户场所之前，客户订购单代码应从单元中删除。

7.10.2 附加产品标识的应用标识符

附加产品标识代码由制造商分配。如企业内部使用的产品标识代码，应适时转换到 GTIN 标识。AI(240)是一个过渡用的应用标识符，不可以替代 GTIN。

应用标识符 AI 取值“240”时，对应的编码代表商品附加产品标识代码，编码数据格式见表 7-26。

表 7-26 附加产品标识的应用标识符

AI	附加产品标识代码
240	$X_1 \cdots X_j$（$j \leqslant 30$）

附加产品标识代码为字母-数字字符，长度可变，最长 30 位。内容与结构由采用附加产品标识代码的公司确定。数据名称为 ADDITIONAL ID.。

7.10.3 客户方代码应用标识符

客户方代码由客户方分配，只限于贸易伙伴间采用客户方代码订货时使用，且贸易伙伴双方对转换到采用 GTIN 的时间达成共识。在转换过程中，商品 GTIN 与 AI(241)的应用是过渡性的。

客户方代码不可以替代 GTIN。应用标识符 AI 取值“241”时，对应的编码数据代表客户方代码，编码格式见表 7-27。

表 7-27 客户方代码应用标识符

AI	客户方代码
241	$X_1 \cdots X_j$（$j \leqslant 30$）

客户方代码为字母-数字字符，长度可变，最长 30 位。数据名称为 CUST. PART NO. 。

7.10.4 货物托运代码应用标识符

货物托运代码标识一个货物的逻辑组合（一个或多个物理实体）。货物托运代码由货运代理人、承运人或事先与货运代理人订立协议的发货人分配。货物托运代码由货物运输方的厂商识别代码和实际委托信息组成。注意，如生成一个新的货物托运代码，在此之前的货物托运代码应从物理单元中去掉。

应用标识符 AI 取值“401”时，对应编码的含义为货物托运代码，编码数据格式见表 7-28。

表 7-28 货物托运代码应用标识符

AI	货物托运代码	
401	厂商识别代码 → $N_1 \cdots N_i$	← 委托信息 $X_{i+1} \cdots X_j\ (j \leqslant 30)$

货物托运代码为字母-数字字符，长度可变，最长 30 位。委托信息的结构由货物托运代码的使用者确定。货物托运代码在适当时可单独处理，或与出现在同一单元上的其他编码数据一起处理。数据名称为 CONSIGNMENT. 。

7.10.5 装运标识代码应用标识符

装运标识代码（提货单）由发货人分配。它为一票运输货载提供全球唯一的代码，标识物理实体的逻辑组合。它可为运输环节中的各方信息交换时使用，例如 EDI 报文中能用于一票运输货载的代码或发货人的装货清单。

应用标识符 AI 取值“402”时，对应的编码代表装运标识代码，编码格式见表 7-29。

表 7-29 装运标识代码应用标识

应用标识符	装运标识代码	
402	厂商识别代码 → ← 发货方参考代码	校验码
	$N_1 N_2 N_3 N_4 N_5 N_6 N_7 N_8 N_9 N_{10} N_{11} N_{12} N_{13} N_{14} N_{15} N_{16}$	N_{17}

厂商识别代码为发货方的厂商识别代码；发货方参考代码由发货方分配。

装运标识代码适当时可单独处理，或与出现在同一单元上的其他编码数据一起处理。数据名称为 SHIPMENT NO. 。

7.10.6 商品原产国（或地区）应用标识符

应用标识符 AI 取值“422”时，对应编码的含义为商品原产国（或地区）的 ISO 代码，商品原产国（或地区）通常指商品的生产或制造的国家（或地区）。编码格式采用 ISO 国家或地区代码（GB/T 2659 已等同采用）。数据名为 ORIGIN. 。

7.10.7 商品初始加工国(或地区)应用标识符

应用标识符 AI 取值“423”时,对应的编码的含义为商品初始加工国家(或地区)的 ISO 代码,编码格式见表 7-30。

商品的初始加工国(或地区)通常是指商品的生产或制造的国家(或地区),但在某些应用中,最初的处理商品国家(或地区)最多可包括 5 个,所有国家(或地区)都应指出。

表 7-30 商品初始加工国家(或地区)应用标识符

AI	ISO 国家(或地区)代码
423	$N_1 N_2 N_3 \cdots N_{15}$

编码数据格式采用 ISO 国家或地区代码(GB/T 2659 等同采用),数据名称为 COUNTRY-INITIAL PROCESS. 。

7.10.8 商品加工国(或地区)应用标识符

应用标识符 AI 取值“424”时,对应的编码含义为商品加工的国家(或地区)ISO 代码,编码格式同表 7-30。ISO 国家(或地区)代码见 GB/T 2659。数据名称为 COUNTRY-PROCESS. 。

7.10.9 商品拆分国(或地区)应用标识符

应用标识符 AI 取值“425”时,对应编码的含义为拆分商品的国家(或地区)ISO 代码,此代码由商品拆分方负责提供。编码数据格式同表 7-30。ISO 国家(或地区)代码见 GB/T 2659,数据名称为 COUNTRY-DISASSEMBLY. 。

7.10.10 全程加工商品的国家(或地区)标识符

应用标识符 AI 取值“426”时,对应的编码含义为全程加工商品的国家(或地区)的 ISO 代码,编码格式同表 7-30。此应用标识用于全程加工一个商品,如家禽、牲畜(包括出生、饲养和屠宰等)加工过程发生在不同国家(或地区),就不能采用 Al(426)标识。数据名称为 COUNTRY-FULLPROCESS。

7.11 特殊应用的应用标识符

7.11.1 文件/单证应用标识符

应用标识符 AI 取值为“253”时,对应编码的含义为全球文件/单证类型标识符(Global Document Type Identifier, GDTI),编码数据格式见表 7-31。

表 7-31　文件/单证类型标识符

AI	GDTI		系列组件代码（可选项）
253	厂商识别代码→ ←文件/单证类型 $N_1N_2N_3N_4N_5N_6N_7N_8N_9N_{10}N_{11}N_{12}$	校验码 N_{13}	$N_1\cdots N_j(j\leqslant 17)$

文件类型：由文件/单证的颁发者分配。

系列组件代码为可选项，是分配给单个文件/单证的永久代码，由文件/单证的颁布者赋予，唯一标识一个单个的文件/单证。系列组件编码数据是数字字符，长度可变，最长 17 位。数据名称为 DOC. ID.。

7.11.2　卷状产品标识符

有些卷状产品因生产方式的缘故不能按固定标准计数。因此，卷状产品按变量项目处理。此时，卷状产品的标识由 GTIN 标识代码和可变的属性编码数据组成。卷状产品由 GTIN-14 标识，可变属性包括特定商品的特殊信息。

应用标识符 AI 取值“8001”时，对应编码含义为卷状产品的量值，其数据格式见表 7-32。

表 7-32　卷状产品的标识符

AI	卷状产品的变量值				
8001	$N_1N_2N_3N_4$	$N_5N_6N_7N_8N_9$	$N_{10}N_{11}N_{12}$	N_{13}	N_{14}

卷状产品 N_1 至 N_{14} 的变化值由下列数字组成：N_1～N_4 为以毫米计量的卷宽；N_5～N_9 为以米计量的实际长度；N_{10}～N_{12} 为以毫米计量的内径；N_{13} 为缠绕方向（面朝外为 0，面朝里为 1，未确定为 9）；N_{14} 为拼接数（0～8 为实际数，9 为未知数）。

卷状产品的可变属性应与商品的 GTIN 一起使用。数据名称为 DIMENSIONS。

7.11.3　移动电话标识符

应用标识符 AI 取值“8002”时，对应编码的含义为移动电话的系列号码，编码数据格式见表 7-33。

表 7-33　移动电话应用标识符

AI	系列代码
8002	$X_1\cdots X_j(j\leqslant 20)$

系列代码是数字字母字符，长度可变，最长 20 位。系列代码通常由国家权威部门分配，系列代码是在给定的职权范围内，为特定的控制目的而对每个移动电话的唯一标识。系列号不作为商品的标识属性。移动电话系列号可根据特定的应用需求进行处理。数据名称为 CMT NO.。

7.11.4 付款单标识符

1）开票方全球位置码应用标识符

应用标识符 AI 取值“415”时，对应编码的含义为开票方的全球位置码，编码数据格式见表 7-34。

表 7-34 开票方全球位置码应用标识符

AI	GLN	
	厂商识别代码→ ←位置参考代码	校验码
415	$N_1N_2N_3N_4N_5N_6N_7N_8N_9N_{10}N_{11}N_{12}$	N_{13}

表中，厂商识别代码的含义同前；位置参考代码由开票方分配。开票方全球位置码应与同一付款单上的付款单代码 AI(8020)一起使用。开票方全球位置码是付款单上的必备要素，与付款单代码一起唯一标识付款单。数据名称为 PAY TO。

2）国际银行账号代码

应用标识符 AI 取值“8007”时，对应的编码的含义为国际银行账号代码（International Bank Account Number，IBAN），编码格式见表 7-35。

表 7-35 国际银行账号代码应用标识符

AI	国际银行账号代码
8007	$X_1\cdots X_j\ (j\leqslant 30)$

国际银行账号代码定义见 ISO 13616—2007，表示付款单应传送的账号。开票方决定相应的银行账号号码，国际银行账号代码是字母数字字符，长度可变，最长 30 位。

国际银行账号代码应与付款单代码和从同一付款单上的开票方的全球位置码(GLN)一起使用。数据名称为 IBAN。

3）付款单代码应用标识符

应用标识符 AI 取值“8020”时，对应的编码的含义为付款单代码，编码格式见表 7-36。

表 7-36 付款单代码应用标识符

AI	付款单代码
8020	$X_1\cdots X_j\ (j\leqslant 25)$

付款单代码由开票方分配，与同一付款单上开票方的全球位置码一起标识唯一的付款单。付款单代码是字母-数字字符，长度可变，最长 25 位。数据名称为 REF NO.。

4）单一货币区内应付款金额应用标识符

应用标识符 AI 取值“390n”时，对应编码含义为单一货币区内的应付款金额，编码格式见表 7-37。

表 7-37 单一货币应付款金额应用标识符

AI	应付款金额
390n	$N_1\cdots N_j\ (j\leqslant 15)$

应用标识符数字 n 指示小数点位置。示例见前。

应付款金额:付款单中应付款的总额。应付款金额为数字字符,长度可变,最长 15 位。为有助于准确处理,建议采用 AI 391n 表示应付款金额。单一货币区内应付款金额应与付款单代码和开票方全球位置码一起使用。数据名称:AMOUNT。

5) 具有 ISO 货币代码的应付款金额应用标识符

应用标识符 AI 取值“391n”时,对应的编码含义为具有 ISO 货币代码的应付款金额,编码数据格式见表 7-38。

表 7-38 具有 ISO 货币代码的应付款金额应用标识符

AI	ISO 货币代码	应付款金额
391n	$N_1N_2N_3$	$N_4 \cdots N_j$ ($j \leqslant 18$)

(1) 应用标识符数字 n:指示小数点在应付款金额编码数据中的位置,示例见前。

(2) $N_1N_2N_3$:采用 GB/T 12406—2008 中的货币代码。

(3) $N_4 \cdots N_j$:付款单中应付款金额的总额。应付款金额为数字字符,长度可变,最长 18 位。

具有 ISO 货币代码的应付款金额应与付款单代码和开票方全球位置码一起使用。数据名称为 AMOUNT。

6) 付款截止日期标识符

应用标识符 AI 取值“12”时,对应编码的含义为商品付款截止日期,编码数据格式见表7-39。

表 7-39 付款截止日期标识符

AI	付款截止日期		
12	年	月	日
	N_1N2	N_3N_4	N_5N_6

付款截止日期应与付款单代码和开票方全球位置码一起使用。数据名称为 DUE DATE。

7.12 医疗卫生行业产品二级数据标识符

应用标识符 AI 取值“22”时,对应编码含义为医疗卫生行业产品的二级数据,如数量、有效期和批号,应用标识符及其对应的编码数据格式见表 7-40。

表 7-40 医疗卫生行业产品二级数据标识符

AI	医疗卫生行业产品二级数据
22	$X_1 \cdots X_j$ ($j \leqslant 29$)

数据名称为 QTY/DATE/BATCH。

7.13 内部应用的应用标识符

7.13.1 贸易伙伴间相互约定的信息应用标识符

应用标识符 AI 取值“90”时,对应编码的含义为贸易伙伴之间相互约定的信息,带有此应用标识编码数据的条码应从贸易伙伴权限之外的任何项目上删除。编码格式见表 7-41。

表 7-41 贸易伙伴间相互约定的信息应用标识符

AI	编码数据
90	$X_1 \cdots X_j$ ($j \leqslant 30$)

编码数据：表示两个贸易伙伴之间达成一致的信息，编码数据为字母数字字符，长度可变，最长 30 位。

由于编码数据可以包含任何信息，应依据贸易伙伴预先达成的协议处理。数据名称为 INTERNAL。

7.13.2 公司内部信息应用标识符

应用标识符 AI 取值“91～99”时，对应的编码含义为公司内部信息，而非公司内部信息不应使用 AI(91～99)代码。编码格式见表 7-42。

表 7-42 公司内部信息应用标识符

AI	编码数据
A_1A_2	$X_1 \cdots X_j$ ($j \leqslant 30$)

应用标识符数据 A_1A_2：为 91～99。

编码数据可包括公司的任何内部信息。编码数据为字母数字字符，长度可变，最长 30 位。数据名称为 INTERNAL。

7.14 物流单元的编码

7.14.1 物流单元标识代码的结构

物流单元标识代码是标识物流单元身份的唯一代码，具有全球唯一性。物流单元标识代码采用 SSCC 来表示，由扩展位、厂商识别代码、系列号和校验码 4 部分组成，共 18 位的数字代码，分为 4 种结构，见表 7-43。其中，扩展位由 1 位数字组成，取值 0～9；厂商识别代码由 7～10 位数字组成；系列号由 9～6 位数字组成。

表 7-43 采用 SSCC 结构的物流单元标识代码

结构种类	扩展位	厂商识别代码	系列号	校验码
结构一	N_1	$N_2N_3N_4N_5N_6N_7N_8$	$N_9N_{10}N_{11}N_{12}N_{13}N_{14}N_{15}N_{16}N_{17}$	N_{18}
结构二	N_1	$N_2N_3N_4N_5N_6N_7N_8N_9$	$N_{10}N_{11}N_{12}N_{13}N_{14}N_{15}N_{16}N_{17}$	N_{18}
结构三	N_1	$N_2N_3N_4N_5N_6N_7N_8N_9N_{10}$	$N_{11}N_{12}N_{13}N_{14}N_{15}N_{16}N_{17}$	N_{18}
结构四	N_1	$N_2N_3N_4N_5N_6N_7N_8N_9N_{10}N_{11}$	$N_{12}N_{13}N_{14}N_{15}N_{16}N_{17}$	N_{18}

7.14.2 附加信息代码的结构

1）附加信息代码的构成

附加信息代码是标识物流单元相关信息（如物流单元内商品的 GTIN、贸易与物流量度、物流单元内商品的数量等信息）的代码，由应用标识符 AI 和编码数据组成。如使用物流单元附加信息代码，则需与 SSCC 一并处理。常用的附加信息代码见表 7-44。

表 7-44 附加信息代码

AI	编码数据名称	编码数据含义	格式
02	CONTENT	物流单元内贸易项目的 GTIN	n2＋n14
33nn，34nn，35nn，36nn	GROSS WEIGHT，LENGTH 等	物流量度	n4＋n6
37	COUNT	物流单元内贸易项目的数量	n2＋n…8
401	CONSIGNMENT	货物托运代码	n3＋an…30
402	SHIPMENT NO	装运标识代码	n3＋n17
403	ROUTE	路径代码	n3＋an…30
410	SHIP TO LOC	交货地全球位置码	n3＋n13
413	SHIP FOR LOC	货物最终目的地全球位置码	n3＋n13
420	SHIP TO POST	同一邮政区域内交货地的邮政编码	n3＋an…20
421	SHIP TO POST	具有 3 位 ISO 国家（地区）代码的交货地邮政编码	n3＋n3＋an…9

2）物流单元的计量单位应用标识符

表 7-44 中第 2 行代表物流量度，分为公制与非公制两种。公制应用标识符 AI 代表的内容见表 7-45。

表 7-45 物流单元的计量单位应用标识符（公制物流计量单位）

AI	编码数据含义（格式 n6）	单位名称	单位符号	编码数据名称
330n	毛重	千克（公斤）	kg	GROSS WEIGHT
331n	长度或第一尺寸	米	m	LENGTH
332n	宽度、直径或第二尺寸	米	m	WIDTH
333n	深度、厚度、高度或第三尺寸	米	m	HEIGHT
334n	面积	平方米	m^2	AREA
335n	毛体积、毛容积	升	L	NET VOLUME
336n	毛体积、毛容积	立方米	m^3	NET VOLUME

还有一系列非国际单位制贸易计量单位的应用标识符，如 AL（320n）：磅；AL（321n）：英

寸；AL(322n)：英尺；AL(323n)：码；AL(350n)：平方英寸；AL(357n)：盎司；AL(366n)：立方码等。

7.14.3 物流单元标签

上述标识代码体系已普及全球，在各国各行业各规模的企业的业务往来中使用。在商务系统设计时，应尽可能运用这些标准。

1）标签格式

完整的物流单元标签包括三个标签区段，从上到下的顺序通常为：承运商区段、客户区段和供应商区段。每个区段采用两种基本形式表示一类信息的组合。标签文本内容位于标签区段的上方，条码符号位于标签区段的下方。标签格式实例见图 7-2。

图 7-2 包含供应商、客户与承运商区段的标签

2）承运商区段

承运商区段通常包含在装货时就已确定的信息，如到货地邮政编码（AI 为“420”，数据名称为“SHIP TO POST”的码段）、托运代码（AI 为“401”，数据名称为“CONSIGNMENT”的码段）、承运商特定路线和装卸信息。

3）客户区段

客户区段通常包含供应商在订货和订单处理时就已确定的信息。主要包括到货地点（AI 为“410”，数据名称为“SHIP TO LOC”）、购货订单代码、客户特定路线和货物的装卸信息。

4）供应商区段

供应商区段通常包含包装时供应商已确定的信息。SSCC 是物流单元应有的唯一的标识代码。客户和承运商所需要的产品属性信息，如产品变体、生产日期、包装日期和有效期，批号（AI“10”，数据名称为“BATCH/LOT”（“B/L”））、系列号等也可以在此区段表示。

7.14.4 应用标识符取值表

电子商务系统中以条码为载体，对商品和物流对象进行规范化扫描识别的应用标识符的取值、含义、标准格式及数据名称参见表 7-46。

表 7-46 应用标识符取值与含义表

AI	含　义	格式	数据名称
00	系列货运包装箱代码	n2＋n18	SSCC
01	全球商品代码	n2＋n14	GTIN
02	物流单元内商品的 GTIN	n2＋n14	CONTENT
10	批号	n2＋an…20	BATCH/LOT

续表 7-46

AI	含　义	格式	数据名称
11	生产日期(YYMMDD)	n2＋n6	PROD DATE
12	付款截止日期(YYMMDD)	n2＋n6	DUE DATE
13	包装日期(YYMMDD)	n2＋n6	PACK DATE
15	保质期(YYMMDD)	n2＋n6	BEST BEFORE 或 SELL BY
17	有效期(YYMMDD)	n2＋n6	USE BY 或 EXPIRY
20	产品变体	n2＋n2	VARIANT
21	系列号	n2＋an…20	SERIAL
22	医疗卫生行业产品二级数据	n2＋an…29	QTY/DATE/BATCH
240	附加产品标识	n3＋an…30	ADDITIONAL ID
241	客户方代码	n3 ＋ an…30	CUST. PART NO.
242	定制产品代码	n3＋n…6	MTO Variant
250	二级系列号	n3＋an…30	SECONDARY SERIAL
251	源实体参考代码	n3＋an…30	REF. TO SOURCE
253	全球文件/单证类型代码	n3 ＋ n13 ＋ n …17	DOC. ID
254	GLN 扩展部分代码	n3＋an…20	GLN EXTENSION
30	可变数量	n2＋n…8	VAR. COUNT
310n～369n	贸易与物流量度	n4＋n6	
337n	kg/m^2	n4＋n6	KG per m^2
37	物流单元内商品数量	n2＋ n…8	COUNT
390n	单一货币区内应付款金额	n4＋n…15	AMOUNT
391n	具有 ISO 货币代码的应付款金额	n4 ＋n3＋n…15	AMOUNT
392n	单一货币区内变量商品应付款金额	n4 ＋n…15	PRICE
393n	具有 ISO 货币代码的变量商品应付款金额	n4＋n3＋n…15	PRICE
400	客户订购单代码	n3＋an…30	ORDER NUMBER
401	货物托运代码	n3＋an…30	CONSIGNMENT
402	装运标识代码	n3＋n17	SHIPMENT NO.
403	路径代码	n3＋an… 30	ROUTE
410	交货地全球位置码	n3＋n13	SHIP TO LOC
411	受票方全球位置码	n3＋n13	BILL TO
412	供货方全球位置码	n3＋n13	PURCHASE FROM
413	最终目的地全球位置码	n3＋n13	SHIP FOR LOC

续表 7-46

AI	含　义	格式	数据名称
414	标识物理位置的全球位置码	n3＋n13	LOC NO.
415	开票方全球位置码	n3＋n13	PAY TO
420	同一邮政行政区域内交货地邮政编码	n3＋an…20	SHIP TO POST
421	具有 3 位 ISO 国家(或地区)代码的交货地邮政编码	n3＋ n3＋an…9	SHIP TO POST
422	商品原产国(或地区)	n3＋n3	ORIGIN
423	商品初始加工国家(或地区)	n3＋n3＋n…12	COUNTRY-INITIAL PROCESS
424	商品加工国(或地区)	n3＋n3	COUNTRY-PROCESS
425	商品拆分国(或地区)	n3＋n3	COUNTRY-DISASSEM-BIY
426	全程加工商品的国家(或地区)	n3＋n3	COUNTRY-FULL PROCESS
7001	北约物资代码	n4＋n13	NSN
7002	UN/ECE 胴体肉与分割产品分类	n4＋an…30	MEAT CUT
7003	产品的有效日期和时间	n4＋n8＋n… 2	EXPI TIME
703s	具有 3 位 ISO 国家(或地区)代码的加工者核准号码	n4 ＋ n3 ＋ an … 27	PROCESSOR ＃ S
8001	卷状产品	n4＋n14	DIMENSIONS
8002	移动电话标识符	n4＋an…20	CMT NO
8003	全球可回收资产标识符	n4 ＋ n14 ＋ an …16	GRAI
8004	全球单个资产标识符	n4＋an…30	GIAI
8005	单价	n4＋n6	PRICE PER UNIT
8006	商品组件的标识符	n4 ＋ n14 ＋ n2 ＋n2	GCTIN
8007	国际银行账号代码	n4＋an…30	IBAN
8008	产品生产的日期与时间	n4＋n8＋n…4	PROD TIME
8018	全球服务关系代码	n4＋n18	GSRN
8020	付款单代码	n4＋an…25	REF NO
8100	GS1-128 优惠扩展代码(NSC＋Offer Code)	n4＋n1＋n5	
8101	GS1-128 优惠券扩展代码(NSC＋Offer Code＋ end of offer code)	n4 ＋ n1 ＋ n5 ＋n4	
8102	GS1-128 优惠券扩展代码(NSC)	n4＋n1＋n1	
90	贸易伙伴之间相互约定的信息	n2＋an…30	INTERNAL
91～99	公司内部信息	n2＋an…30	INTERNAL

7.15 RFID 标签

RFID 是无线射频识别技术，它是在 20 世纪后半叶进入实用阶段的一种非接触式自动识别技术。射频识别系统包括射频标签和读写器两部分。射频标签是承载识别信息的载体，读写器是获取信息的装置。射频识别的标签与读写器之间利用感应、无线电波或微波，进行双向通信，实现标签存储信息的识别和数据交换。射频识别技术的主要特点如下：可非接触识读（识读距离可以从十厘米至几十米）；可识别快速运动物体；抗恶劣环境，防水、防磁、耐高温，使用寿命长；保密性强；可同时识别多个识别对象，等等。

射频识别技术应用领域广阔。多用于移动车辆的自动收费、资产跟踪、物流、动物跟踪、生产过程控制等。由于射频标签较条码标签成本略高，目前尚未像条码那样普遍用于消费品标识，但已在人员、车辆、物流等管理，如证件、停车场、可回收托盘、包装箱的标识等领域普及。随着物联网技术的发展和芯片成本的降低，以 RFID 自动扫描识读技术为核心的 EPC 体系也将很快在电子商务领域中普及。

EPC 标签是射频识别技术应用于 GS1 系统 EPC 编码的电子标签，即按照 GS1 系统的 EPC 规则编码，并遵循 EPCglobal 制定的 EPC 标签与读写器的无接触通信规则设计的标签。采用 RFID 技术的 EPC 标签是商品编码的载体，当 EPC 标签贴在物品上或内嵌在物品中时，该物品与 EPC 标签中的编号则是一一对应的。

与传统条码载体相比，RFID 标签具有明显的优势，具体有：①在一定距离外可快速扫描识读；②标签体积小、形态多样化；③抗污染能力和耐久性更佳；④可重复使用；⑤可穿透性和无障碍识读；⑥数据存储容量更大；⑦安全性更好等，将更适用于在无人通关结算、成批货物数据快速采集、瞬间盘点仓库与动态物流跟踪管理等高度自动化环境下的电子商务系统应用。

8 GS1 商品数据规范体系

在解决了商品与服务的分类与编码后，各种对象数据的标准化就是第三大类重要的规范化内容。但这两类数据的规范化与分类和编码相比有一定的难度，因为分类和编码仅针对对象的外在属性进行标识而不对对象自身特征进行描述，而与商品或服务项目的特征属性相关的数据规范化，不仅涉及技术标准，还涉及全球商务数据标准化管理机构与支撑体系等问题。

8.1 GS1 简介

8.1.1 商品数据标准化存在的问题

如前所述，面向行业与领域的数据整合，目前尚不存在一种可供各国、各行业、各企业及各类商务系统都能使用的统一分类编码标准体系。

B2B 发展初期，各企业按照彼此间的交易模式进行，它们基于传统的交易与供应链，存在的问题主要如下：

（1）企业间以点对点的模式传递业务信息，过程复杂，成本较高。当一家采购商面对多家供应商系统时，必将面对多种形态的产品属性描述、多种分类编码、多种数据接收与交换格式。

（2）同样，当一家供应商向多家采购商供货时，也会面对不同需方的多种产品数据格式、多种分销模式、多项控制标准、多种信息分类与记录的情况。

这两类问题在 B2C 及其他电子商务模型中也存在，一家网店对应于多家供应商，但它们间的商务数据互不一致，任何交易方都需不断地修改与核对商品分类、编码与特征描述数据，不但作业繁杂、工作量大且较耗时。从供应链角度来看，上述问题不仅存在于采购商与供应商，还涉及更多的制造商、物流商、服务商等，并随着电子商务的扩展而产生日益繁杂的业务数据与单据内容对照。仅各商家的产品标签上就可能存在一码多物、一物多码现象，以及更难于处理的是商务伙伴间的分类编码与体系间的不同。这些差异不仅出现在不同商务系统的数据元素层面，还出现在种种交易与管理文件上，造成更复杂的信息不兼容情况，将严重阻碍电子商务的发展。

8.1.2 GS1 的目标

各国电子商务系统均要求建立全球统一的商务数据标准体系以解决上述问题，这就是 GS1 的努力目标。

（1）建立 GS1 体系的全球跨行业商品、运输单元、资产、位置和服务的标识体系和信息交换标准体系，使商品在全世界都能被扫描识读、数据采集并支持后台业务处理。这就是第 6 章提及的全球产品分类(Global Product Classification，GPC)体系。

(2) 建立 GS1 全球数据同步(Global Data Synchronization，GDS)体系，载体为全球数据同步网络(Global Data Synchronization Network，GDSN)，向全球贸易伙伴提供国际标准的商品与服务项目信息，以及符号供应链标准的统一数据同步解决方案。

(3) GS1 通过 EPC、RFID 技术提供更科学、高效与容量更大的供应链标识与运营效率。

(4) GS1 建立产品可追溯解决方案，帮助相关企业遵守国际产品安全与卫生法规(如食品、药品等)，实现商品消费安全等。

GS1 由早期的美国统一代码委员会(UCC)和欧洲物品编码协会(EAN)合并演化而来，世界各国和地区的编码组织相继加入，1981 年更名为国际物品编码协会，2004 年更名为 GS1。目前，在各种应用与相关文件中，GS1 具有 5 个特定含义：①致力于推进全球供应链管理和电子商务领域的国际标准化机构；②全球性系统；③全球性标准；④全球性解决方案；⑤全球开放标准(系统)下的统一商务活动。

因此，在国内各行业各领域电子商务系统的设计时，在商品与服务项目的分类、编码与特征描述领域，均应首先采用 GS1 标准，仅当其无法满足本系统内的特殊要求时，才可对其体系进行适当的内容细化与拓展。

8.1.3 GPC 简介

GPC 是全球产品分类系统，GS1 旨在通过 GPC 以规范方式对产品分类，并在描述数据上取得一致。具体使供应商与零售商实现如下功能：

(1) 供应商

① 能从规范数据中心中获取商品与服务数据，使各国企业都能直接使用，仅特殊贸易伙伴的特殊信息除外。

② 消除各企业间主要交易数据的不一致，避免过多的人工格式转换工作。

③ 能方便地获取贸易伙伴的商务信息，能在各商务系统中自动发布、更新符合 GPC 规范的商品信息。

(2) 零售商

① 能从规范数据中心获取各供货方的产品与服务项目的规范信息。

② 数据中心的关键信息应与采用 GPC 体系的制造商的信息一致，且能更新及时。

③ 能订阅贸易伙伴的信息，如按商品与服务项目类别接收新增的和变更的信息。

目前，GPC 已成全球主流的电子商务分类编码系统，也是 GS1 的 GDS 的核心内容。GPC 现已不仅用于各类 B2B 和 B2C，已超出商品交易范围，迅速进入企业信息化的各领域，包括分类管理、仓储管理、商业智能、产品研发、商品售后追踪以及政府采购和国际贸易数据系统等更广泛的空间。

1) GPC 的功能

(1) 统一定义和描述全球产品和服务的基础分类与编码结构，这体现其标准化功能。

(2) 为全球各国的企业与机构等的产品提供统一的分类目录映射基准，这体现其数据变换与桥接的服务功能。

(3) 为全球电子商务提供产品统一分类参照标准，具有可修改的灵活分类体系，这体现其实时动态维护功能。

(4) 使全球各国、各企业与实体等对产品和服务的查询、发布、统计和数据一体化得以实现,这体现为其宏观管理与综合服务的功能。

2) GPC 的设计思路

作为数据标准化对象,GPC 体系必须满足最基础、最具共性、对全球 B2B 与 B2C 最有影响力的一些关键性要素。构成以下基本设计思路:

(1) 全球商品和服务最小化、模块化、标准化数据、标准化单元,即基础的产品类别。

(2) 统一描述和定义全球商品和服务的基础类别。

(3) 建立全球商品和服务的分类代码结构。

(4) 提供商务和服务对象的基础类别属性及属性值的标准化。

8.1.4 GCI 方案

1) GCI 理念

GPC 的核心功能是在承认全球各传统行业、传统企业与传统商务模式中存在纷繁不一的产品分类体系现状的前提下,通过一个数据标准化体系,来实现不同分类体系中产品数据的交换与共享。为此,一些国家的标准化工作者首先提出了全球商务促进联盟(Global Commerce Initiative, GCI),此即 GS1 的前身。

GCI 在技术上建立了一套产品和服务项目分类编码数据标准,供不同企业中不同分类目录与之映射与变换,成为可在贸易伙伴间共享的产品目录资源。其基本理念见图 8-1。

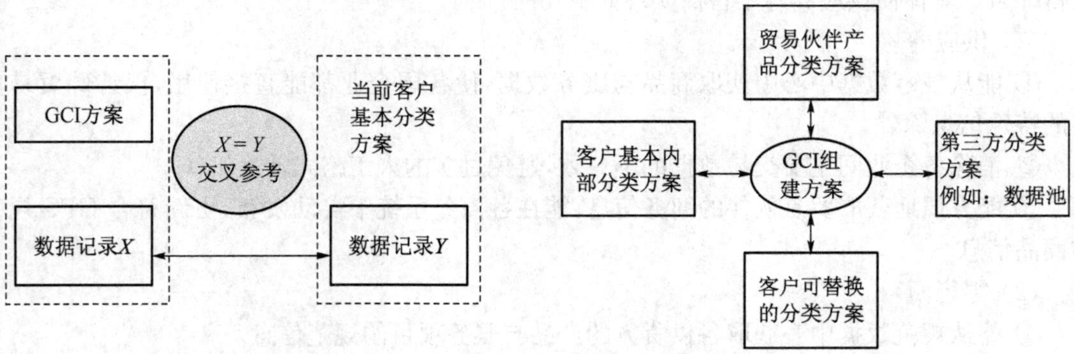

图 8-1 GCI 方案与技术路途

图 8-1 是一个将互不共享的产品分类体系变换为符合统一规范的可共享数据的过程。不同客户系统中的不同分类方案以 Y 代表,Y 同时也代表其中的数据记录。GCI 方案以标准分类体系 X 来与 Y 分类体系和其中的记录逐条对应,建立 $X=Y$ 的交叉参考方案。通过不同企业与标准商品分类记录的映射,变换为彼此一致的数据后,实现不同产品和服务项目分类编码数据间的桥接与共享。

GCI 在技术上以一个第三方的独立分类方案为核心,它体现为一个开放的数据中心(数据池)。它与各客户企业内部的分类方案形成 1 对 N 的对应关系,经过 GCI 的方案处理后,生成客户可替换的分类方案,由此构成与各贸易伙伴间产品分类方案的交换。显然,这是一套实现不同贸易伙伴间 B2B 与 B2C 的既简单又实用的分类目录体系。

2) GDS 系统

GCI 的核心是一个开放的数据池,其中的标准产品目录体系一经建立,就要面对全球企业不断增长的产品信息,数据池中的产品数据要进入实时维护状态。这就是全球数据同步系统(Global Data Synchronization, GDS)的任务。

GDS 在技术上由全球数据同步网络(Global Data Synchronization Network, GDSN)来实现,该网络以部署在全球不同地区的数据池为节点系统。分布全球的企业和商务链中的贸易伙伴均能使用统一分类体系交换贸易业务数据,实现商品信息同步。数据池中有相同的数据项目属性以及属性值,比如某种饮料的规格、颜色、包装等属性。GDSN 保证全球零售商、供应商、物流商等的系统中的数据都和制造商系统中交换出的数据一致,并可实时更新。

GDSN 架构如图 8-2 所示。它首先说明 GDS 由:①数据池系统;②全球产品注册中心;③面向互联网的产品与服务项目的登录、管理和发布的信息网络 3 部分构成。图中业务节点为 GPC 全球注册中心与数据池。所有产品进入 GDSN 时都要在注册中心注册,作数据标准化处理后与各种功能节点与专业节点互联。图中左侧有全球交换服务(Global eXchange Service, GXS)节点、统一物品编码网络(UCCNet)节点等代码交换体系和对象标识网络体系。右侧为各种专业商务交易网,如 Trasora 就是一个由美国 50 多家著名食品公司组成的网络市场,其联合采购能力为 4 000 亿美元。

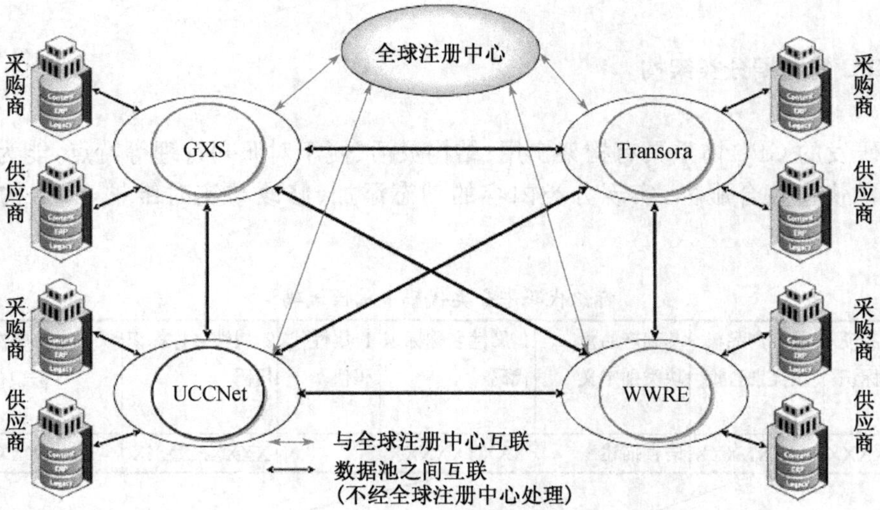

图 8-2　数据池的工作模式

图 8-2 表示,全球采购商与供应商等先加入行业商务系统和功能服务系统,系统通过与 GDS 注册中心互联后实现与标准化数据的映射与转换。部分行业与功能服务系统间也可不经全球注册中心处理后直接互联,实现局部性或行业性的业务交换。同时,一些专业性与功能性节点的内容能彼此交换业务数据。

可见,GDS 是实现 GCI 功能的核心,其内容主要是全球商品与服务项目的规范描述信息。而 GPC 又是 GDS 的基础标准之一,它作为商品主数据的分类标准,具体描述和定义全球产品和服务。

8.1.5 GPC 的载体——EPC 标签

在商业自动化普及时期，条形码是商品标识最普遍的载体。电子商务时代，互联网与物联网技术发展，EPC 融合了传统条形码技术与微芯片技术，用于实现 GPC 分类编码体系。EPC 的载体是 RFID 电子标签，适于在无线传感网络环境中实现产品信息的感知、识读与传递。EPC 旨在为每一单件产品建立全球唯一的开放性标识，实现全球范围内对每个企业制造的每一单件产品的跟踪与追溯，提高供应链管理水平，降低生产与物流成本。EPC 的字面含义是“电子产品代码”(Electronic Product Code)，但其实际应用于各种产品与实体对象，故中国物品编码协会将其义译为“产品电子代码”。

EPC 现已成为 GPC 的载体，其实体为产品电子标签(EPC 标签)，是由一个比 1/5 米粒还小的电子芯片和一个软天线组成，电子标签薄如纸，比邮票更小。EPC 电子标签可在 1～6 m 的距离被读写器探测到，电子标签一般可读写信息。电子标签已是成熟技术，EPC 电子标签的特点是全球统一标准，价格也很便宜。EPC 电子标签由于有统一标准，低价格，与互联网信息互通等特点，使其应用迅速普及，目前已达到每年千亿片的用量。

8.2 GPC 的内容

8.2.1 GPC 的数据分类架构

GS1 研发的 GPC 体系具有构架实用、结构灵活、便于对照和管理等特点，能为商务体系中数据资源快速整合服务，实现分类内容的动态添加、修改与实时维护，其结构体系如图 8-3 所示。

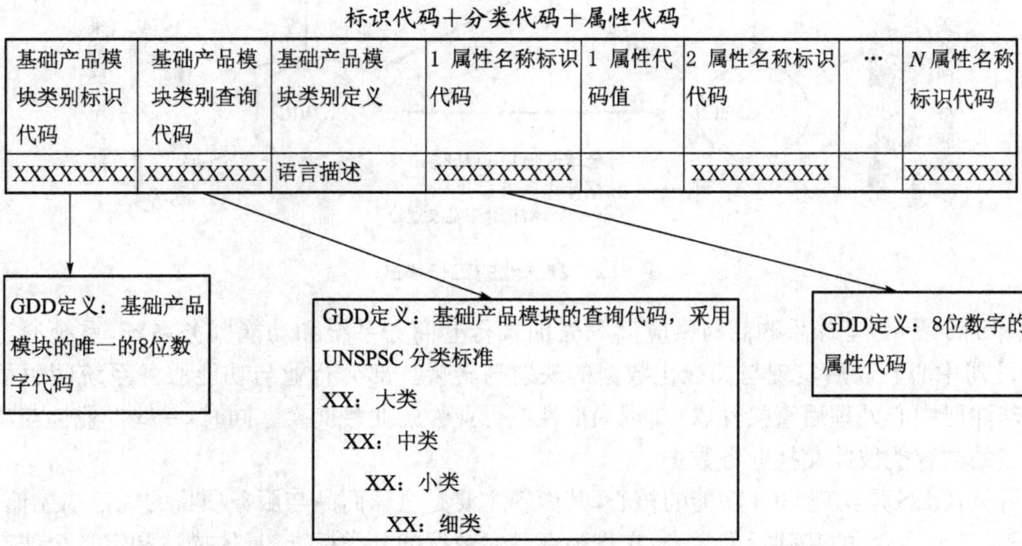

图 8-3 GPC 编码结构体系

GPC 的编码结构由标识代码、分类代码和属性代码等组成，各部分均有其内容与代码，逻辑架构有 7 层，用于产品类别标识、类别查询、特征属性描述与数值定义等。具体功能如下。

1）基础产品模块类别标识代码

图 8-3 中第一部分是基础产品模块类别标识代码，由全球数据字典(Global Data Dictionary，GDD)定义，它是 GS1 机构建立的一个支持全球电子商务服务的商品与服务项目元数据库。其产品模块标识部分是一个 8 位数代码。

2）基础产品模块类别结构与代码

图 8-3 中基础产品模块类别查询代码，既对商务系统的产品做统一分类，又能在分类基础上对商品提供逐级查询。GPC 中采用 UNSPSC 标准分类体系，它的 8 位代码以 2 位为段分成 Segment、Family、Class 和 Commodity 图中的大、中、小、细类 4 层对象，代码逻辑结构如图 8-4 所示。

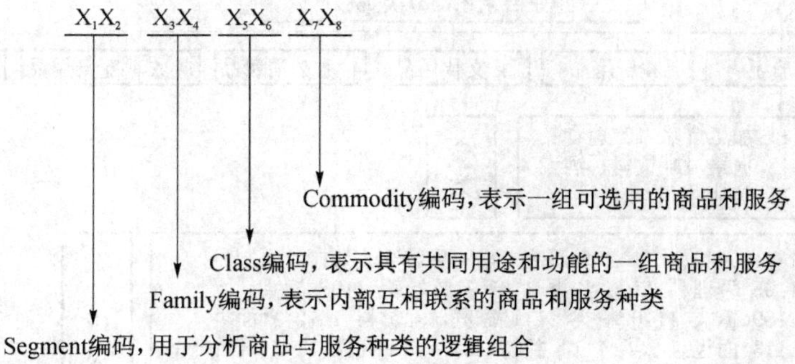

图 8-4　UNSPSC 的分段代码结构及其含义

第 1 层：Segment，提供产品所属行业(大类)类目查询。

第 2 层：Family，提供产品所属小行业(中类)类目查询。

第 3 层：Class，提供产品所属族(小类)类目查询。

第 4 层：Commodity，提供品种即基础(细类)类目查询。

3）UNSPSC 分类示例

目前，UNSPSC 包含约 55 个大类，覆盖全球绝大多数品种的产品与服务项目，见表 8-1，其余各层的类目也逐级增加，细类达 19 000 多项商品与服务。

表 8-1　UNSPSC 的大类示例

Segment 编码	大类名称
10	活植物、活动物及其附件和用品
11	矿物、纺织品、非食用植物和动物材料
⋮	⋮
32	电子元器件
39	电系统、照明、零件、附件和备件
40	工业泵、分配和压缩机
41	测量、测试、实验室仪器和设备
⋮	⋮

续表 8-1

Segment 编码	大类名称
84	金融和保险服务
85	医疗保健服务
86	教育和培训服务
90	旅游、食品、住宿、娱乐服务
⋮	⋮

UNSPSC 的 4 层产品类目分级如图 8-5 所示，构成从 1 级到 4 级的查询目录体系架构。

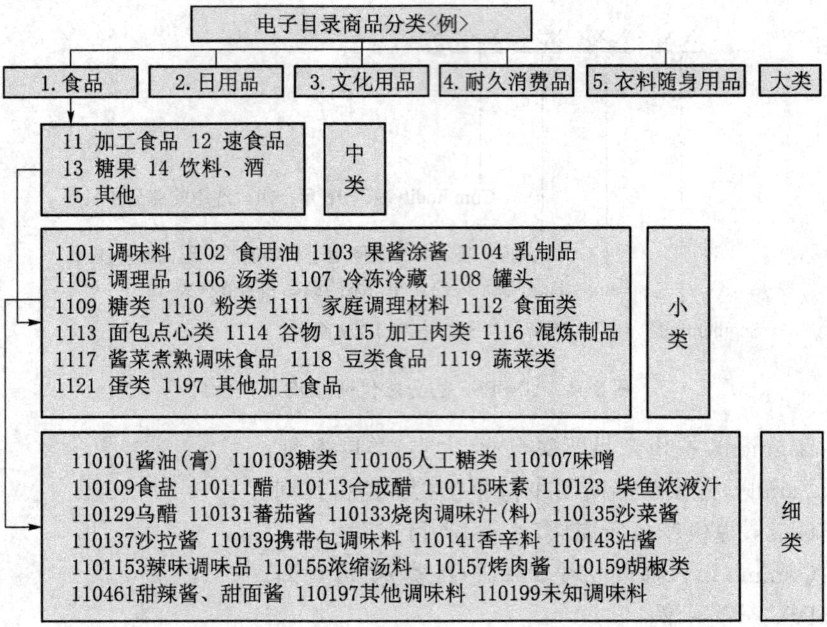

图 8-5 GDD 中 UNSPSC 产品分级展开示例

图 8-5 以大类中的"食品"为主线，沿中类"加工食品"、小类"调味料"至第 4 层细类的数十种具体的调味料展开。细类以下，是各企业生产的各种品牌、款式与花色的具体产品。所以，此层分类既是 UNSPSC 体系的最底层，也是商务系统及企业应用系统中产品类对象的顶层。

4）与企业系统的接口功能

要使电子商务系统融入 GPC 体系，GS1 要求实现 UNSPSC 标准与企业的分类体系相对接，如图 8-6 所示。UNSPSC 的第 4 层为界面层，通过产品细目与企业内部即本地分类体系对接，从而使各企业的产品与服务项目的分类体系均能整合到全球 GPC 中。因此，对于已有分类体系的企业或商务平台，应借助 UNSPSC 体系融合于 GPC 的标准体系中。

图 8-6 表明，企业内部的产品分类体系架构可与 UNSPSC 体系完全不同，但最终应在 UNSPSC 的第 4 层与之对接。接口是一个数据转换模块，它将企业内部产品的不同称谓、代码和分类等数据与 UNSPSC 标准建立映射，以实现跨企业间的 B2B。

对第三方电子商务平台，则要求其直接应采用 UNSPSC 体系，并在第 4 层进一步细化至各基础产品项下的具体品种、规格与款式的产品。

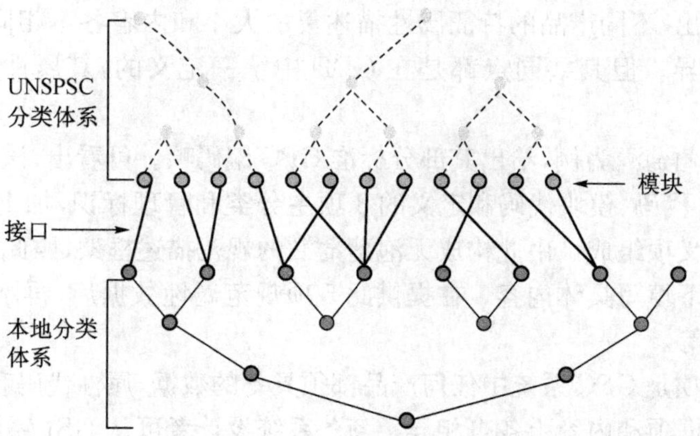

图 8-6　GPC 中企业分类与 UNSPSC 体系对接示意

图 8-3 的编码结构后几项就用于对基础产品后的各种产品特征属性的规范化描述。表 8-2 以葡萄酒为基础产品，对原产于澳大利亚、中国、古巴、意大利等国不同品牌的葡萄酒及其特征属性作进一步的描述。表 8-2 分出葡萄酒的 5 项属性“种类、颜色、葡萄种类、原产国、酒存放时间(年)”及相关的代码值。显然，该特征集是针对葡萄酒的属性做规范化定义，对于其他产品甚至其他酒类则未必适用。

表 8-2　葡萄酒特征属性分类与代码值示例

种类	代码值	颜色	代码值	葡萄种类	代码值	原产国	代码值	酒存放时间(年)	代码值
VINO DE MESA	2776	红色	2030	ASTI	232	澳大利亚	69	10～15	116
QBA	2766	玫瑰红	2102	MAUZAC	1595	中国	75	15～20	120
QMP	2767	不标识	106	PINOT	1899	古巴	856	20～25	121
不标识	106	不分	105	SHIRAZ	2263	意大利	86	25～30	122
不分	105			不标识 不分	106 105			30～35 35～40	125 126
								5～10	132
属性类型代码 20000164		属性类型代码 20000217		属性类型代码 20000081		属性类型代码 20000084		属性类型代码 20000003	

5) 基础产品模块类别定义

此数据模块类别中采用文本语言描述具体的商品对象和服务项目的技术要求。

6) 第 1 属性名称标识代码

这部分是由 GDD 定义的 8 位数字的属性代码，具体由全球数据字典定义。

7) 第 1 属性代码值

此代码段为具体的属性代码值，依其描述的具体属性而定。

8) 第 2 属性名称标识代码

各类属性名称都定义了相应的名称标识，均以代码表示。

9) 第 N 属性名称标识代码

此段为不定长代码，可有 1～N 个码段描述 1～N 种属性。

从表 8-2 可看出，不同产品的特征属性描述集的大小和内容各不相同。因此，上述 5～9 项也随不同产品而异。但其共同点都是在 GDD 中统一定义的，其属性类代码长度也均为 8 位。

表 8-3 以无泡葡萄酒为例，给出其部分标准 GPC 编码项。可看出，该产品的 GPC 编码结构主要由 UNSPSC 代码、模块代码和定义的 3 项主分类和管理标识，加上 5 项以上的属性代码与对应的属性定义项组成。由此构成无泡葡萄酒的规范描述框架，照此框架，各国商务系统就可直接在此表头下填写具体内容。在提供此 5 项规范属性数据后，再添加各色葡萄酒的具体名称、品牌、容量等。

表 8-3 的前 3 项是 GPC 系统中任何产品都须具备的数据，属性代码和属性定义则随不同产品的不同而在数据项和内容上各自相异。商务系统设计者可从 GS1 系统获取规范数据项，再针对具体产品的交易与营销需求，添加更多的自有数据项。

表 8-3　无泡葡萄酒的 GPC 编码结构示例

模块代码	UNSPSC 代码	模块定义	第 1 属性代码	第 1 属性定义	第 2 属性代码	第 2 属性定义
10000276	50202203	无泡葡萄酒	20000164	无泡葡萄酒的种类	20000217	葡萄酒的颜色
第 3 属性代码	第 3 属性定义	第 4 属性代码	第 4 属性定义	第 5 属性代码	第 5 属性定义	…
20000081	葡萄酒葡萄的种类	20000084	葡萄酒原产国	20000003	葡萄酒存放时间	…

8.2.2　产品属性描述集

UNSPSC 为全球产品与服务项目的统一分类提供了基础，但该体系不包含产品的特征属性。而电子商务中，促成交易的主要因素是同一产品下的性能与价格。故图 8-3 的 GPC 体系结构的后面诸项，就是产品的各项特征属性。表 8-2 表明，不同产品的特征在格式与内容上彼此差异极大，无法在统一分类目录体系中建立。

为此，GPC 系统的功能主要就是在 UNSPSC 的基础产品项目下，按不同的产品扩充其特征属性，以期在不同商务系统中实现特征属性的规范化表达。

1）产品特征属性分类

产品间的区别取决于彼此间的特征属性，由于其数据浩繁，故 GPC 体系要对产品特征进行分类，如表 8-4 所示。

表 8-4　产品属性分类集

属性分类	属性说明
性质属性集	描述产品的可见性质，如形状、体积、颜色、长度等
功能属性集	描述产品的目的性质，如计算、通话、网络、运输等
部件属性集	描述产品的组成性质，如零件、材质、阶段等
性能属性集	描述产品的不可见性质，如分辨率、主频、密度等
商务属性集	描述产品的交易性质，如上市、折扣、价格等

表 8-4 将产品属性分为性质、功能、部件、性能和商务等 5 类集合，均为产品交易和后续服务中用户关注的内容。这些属性集为数据规范化对象，但它们间彼此差异较大，需经分类才能进行标准化处理。

2）产品特征属性集合

现代产品朝“光、机、电、声、磁”一体化及硬软件集成方向发展，产品与服务项目的特征属性总数在迅速增长。如目前欧洲广泛使用的产品分类标准 eCl@ss 体系就定义了 24 000 多种产品概念，3 667 余种产品通用属性以及一些与其相关的度量衡特征标准等。按图 8-4 的 GPC 结构中的后几项，列举产品特征属性的部分示例如表 8-5 所示。

表 8-5　产品属性名称、定义和标识示例

属性名称	属性定义	属性注释	标识
制造商名称	自然人或法人的合法有效称谓，负责某项产品的设计、生产、包装和贴标，使其进入流通环节		
产品类型描述	产品(产品族或特殊设计)名称的附加信息，将其与其他产品相区别	产品类型可使用名称缩写或类型编码，以区别产品	
外罩类型	顶盖结构说明，为外壳的一部分		
最低储存温度	最低允许环境温度，以存放运行资源，保持其性能不发生变化		℃
最低工作温度	对特定资源或过程，与其接触媒质的最低允许温度		℃
最高工作压力	测量或运行装置所能承受的最大允许绝对压力值。低于此压力才能确保测量或运行装置的技术性能不发生变化		Pa
长度	尺寸单位，依据测量准则，物体沿对称轴方向的最大尺寸，或两定点间距离		mm
工序连接方式	设备与进料流水线或出料流水线的连接方式和设计		
电线连接方式	设备与辅助电源或信号输入输出端的电气连接方式和设计		
最低工作压力	测量或定位装置的最小允许压力绝对值。在此压力以上才能确保测量或定位装置的技术性能不发生持续的变化		Pa
物态	物质材料的外观表现形式和相	区别在固定性、流动性、气体形状	
压力损失	内置式初级装置在线路中造成的残留压力降		Pa
最高工作温度	对于特定的资源材料或过程，与此材料相接触的媒质的最高允许温度。高于此温度，此材料将不得使用，以确保其性能不发生持续改变		℃

续表 8-5

属性名称	属性定义	属性注释	标识
最高储存温度	存放运行资源时最高允许环境温度，以使其性能不发生持续改变		℃
最低环境温度	运行资源最低允许外部环境温度。低于此温度运行资源将不得使用，以确保其性能不发生持续改变		℃
最高环境温度	运行资源最高允许外部环境温度。高于此温度运行资源将不得使用，以确保其性能不发生持续改变		℃
最高密度	测试材料、生产原料或媒质的最大允许密度，使此原料能被用于特定场合		kg/m^3
最低密度	测试材料、生产原料或媒质的最小允许密度，使此原料能被用于特定场合		kg/m^3
最大黏度	测试材料、生产原料或媒质的最大允许黏度，使此原料能被用于特定场合		Pa·s
最小黏度	测试材料、生产原料或媒质的最小允许黏度，使此原料能被用于特定场合		Pa·s
最小测量误差（偏差）	在规定（理想）条件下测得的测量值和实际值之间最小可能误差	错误测量结果的偏差产生于偶然性的测量误差，不同于系统测量误差	%
最大测量误差（偏差）	在规定（理想）条件下测得的测量值和实际值之间最大可能误差	错误测量结果的偏差产生于偶然性的测量误差，不同于系统测量误差	%

除产品外，商务活动涉及的对象也应有相关的特征属性。如表 8-5 中的“长度”项是针对产品的，但在物流运输中，也需要体系化的长度描述。表 8-6 就是《商品条码　应用标识符》(GB/T 16986—2009)中，对国际单位制物流计量单位的部分示例，它包含了物流领域的重量、面积和长度类属性等。

表 8-6　计量单元编码示例

AI	编码数据含义	单位名称	单位符号	编码数据名称
330n	毛重	千克(公斤)	kg	GROSS WEIGHT
331n	长度或第一尺寸	米	m	LENGTH
332n	宽度、直径或第二尺寸	米	m	WIDTH
333n	深度、厚度、高度或第三尺寸	米	m	HEIGHT
334n	面积	平方米	m^2	AREA
335n	毛体积、毛容积	升	L	GROSS VOLUME
336n	毛体积、毛容积	立方米	m^3	GROSS VOLUME

8.2.3 产品属性间关系

产品属性间存在各种技术关系，对其描述也属于特征数据资源的重要部分。但这些属性关系也随产品各异，它们对于提升商务交易或服务类业务将起重要作用，其示例如表 8-7 所示。

表 8-7　产品属性关系

关系类型	反映的实际联系	实　　例
分类关系	产品分类体系	笔记本电脑与电脑
组件关系	某产品是另一产品的组成部分	CPU 与电脑
材料关系	某产品是另一产品的制作材料	纸和书
成员关系	某产品是实现另一产品的环节	婚礼摄像和婚庆服务
替代关系	基于某种功能，某产品可作为另一产品的替代品	笔记本电脑和台式电脑
补充关系	某产品只能依附另一种产品发挥功用	鼠标和鼠标垫、手机存储卡和手机

表 8-7 列举了属性间的分类、组件、材料、成员、替代和补充等关系。这些关系在当前的电子商务系统数据分析、商品营销和客户服务提升等方面正起着越来越重要的作用，这些属性关系的开发也成为系统资源建设的重点。它们的加工也将以赋予分类代码、对象标识和数据值等为基本内容。

8.3　全球数据字典(GDD)

8.3.1 GDD 的基本内容

GS1 机构为产品特征属性提供了规范的存储与管理子系统，以支持全球电子商务，此即全球数据字典(GDD)。GDD 用于存储标准数据项、数据结构、数据流、数据存储、处理逻辑、外部实体等定义和描述资源。作为各种标准数据描述元素的集合，数据项是商务数据的最小组成单位，若干个数据项组成一个数据结构数据字典，通过对数据项和数据结构的定义来描述数据流、数据存储的逻辑内容。

GDD 不仅对商务数据，也对其构成元素进行定义。它是在各商务数据库设计时使用的标准化工具，可供描述各国商务数据设计者采用其中的标准商务数据表，包括字段名、数据类型、主键、外键等描述表的属性的内容。

GDD 也是各国电子商务系统设计者设计和分析商务系统的工具。供其查询商务数据项的标准格式与内容。在结构分析中，GDD 定义了商务数据中的各项成分和说明，并在各系统的本地数据字典中建立对照。它是每个应用库的核心，可用 SQL 语句访问 GDD 库。GDD 可包含的其他信息有：各应用数据库的数据设计架构、用户权限、业务统计、应用过程中的信息、数据库增长统计等。

GDD 的基本内容、结构如图 8-7 所示。

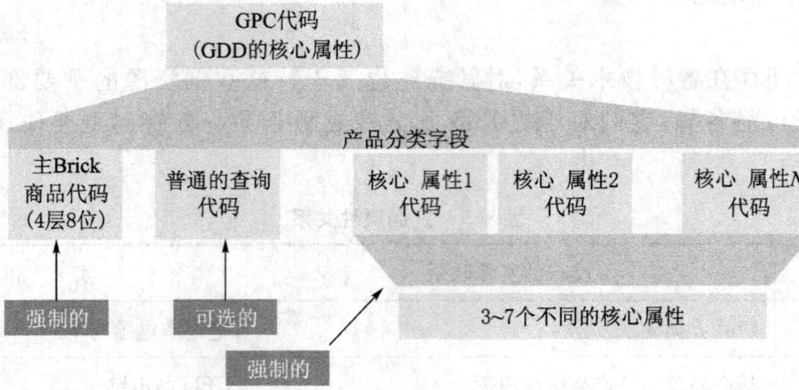

图 8-7 GDD 的结构与内容

8.3.2 GDD 的组成与格式

1) GDD 的管理性内容

GS1 针对商务活动制订了一些管理标准数据资源，具体如下：

(1) 商务数据库中所有各种对象的信息，如表、视图、簇及索引等。

(2) 相关缺省值。

(3) 约束信息的完整性。

(4) 用户名称。

(5) 用户及角色被授予的权限。

(6) 用户访问或使用的审计信息。

(7) 其他产生的数据库信息。

2) GDD 数据项的格式

(1) 数据项：数据项是不可再分的数据单位。对其描述通常包括以下内容：

数据项描述＝{数据项名，数据项含义说明，别名，数据类型，长度，取值范围，取值含义，与其他数据项的逻辑关系}

其中“取值范围”、“与其他数据项的逻辑关系”定义了数据的完整性约束条件，是设计数据检验功能的依据。

若干数据项可以组成一个数据结构。

(2) 数据结构：数据结构反映数据间的组合关系。一个数据结构可由若干个数据项组成，也可由若干种数据结构，或由若干个数据项和数据结构混合组成。数据结构的描述通常包括以下内容：

数据结构描述 ＝{数据结构名，含义说明，组成：{数据项或数据结构}}

(3) 数据流：数据流是商务数据结构在系统内传输的路径。对其描述通常包括以下内容：

数据流描述 ＝{数据流名，说明，数据流来源，数据流去向，组成：{数据结构}，平均流量，高峰期流量}

其中“数据流来源”说明该数据流来自哪个过程，即数据源。“数据流去向”是说明该数据流将到哪个过程去，即数据汇。“平均流量”是指在单位时间(每天、每周、每月等)里的传输次数。“高峰期流量”则是指在高峰时期的数据流量。

(4) 数据存储：数据存储是数据结构停留或保存的地方，也是数据流的来源和去向之一。对数据存储的描述通常包括以下内容：

数据存储描述＝{数据存储名，说明，编号，流入的数据流，流出的数据流，组成：{数据结构}，数据量，存取方式}

其中“数据量”是指每次存取多少数据，每天(或每小时、每周等)存取几次等信息。“存取方法”包括是批处理还是联机处理；是检索还是更新；是顺序检索还是随机检索等。

另外，“流入的数据流”指出其来源，“流出的数据流”指出其去向。

(5) 处理过程：是数据流图中功能块的说明。GDD 中只需要描述处理过程的说明性信息，通常包括以下内容：

处理过程描述 ＝{处理过程名，说明，输入：{数据流}，输出：{数据流}，处理：{简要说明}}

其中“简要说明”中主要说明该处理过程的功能及处理要求。功能是指该处理过程用来做什么(而不是怎么做)；处理要求包括处理频度要求，如单位时间里处理多少事务、多少数据量、响应时间要求等，这些处理要求是后面物理设计的输入及性能评价的标准。

8.3.3 GDD 的结构

1) GDD 的层次结构

图 8-3 的 GPC 结构中，GDD 是其主要数据段内容。GDD 除为 GPC 提供数据外，还有完整的体系及分类结构。

与前述产品特征属性分类不同，GDD 的属性主要是针对描述性属性内容为：产品标识类、产品描述类、产品目录类、产品日期类、产品结构层次类、产品计量类、产品包装类、产品处理条件类、价格信息类、危险品数据类、订货和发货类等。部分示例如表 8-8 所示。

表 8-8 GDD 的内容结构

序 号	码段标识	内 容
1	010	商品识别领域的描述内容和格式
2	020	交易参与方的描述内容和格式
3	030	目标市场的描述内容和格式
4	031	商品对象价格的描述内容和格式
5	040	其他商品标识的描述内容和格式
6	050	商品分类的描述内容和格式
7	060	商品信息日期的描述内容和格式
8	070	商品日期的描述内容和格式
9	080	商品的描述内容和格式
10	090	商品计量信息的描述内容和格式
11	100	商品包装的描述内容和格式
12	110	商品储运的描述内容和格式

续表 8-8

序　号	码段标识	内　容
13	120	订货与发货的描述内容和格式
14	130	运输托盘的描述内容和格式
15	150	有毒/危险品的描述内容和格式
16	160	税务方面的描述内容和格式

GDD 是 GPC 的一个子集，是定义商品各类属性的数据项。其中重要的数据项还可有子数据项，以对商品特性作更详细的描述。以表 8-8 中第 6 项“050”码段“商品分类的描述内容和格式”为例，对其作进一步的分解描述，见表 8-9。

表 8-9　商品分类的描述内容和格式示例

序　号	子码段标识	内　容
1	050-001	定义商品类别代码
2	050-002	定义商品类别名称
3	050-003	定义商品类别分类属性的分类代码
4	050-004	定义商品类别属性的名称
5	050-005	定义商品类别属性对应值的代码
6	050-006	定义商品类别属性对应值的名称

表 8-8 中其他重要数据项也可如表 8-9 一样进一步分解与细化，对其他应用数据提供更细致、更全面的定义。可看出，GDD 体系对数据项的定义主要为对象名称、代码、数值与标识等。以上诸属性均可包含代码列表中的数据类型，代码列表可直接应用于商品属性描述。同时，GDD 也包含适用于所有 GS1 标准中的各类应用词汇。

2) GDD 的内容结构

商务信息包含业务信息实体和其属性的类，GDD 的结构应允许商业消息的内容发布，可用于验证消息的业务合作伙伴间交换的 XML 模式。一些规则需经比较来确定它们间的业务需求。由于语法限制，这些规则并不包含于 XML 模式，它们须通过 GDD 来支持商务活动。这些规则适用于特定的业务上下文，使之可通过上下文的内容搜索。

所有的消息组件均有自己的定义，关联到其他组件和多样性——指定的次数可出现在给定位置的消息。这些信息也发布在 GDD 中。目前，GS1 的商务消息和 XML 架构定义结构规则已成为国际标准，电子商务系统设计者可从 GS1 网站获得。

3) GS1 XML

XML 为扩展标识语言，它以各类标识为主要内容。为规范商务标识，GS1 提出了 GS1 XML，它在 XML 标准的基础上将 GS1 数据资源融合进去，成为规范化程度更高的可扩展标识语言架构下的 GS1 标准，为用户实施全球商务报文中共享性更高、自动化处理更高的对象描述资源。

B2B(包括 B2C)中，订单、发票、产品目录、销售报告等都是业务信息集。无论这些信息交换是内部的还是外部的，都应做到商务数据流的标准化。早期的电子数据交换(EDI)实现在贸易伙伴之间，按标准，协议和规范格式的信息以电子方式，在计算机系统之间进行自动交换和处理。EDI的特点是:使用对象是不同的计算机系统;传送的资料是业务资料;采用共同的标准化结构数据格式;尽量避免介入人工操作;可以与用户计算机系统的数据库进行平滑连接,直接访问数据库或从数据库生成EDI报文等。

但传统的EDI有相当的局限性,如其需要专用网络和专用程序,EDI的数据人工难于识读等。为此,人们使用基于互联网的电子数据交换技术——XML语言和相关技术。XML自出现以来,以其可扩展性、自描述性等优点,被誉为信息标准化的有力工具,基于XML的标准将成为信息标准的主流。其最大优势之一就在于可扩展性,它克服了HTML固有的局限性,并使互联网的一些新应用成为可能。

GS1 XML业务信息的架构涉及电子商务贸易信息,其格式化业务有以下业务描述板块:

(1) 订购业务:涉及货物数据通知、订单、业务响应、订单配置、交易物交付、发货通知、接收建议、用户报告、库存报告、发货通知中的产品附加信息等数据模块。

(2) 支付业务:涉及发票、结算、金融服务机构、提前汇款通知、付款要求、买方付款通知标识模块,等等。

(3) 交易计划:涉及货物需求、货物需求响应、补货需求、补货建议、订购模型与条件、交易绩效测量,等等。

(4) 物流信息:涉及交通规划、货运能力需求、货运能力规划、货运能力预定和响应、货运执行、货运指示和响应、运输状况请求和通知数据标识等。

(5) 货物仓储:涉及仓库入货指示和通知、入库出库指令和通知、仓储操作指令和通知、物流库存报告、请求报告、存量管理数据标识等。

(6) 商务过程:涉及产品召回、售后服务、应用回执、服务内容和响应数据标识等。

8.4 全球数据同步(GDS)

电子商务系统涉及的另一重要难题,是全球商品的品种、规格、型号、款式与花色等不断处于动态变化与改进中,这也导致商品数据实体、运行过程与服务中的相关特征属性数据处于动态变化中。商品和服务项目数据变化更替在时间上呈现动态性、紧迫性和应用范围的全球传播性上,这对GS1 XML的动态维护提出更高要求。

为此,GS1提出"全球数据同步"概念及"全球数据同步网"的解决方案。

8.4.1 GDS简介

1) GDS的概念

GDS(Global Data Synchronization,全球数据同步)概念与内容如下:

(1) 全球统一的商务对象标准

① GDD:全球数据字典,产品属性的标准定义,GDS的基础。

② GTIN:全球贸易项目,用于在全球范围唯一标识商品和服务项目的标识。它包括传统的EAN/UCC-8、UCC-12和EAN/UCC-13条形码标识以及GTIN 14标准标识等。

③ GLN:全球位置代码,用于标识商业活动的发生地点或物理实体位置。

④ GPC:全球产品分类等。

图8-8表明,GDS网络与EPCglobal网络是全球电子商务中描述产品主数据(Master

Data)的基础设施，两者为一体两面的关系。在系统中，主数据是关于业务实体的数据，这些实体为业务交易提供关联环境。一般机构的主数据包括人、财、物、位置等。所以，主数据是关于关键业务实体的重要的、准确的数据，用于建立交易数据的关联环境。主数据是商务系统中各项业务的核心业务数据。GDS 和 EPCglobal 是两个逻辑功能网络，从商品交易方和制造商方的业务构成与需求划分，两者均以主数据为主导内容。

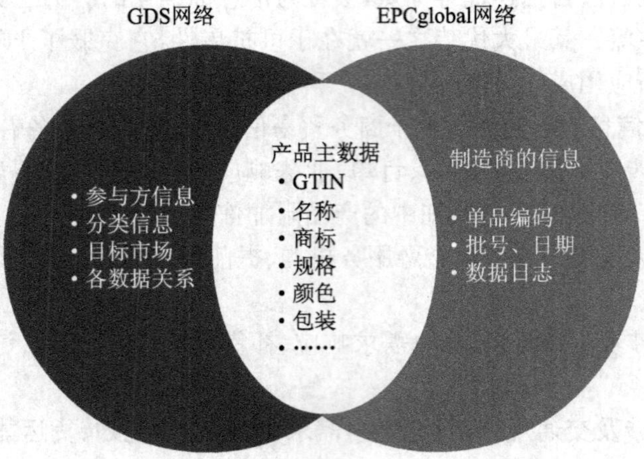

图 8-8　GDS 网络与 EPCglobal 网络的关系

(2) 全球统一数据交换方式

① GS1 XML：使用扩展标识语言，保证数据格式的统一性。

② AS2：保证数据交换的安全性。

2) GDS 概念模型

GDS 的概念模型如图 8-9 所示。

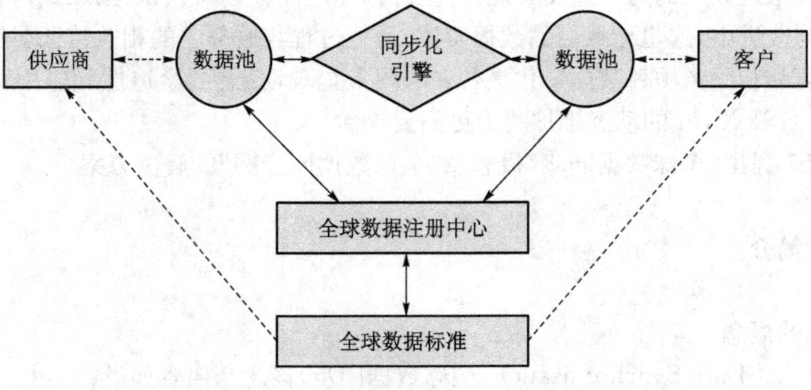

图 8-9　全球数据同步(GDS)的概念

同步化引擎以图 8-9 中全球数据注册或登记及数据池为核心，实现对全球商品数据的全球化管理。具体功能为：

(1) 全球注册中心(GS1Registry，GR)：是收录全球产品与服务项目的总目录，供应商和客户等参与方的集中式目录，它只包含经过 GS1 认证的数据，与各数据池互相结联，为各数据池的信息提供指针，指示主数据的原始位置和实际存储位置，全球注册或登记中心是由代表

GS1 的全球数据同步网络(GDSN)平台运营管理。

(2) 数据池(Data Pool, DP):是数据源(供应商)或数据接收者(采购商)选择的数据池,池中主要存放商务对象与运行对象的主数据。数据源提供数据发布平台,为接收者提供标准数据订阅服务。

数据池通常为一个国家或协会组织建立运营管理,为各关联的商务系统和访问者指示主数据。它由 GS1 的各成员国组织建立,保存本国或本地区产品与服务项目的详细信息,与 GR 互联,为用户提供数据订阅搜索等服务。

3) GDS 的进展

GDS 的建立、维护和运行得到各主要国家的支持。如美国和欧洲建立了 GDS 商品数据库及零售商与制造商商品数据同步系统,欧美各大型制造商与零售商均逐步加入其中,并在 B2B 及 B2C 中取得实效。

为建立中国流通消费品(零售、制造与物流业)行业电子商务商品目录数据库和数据同步系统,中国物品编码中心在国际上与 GS1 合作,负责 GDD 的汉化与建立中国 EPC 系统的注册、管理和维护以及标准助制定。并采纳 GCI 全球数据同步化,按照相关标准建立中国数据池。GDS 中国数据池的简化工作流程与功能如图 8-10 所示。

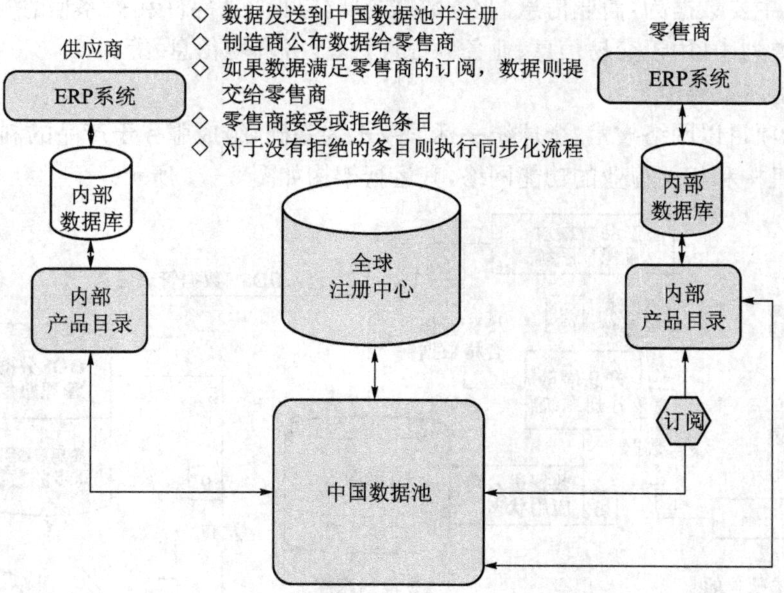

图 8-10　中国数据池工作流程与功能

图 8-10 表示以中国物品编码中心建立的中国数据池,它与 GS1 的全球注册中心交互商品与服务项目数据。中国数据池以第 3 方服务形式,向各行业的供应商和零售商的 ERP 系统,将内部数据库通过与中国数据池的对照转换实现业务互联,再通过全球注册中心与各国的企业系统对接,实现全球 B2B。数据池的简化运行流程如图 8-10 中上部文字所述。

8.4.2　GDSN

GDS 的技术系统通过全球数据同步网络(Global Data Synchronization Network, GDSN)

及其相关功能部件来实现。GDSN 是由分布全球的多中心注册库组成的存有各种信息的同步维护网络系统，由 GS1 及其各成员国的官方机构负责运行与维护。

GDSN 的主要功能是：各电子商务系统的本地数据字典与官方数据池同步，商品与服务项目编码信息备案，产品目录搜索、分类检索、订阅、新品发布等服务。

1）功能结构

GDSN 中心是核心标准数据，其中包括：GDD、GPC、GDS。这些子系统中均为国际商务标准数据，其采用能使网络中数据与全球数据的同步。GDSN 与各国各地区的数据池互联，而数据池中还可集成具有本地特色的数据项。

2）服务对象

GDSN 的服务领域主要为零售、物流、ERP、电子采购和物品品类管理等，服务于商品的制造商、批发商、零售商、咨询机构以及其相关行业。

3）主要流程

GDSN 的特点主要是一个开放的标准数据维护与服务系统，它为各国的现有的各种数据池提供一个信息交换与资源快速整合平台。它是不同系统、不同行业、不同厂家的业务数据交换的技术平台，它不改变各用户方已有的各种数据库的结构，而通过参照标准做到资源快速的整合。整合的主要数据为：商业信息、业务数据与实体间消息部件和关系信息、业务数据类型信息、多重分类列表（用于交易信息、业务验证规则、业务环境信息）等。

4）GDSN 体系架构

数据同步项目以网络技术、全球统一标识技术为基础，组成服务于产品的制造商、批发商、零售商、咨询机构和相关行业的功能网络，其运行架构如图 8-11 所示。

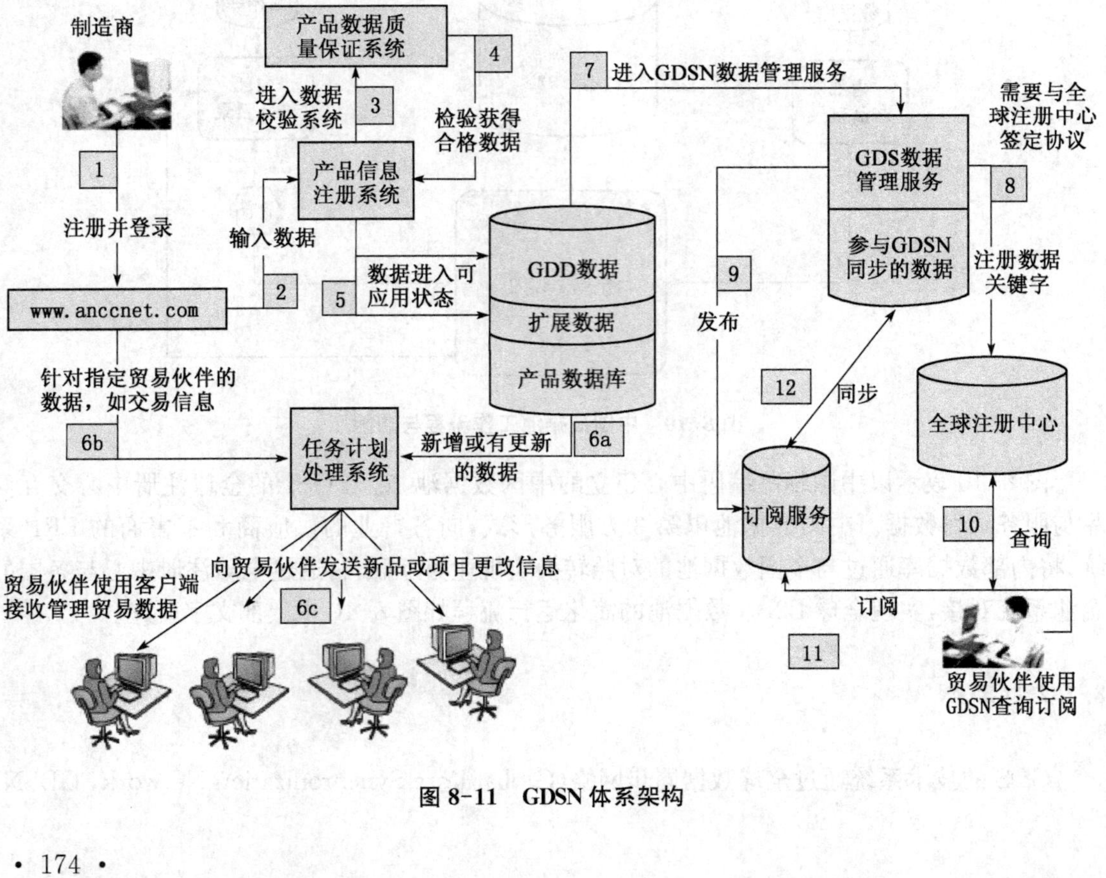

图 8-11　GDSN 体系架构

9 电子商务物流系统设计

9.1 物流概论

9.1.1 物流的定义和内涵

《中华人民共和国国家标准物流术语》(GB/T 18354—2006)对物流的定义为:“物品从供应地向接收地的实体流动过程。根据实际需要,将运输、储存、装卸、搬运、包装、流通加工、配送、信息处理等基本功能实施有机结合”。对物流概念的标准化有利于人们正确地理解物流,对物流实践具有重要的指导意义。

理解物流概念,应当注意以下几点:

1)物流是物品物质实体的流动

物流的对象只能是可以移动的物品,即动产,比如电子产品、图书等,而不可能是不动产或只能实地体验的服务,比如房产、理发服务等。

2)物流是物品由提供地向接收地的定向流动

物流不仅是物品物质实体的流动,而且只能是由提供地向接收地的定向流动。例如,汽车各组成部件由生产地(提供地)向汽车制造厂、维修部和汽车配件商(接收地)流动,最终向顾客(最终消费者)流动,而不会逆向流动。即使是废弃物和退货的流动,也是由废弃物的提供者、退货的顾客向接收废弃物或退货的地方流动。换言之,物流的方向性是非常明显的,只能由提供地向接收地流动。

3)物流是若干活动的有机结合

物流包括包装、装卸、搬运、配送、流通加工、物流信息处理等基本活动,并且是这些活动的有机构成,物流绝不是单纯的运输活动,也不是包装、装卸、搬运等活动的简单组合,而是这些活动的有机构成。

4)物流具有普遍性

物流具有普遍性,是指物流存在于各种产品从生产到消费的全过程,或者说存在于社会经济生活的方方面面。

5)物流能够创造物品的多种效用

物流包括物品空间位置的移动、时间位置的移动和形态性质的变动,因而通过物流活动可以创造物品的空间效用、时间效用和形态性质的效用。

9.1.2 物流的分类

在社会领域中,物流活动是普遍存在的,但是在不同的领域和活动中,物流的表现形态、基本结构、技术特征和运作方式等有诸多差异。按照物流的作用属性和空间范围,可以从多个角度对物流分类,如表 9-1 所示。

表 9-1 物流的分类

分类角度	物流系统具体类别	特　征
物流的性质	社会物流	全社会的大物流,宏观物流
	行业物流	以行业标准为依托开展
	企业物流	各自为政
物流活动的空间范围	地区物流	具有较强的行政规划性
	国内物流	需克服地区间物流障碍
	国际物流	涉及国际贸易
物流的作用	供应物流	针对原材料或产品交易双方
	生产物流	企业内部的配合
	销售物流	成品或半成品交易
	回收物流	返修、退货等
	废弃物物流	满足社会利益的需要

9.1.3 物流的特点

1) 物流是创造价值的活动

物流本身不创造物品的使用价值,但可以创造附加价值。现代物流是通过创造物流的时间效应和空间效应来创造价值的。任何产品生产出来后,都必须经过装卸搬运、包装、运输、保管等环节才能进入消费领域,实现最终的消费,物流是一个不可跨越的过程。一方面伴随着这个过程的发生,必然要耗用一定的人力、物力和财力,即要支付所必需的费用;另一方面在流通过程中能把生产领域中创造的使用价值转化成现实的应用价值,没有这种转化,物品的使用价值就不能最终实现。

2) 物流活动涉及的范围广泛

物流活动强调系统性和协调性,所涉及的范围十分广泛。物流活动的组成部分包括运输、储存、装卸、包装、流通加工、配送和信息传递等,关联到多个领域和产业。例如,在物流基础设施方面,包括高速公路和普通公路、铁路、港口、码头、仓库、集装箱货场、配送中心、机场、车站等;在企业类别上,物流关联的企业有运输、仓储、包装、装卸、搬运、信息等;在运输环节上,有公路、铁路、航空、内河、近海、远洋、管道运输等;物流涉及的政府管理机构有国家发展和改革委员会、交通部、铁道部、商务部、国家民航总局、工业与信息化部、海关总署、国家质量监督检验检疫总局所属的出入境商品检验检验局等。

3) 物流活动具有服务性

物流活动是指通过运输、储存、装卸、搬运、包装、流通加工、配送和信息传递等环节,创造物品的时间效应和空间效应从而创造价值,但这种效应的实现有赖于物流本身能否及时、准确、保质、保量、安全、可靠地满足消费者和用户对物质资料的需要。例如,流通过程的物流服务于生产消费和生活消费的需要,生产过程的物流服务于生产过程的需要。物流活动的目的就是要满足生产和生活的需要,为发展生产和提高人们生活水平服务,因此,在世界贸易组织

(WTO)的规定中,把物流运输活动归属于服务贸易。

4) 物流基础设施建设投资大、公益性强,要求有前瞻性

物流基础设施(如公路、铁路、港口、码头、机场)属于公共设施,通常由国家统一规划并投资建设,建好后大家共同受益。由于这些大型基础设施投资大,回收期长,只有国家才具备组织和建设的能力,一般的企业是无能为力的。另外,物流基础设施建设要求有前瞻性,公路、铁路、港口、物流园区等物流基础设施建设必需提前规划设计,否则后患无穷。

5) 物流的整体性、综合性要求高

物流是一个复杂而巨大的系统工程,要求整体布局、全面设计,避免或减少重复建设和人为浪费。物流系统中的运输、包装、保管、装卸、流通加工、配送等多个环节,必须相互衔接、配合与协调,保持其整体性和一致性。例如,就运输来说,铁路、公路、水运、航空、管道运输及地区之间和各运输部门之间需要协调;公路、铁路、港口码头、仓库的建设涉及总体布局、城市规划,需统筹安排,除了各运输部门外,还需要国土资源部门、建设部门以及环保部门的理解和支持。由此可见,物流要求有整体性和综合性,强调整体效益。

9.2 电子商务与物流的关系

9.2.1 电子商务中的物流、商流和信息流

电子商务的概念模型是对现实世界中电子商务活动的一般抽象描述,它由电子商务实体、电子市场、交易事务和信息流、资金流、物流等基本要素构成。两企业经过商谈,达成供货协议,确定商品价格、品种、数量、供货时间、交货地点、运输方式并签订合同后,商流活动就开始了。要认证履行这份合同,下一步进入物流过程,即货物的包装、装卸搬运、保管、运输等活动。在商流和物流都顺利进行的情况下,接下来进入支付的过程,即付款和结算。整个过程都离不开信息的传递和交换,没有即时的信息流,就没有顺畅的商流、物流。

商流是指物品在流通中发生形态变化的过程,即由货币形态转化为商品形态,以及由商品形态转换为货币形态的过程,而物流是商流物理移动的过程。商流是物流、信息流的起点,也可以是“三流”的前提,一般情况下,没有商流就不可能发生物流、信息流,反过来,没有物流和信息流的匹配和支撑,商流也不可能达到目的。它们之间互为存在的前提条件,又互为依存的基础。

“银行”的诞生,使物流和资金流分离,由此产生了多种交易付款方式:交易前的预先付款,交易中的托收、支票、汇票,交易后的付款(如分期付款、延期付款)。商流与物流分开,信息流的作用日益重要。

随着网络技术和电子技术的发展,信息流发生了变化(电子化)。信息流更多地表现为票据资料的流动,它贯穿商品交易过程始终,记录整个商务活动的流程,是分析物流、引导资金流、进行经营决策的重要依据。

9.2.2 物流是实现电子商务的重要环节和基本保证

商品流通的过程是以物流(商品的实际流动)为物质基础,信息流(商品基本信息的流动)

贯穿始终,引导资金流(货币的流动)正向流动的动态过程。随着电子商务的进一步推广和应用,物流对电子商务起到越来越重要的支撑作用。

1) 物流保障生产

无论传统的贸易方式,还是电子商务,生产都是商品的流通之本,而生产的顺利进行需要各类物流活动的支持。现代化的物流通过降低成本、优化库存结构、减少资金占压、缩短生产周期,保障了现代化生产的高效进行。相反,缺少了现代化的物流,生产将难以顺利进行,电子商务无论是多高效率的贸易形式,都将难以实施。

2) 物流服务于商流

在传统的交易过程中,商品实体由供方向需求方转移,商流和物流同时进行。在电子商务中,消费者通过网上购物,完成了商品所有权的交割过程,即商流过程,但商务活动尚未结束,只有商品和服务真正转移到消费者手中,商务活动才告以终结。总之,先有商流,才有物流,但没有物流,商流无法成功实现。

3) 物流是实现"以顾客为中心"理念的根本保证

电子商务的出现,最大限度地为消费者提供便利。买卖双方通过网络进行商务活动,降低了交易成本,提高了交易效率。但若缺少现代化的物流技术,商品不能及时送达,便会流失潜在的客户,消费者必将转向更实在的传统购物。因此物流是电子商务中实现"以顾客为中心"理念的根本保证。

9.3 电子商务物流运作模式

从产权的角度,电子商务公司采取的物流模式一般有企业自营物流、物流企业联盟及第三方物流等模式。此外,第四方物流作为一个新生模式,正在被研究和实践着。

9.3.1 企业自营物流

电子商务企业借助自身的物质条件,自行开展经营的物流称为自营物流。电子商务公司自身组织商品配送,可以说是自己掌握了交易的最后环节,有利于控制交易时间。对于任何一个公司而言,拥有一支自己的配送队伍都将是一笔庞大的开支。出于对成本的考虑,配送队伍的规模必须与公司的业务量相适应,此外,如何保持适当的库存规模、如何制定恰当的配送路线、如何选择合适的物流工具、如何确定合理的送达时间都是需要严格管理的。

9.3.2 物流联盟

按照国家物流术语标准,物流联盟是两个或两个以上的经济组织为实现特定的物流目标而采取的长期联合和合作。换句话说,是指在物流方面通过签署合同形成优势互补、相互信任、共担风险、共享收益的物流伙伴关系。一般来说,组成物流联盟的企业之间具有很强的依赖性,物流联盟的各个组成企业明确自身在整个物流联盟中的优势及担当的角色,内部的对抗和冲突减少,分工明晰,使供应商把注意力集中在提供客户指定的服务上,最终提高企业的竞争力,满足企业跨地区、全方位物流服务的要求。

9.3.3 第三方物流

第三方物流是由供方与需方以外的物流企业提供物流服务的业务模式。具体来说，是指由物流的实际需求方（第一方）和物流的实际供给方（第二方）之外的第三方部分或全部利用第三方的资源，通过合约向第一方提供的物流服务，也称合同物流、契约物流。第三方是指提供部分或全部物流功能服务的一个外部提供者，是物流专业化和社会化的一种形式。第三方物流模式的采用有助于企业集中于核心业务，灵活运用新技术，实现以信息替换库存，降低成本，加速资金周转，提供灵活多样的服务，为顾客创造更多价值。

9.3.4 第四方物流

第四方物流的首倡者是安盛咨询公司。安盛咨询公司甚至注册了该术语的商标，并定义为："一个调配和管理组织自己的以及具有互补性的服务提供商的资源、能力与技术，来提供全面的供应链解决方案的供应链集成商"。这里描述的第四方物流供应商不再只是一个理论概念，安盛咨询公司在欧洲已有两次成功的物流运作。第三方物流作为整个供应链的一部分，通常情况下不可能向客户提供整个供应链的物流服务，即使在供应链的某些环节的服务上，第三方物流也只能完成其中的部分内容。第四方物流是在第三方物流的基础上对管理和技术等物流资源进一步整合，为用户提供全面意义上的供应链物流解决方案，第四方物流并不实际承担具体的物流运作活动。

9.4 电子商务物流管理信息系统

9.4.1 物流管理信息系统

《物流管理信息系统应用开发指南》(GB/T 23830—2009)对物流管理信息系统定义为："物流管理信息系统是灵活地运用信息技术，结合管理思想和决策方法，系统化地采集、加工、传送、存储、交换企业内外部的物流信息，从而达到对商流、物流、信息流和资金流的有效管理和控制"。

广义上说，物流管理信息系统应包括物流过程的各个领域（行业）的信息系统，由计算机、应用软件以及图文传输、全球定位(GPS)等高科技通信设备，通过全球通信网络连接起来纵横交错的、立体的动态互动的系统。

狭义上说，物流管理信息系统只是管理信息系统在某一涉及物流的企业中的应用，即某一企业（物流企业或非物流企业）用于管理物流的系统。

参照《物流服务分类与编码》(GB/T 26820—2011)，物流服务按照基本属性可以分成功能型、信息型和咨询型三类，显然物流管理系统属于信息型物流服务。

信息型物流服务的构成如表 9-2 所示。

表 9-2 信息型物流服务的构成

信息性物流服务类别	具体功能	备注
基本信息服务	信息发布	
	信息查询	客户通过电话、传真等方式查询所需的货物
	信息处理	电子数据交换
	消息服务	物流服务提供商主动向客户定时地汇报信息，如短信形式
	货物跟踪	
	业务监控	
	其他	
物流信息系统	仓储管理系统	
	运输管理系统	
	配送管理系统	
	货运代理管理系统	
	报关报检管理系统	
	其他	
信息平台服务	技术服务	为服务对象提供网络基础设施和技术支持以及基于网络的信息处理、数据托管和应用系统等信息技术外包服务
	信息服务	为服务对象提供相关企业、产品、服务相关信息的采集、加工处理、发布等方面的服务
	交易服务	为服务对象提供实现供需双方交易或供需双方委托交易时的服务
	物流业务服务	为服务对象提供产品运输、储存、装卸、配送等物流基本功能的服务
	用户服务	
	其他服务	

9.4.2 物流信息的分类与编码

为了全面认识物流管理系统，首先需要了解物流信息的分类和编码情况，这里我们参照《物流信息分类与代码》(GB/T 23831—2009)介绍。

1) 分类

按照物流管理与业务的属性或特征，将物流信息分成 4 个层级类目，即大类、中类、小类和细类，第一层级设 6 个大类目，第二层级设 58 个中类目。物流信息分类结构示意图如图 9-1 所示。物流信息的 6 个大类如下：

(1) 物流综合管理信息。

(2) 物流业务信息。

(3) 物流作业信息。

(4) 物流设施设备信息。

(5) 物流技术信息。

(6) 物流安全信息。

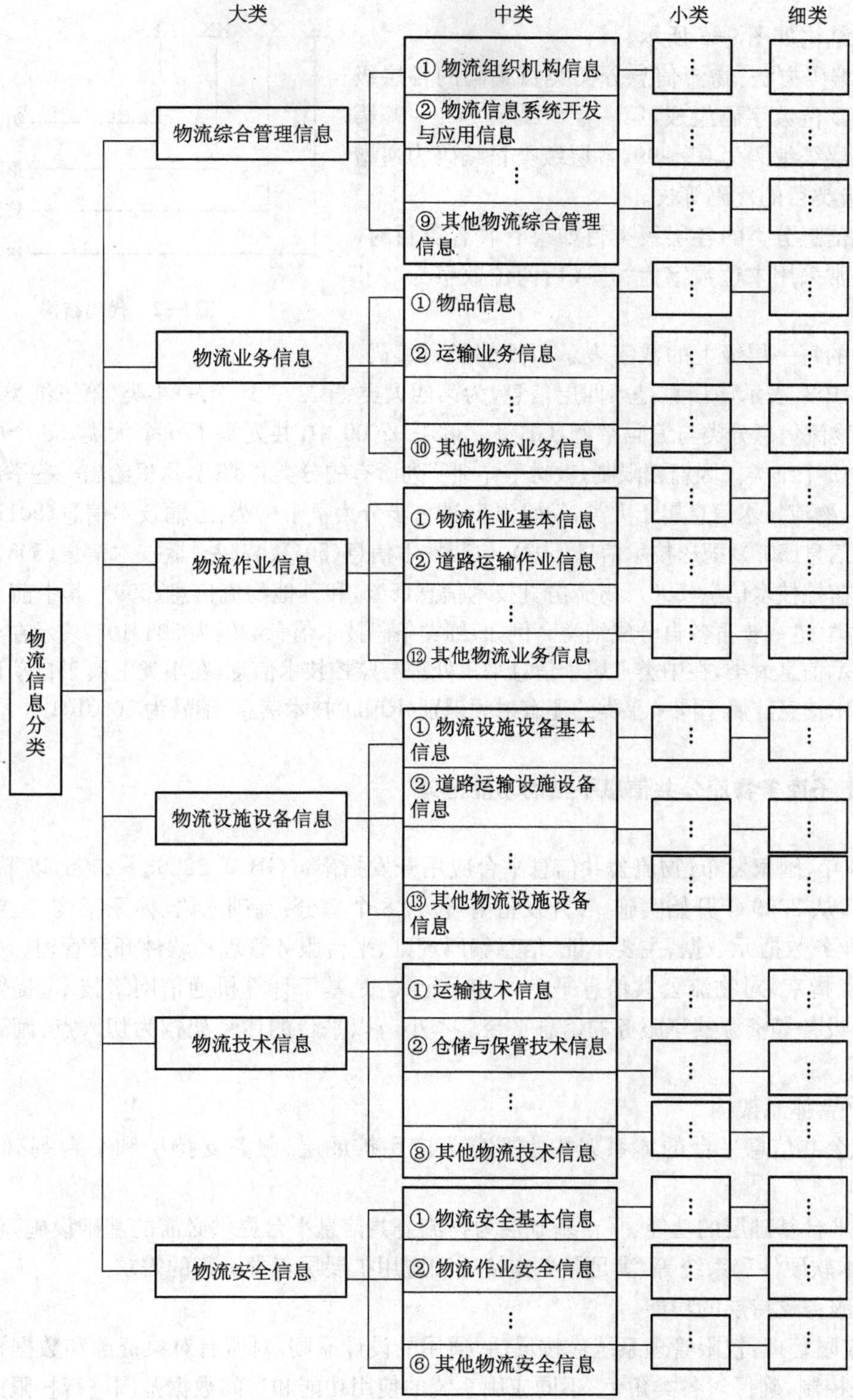

图 9-1 物流信息分类结构示意图

2）编码

(1) 代码结构：物流信息的分类代码采用层次码，分为 4 层，依次为大类、中类、小类和细类。

代码结构如图 9-2 所示。

(2) 编码方法：物流信息分类类目编码的各层级由 1 位或 2 位数字码组成，第一层级编码为 1～9，第二、三、四层级编码为 01～99，各层级类目编码为递增的，同层级类目的代码等长。

物流信息分类的各层级类目如果有收容类目时，其编码通常采用末位数字为“9”或后两位数字为“99”的代码。

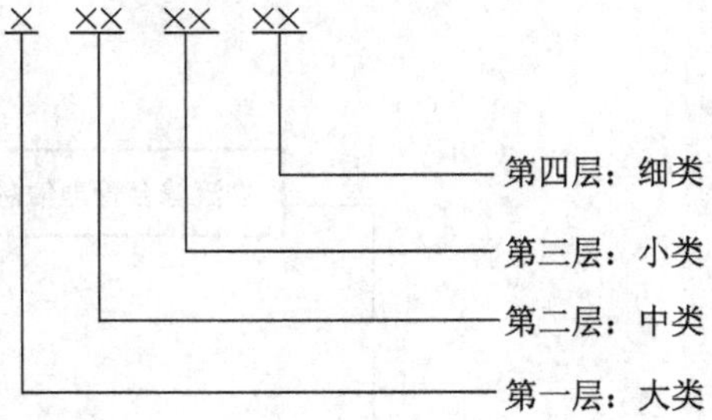

图 9-2　代码结构

代码的每一层级上的数字表示所处的类目编码。例如 4020103，表示该信息是第四层信息，为第四大类、第二中类、第一小类、第三细类。

(3) 物流信息分类与编码举例：GB/T 23831—2009 中，共列举了 6 个大类，58 个中类，251 个小类，142 个细类。因篇幅限制，教材不详细罗列所有的分类和编码，这里给出一些举例。

例如，物流技术信息属于大类，编码为 5，进一步分为 7 个中类：运输技术信息(501)，仓储与保管技术信息(502)、配送技术信息(503)、包装技术信息(504)、装卸搬运技术信息(505)、信息采集处理与监控技术信息(506)、物流仿真技术信息(507)和其他物流信息(599)，其中前 5 类又各自分成小类，进一步再各自分成细类。例如，细类条码技术信息编码为 5060102，表示在大类上属于物理技术信息大类，在中类上属于信息采集处理与监控技术信息，在小类上属于自动识别和数据采集技术信息。属于同一小类的还有射频识别(RFID)技术信息，编号为 5060101。

9.4.3　电子商务物流公共信息平台的功能框架

2008 年，国家发布《物流公共信息平台应用开发指南》(GB/T 22263—2008，以下简称《开发指南》)，从 2009 年开始实施。《开发指南》包含 8 个部分：基础术语、体系架构、主要业务过程、主要业务数据元数据、主要单证、信息编码规则、平台服务管理和软件开发管理。

《开发指南》对物流公共信息平台作如下定义：是基于计算机通信网络技术，提供物流信息、技术、设备等资源共享服务的信息平台。本小节以平台的体系架构为切入点，阐述平台的功能框架。

1) 平台体系架构

物流公共信息平台的体系架构主要分为应用扩展层、服务支持层和平台基础层，如图 9-3 所示。

(1) 平台基础层的功能：平台基础层为物流公共信息平台提供必需的基础设施，包括网络系统、基本软硬件和系统等，满足服务支持层和应用扩展层正常运行的需求。

(2) 服务支持层的功能

① 权限管理：权限管理系统应按灵活、通用的设计原则，对所有对象资源和数据资源进行访问权限控制，确保对各类角色、不同应用系统的使用功能和访问数据范围进行权限的统一管理和控制，例如，应用系统的功能菜单、界面按钮、数据显示项以及各种行级数据的执行、访问、新增、修改和删除等都可进行权限管理。

主要功能包括：登录权限管理、特殊权限管理、层级权限管理、数据访问权限管理、授权与复核管理、权限的检验与控制。

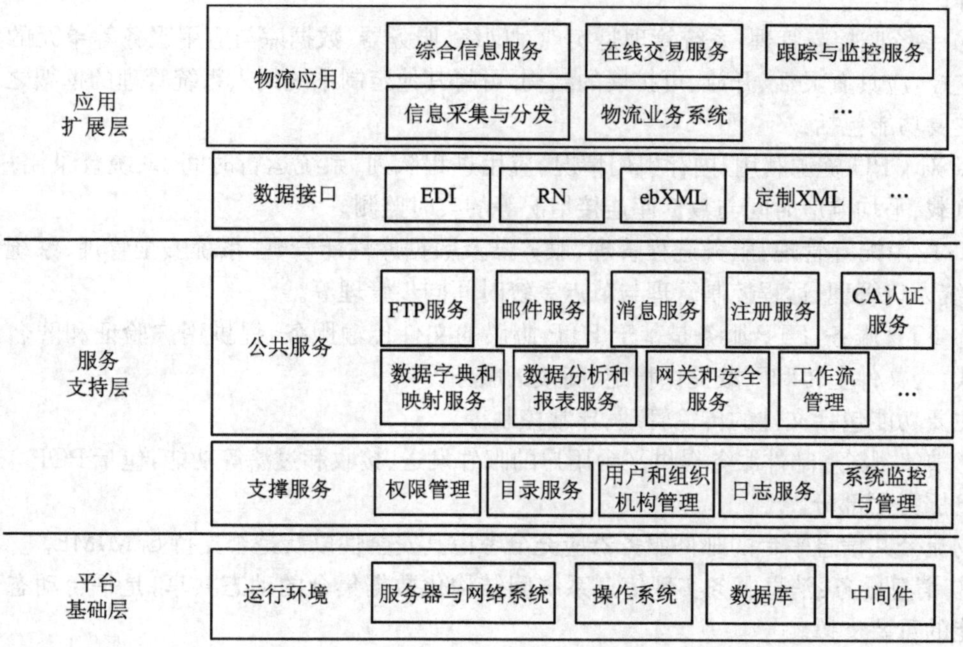

图 9-3　物流公共信息平台体系架构示意图

② 目录服务：目录服务是对基于物流公共信息平台应用的共用资源以目录形式进行统一管理。公用资源包括系统用户目录、组织目录和服务器目录等。

主要功能包括：

a. 用户目录管理：通过一定的管理、分配和授权机制，实现用户信息管理和维护。

b. 组织目录管理：可按照组织机构分配其不同的目录进行管理，与用户目录管理类似，可与用户目录管理相关联。

c. 服务器目录管理：对服务器目录服务提供统一的管理。

③ 用户和组织机构管理：为用户和组织机构管理提供统一的用户管理和组织机构管理服务，是物流公共信息平台必要的系统功能。

主要功能包括：

a. 用户和组织机构以及多级组织机构的信息维护。

b. 用户注册、登录与注销的管理，组织机构注册与注销的管理。

c. 用户和组织机构的证书维护，如证书发放、启用、恢复、更新和作废等，需与 CA 认证服务功能结合使用。

④ 日志服务：日志服务是对系统日志的分类查询、维护与配置、筛选的相应管理，是物流公共信息平台基本的系统功能。

主要功能包括：

a. 对不同类型的日志定义不同的处理方式，便于存储管理。用户根据日志类型可以通过物流公共信息平台提供的分类方法进行查询。

b. 维护日志类型、优先级别、格式设置、日志输出源配置等，建议默认优先级为：调试、一般信息、关键信息、警告与错误。

c. 通过定制格式进行筛选，筛选的内容包括：类型、操作者、时间、级别、日志、系统进程与来源等。

⑤ 系统监控与管理：系统管理是实现对网络、服务器、数据库与应用服务等单元的集中管理和监控，应具有灵活、开放、可扩展的结构，可将其他定制系统纳入系统管理的框架之中。

主要功能包括：

a. 对CPU资源利用、内存引用情况、应用进程队列、系统运行时间、系统登录用户、应用请求负载、平均响应时间与数据库连接情况等的实时监测。

b. 应用配置管理、服务进程管理、服务器及数据库性能管理、系统安全管理、系统资源管理、系统人口管理、远程控制管理与节点系统时间同步管理等。

⑥ FTP服务：FTP服务是基于FTP协议的文件传输服务，提供用户验证和匿名访问两种方式，为文件上传和下载提供稳定、高效的服务。

主要功能包括文件的传输管理、异常控制等。

⑦ 邮件服务：邮件服务提供平台用户的邮件发送、接收和过滤等功能，包括POP 3服务和SMTP服务两部分。

物流公共信息平台的邮件服务器应充分考虑其安全性以及是否支持S/MIME。

⑧ 消息服务：消息服务实现信息系统间结构化数据集合的动态共享，是平台动态信息交互功能的重要支撑。

主要功能包括：

a. 可靠投递管理：即使在网络临时中断或异常的情况下，服务仍能持续发送消息，并保证同一消息不重复发送。

b. 消息路由管理：使消息服务具有在消息源和目的源之间选择最佳路由的能力。

c. 消息存储和激活管理：将有存储要求的消息保存到数据库，并且在其生命周期保持激活状态。

d. 识别和解释管理：根据预定义的消息结构对消息进行解释，并根据一定规则进行消息的重组、过滤和转发。

e. 触发管理：当特定消息产生时，消息服务可以根据规则触发相应的应用程序。

f. 消息优先级管理：设定消息的优先级，使消息首先按照其设定的优先顺序进行有序的传递。

⑨ 注册服务：注册服务主要提供企业注册、查询和管理Web服务。

主要功能包括：商业实体维护、技术模板和规范维护、Web服务绑定、Web服务注销、Web服务访问权限管理、Web服务API部署和管理等。

⑩ CA认证服务：CA认证服务提供物流公共信息平台密钥存储分配、客户端认证机制、服务器认证机制和较高安全级别的信息认证。此功能可以加强系统安全性，应尽可能实现。

主要功能包括：密钥管理，密钥算法，用户身份认证管理，与用户和组织机构服务功能共同实现证书的颁发、作废和更新等管理功能。

⑪ 数据字典和数据映射服务：数据字典和数据映射服务是物流公共信息平台的关键服务，是不同应用及异构数据整合的基础。

数据字典应以数据元为基本单元对其定义和内容进行详细说明，作为物流公共信息平台数据信息的集合，数据字典为用户提供了数据的明确定义，并帮助用户建立系统逻辑模型。

数据映射服务定义不同数据对象之间映射关系，完成从多种数据源抽取数据自动转换为目标数据的过程，以减轻数据库压力，避免复杂的数据访问逻辑。

数据映射主要功能包括:数据项、数据结构、数据流、数据存储、数据加工和外部项等定义和说明。本项服务和实现涉及数据录入处理、数据提取管理、数据格式设计、数据映射模型定义、数据导入导出处理、数据交换流程及封装处理等。

⑫ 数据分析和报表服务:数据分析和报表服务为基于物流公共信息平台的应用系统提供基础的数据挖掘和数据分析、报表定制、查询和打印等服务。

主要功能包括:数据分析工具、图形化工具、统计报表定制、分析报告、多种格式的报表下载及打印等。

⑬ 网关和安全服务:网关和安全服务包括平台通信协议管理、网络连接方式管理、信息传输安全和数据加密服务。通信协议应支持大部分网络应用层协议,如 HTTP、HTTPS、FTP、TFTP、POP3、SMTP、TELNET 等,加密算法应能支持足够强度的对称密码算法和非对称密码算法,可以与 CA 认证服务配合使用。应提供安全防护软件实现系统防病毒防入侵或攻击,确保文件系统和数据的安全。

⑭ 工作流管理:工作流管理支持不同企业的不同业务,实现跨应用的工作流程管理。物流公共信息平台利用计算机系统为工作流程的导向和定制提供数字化支持的业务协同服务。

主要功能包括:工作流过程定义、过程实例创建与执行、调度活动、调用应用接口交互、提供监控和管理功能。

(3) 应用扩展层的功能

① 数据接口服务:主要解决与其他系统的数据交换和互联互通。需要和前述数据字典和映射服务以及网关和安全服务功能相结合,实现接口的启用与关闭、接口类型设置、接口服务的参数设置、报文数据字典管理、报文规格设置、数据来源和目标服务器的配置等。

数据接口的种类主要包括:

a. EDI 接口:应支持以 Internet 为基础的 EDI 传输方式 AS2,将 MIME 和 HTTP 用于过程到过程的实时传输,并采用 UN/EDIFACT 或 X. 12 标准,或参照国内已有的报文格式标准,如通关、港航运输等方面的报文标准,以满足单证的数据转换。非 Internet 的 EDI 传输方式 AS1 使用 MIME 和 SMTP 的异步传输,不推荐实现,如需要可以考虑与增值网接入服务商合作,用接口定制实现 EDI 专网和平台结合。

EDI 接口服务功能包括:实现用户认证、传输加密和数字签名的安全机制,提供用户报文发送的时间编排服务和回应确认服务,产生报文收发的存证及计费,为用户提供基于浏览器的应用单证模板等。

b. RN 接口:应遵循 RosettaNet 实施框架 RNIF,对所有贸易伙伴接口 PIPs 可以友好地进行扩展,支持所有 RosettaNet 兼容的网络协议,对 PIPs 的消息导言、消息头、消息体,可验证结构、语法、内容的合法性,并封装为标准的 MIME 报文。RosettaNet 接口功能包括:实现用户认证、传输加密、数字签名的安全机制,提供用户参数设置、报文网关设置、XML Schema 的导入导出和交易流程定义等。

c. ebXML 接口:ebXML 提供规范的模块化套件,使不同地点、任何规模的企业能够通过 Internet 进行交易,平台采用其标准规范来交换企业业务消息及进行贸易。ebXML 接口功能包括:公共术语定义、数据传输机制、商业过程定义与注册和商业关系指导。

d. 定制 XML 接口:系统应充分利用 XML 标准的开放性和扩展性,将其作为主要的数据交换格式。可以自由定义数据标记名以及相关的元素、元素层次,但应该遵循和参考通用的、流行的 XML 数据结构、元素名称、元素数据类型等,设计成易于理解的数据结构,保持不同系统之间、不同网络之间电子数据交换的广泛性和灵活性。

其他物流系统接口可由物流公共信息平台按需定制开发。

② 综合信息服务：物流公共信息平台应是物流信息资源的汇集中心，具有信息发布和查询功能，满足不同物流主体的信息需求和功能需求，包括以下信息的发布和查询：

a. 物流企业信息：物流企业的服务内容、服务承诺、企业规模以及资信等相关信息。

b. 物流服务信息：货物动态、承运工具动态信息、物流供求信息和报价信息等。

c. 物流综合信息：包括运输规费信息、路况信息、气象信息、不良信息披露（如货主、车辆等）和供需趋势提示信息等。

d. 物流知识库：包括相关政策法规、标准、行业业务知识等。

e. 统计查询和搜索工具：查询一定时期、一定区域范围，甚至是一定物流功能范围内反映物流活动的历史统计数据，了解、分析其发展趋势，辅助政府宏观决策。

③ 在线交易服务：在线交易服务为物流业务的电子交易双方提供身份确认以及资质审核服务，确保交易者信息的唯一性和不可抵赖性，以提高交易各方的可信任度，实现安全交易。

在线交易服务可以利用注册服务、CA 认证服务、网关和安全服务、工作流管理等功能及数据接口服务，实现物流综合信用认证、网上采购招标、在线撮合、电子支付与结算、网上保险、网上报关、网上交税、网上出入境商品检验检疫、电子订舱等服务。

在线交易应能与银行等金融机构系统连接进行余额查询、付款、退款和结算等主要交易，在线交易服务发生后，应及时更新相关信息，以确保在线信息的准确性，同时需记录发生的交易信息，保证信息的完整性。

④ 物流业务系统：为企业提供各类物流业务系统是物流公共信息平台的主要功能。平台服务商或应用服务提供商可为企业客户提供物流业务应用系统和设施租赁服务，或与企业合作建立物流业务应用系统。通过业务系统，结合服务支持层的 FTP 服务、邮件服务、注册服务、数据分析和报表服务等，使企业能方便地实现仓储、运输、客户管理、财务、决策支持以及日常业务功能。

物流业务系统包括：运输管理（海运、空运、铁路运输、汽车运输等）、仓储管理、码头管理、配送管理、货代管理、船代管理、报检系统、报关系统、回收物流管理、客户管理、订单管理、信息反馈、财务结算与统计分析等。

⑤ 跟踪与监控服务：通过物流公共信息平台的 GPS/GIS、RFID、电子邮件、短信息、数据采集中间件等系统的统一接口，利用服务支持层的消息服务、注册服务、数据字典和映射服务、网关和安全服务等，对政府管理部门，相关企业所关注的运输工具、物品进行位置跟踪及相关信息的记录和监控，并提供在线查询和主动报告等服务功能。

⑥ 信息采集与分发：信息分发服务可采用发布/订阅方式，提供相关的复合事件信息，保证将新发生的事件及时、可靠地传送给所有目标地址。通过本地或远程的人工录入、系统自动生成、实时采集（采用 GPS/GIS、RFID、条形码或 LBS 技术）等方式将采集的数据传输到物流公共信息平台，依照一定的安全策略、数据过滤及定义的规则进行写入、存储、分发等数据处理，可利用消息服务、数据字典和映射服务、网关和安全服务等提供的支持功能。

2）物流公共信息平台服务功能框架

根据平台的服务对象不同，物流公共信息平台对外提供的服务分为在线物流管理服务、平台公共服务和系统管理服务，如图 9-4 所示。

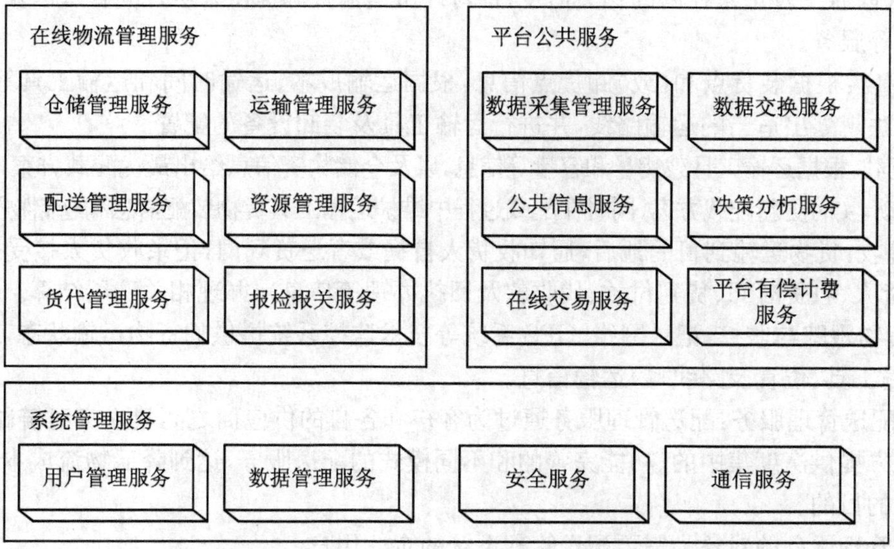

图 9-4　物流公共信息平台服务功能框架

其中，在线物流管理服务为物流企业提供在线物流交易、信息查询、物流过程的跟踪及管理等功能；平台公共服务为物流过程中产生的信息进行采集、发布、查询、分析以及交换提供支持，并为物流管理服务的实现提供必要的支持；系统管理服务的主要服务对象为平台的管理员，提供对平台用户的权限、数据、安全等方面的基本管理服务。

(1) 仓储管理服务：仓储管理服务对仓库资源提供管理功能。采用条码、射频等先进的物流技术设备，对出入库货物实现联机登录、存储检索、容积计算、仓位分配、损毁登记、状态报告等进行自动处理，并向系统提交图形化的仓储状态显示图等。

仓储管理服务的对象为需要仓储管理系统的企业用户。

仓储管理服务主要包括：

① 作业管理：记录货物入库、出库、盘库、移库、退库等业务操作信息，包括操作批次、货物名称、数量、合同信息、操作人员等信息。

② 仓位分配：通过查询和计算满足仓储要求的仓位，提供入库物资仓位(或货位)分配、仓位回收以及仓储状态实时更新等服务。

③ 损毁登记：记录仓库中物资损毁的原因、时间和数量等信息，并提供损毁状态分析报告。

④ 状态报告：提供仓库某一时期内包括仓储容量、仓位(或货位)以及物资等信息在内的状态报告，并根据这些信息触发预测进货、报警、采购通知等服务。

⑤ 仓储查询：以特定格式关键字的方式提供仓储信息查询服务，包括库存物资查询、仓位信息查询和仓储状态查询。

(2) 运输管理服务：运输管理服务对运输资源提供管理功能。对所有可以调度的运输资源，提供制定运输计划、管理运输过程、管理配载信息以及最佳运输路线选择等功能。

运输管理服务的对象为需要运输管理系统的企业用户。

运输管理服务内容主要包括：

① 运输资源管理：提供自营和外协运输资源管理和信息维护服务；针对自营运输资源提供基本成本的核算服务，并管理运输工具的维护计划、维修、油耗、证件、购置和报废记录、驾驶

员档案、保险状况及记录在内的相关信息;针对外协运输资源提供外协合同管理以及车辆运输合同管理等服务。

② 调度:根据装货点和(或)卸货点信息,根据运输成本、运输时间和运输工具等信息,通过合理算法规划出适当的运输路线,并进行运输工具及装卸设备的配置。

③ 配载:根据运输工具载货量和容量等信息,以及仓储物资信息给出最优配载方案,并根据相关信息变动,实时更新配载方案,同时在配载过程中维护运输工具货物装配信息和仓储物资信息。

④ 签收:货物运输到目的地后,通知收货人自提或者送货到门,记录收货人接受货物信息(包括收货人、收货时间、货到付款、代收款及回执办理等信息),办理相关费用结算。

⑤ 货物跟踪与监控:记录网络、GPS系统等技术监控系统提供的货物运输状态,跟踪货物(包括运输工具、位置及路线等)运输信息。

(3) 配送管理服务:配送管理服务通过为客户和各自的供应商之间建立实时链路,为购买与供应双方提供高度集中的、功能完善的和不同模式的配送服务,达到降低物流成本以及提高运作效率的目的。

配送管理服务的对象为需要配送管理系统的企业用户。

配送管理服务内容主要包括:

① 实时配送:以合同和订单为依据,对货物进行计划和调度,实现货物的仓储、运输、装卸、包装以及保管管理等服务,实现货物送达的快速反应。

② 物流通道:维护管理物流园区、物流基地与物流中心等信息,管理它们和外部交通基础设施(包括铁路、公路、水运或航空等货运场站)之间的货运道路系统。

③ 配送信息服务:维护包括服务范围、服务质量、质量保障体系、公司资源与成功案例等在内的配送信息,并提供相关查询服务、咨询服务和展示服务。

(4) 资源管理服务:资源管理服务提供管理、调度和统计各类物流资源,支撑物流业务的开展。物流资源包括仓储资源、运力资源和物流设备,其中仓储资源包括仓库、货架、托盘、货拍、工具柜等;运力资源包括航空、铁路、公路运输资源以及吊车、叉车、托盘搬运车、台车等搬运资源;物流设备指物流作业过程中使用到的其他设备资源。

资源管理服务的对象为需要资源管理系统的企业用户。

资源管理服务内容主要包括:

① 物流资源管理:提供物流资源信息的管理服务,包括物流资源的购置、派发、维修、年检、回收与报废等。

② 物流资源统计:提供物流资源信息的查询、统计与分析,及时对物资资源进行维护和补充。

③ 物流资源调度:根据物流作业需求,进行物流资源调度和配备,在满足作业需求前提下进行物流资源的优化调度。

(5) 货代管理服务:货代管理服务对货物代理托运的过程提供管理功能。按照资源最大化和服务最优化的原理,满足代理货物托运、接取送达、订舱配载、联运服务等多项业务需求,完成物流的全程化服务管理,包括代理航空和船务,实现全程服务的最佳物流方式。

货代管理服务的对象为需要货代管理系统的企业用户。

货代管理服务内容主要包括:

① 货物委托受理:接受客户货物运输委托,包括手工订单和电子订单两种途径。记录委托详细信息,包括委托单位信息、货物信息、运输要求信息与运输费用信息等。

② 订舱配载:代理订舱和运输工具配载,并及时提供给客户最准确的订舱通知。运输开

始后向客户提供货物的预抵时间及运输路线相关信息。

③ 接取送达：代理接收货物，并将货物交给委托人，该过程中系统维护代理人、货物、接收人和业务状态等信息并触发后续相关业务。

④ 货物托运：维护管理货物托运过程中的状态信息，跟踪货物状态并及时更新相应信息。

⑤ 联运服务：管理维护运输企业、企业的运输工具及运输方式等信息，并根据这些信息规划出多种运输方式或同一运输方式的不同运输方案给用户。

因篇幅限制，本章节仅对在线物流管理服务的部分模块做了介绍，更多内容请参考《物流公共信息平台应用开发指南第 7 部分：平台服务管理》(GB/T 22253.7—2010)。

9.4.5 电子商务物流信息系统的分析与设计

目前在软件开发领域有两种主流的开发方法：结构化开发和面向对象开发。结构化开发是一种比较传统的开发方法，早期的高级语言如 Basic、C、Fortran 和 Pascal 等，都是适合采用结构化过程来开发的编程语言；随着软件开发技术的逐步发展，为了进一步提高软件的可重用性、可扩展性和可维护性，面向对象的编程语言(如 Java，C++等)及面向对象的设计理念应运而生，被工业界吸纳并广泛采用。

结构化开发和面向对象开发到底孰优孰劣，没有统一的标准。随着面向对象的编程语言的普及，迫切需要将面向对象的设计理念应用于系统分析和设计。本书采用统一建模语言(Unified Modeling Language，UML)来分析和设计适用于电子商务的物流信息系统。使用 UML 进行系统的分析和设计，可以加速开发的进程，提高代码的质量，支持动态的业务需求。在物流信息系统设计的需求定义、系统分析、系统设计等各个阶段利用 UML 建模语言进行建模，有助于提高开发效率、降低开发风险。

基于 UML 的建模过程包括分析与设计两个建模阶段，如图 9-5 所示。其中分析阶段需要创建的模型有：用例图、活动图、分析类图及顺序图；设计阶段需要创建的模型有：状态图、设计类图、协作图、组件图及配置图。通过对这 9 种基本的模型图的综合运用来全面刻画整个系

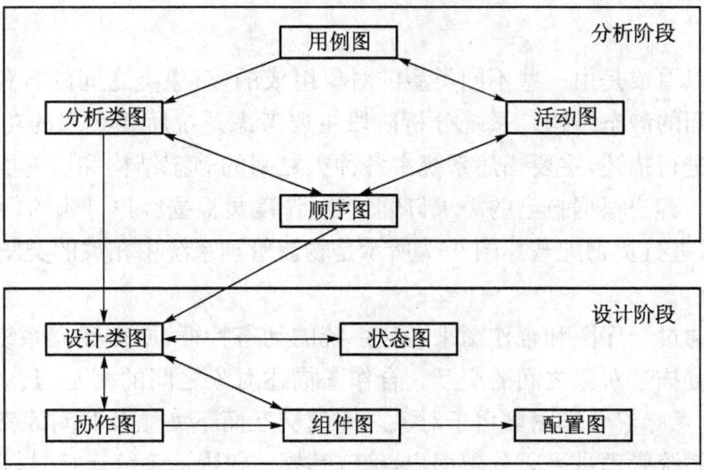

图 9-5 UML 基本建模过程

统的全貌。系统设计的静态模型通过用例图、类图(包含包)、对象图、构件图和配置图来表示,动态模型通过协作图、状态图、活动图和顺序图来表示。基于UML建模过程是一个以增量方式迭代的过程,由于迭代过程与UML一体化建模有机结合,使得分析与设计之间可以获得有效的无缝过渡与进化,不断完善系统的分析与设计。

1) 需求分析

首先对系统进行需求分析,确定角色和用例,建立系统的用例图。物流管理系统的需求分析描述如下:系统管理员管理系统的用户及权限;系统操作员维护基础数据库(如客户、货物等信息),同时维护配送业务中的车辆调度、货物托运和报表等信息;财务人员维护费用及结算等信息;企业管理者进行业务的受理;一般员工查询各类信息。系统的角色可分为系统管理员、系统操作员、企业管理者、财务人员和一般员工,如图9-6所示。

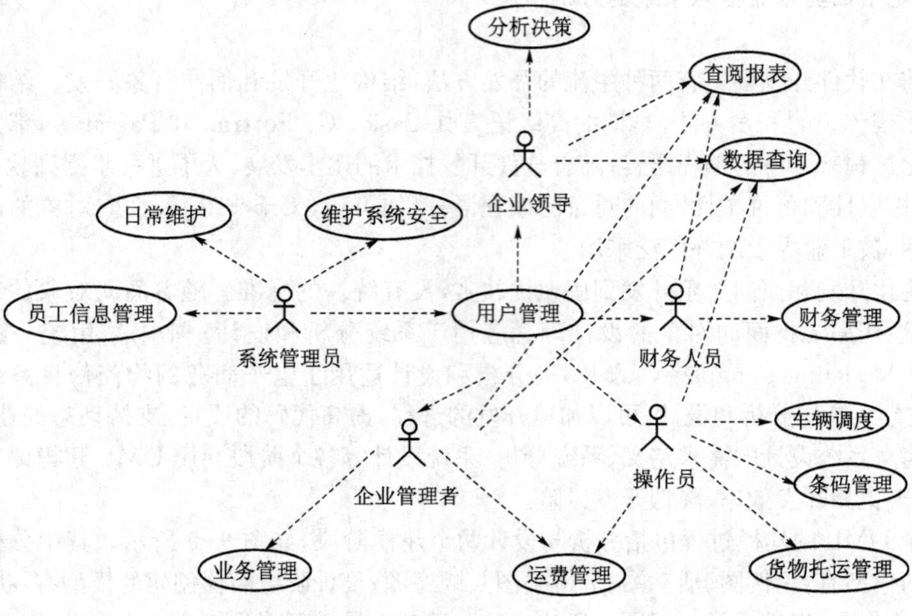

图9-6 物流信息系统用例图

2) 系统分析

一个系统可以看成是由一些不同类型的对象组成的,对象类之间的各种关系反映了系统内部各种成分之间的静态结构。系统分析阶段主要考虑系统所要实现的功能,用UML的类图对系统的特征进行描述,主要描述系统中各种类之间的静态结构和所有类之间的联系以及类的属性和行为。客户根据自己的需求订购货物,调度员根据客户订购的货物、数量、体积、重量安排车辆运输,进行货物配载。图9-7所示是物流管理系统中相关的类图。

3) 系统设计

在设计阶段通过顺序图和合作图来表达系统的动态特征,即需建立系统的行为模型。顺序图从时间的角度描述对象之间的交互。合作图描述对象之间的交互,其中不同的是合作图侧重点是事件,这意味着合作图侧重于对象之间的交互而不太顾及时间因素。图9-8是系统登录的时序图。系统管理员可以分配用户,确定其操作权限。系统运行时,根据用户的权限屏蔽该用户没有权限操作的模块。一般用户只能修改自己的用户名和密码,不能改变自己的权限。

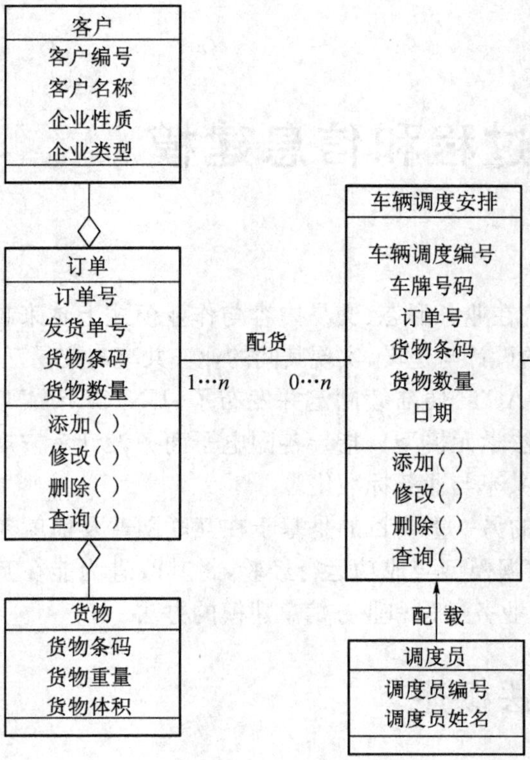

图 9-7　物流信息系统的类图

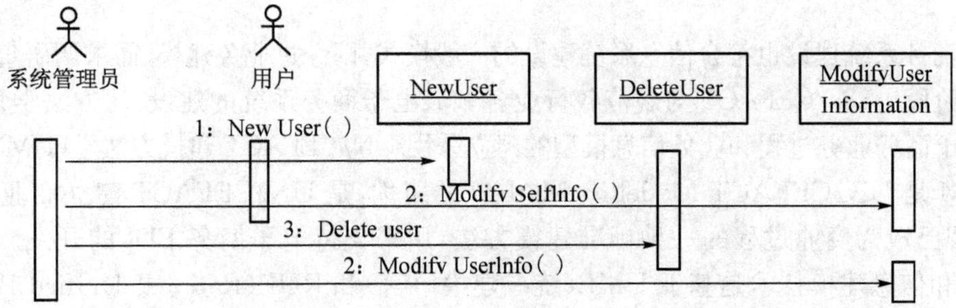

图 9-8　系统登录的时序图

操作员进入登录界面之后，可以根据客户的订购货物和货物数量、体积、重量进行货物配送，选择合适的运输工具和运输路线进行配送服务，配送过程合作图如图 9-9 所示。

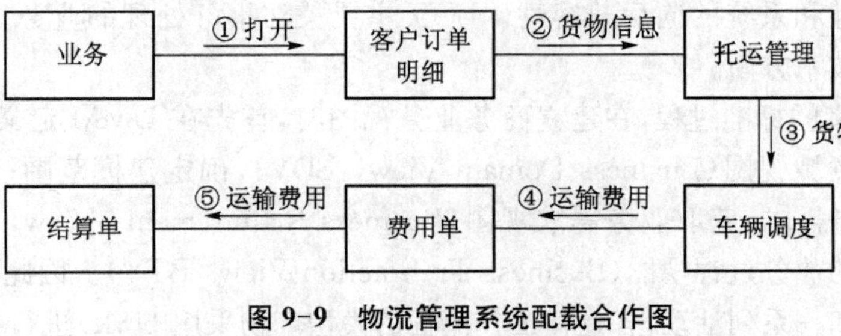

图 9-9　物流管理系统配载合作图

实际的物流信息系统的设计和研发涉及范围广，更深入细致的设计需要根据实际需求定制，经由用户反馈、再完善，才能成功。

10 电子商务业务过程和信息建模

电子商务的发展导致各类商务系统在业务形态、交易内容与作业模式上越来越复杂。为规范各国各行业各领域电子商务系统的设计与建设，实现其间的业务共享与交易互操作，联合国贸易便利与电子商务中心（UN/CEFACT）便陆续制定并发布了《UN/CEFACT 建模方法学用户指南》与《UN/CEFACT 建模方法学元模型》，指导各国电子商务设计者按规范设计与构建系统，使之能最大程度地实现信息共享与业务标准化。

UN/CEFACT 推出上述两个规范的另一重要目的是基于在互联网普及前就在西方各大企业间流行的 EDI 商务系统的结构、数据模型与成功运行经验，将其改进为能在互联网中运行的开放式 EDI 系统，改进为网络中对业务过程和业务信息建模的方法。

10.1 UMM 统一建模方法概述

10.1.1 UMM 统一建模方法简介

电子商务系统建设也符合信息系统建设的一般模式，即经过业务建模、需求调研直到最终系统部署等阶段。UN/CEFACT 为规范各行业各领域电子商务系统的建设，从方法学角度入手，提出对电子商务业务过程和业务信息模型的建立采用 UN/CEFACT 建模方法学(UMM)。

UMM 是 UN/CEFACT Modeling Method 的简称，是 UN/CEFACT 建立商业过程的建模方法，现已成为商业过程的一种标准建模方法，用来支持电子商务 EDI 的开发。UMM 的商业过程和信息建模技术是基于 UML(统一建模语言)和 RUP(Rational Unified Process，统一软件过程)的。UMM 在 UML 的框架内，通过定义一系列能够满足商业过程和信息语义原型对 UML 元模型进行了一定的扩充，定义了 UMM 元模型，并在统一软件过程的基础上，定义了适合电子商务领域的建模过程。UMM 分两种视图描述电子商务的事务处理：业务操作视图(BOV)和功能服务视图(FSV)；其基本目的是清楚地区分操作和功能视图，最大限度地确保系统的互操作性和系统的向后兼容性。BOV 主要关注事务处理的业务方面，FSV 则关注事务处理的信息技术方面。

根据 UMM 定义的标准过程，在建立商务业务视图时，首先在 UMM 定义的框架下建立商务一体化的业务领域视图(Business Domain View，BDV)，确定建模范围；然后根据 BDV 确定的范围描述业务需求，获取业务需求视图(Business Requirements View，BRV)；再根据需求视图获取具体的业务过程视图(Business Transaction View，BTV)。因此，每个建模工作流程都有明确目标和一系列活动，各建模工作流程的模型产物采用 UML 进行描述，每个建模阶段的产物可以作为下一个阶段的输入，以进一步细化业务过程和业务信息模型。每个建模工作流程中都包含了建模所涉及的角色、建模步骤以及建模产物。

1) UMM 统一建模方法架构

完整的统一过程方法的各阶段和统一过程方法的工作流程共有 28 个单元，UMM 针对其中的 8 个单元建立规范化模式，其对应关系如表 10-1 所示。

表 10-1　统一过程方法的阶段与流程间的对应关系

流程	初始阶段	细化阶段	构造阶段	交付阶段
业务建模				
需求				
分析				
设计				
实现				
测试				
部署				

UN/CEFACT 的建模方法学覆盖了业务建模、需求、分析与设计 4 个工作流程，以及统一过程中初始阶段和细化阶段 2 个阶段。在管理信息系统建设中，这 2 个阶段的 8 个单元属于系统概念与逻辑设计阶段。UN/CEFACT 对此实施规范化，既能促进各类商务系统在概念与逻辑上的标准化，又给予各系统的物理设计与实现以充分的自由度。

2) UMM 相关概念与定义

UML 语言通过扩展机制扩展了业务用例：如业务角色（Business Actor）、业务用例（Business Evnet）、业务目标（Business Goal）；扩展了业务对象：如业务执行者（Business Worker）、业务实体（Business Entity）、业务事件（Business Event）、业务规则（Business Rule）等；扩展了业务系统：如业务系统（Business System）、业务单元（Business Unit）等。其核心概念和定义如下：

(1) 执行者（Actor）：在系统或业务之外但又与该系统或业务交互的人或物，执行者的选择依赖于这个边界的选择。

(2) 业务（Business）：一系列过程，其中每个过程都具有清晰易解的目的，涉及多个组织，通过信息交换实现，指向某个共同商定的目标，并延续一段时间。

(3) 业务对象（Business Object）：业务对象代表那些在业务内部具有行为和职责的事物。其关注点在于业务对象要做什么，而非它们将如何做。即其不关心是人还是软件系统在执行某项任务，更不深入到任务是如何做的。

(4) 业务执行者（Business Actor）：用来定义业务（目标组织）的边界，代表业务之外的事物，必须与业务进行交互，以获得有价值的结果。商务系统中各种类型的业务执行者有客户、供应商、商业伙伴、管理者、目标组织外的伙伴与单位等。

(5) 业务范围（Business Area）：界定一系列相关联的系统特征化的知识或活动的范围，或按一套概念和术语特征化的知识或活动的范围，其中所述的概念和术语是该领域的从业人员所能理解的。

(6) 业务协同框架（Business Collaboration Framework，BCF）：定义在两个或多个业务伙伴之间电子业务交换的规范的集合。

(7) 业务协同协议（Business Collaboration Protocol，BCP）：设计并安排好的一个或多个业务交易活动。

(8) 业务交易(Business Transaction, BT):业务的一个单元,它由两个参与方执行,并产生一个可量化的成功或失败的状态;或是在两个业务伙伴之间发生的组业务信息和业务信号交换,这些业务信息和业务信号交换必须以商定的格式、次序和时间间隔出现。

(9) 角色(Role):在特定的语境中执行指定的具体行为的实体。

(10) 业务实体(Business Entity):在业务中可被访问、检查、操作、创建、处理的事物。

(11) 业务过程(Business Process):在业务实践中用来完成一项或多项活动的方法。

(12) 组织轮廓图(Organization Chart):简单描述目标机构的结构和业务流程,以便更好地理解应用软件的需求;它包含于软件工程项目的内容中,通常不更改业务本身。

(13) 领域模型(Domain Modeling):电子商务平台是信息密集系统,可在业务层面对关键信息建模,主要是管理和呈现业务信息,而不考虑其上的业务流程。该工作也是系统开发的内容。

(14) 通用业务(Generic Business):商务系统中业务项目复杂,可在多个系统中复用一个或一组应用系统。故可建立一个业务模型,成为多个软件项目的输入,业务建模在此通常作为单独项目展开。

(15) 通用业务模型(Generic Business Model):在开发多机构使用的商务子系统,如客户登录、账务支付应用等,通用业务模型可规范不同机构间的业务处理方式,成为一种标准的可复用软件,以避免软件需求过于复杂;或在规范不了流程时,帮助理解各商务流程与个人用户和机构对目标软件在使用场景上的不同之处,并加以控制。

(16) 全新业务(New Business):商务系统需要拓展新业务流程时,常需相应的信息系统来支撑。在此,业务建模不仅用于发现软件需求,同时用于分析与设计新业务作业流程,通常作为单独项目来展开。

(17) 业务重组(Revmap):如商务平台要全面重组其业务时,业务建模常作为一个或多个独立项目展开。商务流程再造可分为多个阶段来实施,构思新业务,开发与部署新业务等。

(18) 业务过程(Business Process):为客户提供可观测、有价值结果所需的全部商务活动。同时,它也是一组逻辑相关资源,以提供能支持实现商务机构的目标所定义的结果。

(19) 业务用例(Business Use Case):用例代表了客户或供应商、业务伙伴间如何使用业务的服务,其观察的角度在于一种使用方式而非功能。其特点是:业务用例必须由执行者来发起,必须有明确的定义的开始和结尾,必须为执行者提供可观测得到的价值,描述一组可能的执行序列,表达所执行业务的行为。

(20) 业务用例模型(Business Use Case Model):业务用例模型描述了目标组织的业务方向和意图。具体为:业务方向使用业务目标的形式来表达,它们从业务策略引申而来;业务意图通过执行业务用例带来的增加值来表示,这些业务用例支持业务目标的实现。

(21) 业务用例分类(Business Use Case Catalogue):通过分析目标组织的业务活动,可归纳出如下3类业务用例:

① 核心:它们是直接面向客户的业务用例,能够提供可见的价值,例如购买商品等。

② 管理:属于组织内部,用以控制和协同支撑业务的整个价值链,例如总体规划、业务部署与流程管理、业务监控与审计等。

③ 支持:属于组织内部,用以支持形成完整的价值链,例如原材料采购,内部的日常运作等。

(22) 业务用例规格(Business Use Case Specification):商务系统中的业务用例规格有:

① 名称。

② 用例目标(涉及利益)、简述。

③ 业务执行者(角色)、涉众(Stakeholder)。

④ 支持的业务目标。

⑤ 触发事件。

⑥ 基本事件流(正常执行路径)。

⑦ 扩展事件流(可选/异常执行路径)。

⑧ 前置条件。

⑨ 后置条件(最小保证和成功保证)。

⑩ 特别需求(与用例行为关联的附属特性)。如开户用例基本流有识别客户(身份),收集客户相关信息,决定账户类型,分配账户号,确认账户信息等。

(23) 业务用例分析(Business Use Case Analysis):相关步骤的设置应确保业务用例规格的描述足够详细,应针对每个业务用例实现以下目标:

① 从业务用例的行为中识别业务对象。

② 将业务用例的行为分配到各业务对象的职责上。

而针对每个被识别的业务对象应:描述其职责;描述其属性和相关的关系。

(24) 业务用例实现 (Reality of Business Use Case):业务流程的实现为特定的业务服务(业务用例)的结构和行为提供了一种容器,并在业务用例和业务对象模型间建立跟踪关系。

10.1.2 UMM 建模目标与步骤

1) UMM 建模目标

UMM 建模主要用于描述商务业务过程,建立商务活动的信息模型。具体目标如下:

(1) 理解各机构参与商务系统时所需的功能,识别各子系统建立与改进架构与接口等。

(2) 分析并理解商务系统中企业、机构、用户等加入与退出业务时引起的相关变化。

(3) 确保企业平台、最终用户、系统开发人员和其他相关者对业务需求、功能架构与实现目标拥有一致的理解。

(4) 分析与抽取商务系统的软件需求,以支持目标系统的业务需要。

(5) 用来理解被部署的软件系统如何实现与适应商务系统的总体目标。

2) UMM 业务建模步骤

UMM 业务建模涉及以下主要步骤:

(1) 分解描述商务系统涉及的各个相关目标与子系统机构。

(2) 识别与分析商务系统外部的业务服务(业务用例)。

(3) 识别与分析商务客户、供应商和合作伙伴(业务执行者)间的业务连接与关系。

(4) 建立以商务客户为中心的业务模型(业务用例模型)。

(5) 分析业务用例的实现,识别商务系统中相关业务员工、业务实体和业务系统,并向其分配相关的业务职责。

(6) 分析与细化商务系统中各业务流程的运行模式,定义其软件系统需求。

10.1.3 UMM商务一体化建模流程

在对电子商务系统建模时，要在UMM定义的框架下建立一体化的业务领域视图(BDV)，确定建模范围；再根据其确定的范围分别描述业务需求，获得业务需求视图(BRV)；最后根据需求视图获得具体的业务过程视图(BTV)。

10.2 业务领域视图

10.2.1 业务领域视图的功能和目的

1) 业务领域视图的功能

业务领域视图(BDV)是描述电子商务业务范围中各子过程相互间关系的框架，它也是标识其中包含的业务过程的一个总体架构。为统一定义过程范围边界以及获得业务过程的互操作性，需要参考采用各行业已有的通用业务领域参考模型。在无规范模型的情况下，则根据规范建立视图。

2) 建立业务领域视图的目的

建立业务领域视图的目的，是以形式化方式描述在所研究的业务领域内，交易伙伴间业务的静态结构和动态关系。业务领域视图的内容主要为电子商务咨询人员撰写描述业务文件，并获得用户的认可等。具体目的如下：

(1) 了解电子商务业务领域的静态结构及机制。

(2) 确保用户、系统设计者和软件开发者对业务领域达成共识。

(3) 确保业务领域视图的合理性。

(4) 标识各业务领域的涉众，各涉众与具体的业务过程无关。

(5) 理解业务领域中的各项日常业务，该业务与具体技术无关。

(6) 对电子商务业务领域进行分类，通过具体领域划分和领域迭代来完成建模。

3) 与其他视图的关系

商务业务领域视图生成的模型是商务业务需求视图的重要输入，用于了解整个电子商务系统的需求。

10.2.2 业务领域视图建模步骤

建模步骤主要分为描述商务系统的业务领域、业务范围、过程范围和标识业务过程等4步。具体如下：

1) 描述业务领域

商务业务领域模型是通用业务过程的一个框架。在专业B2B中，这类领域模型通常由相应的行业提供；在B2C中，领域模型重在建立普适性的对象交易模式。对于综合型B2B，不同企业均可通过其内部系统参与交易与业务协作。对于各参与方之间通过协同选用业务过程来说，针对具体商务对象制定业务领域模型是业务流程设计的起点。对这些业务过程描述建立统一框架，是标准化建模的基础。

表 10-2 为业务领域模型的模板，指导商务系统设计者按此规范步骤描述业务领域。

表 10-2 电子商务业务领域模型模板

序号	表 项	描 述
1	业务领域模型名称	具体的业务领域模型名称
2	描述	对此业务领域的简述
3	适用的行业名称	本业务领域模型所适用的行业名称，命名可参考商务系统中的行业分类，如该行业尚不存在，则以合适名称命名
4	业务范围	列出该领域包含的业务范围名称，业务范围为业务过程范围集合，过程范围是业务过程的集合
5	依据	说明此业务过程集合的业务理由
6	分类模式	该行业内此业务过程的分类模式名称
7	涉众	定义与业务领域相关的参与方
8	参考引用	该业务领域参考引用的外部文档

2）描述业务范围

对业务领域模型分解时，第一层应确定业务范围。业务领域模型的业务范围分类应能反映企业与商务作业相关的结构，或该行业的通用业务过程框架。这种描述也应采用规范化模板，其格式应采用如表 10-3 所示的电子商务业务范围模板来描述业务范围。

表 10-3 电子商务业务范围模板

序号	表 项	描 述
1	业务范围名称	该业务范围的名称，属于业务领域模型描述中所列的业务范围
2	描述	对该业务范围的功能简要描述
3	范围	定义该业务涉及的范围
4	过程范围	列出该业务范围包括的过程范围，一个过程范围就是一组业务过程的集合
5	目标	描述该业务范围的目标
6	业务机会	描述该业务范围的业务机会
7	分类	提供分类标识符以参考引用业务过程的业务范围集，它包含在分类模式中
8	包含的其他业务范围	列出可能在该业务范围中的其他的业务范围

3）描述过程范围

过程范围是业务领域模型的另一个层次的分解。在某种意义上，它是所选业务范围的垂直分类。例如，当业务范围是营销时，过程范围可以是业务领域中对应每一个业务范围的点对点过程，也就是 ISO/IEC 15944—1 中的 5 个基本业务交易活动：计划、标识、协商、实现、实现后。描述过程范围也应采用规范化模板来描述，具体如表 10-4 所示。

表 10-4 电子商务过程范围模板

序号	表项	描述
1	过程范围名称	定义过程范围的名称，属于业务范围模板中所列的过程范围
2	描述	对业务过程范围的功能简要描述
3	目标	描述该业务过程范围的目标
4	范围	描述该业务过程范围的范围
5	业务机会	描述该过程范围阐述的业务机会
6	分类	提供用来参考引用业务过程的业务范围或过程集的分类标识符
7	业务过程	列出该过程范围中可能包含的业务过程
8	包含的其他过程范围	列出该过程范围中可能包含的其他过程范围

4）标识业务过程

标识业务过程是业务领域视图的主要目标，这些业务过程是 B2B 协同所要求的，或是 B2B 协同可能备选的业务过程。采用如表 10-5 所示的规范化标识业务过程模板来标识过程范围中的业务过程。该模板将指出业务过程的一些高端需求，如与其他业务过程的相互依存联系，而详细的需求描述将在业务需求视图(BRV)的业务过程模板中列出。

表 10-5 电子商务标识业务过程模板

序号	表项	描述
1	业务过程名称	上述过程范围中所标识的业务过程名称
2	描述	业务过程的目的和行为的文本描述
3	业务过程	列出该业务过程包含的、相关的或依赖的其他业务过程
4	业务需求	高阶需求，诸如与此处列出的业务过程有相互依赖的其他业务过程

10.2.3 建模产物

针对具体的电子商务领域，业务领域视图通过标识每项业务过程来表达电子商务的总体业务架构。业务领域可能非常复杂庞大，所以建立业务模型先要业务人员提供业务领域的知识，然后业务过程分析人员根据业务人员提供的知识，与技术建模人员一起将业务领域分为业务范围、过程范围以及业务过程。

因此，业务领域的建模产物是电子商务的业务范围、业务过程范围、业务过程用例图。

当电子商务业务领域分析完成后，业务领域视图阶段应转向商务业务需求视图构建阶段。

10.2.4 建模参与角色

参与业务领域建模的角色有三种人员：

1）业务人员

业务人员为业务过程分析人员和技术建模人员提供业务领域知识，帮助他们最终提取业务过程用例。

2）业务过程分析人员

业务过程分析人员根据业务领域人员提供的领域知识进行业务过程用例建模。

3）技术建模人员

技术建模人员将业务模型用建模语言形式进行文档化。技术建模人员采用用例图来描述业务领域人员提供的业务领域信息，与业务过程分析人员共同标识出业务过程所涉及的各个参与方并定义其相关职责。

10.2.5 业务模式

业务模式可参考现有各相关行业的电子商务业务领域模式。

10.2.6 建模实例——商品目录订购业务过程和信息建模实例

根据上述业务过程和信息建模的规范化方法和步骤对“商品目录订购”的业务过程建模。

1）构建业务领域视图

（1）描述业务领域模型：即描述业务领域中的业务范围，可引用系统中已有的业务领域模型。根据前述规范模板建立“商品目录订购”所属的业务领域模型，见表10-6。

表10-6 “商务目录订购”所属的业务领域模型

序号	表项	描述
1	业务领域模型名称	电子业务领域
2	描述	企业为买方提供产品和服务的业务领域
3	行业	电子业务零售业
4	业务范围	适于：制造、零售、结算、运输、服务等业务
5	业务理由	企业提供产品和服务给买方以获得利润
6	分类模式	电子业务零售业
7	涉众	如：买方、卖方、股东、企业管理者、银行、政府机构等
8	参考资料	相关标准操作程序

（2）描述业务范围：表10-7是描述业务领域模型中商务目录订购的零售业务范围。

表10-7 零售业务范围

序号	表项	描述
1	业务范围名称	零售
2	描述	卖方供应货物给买方
3	范围	卖方根据条款提供货物给买方，买方根据条款向卖方付款
4	过程范围	可描述销售、订购、分发、结算、调整等过程
5	目标	使买方从卖方获得产品
6	业务机会	产品由卖方销售给买方以获利
7	分类	零售
8	包含的其他业务范围	无

(3) 描述过程范围：在完成业务范围的界定和描述后，进一步对业务范围中确定的过程范围进行描述。本实例为根据商品目录来订购产品一直到用信用卡支付货款的过程。因此，根据商品目录订购的业务过程包含订购和结算两个过程范围。此处仅用订购业务范围作示例描述，订购业务过程范围如表 10-8 所示。

表 10-8　订购过程范围

序号	表　项	描　　述
1	过程范围名称	订购
2	描述	买方根据卖方的商品目录来订购产品，进行价格查询
3	目标	买方根据卖方的商品目录来订购产品
4	业务机会	根据商品目录订购是通用商务过程。可让买方浏览卖方产品网页，根据商品目录订购其适合的产品，也适于准确描述商品的某些特性，且对卖方而言，目录本身就是销售工具
5	分类	零售的订购
6	业务过程	如获得客户 ID、获得商品目录、获取报价、下订单、了解订单状态等过程
7	包含的其他过程范围	无

业务领域结构可采用 UML 包图形式来描述。包图用来强调业务领域中的业务范围和过程范围。根据目录订购的业务领域结构如图 10-1所示。

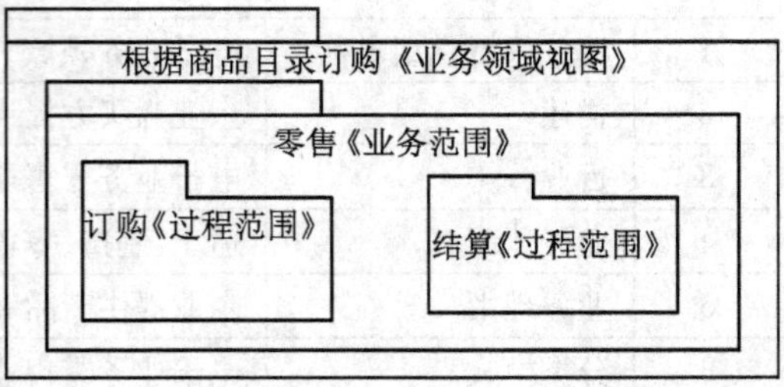

图 10-1　商品目录订购的业务领域结构图

(4) 标识业务过程：完成过程范围的标识和描述后，本步骤采用业务过程模板来标识过程范围中所列的业务过程。表 10-9 只标识出上述订购业务范围中的一个业务过程，即获取客户 ID。其详细的需求分析将在 10.3 节业务需求视图中进行描述。

表 10-9　订购业务范围中的某个业务过程

序号	表　项	描　　述
1	业务过程名称	获取客户 ID
2	描述	买方订购目录中的商品。买方在下订单前，可能请求报价(目录中没有规定产品的单价)。此时，卖方反馈报价，然后，买方反馈订单、确认
3	依赖、关联或包含的业务过程	无

图 10-2 是商品目录订购业务过程中所标识的零售业务范围中所有的业务过程示意图。

2) 商品目录订购用例

系统依据上述业务范围、过程范围和标识业务过程的结果，可搜寻业务过程范围库，找出相似的业务范围、过程范围和业务过程。本例可由业务过程范围库中找到获得产品清单、获得报价、下订单、了解订单状态、信用卡支付 5 个业务过程。由于获得客户 ID 业务过程在库中没有对应的业务过程，因此其视为一个新业务过程。

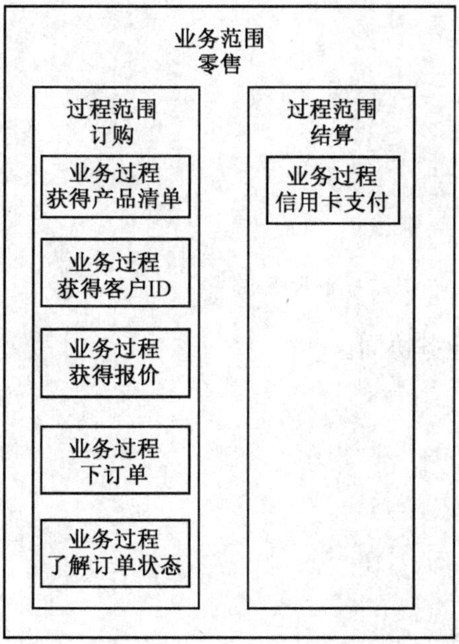

图 10-2　零售业务范围中的业务过程

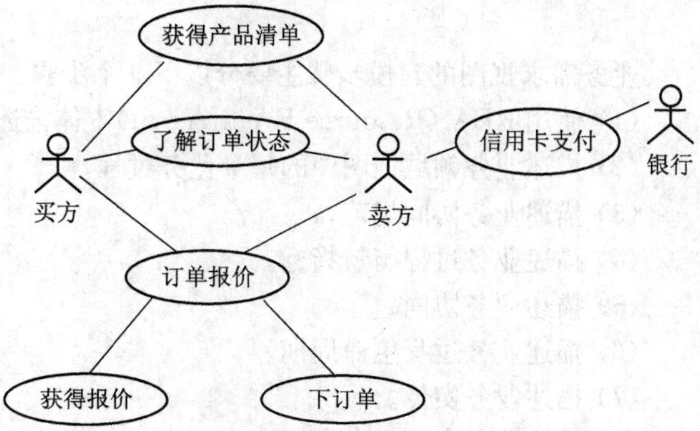

图 10-3　商品目录订购的用例图

利用业务过程范围库完成业务过程的标识后，采用 UML 图来表示所标识出的业务过程与业务参与方之间的关系，图 10-3 是根据目录订购的最终业务领域视图（BDV）用例图。

完成此步骤后，进入业务需求视图（BRV）阶段。

10.3　业务需求视图

10.3.1　业务需求视图的功能和目的

1）业务需求视图的功能

业务需求视图（BRV）的主要功能是在参考业务领域模型的基础上，详细描述用户需求。具体是依据业务领域分析定义的商务系统业务领域和范围，细化其中各子系统的业务需求。即针对前述步骤所建的业务模式，定义哪些是相关的业务范围，再进一步分析相关的业务协同模式，以获得在后续开发商务系统时所需的各种详细资料，最后与业务领域人员重审设计结果，修正前述业务领域阶段所建的各模型。

2）建立业务需求视图的目的

业务需求视图模型的目标对象较业务领域模型更为详细，它主要详述系统中的业务过程或业务协同用例。业务需求视图模型的具体目的为：

（1）在业务领域视图的基础上，更详细地描述用户需求。

（2）在用户和其他涉众之间就特定的电子商务解决方案达成一致。

（3）在详细了解业务过程用例的基础上，确定业务过程的本体，定义相关事件、约束条件、边界以及与其他用例的关系，进一步得到业务协同用例以及参与协同角色的信息实体等。

10.3.2 业务需求视图与其他视图的关系

业务需求视图模型是业务交易视图模型的主要依据。

10.3.3 业务需求视图建模步骤

业务需求视图的建模步骤主要分以下9个步骤：

(1) 使用REA (Resource Event Agent)本体描述业务协同。

(2) 描述业务领域视图中的每个业务过程。

(3) 描述业务协同规范。

(4) 描述业务过程衡量指标。

(5) 描述业务协同。

(6) 描述业务过程生命周期。

(7) 描述业务实体。

(8) 描述业务实体生命周期。

(9) 确定和描述业务实体。

1) 使用REA描述业务协同

业务协同或业务过程的本体是列出业务协同中的各种事物或对象及它们间的关系。业务协同的本体是REA，它是一种计算机信息处理模型，由William E. McCarthy于1982年提出。在电子商务领域，业务需求分析人员利用REA本体，以UML类图形式自顶向下解析BRV阶段所用的对象，建立商务活动的数字化模型，所建的计算机对象能表示商业活动中的对象。在REA本体中，“R”为Resources(资源)：如商品、服务、资本等；“E”为Events(事件)：如买卖交易、签订协议等；“A”为Agents(主体)：指人、公司、机构等。

商务系统中，每类业务流程都有单独的REA模型。具体实例有销售、采购、物流、奖品兑换、客户管理、资金拨转等。每个REA模型均含有成对事件，它们由相对的关系联系在一起，称为“二重性”关系。这对事件中的一个代表着一种资源的放弃或转移，而另一个则代表资源的接收或获得。例如在“销售”业务流程中，一个事件是“销售”，即商品所有权的放弃；而另一事件是“收款”，即现金的获得。REA模型可扩展到如商务承诺(如订货交易)、营销策略(如购买一定数量商品或达到一定金额后免运费)等。因此，REA对电子商务标准ebXML产生了持续影响，并影响到开放式EDI模型的建立，它符合国际标准的5个基本业务交易活动阶段。

(1) 业务协同5个阶段：业务协同的5个阶段即ISO/IEC 15944-1中的5个基本业务交易活动：计划、标识、协商、实现、实现后，它们将指导业务需求视图的建立。

① 计划：为获得商品、服务或权利，买卖双方需要采取的各项活动。

② 标识：为构建作业过程，应标识所有的活动或事件以及数据在买方、卖方与相关机构间的交换流程。在标识阶段，买方与卖方均要确认：a. 商品或服务的诸项特征属性；b. 确认对方及交易活动中的相关方。

③ 协商：包括标识阶段之后的所有信息交换活动和事件。协商过程是在相互理解基础

上，对业务协同和相关条款或条件达成一致；协商议题可能包括货物、服务、权利、价格、数量、售后服务、发送要求、结算、代理或第三方等内容，这些都涉及各方交换信息。

④ 实现：包括用于执行实际业务交易协商结果的必要的活动或事件。一般地，根据协商阶段的条款或条件，卖方生产或组装货物，提供服务，准备和完成货物、服务或权利。同样，买方向提供货物、服务或权利的卖方进行等价转移支付（通常以货币形式进行）。

⑤ 实现后：包括所有的活动或事件以及在货物、服务或权利被发送之后，在卖方和买方之间的相关信息交换，这些活动涉及担保范围、售后服务等。

（2）REA 本体模板：业务协同的 REA 本体模板内容如表 10-10 所示，它根据上述 5 个阶段来描述。据此 REA 模板将明确业务需求视图其他阶段所要完成的其他任务（如业务协同模板和业务实体模板）。当需求分析变得越来越清楚和详细时，系统设计者需要回到前面并不断反复更新所有的相关模板。

表 10-10　业务协同的 REA 本体模板

<table>
<tr><th>序号</th><th colspan="2">表　项</th><th>REA 本体模板</th><th colspan="2">具体内容</th></tr>
<tr><td rowspan="3">1</td><td rowspan="3" colspan="2">业务过程的全部 REA 元素</td><td>业务过程名称</td><td colspan="2"></td></tr>
<tr><td>资源</td><td></td><td></td></tr>
<tr><td>业务伙伴</td><td></td><td></td></tr>
<tr><td>2</td><td colspan="2">业务阶段</td><td>计划/标识</td><td>协商</td><td>实现/实现后</td></tr>
<tr><td>3</td><td colspan="2">执行的活动</td><td></td><td></td><td></td></tr>
<tr><td rowspan="9">4</td><td rowspan="9">业务实体</td><td>协同的业务伙伴</td><td></td><td></td><td></td></tr>
<tr><td>标识的资源类型</td><td></td><td></td><td></td></tr>
<tr><td>规定的事件、地点或参与方类型</td><td></td><td></td><td></td></tr>
<tr><td>特定承诺</td><td></td><td></td><td></td></tr>
<tr><td>特定合同或协议</td><td></td><td></td><td></td></tr>
<tr><td>交换的资源</td><td></td><td></td><td></td></tr>
<tr><td>交易事件</td><td></td><td></td><td></td></tr>
<tr><td>实际地点</td><td></td><td></td><td></td></tr>
<tr><td>具体化的声明</td><td></td><td></td><td></td></tr>
<tr><td>5</td><td colspan="2">可能的异常情况</td><td></td><td></td><td></td></tr>
<tr><td>6</td><td colspan="2">各阶段结束的评判标准</td><td></td><td></td><td></td></tr>
</table>

如表 10-10 所示的 REA 模板内容如下：

① 业务过程的 REA 元素

a. 业务过程名称：基于前述业务领域视图（BDV）分析，命名已标识的全部业务过程。例如，根据商品目录在线订购等。

b. 资源：标识业务协同或业务过程中资源流的通用术语。例如，用现金购买商品或用信用卡结算服务。

c. 业务伙伴：标识业务过程中的业务伙伴。例如，买方、卖方和装运人。

② 业务阶段:即为前述标准的5个阶段。具体如下:

a. 计划/标识:标识初步计划中的活动以及这些活动和业务伙伴一对一的相互配对关系。例如,建立目录或产品列表,发送目录。

b. 协商:标识交易伙伴之间正常协商和签订合同的活动。例如,B2C中发送报价,在线竞标中发送对手报价,买方发送、接收合同等。

c. 实现/实现后:在已标识出的交易伙伴之间,标识交易资源的转移事件。例如,发送装运通知,发送接收报告,发送发票等。

③ 执行的活动:此栏对业务过程各阶段要求的任务列出模板,而这些活动最后可能成为候选的业务过程。

④ 业务实体:REA模板标识了可能出现的业务实体,且表示它们将如何在各业务过程阶段中的出现。

a. 协同的业务伙伴

- 在计划/标识阶段:提供各参与方的名称,在业务过程中可能为买方或卖方等。
- 在协商阶段:若协商和签订合同扩展了协同的范围,还提供其他参与方的名称。
- 在实现/实现后阶段:若其中的实现活动扩展了参与方列表,则提供其他参与方的名称。

b. 标识的资源类型

- 在计划/标识阶段:为业务过程中被交换资源的类型提供一个名称,其中一个资源应为货币。例如,用现金购买原料,用现金购买数字资源等。
- 在协商阶段:如果协商和签订合同需要标识出更具体的资源类型,则还需提供其他信息加以描述。例如,对象(零件、部件或组件等)可进一步被分类为不同的产品组。

c. 规定的事件、地点和参与方的类型(只在交易协商阶段存在):如果一个参与方对另一个参与方的资源交换就事件、位置和参与方的类型有特殊约束以满足合同的交换承诺,则应在此逐一列出。

- 事件类型:不同购买类型的零售与批发,有风险与无风险的交易。
- 地点类型:货物的接收场所或某个具有一定宽度和长度的仓储码头等。
- 参与方类型:B2C客户或B2B中批准的买方,有担保的出纳机构,相关的客户服务机构等。

d. 特定承诺(只在交易协商阶段):资源交换的协商通常导致业务伙伴向对方做出特殊的承诺,并在将来执行。这些承诺在模板中以资源类型、事件类型、地点类型和业务伙伴类型的规范形式标识了参与方所坚持的交易条件。

e. 特定的合同或协议(只在交易协商阶段):合同将交易伙伴间的承诺绑在一起。例如,在线订购计划或订单可将购买承诺和付款承诺绑定在一起。如果协议是通用类型,诸如B2C中的购物车、B2B中的订单或短期供货合同等,则此处可规定合同协议类型。

f. 交换的资源(只在实现阶段):标识交易时实际转让的资源。例如,某种牌号的金属材料或一套家具。多数情况下,实现阶段的资源会限于某一特定的类型层,此时,实现阶段的资源业务实体与协商阶段所确定的资源类型业务实体相一致。这使得两个业务实体中有一个业务实体显得累赘,故应该进行合并。

g. 交易事件(只在实现阶段):标识商务事件名称,此类事件是完成交易资源从一方转移到另外一方的活动。例如,一项完成的货物运输产品的装运,它由后续的现金支付所补偿。

h. 实际地点(只在实现阶段,有时也在协商阶段):如果指出商务事件于何处发生是非常重要的，则地点也是一个业务实体。双方在协商阶段也必须对约定的地点进行详细描述。

i. 具体化的声明（只在实现阶段）：如果合同或业务必须对部分履行的承诺具体标识，则该声明也成为一个业务实体。例如，是否需要发票以及发票的抬头项等。

⑤ 可能的异常情况：REA 模板还列出了业务协同从开始到结束时在各个阶段的异常条件。

a. 计划/标识阶段：当标识出的业务伙伴不能对一个可获得性请求进行响应时，则会发生一个异常。这需要重新进行标识。

b. 协商阶段：如果拒绝某项提议，则会发生一个异常。这会引起提出的协同被终止或放弃。

c. 实现/实现后阶段：当交易的商品有缺陷，则会发生一个异常。这会引起后续的货品置换、退货与退款等。

⑥ 各阶段结束的评判标准：在 REA 模板中，各阶段完成的评判准则规定了完成业务过程各阶段的状态条件。以下是一些常用的状态条件：

a. 当参与方和资源类型都处于"已标识"状态时，标识阶段可以认为已完成。

b. 当合同以及它所绑定的承诺都处于"有效"状态时，则交易协商阶段可以认为均已完成。这要求作为前提条件的所有资源类型（可能为事件类型、地点类型和参与方类型）都处于"已规定"的状态。

c. 当商务活动事件处于"结束"状态，经济资源处于"已传送"状态，经济权利要求也处于"已解决"状态，并且承诺也处于"已履行"状态，此时实际阶段也可认为结束。

完成 REA 模板后，UMM 分析人员可通过 UML 类图来进一步分析标识出的业务实体集合，这些 UML 类图解释了标识出的业务实体如何组合在一起。

2）描述业务过程

（1）业务过程描述模板：业务过程描述是分析和获取系统功能需求的基础，联合国标准中提供了规范化模板作为商务系统设计者的工具。具体内容与格式如表 10-11 所示。

表 10-11　业务过程模板

序号	表　项	描　　述
1	业务过程名称	与业务过程范围模板中所列的业务过程名称相同
2	描述	业务过程的目的和行为的文本描述
3	业务需求	应用于该业务过程的业务需求
4	定义	描述该业务过程所执行的活动
5	参与方	列出业务过程涉及的参与者
6	前置条件	启动该业务过程必须满足的约束条件或规则
7	何时开始	业务过程开始的时间
8	何时结束	业务过程结束的时间
9	异常	业务过程正常结束前导致其终止的异常条件或事件
10	后置条件	业务过程完成后必须为真的条件
11	支持的业务协同或业务过程	列出支持该业务过程的其他相关业务协同和业务过程
12	生命周期	标识出形式化定义业务过程的生命周期（活动模型）。有关业务过程生命周期的描述，参见业务需求视图

(2) 业务需求分类：业务需求分为下列 5 种：

① 描述实体之间的静态关系：如买方拥有其相应的信用等级。

② 描述正常活动之间的动态关系：如 B2B 中公司在对买方所做的查询进行响应之前，可选择是否要做信用核查。

③ 描述“异常”情况：如当买方的信用等级有所改变时，他们的产品预定或将被取消。

④ 系统异常：如某个特定客户账号并不存在。

⑤ 系统管理要求：如安全管理人员应能增加/删除参与方和买方的名称。

业务过程生命周期是能够标识业务过程的一系列条件。例如：何时开始，何时结束，可被监控的中间点以及导致异常处理的点。业务过程模板中生命周期栏目将连接到业务过程生命周期模板，业务过程生命周期模板将列出更为详细的信息。

3) 描述业务协同规范

(1) 业务协同规范模板：当业务协同涉及两个或多个角色时，如表 10-12 所示的业务协同规范模板用于描述各业务协同用例。业务协同规范模板是业务过程模板的扩展，故两种模板在很多方面相互关联。

表 10-12　业务协同规范模板

序号	表　项	描　述
1	业务协同规范名称	业务协同的名称
2	业务协同规范类型	业务协同协议或业务交易规范
3	描述	业务协同规范目的和行为的文本描述
4	定义	简单描述业务过程所执行的活动
5	参与方	业务协同的伙伴类型
6	前置条件	启动业务过程必须满足的约束条件或规则
7	何时开始	业务过程开始的时间
8	何时结束	业务过程结束的时间
9	异常	业务过程正常结束前导致其终止的异常条件或事件
10	后置条件	业务过程完成后必须为真的条件
11	实现	业务协同用来实现或实例化的业务协同规范
12	业务需求	列出适用于该业务协同的业务需求
13	支持的业务协同(包括业务交易和业务协同协议)	列出支持该业务协同的业务交易和业务协同协议
14	生命周期	标识出形式化定义业务协同的生命周期(活动模型)
15	衡量指标	列出该业务过程或业务协同的衡量指标
		发起：
		响应：

模板中“业务协同规范类型”一栏，不论涉及两个还是多个角色，其业务过程必定是两种业务协同类型(业务协同协议和业务交易规范)中的一个。模板中的“实现”栏目将使该模板连接

到业务协同模板，在两个模板之间建立相互对应。“支持的业务协同”栏目，会连接到用于业务协同协议模板或业务交易模板的各个实例。“衡量指标”栏目使本模板连接到业务过程衡量指标模板，以描述更为详细的信息。BSV 中所规定的业务交易服务功能在此处被标识为业务交易的触发事件。

(2) 业务交易与业务协同：业务协同协议属于底层的业务协同，可表示为一个活动图。该协议由业务交易组成，它们都是具有前置条件和后置条件的对象状态。业务交易是根据 6 种业务交易视图 BTV 模式的最小层级的业务协同。这两种业务类型的业务协同都可以使用业务协同规范模板进行描述。

4) 业务过程衡量指标

业务过程衡量指标是在业务协同执行期间，用来定义评估局部应用相关条件的一系列原则。这些条件可标识能表示完成具体的商业活动目的或目标的关键绩效指标。这些关键绩效指标也可能驱动某项用于该过程或其他过程的事件。

在形态上，业务过程衡量指标是可实施的结构化度量，它能跟踪描述业务过程随时间序列将被如何被执行。可实施的业务过程衡量指标能直接描述业务的动态属性；结构化的业务过程衡量指标则描述业务的静态属性。业务过程衡量指标规范模板如表 10-13 所示。

表 10-13　业务过程衡量指标模版

序号	表　项	描　述
1	业务过程衡量指标的名称	业务过程衡量指标的名称
2	描述	业务过程衡量指标的目的和行为的文本描述
3	衡量指标	提供定义该衡量指标的业务规则
4	开始触发	标识出该衡量指标开始度量的事件
5	结束触发	标识出该衡量指标结束度量的事件

5) 描述业务协同

业务协同是业务协同规范的实现或实例化。规范化业务协同模板如表 10-14 所示，它的任一个实例会链接到业务协同规范模板的一个对应实例。业务协同规范通过角色、资源、角色间的关系、资源与活动转换以及关联关系来实现(通过业务协同或业务交易模式实现)。

表 10-14　业务协同模板

序号	表　项	描　述
1	业务协同名称	业务协同的名称
2	业务协同规范	业务协同所实现或实例化的业务协同规范
3	描述	业务协同规范的目的和行为的文本描述
4	参与方	列出业务协同涉及的伙伴
5	前置条件	启动业务过程必须满足的约束条件或规则
6	何时开始	业务过程开始的时间

续表 10-14

<table>
<tr><th>序号</th><th>表　项</th><th colspan="2">描　述</th></tr>
<tr><td>7</td><td>何时结束</td><td colspan="2">业务过程结束的时间</td></tr>
<tr><td>8</td><td>异常</td><td colspan="2">业务过程正常结束前导致其终止的异常条件或事件</td></tr>
<tr><td>9</td><td>后置条件</td><td colspan="2">业务过程完成后必须为真的条件</td></tr>
<tr><td rowspan="4">10</td><td rowspan="4">参与方角色</td><td colspan="2">确定每个参与方所扮演的角色</td></tr>
<tr><td>参与方</td><td>角色</td></tr>
<tr><td></td><td></td></tr>
<tr><td></td><td></td></tr>
<tr><td>11</td><td>相关业务实体</td><td colspan="2">标识与该协同相关的业务实体</td></tr>
<tr><td>12</td><td>支持的业务交易或业务协同</td><td colspan="2">列出支持该业务协同的业务交易或业务协同</td></tr>
</table>

6）描述业务过程生命周期

表 10-15 所示的业务过程生命周期模板用来获取业务过程的各项动态需求，如业务过程或业务活动的模型，此处的活动是属于业务过程或业务协同内部的活动。

表 10-15　业务过程生命周期模板

<table>
<tr><th>序号</th><th colspan="2">表　项</th><th colspan="4">描　述</th></tr>
<tr><td>1</td><td colspan="2">过程生命周期名称</td><td colspan="4">过程生命周期的名称，用来标识业务过程或业务协同被正式定义的生命周期</td></tr>
<tr><td>2</td><td colspan="2">描述</td><td colspan="4">生命周期的目的和行为的文本描述</td></tr>
<tr><td>3</td><td colspan="2">前置条件</td><td colspan="4">在过程生命周期执行前必须为真的条件或规则</td></tr>
<tr><td>4</td><td colspan="2">何时开始</td><td colspan="4">标识该过程生命周期开始的事件</td></tr>
<tr><td rowspan="7">5</td><td colspan="2">状态</td><td colspan="4">定义过程生命周期可能处于的状态或条件</td></tr>
<tr><td rowspan="6">状
态</td><td>开始状态</td><td colspan="4">生命周期结果的实例化和语境开始发生的一个假想状态</td></tr>
<tr><td rowspan="5">开始状态的转移表</td><td colspan="4">事件：标识开始该过程生命周期的事件。任何生命周期都只存在一个开始点，即开始状态。事件列表是初始化生命周期并引起其进入由正处理已定义的事件所决定的条件或状态
事件源由：上述每个事件标识出当前生命周期语境所定义的事件的来源
规则：每个事件定义指出条件或状态的约束或守卫。如果在一个给定的事件中存在多个状态，则每个状态应有一个规则
状态转移到：每个事件标识出生命周期的结果条件或状态</td></tr>
<tr><td>事件</td><td>事件源由</td><td>规则</td><td>状态转移到</td></tr>
<tr><td></td><td></td><td></td><td></td></tr>
<tr><td></td><td></td><td></td><td></td></tr>
<tr><td></td><td></td><td></td><td></td></tr>
</table>

续表 10-15

<table>
<tr><th>序号</th><th colspan="2">表 项</th><th colspan="4">描 述</th></tr>
<tr><td>6</td><td colspan="6">过程生命周期中的每个状态或条件，重复下列输入</td></tr>
<tr><td rowspan="6">7</td><td rowspan="6">状
态</td><td>状态</td><td colspan="4">状态名称：生命周期的状态或条件
状态描述：该状态或条件的文本描述
状态定义：在声称满足此条件的过程生命周期语境中定义本地化条件为真的规则。如果这些规则对该条件不为真，则将达到一个无效或不知道的状态
状态转移到：标识出状态中所执行的活动的集合</td></tr>
<tr><td rowspan="4">状态转移</td><td>事件</td><td>事件源由</td><td>规则</td><td>状态转移到</td></tr>
<tr><td></td><td></td><td></td><td></td></tr>
<tr><td></td><td></td><td></td><td></td></tr>
<tr><td></td><td></td><td></td><td></td></tr>
<tr><td>状态</td><td>状态名称：
状态描述：
状态定义：
状态活动：</td><td></td><td></td><td></td></tr>
<tr><td>8</td><td colspan="2">后置条件</td><td colspan="4">完成过程生命周期完成后为真的条件或规则</td></tr>
</table>

7）描述业务实体

如表 10-16 所示的业务实体模板是用来描述参与该业务协同的业务实体。

表 10-16　业务实体模板

<table>
<tr><th>序号</th><th>表 项</th><th colspan="3">描 述</th></tr>
<tr><td>1</td><td>业务实体名称</td><td colspan="3">业务实体的名称</td></tr>
<tr><td>2</td><td>描述</td><td colspan="3">业务实体行为和目的的文本描述</td></tr>
<tr><td rowspan="3">3</td><td rowspan="3">业务实体特性</td><td colspan="3">定义业务实体结构化方面的特征或属性</td></tr>
<tr><td>名称</td><td>类型</td><td>约束条件</td></tr>
<tr><td></td><td></td><td></td></tr>
<tr><td rowspan="3">4</td><td rowspan="3">业务实体行为</td><td colspan="3">定义影响业务实体的行为方面的一系列操作</td></tr>
<tr><td>名称</td><td colspan="2">操作的名称</td></tr>
<tr><td>生命周期</td><td colspan="2">定义该行为的生命周期名称</td></tr>
</table>

8）描述业务实体生命周期

业务实体模板中的生命周期栏目中对应的信息，在表 10-17 所示的业务实体生命周期模板进行详细描述。

表 10-17　业务实体生命周期模板

<table>
<tr><th>序号</th><th colspan="2">表　项</th><th colspan="4">描　　述</th></tr>
<tr><td>1</td><td colspan="2">业务实体生命周期名称</td><td colspan="4">状态模型的名称。状态在下面栏目进行描述</td></tr>
<tr><td>2</td><td colspan="2">业务实体名称</td><td colspan="4">业务实体的名称</td></tr>
<tr><td>3</td><td colspan="2">描述</td><td colspan="4">生命周期的目的和行为的文本描述</td></tr>
<tr><td rowspan="7">4</td><td colspan="2">状态</td><td colspan="4">定义生命周期发生的状态或条件</td></tr>
<tr><td rowspan="6">状态</td><td>开始状态</td><td colspan="4">生命周期结果的实例化和语境开始发生的一个假想状态</td></tr>
<tr><td rowspan="5">开始状态的转移表
(开始状态)</td><td colspan="4">事件:根据生命周期开始状态标识出的事件
事件缘由:上述每个事件标识出当前生命周期语境所定义的事件的来源
规则:每个事件定义指出条件或状态的约束或守卫。如果在一个给定的事件中存在多个状态,则每个状态应有一个规则
状态转移到:每个事件标识出生命周期的结果条件或状态</td></tr>
<tr><td>事件</td><td>事件缘由</td><td>规则</td><td>状态转移到</td></tr>
<tr><td></td><td></td><td></td><td></td></tr>
<tr><td></td><td></td><td></td><td></td></tr>
<tr><td></td><td></td><td></td><td></td></tr>
<tr><td>5</td><td colspan="6">生命周期中的每个状态或条件,重复下列输入</td></tr>
<tr><td rowspan="5">6</td><td rowspan="5">状态</td><td>状态</td><td colspan="4">状态名称:生命周期的状态或条件
状态描述:该状态或条件的文本描述
状态定义:在声称满足此条件的过程生命周期语境中定义本地化条件为真的规则。如果这些规则对该条件不为真,则将达到一个无效或不知道的状态
状态活动:标识出状态中所执行的活动的集合</td></tr>
<tr><td rowspan="4">状态转移</td><td>事件</td><td>事件缘由</td><td>规则</td><td>状态转移到</td></tr>
<tr><td></td><td></td><td></td><td></td></tr>
<tr><td></td><td></td><td></td><td></td></tr>
<tr><td></td><td></td><td></td><td></td></tr>
<tr><td>7</td><td colspan="2">后置条件</td><td colspan="4"></td></tr>
</table>

9）其他内容

(1) 建模产物：本阶段的建模产物如下：

① 业务协同的 REA 本体。

② 业务过程及其生命周期。

③ 业务协同规范及其衡量指标。

④ 业务实体及其生命周期。

(2) 业务需求工作参与方

① 业务人员。

② 业务过程分析人员。

③ 技术建模人员。

(3) 业务协同模式:业务协同模式是 REA 本体。

10.3.4 业务需求视图构建步骤实例

业务需求视图是构建电子商务系统的基础,如不完备就会影响商务系统的建设,为规范其构建过程,标准制定了以下 7 个主要步骤:

1) 使用 REA 本体描述业务协同

由交易承诺到履行的通用业务协同模式可采用 REA 本体来确定,表 10-18 为根据目录订购的 REA 本体描述,表 10-18 的 REA 本体还可采用图 10-4 所示的 UML 类图形式表示。REA 确定的业务需求是 BRV 的输入。

表 10-18 根据目录订购的 REA 本体

序号	表项		描述		
1	业务过程的 REA 元素		业务过程名称	根据目录订购	
			资源	信用卡来支付所购买的产品	
			业务伙伴	买方、卖方、银行、承运人	
2	ISO 业务阶段		计划/标识	协商	实现/实现后
3	执行的活动		获得产品清单 获得客户 ID	获得报价 下订单	了解订单状态 通知装运人 信用卡支付
4	业务实体				
	4.1	业务伙伴	零售商、客户、银行	无其他的业务伙伴	装运人
	4.2	标识的资源类型	产品列表 信用卡支付	产品 ID	
	4.3	事件类型、位置、伙伴		特快装运	
	4.4	具体条款		一方承诺装运产品另一方收到商品/提货单就承诺付款	
	4.5	具体合同或协议		目录订单	
	4.6	交易条款			
	4.7	交换的资源			用信用卡支付产品
	4.8	交易事件			装运 信用卡支付
	4.9	实际位置			无
	4.10	理化要求			无
5	可能异常条件		信用拒绝	价格未达成一致	产品未装运
6	阶段结束标准(如果可能表示为实体状态)		零售商、客户和银行是“已标识”;产品和信用卡是“已标识”	目录订单和承诺是“有效”;产品和信用卡是“已规定的”;批准的装运人是“规定的”	装运和付款是“完成”;信用卡支付和产品都是“已转移”;承诺是“已履行”

REA 以前述的业务协同 5 个阶段为分析基础，对业务过程的 REA 即资源、事件、参与方等进行分析。在计划和标识阶段，买方和卖方在获得或销售产品、服务之前决定需要采取什么措施，同时还决定在确立它们间的关系时需要交换什么数据。

此处以实例进行说明。本例中，在价格和订单承诺之前，可发生任何业务过程。

协商阶段就业务协同的目标、相关条款和条件等达成一致，此处可以包括货物、服务、权利、数量、价格、售后服务、送货要求、结算、中介或第三方的详细规范等。本例中，价格是在获得报价业务过程中达成一致的，下订单业务过程包括诸如产品、质量和达成一致的价格等信息。

在实现和实现后两阶段，它包括必要的活动或事件，以便确保商议的货物、服务、权利等被传送和相互交换。

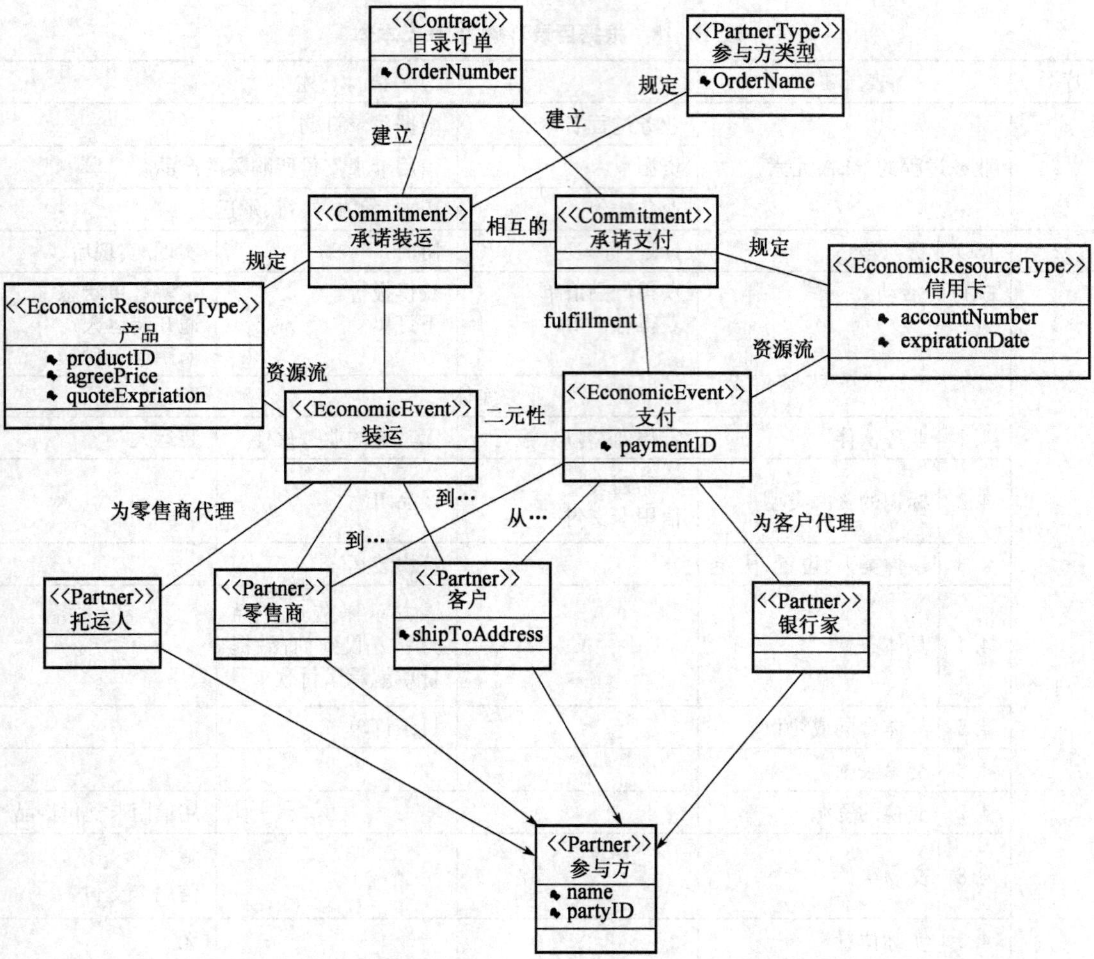

图 10-4 根据目录订购业务过程的 REA 类图

2）描述业务

完成业务过程的 REA 元素及相关活动描述后，本步骤将利用业务过程模板更详细地描述所标识出的各个业务过程。本例存在 6 个业务过程和 3 类参与角色，表 10-19 仅以获得客户 ID 为例进行业务过程的详细描述。

表 10-19 获得客户 ID 业务过程

序号	表 项	描 述
1	业务过程名称	获得客户 ID
2	描述	买方在目录中找到其需要的商品或服务项目。但因买方此前并未与卖方进行商务活动,在卖方提供目录订单前,卖方要求买方信息。一旦接收到买方信息(包括信用确认),卖方则分配给卖方的客户 ID。该标识可用来接收由卖方提供的产品报价,也可用来下目录订单
3	定义	获得客户 ID
4	参与方	买方、卖方
5	前置条件	目录有效,从卖方那里并没有获得有效客户 ID
6	开始时间	ID 请求
7	结束时间	发送响应
8	异常	超出响应日期
9	后置条件	买方收到客户 ID 或被拒绝
10	支持的业务协同或业务过程	无
11	生命周期	无

3) 描述业务协同规范

标识每个业务过程的详细描述后,本步骤将描述其中的业务协同规范及业务过程衡量指标。本例中,主要业务过程是根据商品或服务项目录订购,它可以再分为订购和结算两个业务协同。订购业务协同可细分为:获得商品目录、获得客户 ID、获得报价、下订单、了解订单状态等 5 个业务过程,这 5 个业务过程不能再进一步细分,因此它们为业务交易。此处只对依据目录订购、订购、获得客户 ID 的业务协同规范进行示例描述,见表 10-20、表 10-21、表 10-22 所示。

表 10-20 根据目录订购的业务协同规范

序号	表 项	描 述
1	业务协同规范名称	根据目录订购规范
2	业务协同规范类型	业务协同协议
3	描述	买方订购目录中的货物。B2B 及 B2C 下订单前,买方可能要求报价。此时,卖方出价,买方接受后卖方反馈订单确认。处理订单后,卖方与银行联系,将借记卖方信用卡。买方随时可核对订单状态
4	参与者	买方、卖方、银行
5	前置条件	无
6	开始时间	无
7	结束时间	给卖方付款,产品装运
8	异常	卖方没收到付款,产品没被装运
9	后置条件	买方付款,买方收到装运通知
10	实现	根据目录订购协同
11	业务需求	业务过程必须支持国内和国际贸易。不符合当前目录的报价请求则无效

续表 10-20

序号	表　项	描　　述
12	支持的业务协同(包括业务交易和协同协议生命周期)	订购协同
		结算协同
		形式化描述业务协同的生命周期的标识
		根据目录订购生命周期
13	衡量指标	记录该业务过程/协同的衡量指标的列表
		发起:无
		响应:无

表 10-21　订购的业务协同规范

序号	表　项	描　　述
1	业务协同规范名称	订购规范
2	业务协同规范类型	业务协同协议
3	描述	买方订购目录中的货物。B2B 及 B2C 下订单前,买方可能要求报价。此时,卖方出价,买方接受后卖方反馈报价,然后买方接收订单,卖方反馈订单确认。任何时候买方可以核查其订单状态
4	参与者	买方、卖方
5	前置条件	无
6	开始时间	无
7	结束时间	产品装运,买方通知装运
8	异常	产品未装运
9	后置条件	产品装运,买方通知装运,买方收到装运通知
10	实现	订购协同
11	业务需求	业务过程必须支持国内和国际贸易。不符合当前目录的报价请求则无效
12	支持的业务协同(包括业务交易和协同协议生命周期)	获得产品清单 获得客户 ID 获得报价 下订单 通知买方装运
13	生命周期	订购生命周期
14	衡量指标	记录该业务过程/协同的衡量指标的列表
		发起:无
		响应:无

由于获得客户 ID 业务过程不能进一步分解为业务协同或业务交易,所以它是业务交易类型的协同,其业务协同规范如表 10-22 所示。

表 10-22　获得客户 ID 的业务协同规范

序号	表　项	描　　述
1	业务协同规范名称	获得客户 ID 规范
2	业务协同规范类型	业务交易规范
3	描述	买方在目录中找到其所需的商品或服务项目。如买方此前并没有与卖方进行商务活动，在卖方提供目录订单前，卖方需要买方的信息。一旦接收到买方信息(包括信用确认等)，卖方则分配卖方的客户 ID(部分可由买方自行选定)。该标识可用来接收卖方提供的产品或服务项目报价，也可用来下目录订单
4	参与方	买方、卖方
5	前置条件	目录有效，卖方赋予的客户 ID 无效
6	开始时间	ID 请求
7	结束时间	发送响应
8	异常条件	响应数据过多
9	后置条件	买方收到客户 ID 或拒绝
10	支持的业务协同(包括业务交易和协同协议)	获得客户 ID
11	生命周期	获得客户 ID 生命周期
12	衡量指标	记录该业务过程/协同的衡量指标的列表
		发起：无
		响应：根据日期来响应

4）描述业务过程衡量指标

上述步骤中，需要在“获得客户 ID”的业务协同规范中存在一个根据日期来响应的衡量指标，故此步骤中给出了该业务过程衡量指标的详细说明，见表 10-23。

表 10-23　业务过程衡量指标

序号	表　项	描　　述
1	业务过程衡量指标	根据日期响应
2	描述	标注买方期待对其请求客户 ID 进行响应的日期
3	衡量指标	ID 请求日期＋×天业务日期
4	开始触发	ID 请求
5	结束触发	买方收到客户 ID 或被拒绝

5）描述业务协同

标识出所有业务协同规范后，本步骤将描述业务协同规范对应的业务协同。此处只以根据目录订购、订购、获得客户 ID 这三个业务协同为例，见表 10-24、表 10-25、表 10-26 所示。

表 10-24　根据目录订购业务协同

<table>
<tr><th>序号</th><th>表　项</th><th colspan="2">描　　述</th></tr>
<tr><td>1</td><td>业务协同名称</td><td colspan="2">目录订购协同</td></tr>
<tr><td>2</td><td>业务协同规范</td><td colspan="2">目录订购协同规范</td></tr>
<tr><td>3</td><td>描述</td><td colspan="2">买方订购目录中的货物。在下订单前，买方可能要求价格报价。此时，卖方首先反馈报价，然后反馈订单确认</td></tr>
<tr><td>4</td><td>参与方</td><td colspan="2">买方、卖方、银行</td></tr>
<tr><td>5</td><td>前置条件</td><td colspan="2">无</td></tr>
<tr><td>6</td><td>开始时间</td><td colspan="2">无</td></tr>
<tr><td>7</td><td>结束时间</td><td colspan="2">产品被装运，卖方收到付款</td></tr>
<tr><td>8</td><td>异常</td><td colspan="2">卖方未收到付款，产品未被装运</td></tr>
<tr><td>9</td><td>后置条件</td><td colspan="2">卖方收到付款</td></tr>
<tr><td rowspan="5">10</td><td rowspan="5">伙伴角色</td><td colspan="2">标识出每个参与方所扮演的角色</td></tr>
<tr><td>参与方</td><td>角色</td></tr>
<tr><td>买方</td><td>发起方</td></tr>
<tr><td>卖方</td><td>响应方、发起方</td></tr>
<tr><td>银行</td><td>响应方</td></tr>
<tr><td>11</td><td>业务实体</td><td colspan="2">确定与业务协同相关联的业务实体</td></tr>
<tr><td>12</td><td>支持的业务交易或业务协同</td><td colspan="2">订购协同，结算协同</td></tr>
</table>

表 10-25　订购业务协同

序号	表　项	描　　述
1	业务协同名称	订购协同
2	业务协同规范	订购规范
3	描述	买方订购目录中的货物。在下订单前，买方可能要求价格报价，此时，卖方首先反馈报价，然后反馈订单确认
4	参与方	买方、卖方
5	前置条件	无
6	开始时间	无
7	结束时间	产品装运
8	异常	产品未装运
9	后置条件	买方通知装运

续表 10-25

序号	表项	描述	
10	伙伴角色	标识出每个参与方所扮演的角色	
		伙伴	角色
		买方	发起方
		卖方	响应方、发起方
11	业务实体	确定与业务协同关联的业务实体	
12	支持的业务交易或业务协同	获得客户 ID 获得产品清单 获得报价 下订单 了解订单状态	

表 10-26 获得客户 ID 业务协同

序号	表项	描述	
1	业务协同名称	获得客户 ID 协同	
2	业务协同规范	获得客户 ID 规范	
3	描述	买方在目录中找到其需要的一个或多个项目。然而，由于买方以前并没有与卖方进行商务活动，在卖方提供目录订单前，卖方要求买方信息。一旦接收到买方信息(包括信用的确认)，卖方则给其分配卖方的客户 ID。该标识可以用来接收由卖方提供的产品价格报价，也可用来下目录订单	
4	参与方	买方、卖方	
5	前置条件	产品目录有效，来自买方的客户 ID 无效	
6	开始时间	ID 请求	
7	结束时间	发送响应	
8	异常	超出响应日期	
9	后置条件	买方收到客户 ID 或拒绝	
10	伙伴角色	确定每个伙伴充当的角色	
		伙伴	角色
		买方	发起方
		卖方	响应方
11	业务实体	客户信息	
12	支持的业务交易或业务协同	无	

6）描述业务过程生命周期

业务过程生命周期是规定业务协同协议的业务过程标识的条件集合。这些条件有开始时间、结束时间、中间点等。此处只以根据目录订购业务协同的生命周期为例进行描述，如表10-27所示。

表 10-27　根据目录订购业务协同的生命周期

<table>
<tr><th>序号</th><th colspan="2">表　项</th><th colspan="4">描　述</th></tr>
<tr><td>1</td><td colspan="2">过程生命周期名称</td><td colspan="4">根据目录订购生命周期</td></tr>
<tr><td>2</td><td colspan="2">描述</td><td colspan="4">买方订购目录中的货物。在下订单前，买方可能要求报价。如前所述，卖方先反馈报价，然后反馈订单确认</td></tr>
<tr><td>3</td><td colspan="2">前置条件</td><td colspan="4">无</td></tr>
<tr><td>4</td><td colspan="2">开始时间</td><td colspan="4">无</td></tr>
<tr><td rowspan="7">5</td><td rowspan="7">状态</td><td></td><td colspan="4">下面定义了过程生命周期所处的状态或条件</td></tr>
<tr><td>开始状态</td><td colspan="4">开始状态是一个假想状态，在此状态下，生命周期和语境初始化和实例化发生</td></tr>
<tr><td rowspan="5">开始状态的转移表(开始状态)</td><td>事件</td><td>资源</td><td>规则</td><td>转移到</td></tr>
<tr><td>开始</td><td>买方</td><td>没有有效目录</td><td>获得产品清单</td></tr>
<tr><td>开始</td><td>买方</td><td>目录有效以及没有卖方赋予的有效客户 ID</td><td>获得客户 ID</td></tr>
<tr><td>开始</td><td>买方</td><td>目录有效和没有卖方赋予的有效客户 ID 以及要求报价</td><td>获得报价</td></tr>
<tr><td>开始</td><td>买方</td><td>目录有效和没有卖方赋予的有效客户 ID 以及不要求报价</td><td>下订单</td></tr>
<tr><td>6</td><td colspan="6">对生命周期的每个状态或条件，重复下面输入</td></tr>
<tr><td>7</td><td rowspan="6">状态</td><td>状态</td><td colspan="4">名称：获得产品清单
描述：请求产品目录
定义：无
动作：获得产品清单</td></tr>
<tr><td rowspan="4">8</td><td rowspan="4">状态转移</td><td>事件</td><td>资源</td><td>规则</td><td>转移到</td></tr>
<tr><td>请求列表</td><td>买方</td><td>没有卖方赋予的有效客户 ID</td><td>获得客户 ID</td></tr>
<tr><td>请求列表</td><td>买方</td><td>卖方赋予有效客户 ID 以及要求报价</td><td>获得报价</td></tr>
<tr><td>请求列表</td><td>买方</td><td>卖方赋予有效客户 ID 以及不要求报价</td><td>下订单</td></tr>
<tr><td>9</td><td>状态</td><td colspan="4">名称：获得客户 ID
描述：请求产品目录
定义：无
动作：无</td></tr>
</table>

续表 10-27

序号	表项		描述			
10	状态	状态转移	事件	资源	规则	转移到
			ID请求	买方	要求报价	获得报价
			ID请求	买方	不要求报价	下订单
11		状态	名称:获得报价 描述:获得随后订单中的报价 定义:无 动作:获得报价			
12		状态转移	事件	资源	规则	转移到
			请求报价	买方	报价被接受	下订单
			请求报价	买方	报价被拒绝以及重新请求报价	获得报价
			请求报价	买方	报价被拒绝	无订单退出
13		状态	名称:下订单 描述:为一种或多种产品或服务下订单 定义:无 动作:下订单			
14		状态转移	事件	资源	规则	转移到
			发送订单	买方	装运通知未被收到	了解订单状态
			接受订单	卖方	产品被装运	信用卡支付或通知卖方装运
15		状态	名称:了解订单状态 描述:确定订单状态 定义:无 动作:核查订单状态			
16		状态转移	事件	资源	规则	转移到
			核查订单状态	买方	收到装运通知	结束
			核查订单状态	卖方	未收到装运通知并需要了解订单状态	了解订单状态
17		状态	名称:信用卡支付 描述:买方的信用卡支付 定义:无 动作:信用卡支付			
18		状态转移	事件	资源	规则	转移到
			从银行获得授权	卖方	卖方收到付款	结束
19		状态	名称:通知买方装运 描述:发出装运单 定义:无 动作:装运产品、发送装运通知			

续表 10-27

序号	表项		描述			
20	状态	状态转移	事件	资源	规则	转移到
			发送装运通知	卖方	发送装运通知	结束
21	后置条件		通知买方装运 卖方收到付款 买方收到装运通知			

在分析根据目录订购业务过程生命周期时，发现在该业务过程中，卖方需要通知买方“产品已被装运”，因此，将增加一个通知买方出货的新业务过程。重新审查 BDV、BRV 两阶段的分析步骤，增加一个通知买方产品已装运的业务过程。因此，根据目录订购业务过程调整后的模型如图 10-5 所示。

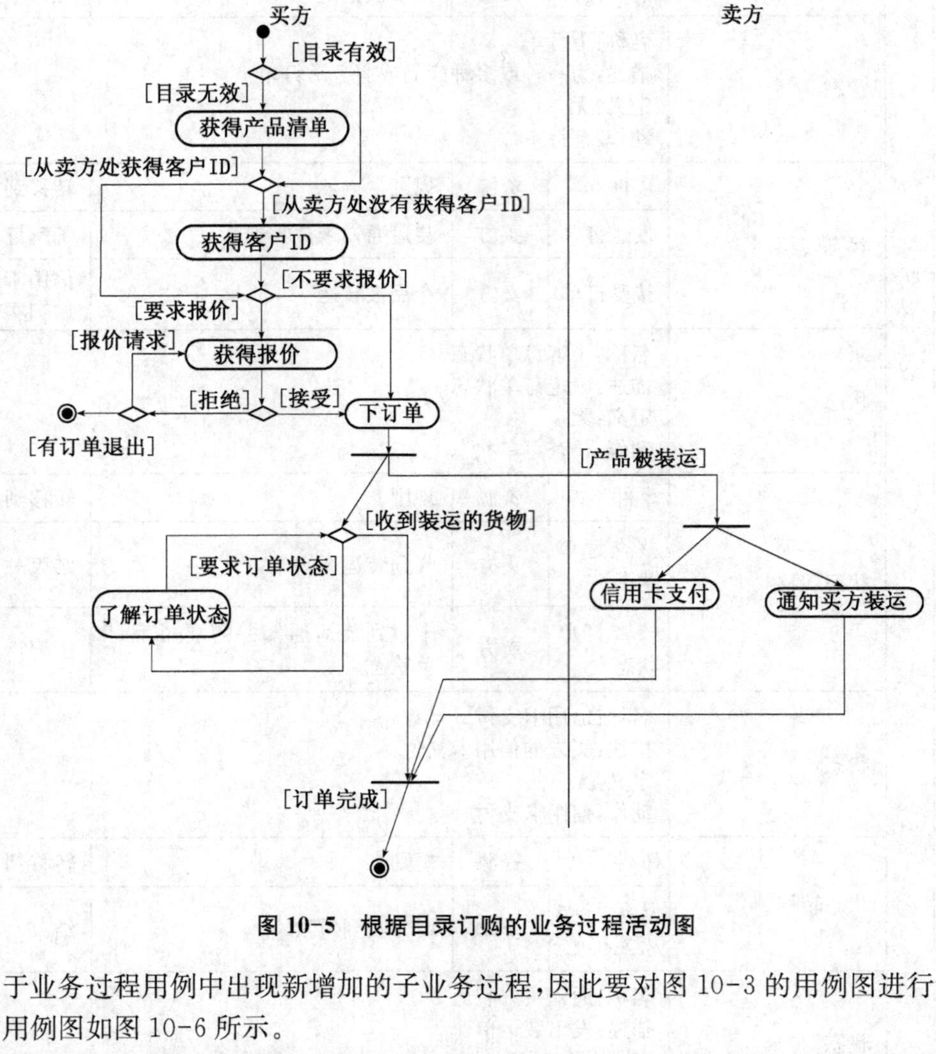

图 10-5 根据目录订购的业务过程活动图

由于业务过程用例中出现新增加的子业务过程，因此要对图 10-3 的用例图进行调整，调整后的用例图如图 10-6 所示。

业务协同用例图说明根据目录订购中存在两个协同——订购和结算。从业务协同的角度看，根据目录订购的业务协同用例如图 10-7 所示。

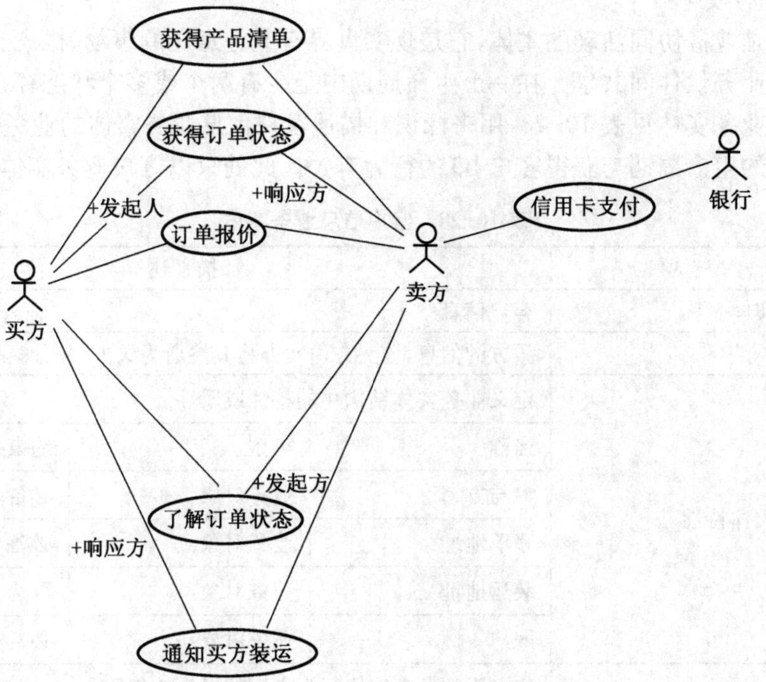

图 10-6　根据目录订购的业务过程用例图

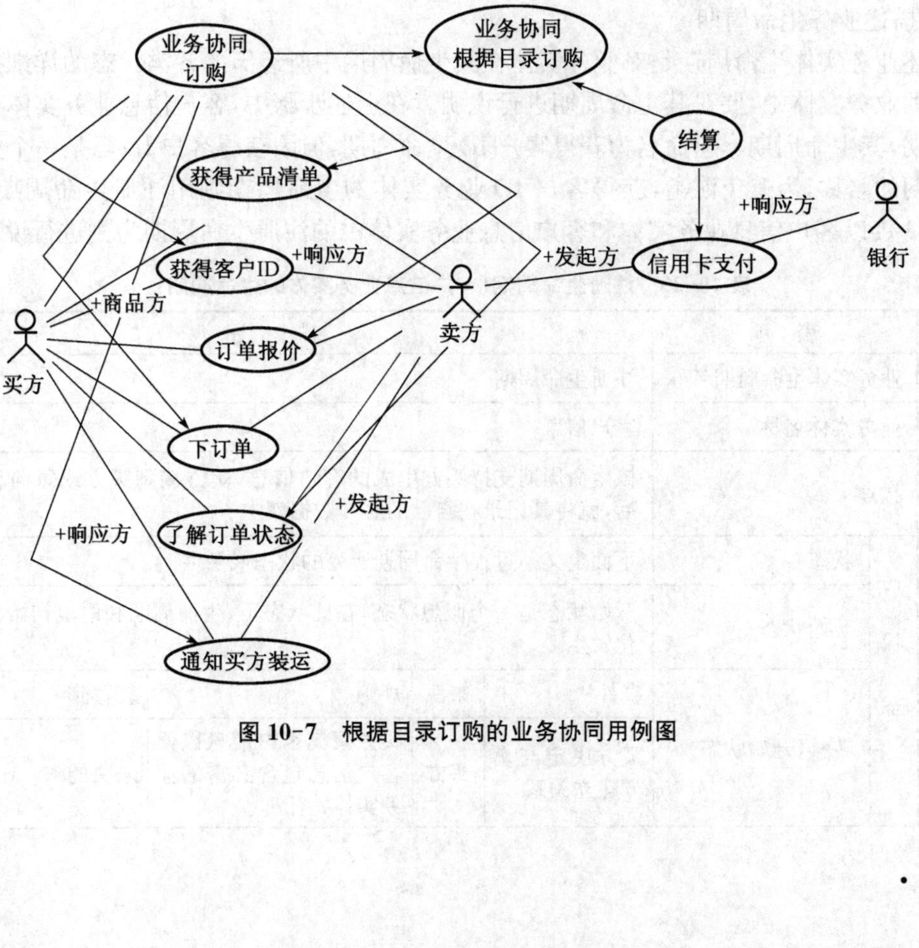

图 10-7　根据目录订购的业务协同用例图

7）描述业务实体

业务实体是业务协同活动的主体，它是现实世界有业务意义的事物、概念、过程或事件，并在两个或多个业务伙伴间共享。在一个生命周期中至少有两个或多个状态存在业务实体。

客户信息业务实体见表 10-28，用来标识和描述客户信息业务实体的业务意义、属性和作用。业务实体的生命周期与获得客户 ID 的行为有关。此处只以客户业务实体进行示例说明。

表 10-28　客户信息业务实体

<table>
<tr><th>序号</th><th>表　项</th><th colspan="3">描　述</th></tr>
<tr><td>1</td><td>业务实体名称</td><td colspan="3">客户信息</td></tr>
<tr><td>2</td><td>描述</td><td colspan="3">买方的信息，该买方由卖方将其注册为买方，并分配一个买方 ID</td></tr>
<tr><td rowspan="6">3</td><td rowspan="6">业务实体特性</td><td colspan="3">定义业务实体结构化的特性或属性</td></tr>
<tr><td>名称</td><td>类型</td><td>约束条件</td></tr>
<tr><td>参与方</td><td>业务对象</td><td>必备</td></tr>
<tr><td>账单地址</td><td>业务对象</td><td>必备</td></tr>
<tr><td>装运地址</td><td>业务对象</td><td>可选</td></tr>
<tr><td>账户</td><td>业务对象</td><td>必备</td></tr>
<tr><td rowspan="3">4</td><td rowspan="3">业务实体行为</td><td colspan="3">定义影响业务实体行为方面的操作的集合</td></tr>
<tr><td>名称</td><td colspan="2">获得客户 ID</td></tr>
<tr><td>生命周期</td><td colspan="2">注册生命周期</td></tr>
</table>

8）描述业务生命周期

描述业务实体生命周期是对业务实体在其生命周期中所经历的各类状态的详细描述。在标识出的业务实体中，要对其生命周期进行说明。在上述步骤中，客户信息业务实体存在一个生命周期，其生命周期本应命名为获得客户 ID 生命周期，但因获得客户 ID 已是一个业务过程生命周期的名称，为避免混淆，获得客户 ID 业务实体的生命周期则用注册生命周期来替代。表 10-29 仅以客户信息业务实体和客户信息业务实体中的注册生命周期为例进行说明。

表 10-29　注册生命周期（客户信息业务实体的生命周期）

<table>
<tr><th>序号</th><th colspan="2">表　项</th><th colspan="4">描　述</th></tr>
<tr><td>1</td><td colspan="2">业务实体生命周期名称</td><td colspan="4">注册生命周期</td></tr>
<tr><td>2</td><td colspan="2">业务实体名称</td><td colspan="4">客户信息</td></tr>
<tr><td>3</td><td colspan="2">描述</td><td colspan="4">该生命周期支持买方生成的客户信息，卖方接到买方或意向客户信息后，就将其记录在自己的客户数据库中</td></tr>
<tr><td rowspan="4">4</td><td rowspan="4">状态</td><td>状态</td><td colspan="4">下面定义了过程生命周期所处的状态或条件</td></tr>
<tr><td>开始状态</td><td colspan="4">开始状态是一个假想状态，在此状态下，生命周期和语境初始化和实例化发生</td></tr>
<tr><td rowspan="2">转移（开始状态）</td><td>事件</td><td>来源</td><td>规则</td><td>转移到</td></tr>
<tr><td>买方决定与卖方建立关系</td><td>买方</td><td>买方聚集客户信息以便客户信息包含必需的业务实体特征</td><td>未决的</td></tr>
</table>

续表 10-29

<table>
<tr><th>序号</th><th colspan="2">表　项</th><th colspan="4">描　　述</th></tr>
<tr><td rowspan="15">5</td><td rowspan="15">对于生命周期的每个状态或条件，重复下列输入</td><td>状态</td><td colspan="4">名称:未决的
描述:客户信息聚集为一个信息实体,准备作为一个注册请求提交给卖方
定义:客户信息的所有的必备特性被聚集
动作:当所有必备的特性被聚集且客户信息状态为未决时,则客户信息可作为一个注册请求给卖方</td></tr>
<tr><td rowspan="2">转移</td><td>事件</td><td>来源</td><td>规则</td><td>转移到</td></tr>
<tr><td>注册请求已发送给卖方</td><td>买方</td><td>消息服务应将买方注册信息请求发送给卖方,供其确认</td><td>已提示的</td></tr>
<tr><td>状态</td><td colspan="4">名称:已提示的
描述:注册请求已提交给卖方
定义:买方具有消息服务对注册请求已被发送给卖方的确认
动作:当客户信息状态为“已提示的”,则注册请求可被收到。卖方继续评估注册请求</td></tr>
<tr><td rowspan="3">转移</td><td>事件</td><td>来源</td><td>规则</td><td>转移到</td></tr>
<tr><td>注册请求由卖方接受</td><td>卖方</td><td>注册请求完成并且有效,同时信用核查有效</td><td>接受</td></tr>
<tr><td>注册请求被卖方拒绝</td><td>卖方</td><td>注册请求由于某些原因失败</td><td>不接受</td></tr>
<tr><td>状态</td><td colspan="4">名称:已接受的
描述:买方信息完整,或信用核查有效,卖方分配买方 ID
定义:买方信息完整(所有必备特性出现)、有效,同时对买方的信用核查有效。卖方已分配客户 ID
动作:当客户信息状态为已接受时,则注册响应可以被买方接受</td></tr>
<tr><td rowspan="3">转移</td><td>事件</td><td>来源</td><td>规则</td><td>转移到</td></tr>
<tr><td>卖方收到卖方的注册响应</td><td>卖方</td><td>买方在超时前收到卖方的注册响应</td><td>已确认的</td></tr>
<tr><td>注册请求的超时</td><td>卖方</td><td>根据响应日期,买方没有收到注册请求的响应</td><td>开始</td></tr>
<tr><td>状态</td><td colspan="4">名称:不接受
描述:买方信息不完整或信用核查无效,卖方没有分配客户 ID
定义:买方信息不完整(必备的特性缺失)或不完全有效或买方信用核查无效。卖方没有分配买方 ID
动作:当客户信息状态为不接受时,则注册响应可以被买方接收</td></tr>
<tr><td rowspan="3">转移</td><td>事件</td><td>来源</td><td>规则</td><td>转移到</td></tr>
<tr><td>买方收到卖方的注册响应</td><td>卖方</td><td>买方在超时前收到卖方的注册响应</td><td>被拒绝</td></tr>
<tr><td>注册请求的超时</td><td>卖方</td><td>根据响应日期,买方没有收到注册请求的响应</td><td>开始</td></tr>
</table>

续表 10-29

<table>
<tr><th>序号</th><th colspan="2">表 项</th><th colspan="4">描 述</th></tr>
<tr><td rowspan="8">5</td><td rowspan="8">对于生命周期的每个状态或条件，重复下列输入</td><td>状态</td><td colspan="4">名称：已确认的
描述：买方收到卖方的肯定注册响应
定义：肯定的注册响应已收到，包括一个已分配的卖方的客户
动作：买方收到客户信息状态为“已接受的”注册响应，并分配卖方客户 ID</td></tr>
<tr><td rowspan="2">转移</td><td>事件</td><td>来源</td><td>规则</td><td>转移到</td></tr>
<tr><td>买方收到客户信息状态为“已接受的”注册响应，并且分配卖方的客户 ID</td><td>卖方</td><td>注册响应有效</td><td>成功结束</td></tr>
<tr><td>状态</td><td colspan="4">名称：被拒绝的
描述：买方收到卖方的否定注册响应
定义：没有分配卖方的客户 ID 的否定注册响应已收到
动作：买方收到客户信息状态为“不接受”且无卖方的客户 ID 的注册响应</td></tr>
<tr><td rowspan="2">转移</td><td>事件</td><td>来源</td><td>规则</td><td>转移到</td></tr>
<tr><td>买方收到客户信息状态为“不接受”且无卖方的客户 ID 的注册响应</td><td>卖方</td><td>注册响应为否定的</td><td>成功结束</td></tr>
<tr><td>6</td><td colspan="2">后置条件</td><td colspan="4">如注册响应是肯定的，如卖方分配给买方 ID，则买方可继续获得报价或下订单。如果注册响应是否定的，或注册响应没有根据响应日期被收到，则买方不可以继续获得报价或下订单</td></tr>
</table>

11 电子商务系统常用开发工具

11.1 图表开发工具

11.1.1 Visio 简介

Visio 2007 已成为目前市场上最优秀的绘图软件之一，其强大的功能与简单操作特性受到广大用户的青睐，已被广泛应用于软件设计、项目管理、企业管理等众多领域。虽然 Visio 2007 是 Office 套装中的一个组件，但是在 Office 软件安装程序中并不包含该组件，用户需要进行单独安装。在安装 Visio 2007 软件之前，用户需要先安装 Office 2007 软件，否则无法安装该软件。Visio 2007 的安装方法分为光盘安装与本地安装，两种安装方法的步骤一致。

Visio 2007 与 Word 2007、Excel 2007 等常用 Office 组件的窗口界面有着较大区别，见图 11-1。

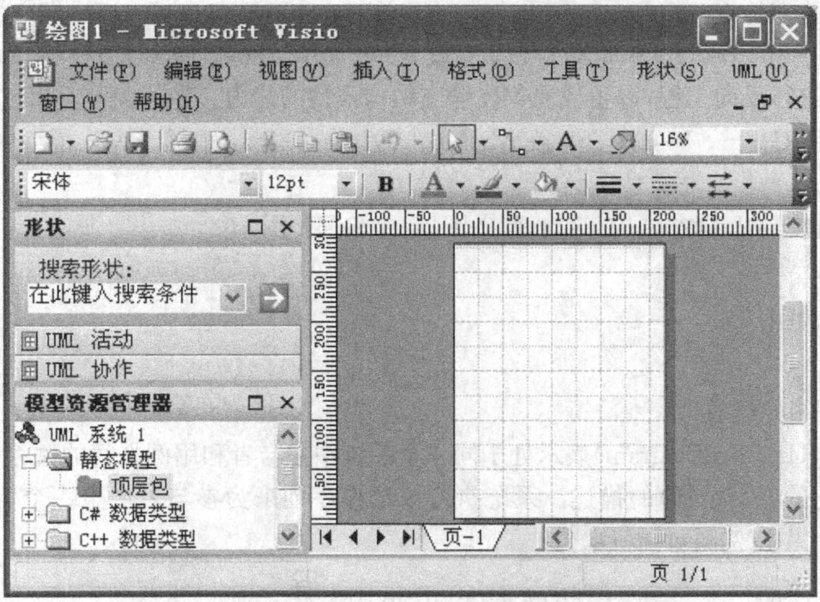

图 11-1 Visio 主界面

1）Visio 中的 UML 模型图功能

Visio“UML 模型图”解决方案为创建复杂软件系统的面向对象的模型提供全面的支持。

包括下列工具、形状和功能：

“UML 模型资源管理器”，它提供模型的树状视图和在视图间进行浏览的手段，见图 11-2。

“UML 模型资源管理器”中的树状视图表示总体系统模型。创建的图表都是该模型的视图。图 11-2 中：

A 表示当前正在建模的系统中，若要添加模型，请在“UML”菜单上单击“模型”。

B 表示在此情况下，将系统的一个模型或抽象内容表示为静态结构模型。要重命名树状视图中的任何图标，可单击图标文本，然后键入新的名称。

C 表示静态结构模型中最上层的包。此软件包含有所有静态结构模型元素。

D 和 E 等表示在默认情况下，新模型包括的包会含有常见的数据类型。可以创建含有用户自定义的数据类型的包。

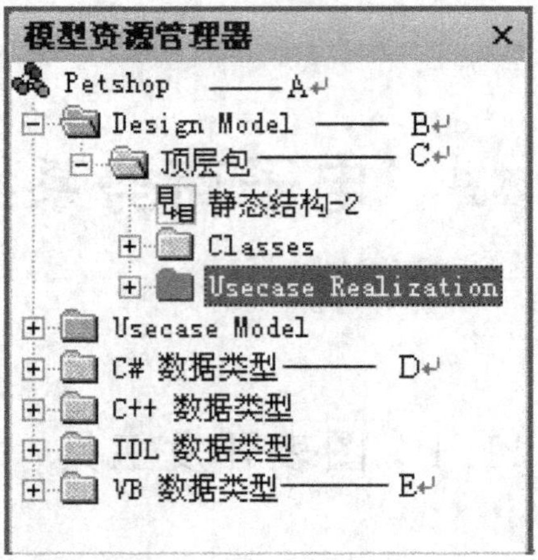

图 11-2　模型资源管理器

2) Visio 构建 UML 各对象

(1)预定义的智能形状。表示 UML 标注中的元素并支持 UML 图表类型的创建。在程序控制下，这些形状的运行方式同 UML 语义学相符，见图 11-3。

(2)易于访问的“UML 属性”对话框。可通过这些对话框将名称、特性、操作和其他属性添加到 UML 元素。

(3) 标识和诊断错误(例如丢失数据或不正确地使用 UML 表示法)的动态语义错误检查。

图 11-3　形状

(4) 对用 Microsoft Visual C++ 6.0 或 Microsoft Visual Basic 6.0 创建的项目进行反向工程，以生成 UML 静态结构模型的能力。

(5) 使用 C++、Visual C# 或 Microsoft Visual Basic，根据 UML 模型中的类定义生成代码框架。

(6) 创建 UML 静态结构、活动、状态图、组件和部署图。

11.1.2　用例图

1) 用例图的组成

用例图(Usecase Diagram)表示处于同一个系统中参与者和用例之间的关系，是一组动作序列(包括它的变衍生物)的描述。系统执行该动作序列来为参与者产生一个可观测的结果值。在 Visio 中用例图包括三部分：

(1) 角色(Actor)：表示活动的发起者，Visio 中用表示。

(2) 用例(Usecase)：表示实际的场景，如登录系统、物品进仓，Visio 中用表示表示。

(3) 系统边界：表示系统用例的边界，用来确定系统内部和外部之间的界限，用矩形框表示。

2) 创建用例图

假设 A:1 个仓库系统,有 3 个活动(用例):物品进仓、物品出仓和显示物品的库存。当出仓的时候要检查物品的库存情况,如果库存小于 5 就不能出仓。活动的执行者是仓库管理员(这些都来自需求文档),出入仓时管理员需要开具出入仓单。本示例主要考虑出仓情况。

(1) 建立角色(Actor):在图 11-2 中选择“Actors”,单击右键,选择“主角”,输入名称,如图 11-4、图 11-5 所示。

(2) 建立用例:在图 11-2 中选择“Usecases Realization”,单击右键,选择“用例图”,输入名称,如图 11-6、图 11-7 所示。

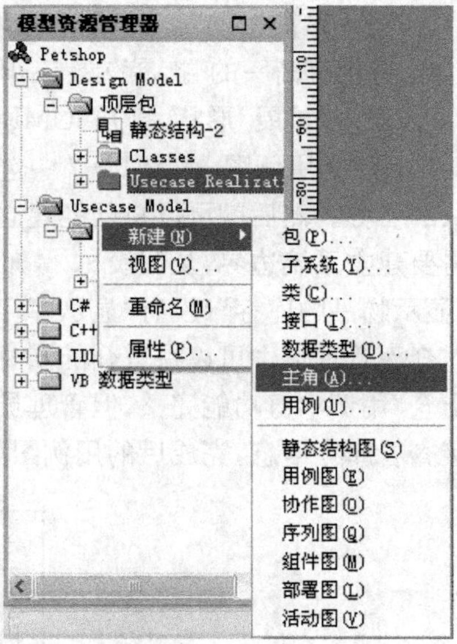

图 11-4　选择“主角”

图 11-5　输入名称

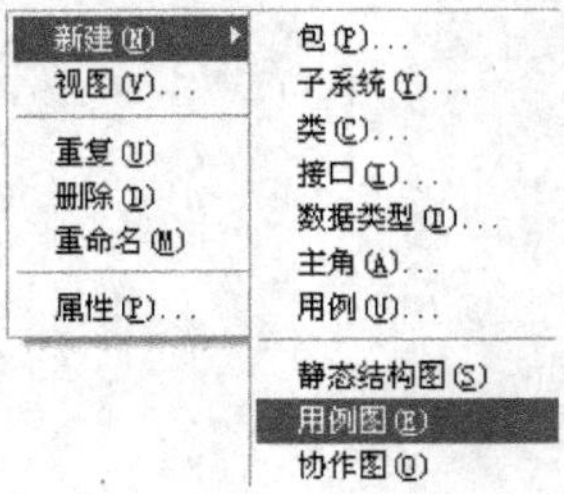

图 11-6　选择“用例图”

图 11-7　输入名称

(3) 建立角色和用例的通信:在 Visio 中表示为 

。

(4) 建立用例间的关系

① 使用关系

a. 在用例图中,将“使用”关系形状拖到绘图页上。

b. 将“使用”端点(不带箭头)粘附到使用其他用例方式的“用例”形状的连接点上。

c. 将“使用”端点(带有箭头)粘附到正使用的用例的连接点上。

d. 双击“使用”形状,打开“UML 归纳属性”对话框,添加属性值,然后单击“确定”。

② 扩展关系

a. 在用例图中,将“扩展”形状拖到绘图页上。

b. 将不带箭头的“扩展”端点粘附到提供扩展的用例的连接点上。

c. 将带有箭头的“扩展”端点粘附到基础用例的连接点上。

d. 双击“扩展”形状，打开“UML 归纳属性”对话框，添加属性值，然后单击“确定”。

(5) 建立用例图：在图 11-2 中选择“Usecase Model”，单击右键，选择“用例图”，这里保留默认的名称。然后就可以将已经建立的角色和用例从左边的树拖动到右边的空白区了，同时还需要建立系统边界，从假设 A 得知出仓要检查物品的库存，因此用例“货物出仓”要使用用例“显示物品的库存”(没有“显示库存”用例“货物出仓”用例就不完整)。而对于用例“物品进仓”，仓库管理员也可以在进仓的同时来检查物品的库存情况，因此两者之间是扩展关系(“货物出仓”用例本身功能完整，但管理员也可以在某些时候查看库存)。另外仓库管理员还可以直接查看库存信息，完成后的用例图如图 11-8 所示。

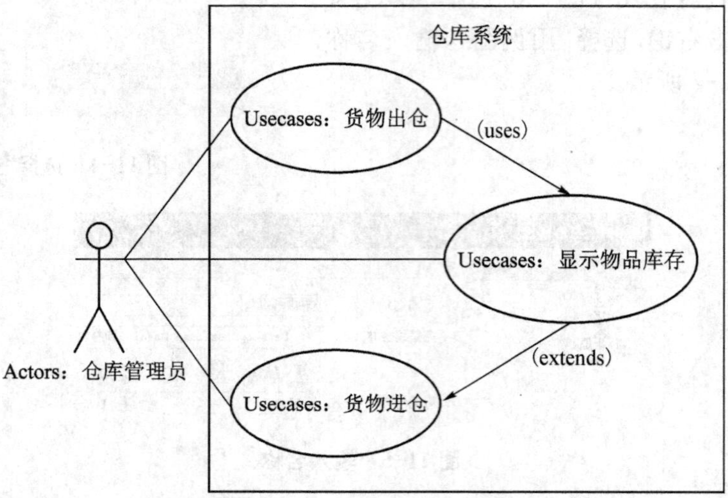

图 11-8　仓库系统用例图

11.1.3　活动图

1) 活动图的组成

(1) 泳道：用来表示活动图中的责任，图标为泳道。

(2) 状态：用来表示某个活动或动作，分为“动作状态”、“状态”、“初始状态”、“最终状态”。

(3) 控制流：表示从一个状态到另一个状态的变化。

2) 创建活动图

根据假设 A 创建物品出仓的活动图，步骤如下：

(1) 在图 11-2 中选择包“Usecases”，单击右键选择“活动图”。

(2) 将泳道拖到右边，双击泳道重命名为“物品出仓”。将“初始状态”从左边拖动到右边空白区，见图 11-9。

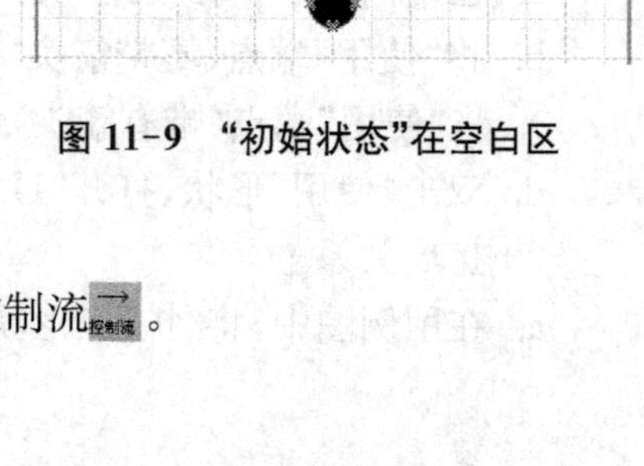

图 11-9　“初始状态”在空白区

(3) 将三个“动作状态”动作状态拖到右边，分别命名为“申请出仓”、“选择仓库”和“判断库存”，然后在三者之间增加控制流控制流。

(4) 将“判定”流程拖到右边，增加两个控制流，双击控制流分别输入临界表达式：成功和失败。

(5) 将“最终状态”拖到右边，连接步骤(4)中的两个控制流。

最后的结果如图 11-10 所示。

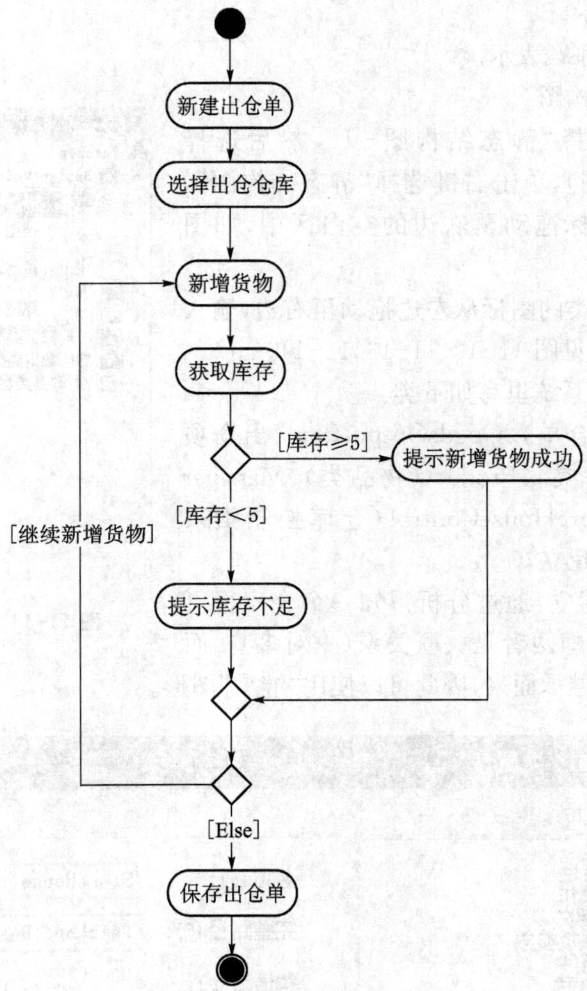

图 11-10　物品出仓的活动图

11.1.4　静态结构图

静态结构图(Static Structure Diagram)在 Visio 中有两种：概念静态结构图和类静态结构图。概念静态结构图是表示现实世界中的概念以及它们之间的关系。它侧重于关系和属性而不是方法，并有助于了解开发的系统所针对的领域内的术语。

类静态结构图是将软件系统分解为各个部分。不过在类图中，各部分指的是类，代表已经完整定义的软件实体，并不代表现实世界概念的对象。除属性和关联之外，类图还可指定操作、方法、界面和依赖关系。

下面重点介绍类静态结构图。

1) 类静态结构图的组成

类静态结构图是由类或对象组成的，在 Visio 中用 Class1 来表示，类之间的关系主要有关联、依赖和归纳三种：

(1) 关联用 、 、 表示。

(2) 依赖用 表示。

(3) 继承(归纳)用 表示。

2) 创建类静态结构图

在图 11-2 中选择“静态结构图-1”，然后选择“staticview”(静态视图)，单击右键选择“静态结构图”，从右边选择 Class 图标拖动至右边的空白区中，如图 11-11 所示。

(1) 类的建立：将类的图标从左边拖动至右边，输入类的名称属性和方法，见图 11-12、11-13、11-14。

根据假设 A，仓库系统里有如下类：

GoodsOutput(出仓单)、GoodsOutputItem(出仓项目)、StoreHouse(仓库类)、Product(物品类)、Manager(仓库管理员类)、StoreHouseControl(仓库控制类)、People(人员类)，依次建立。

(2) 类间关系的建立：通过分析得知一个仓库里可以包含有很多的物品，即两者是关联关系(一对多)。而 Manager 是从 People 继承而来，因此可以使用“继承”图形。

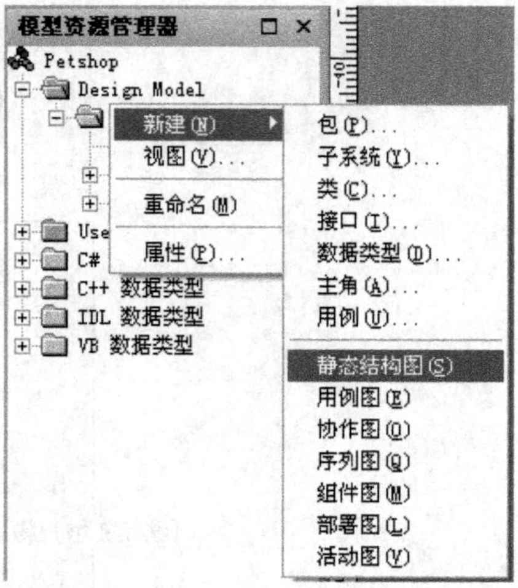

图 11-11 创建静态结构图

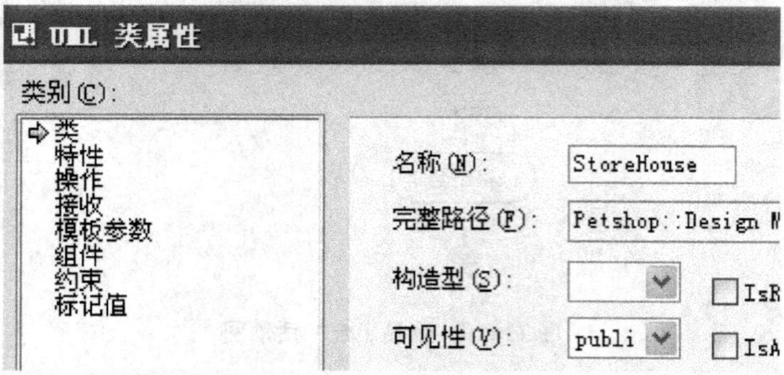

图 11-12 输入类的名称

图 11-13 输入属性

图 11-14　输入操作方法

① 关联关系

a. 将一个“二元关联”形状从“UML 静态结构”模具拖到要关联的类旁边的绘图页上。

b. 将关联形状的端点粘附到该类形状的连接点上。

c. 双击该“关联”形状，打开其“UML 属性”对话框，然后输入或选择要设定的属性值。

d. 单击“确定”。

② 继承关系

a. 将“继承”形状从“UML 静态结构”模具拖到要关联的类或包旁边的绘图页上。

b. 将箭头旁边的端点粘附到更普通元素的连接点上。将没有箭头的端点粘附到更具体元素的连接点上。

c. 双击该“归纳”形状。在“UML 归纳属性”对话框中，添加名称、构造型、鉴别器和其他属性值，然后单击“确定”。

静态图如图 11-15 所示。

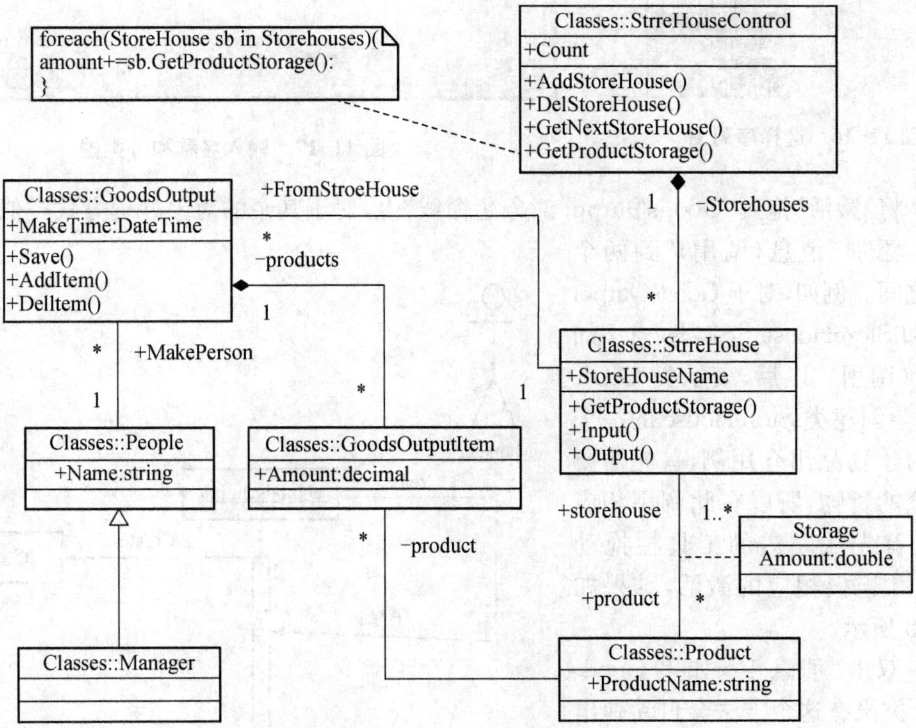

图 11-15　类静态结构图

11.1.5 序列图

序列图(Sequence Diagram)显示参与交互作用的角色或对象,以及它们生成的按时间排序的事件。通常,序列图显示特定用例实例产生的事件。

序列图中的纵向维代表时间,按时间先后依次向下排序,横向维代表不同的角色或对象。

下面就根据假设 A 来画用例“物品出仓”的序列图。

(1) 在图 11-2 中选择“Usecase Realization”,单击右键选择“序列图”,见图 11-16。

(2) 将“对象生命线”拖入右边空白区,双击“对象生命线”,输入名称“aManger”,将“分类器”设为“仓库管理员”,单击确定。这样一个对象就建立好了。类静态结构图中其他的 Class 依样照搬,如图 11-17。

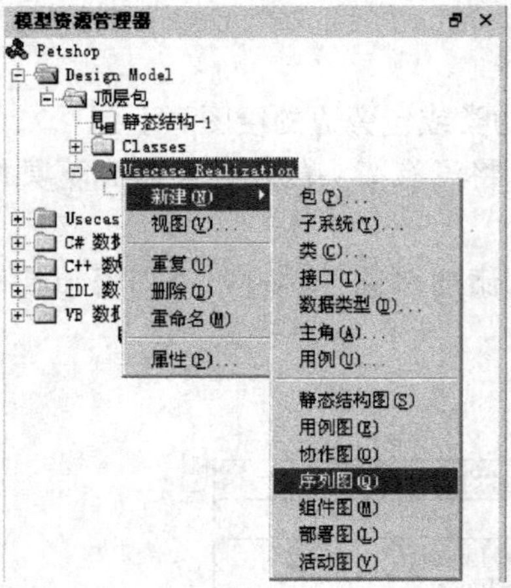

图 11-16 选择序列图

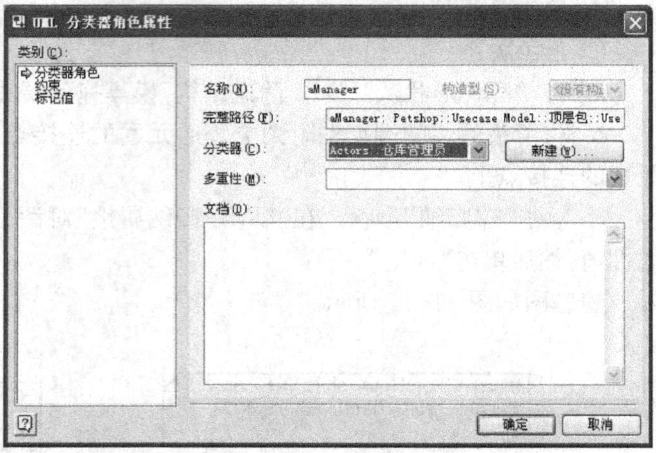

图 11-17 输入名称和分类器

(3) 将“激活”拖到“GoodsOutput 对象生命线”上,对于其余的对象处理方式类似。

(4) 添加“消息(调用)”到两个“激活”之间。例如,对于 GoodsOutput 生命线和 StoreHouse 生命线,当添加了“消息(调用)”以后,表示类 GoodsOutput 会创建类 StoreHouse 的一个实例。对于物品出仓用例,首先需要确定出仓的货物,所以在此调用相应的方法,首先从左边的工具栏拖动“消息”,并连接相应的激活,结果如图 11-18 所示。

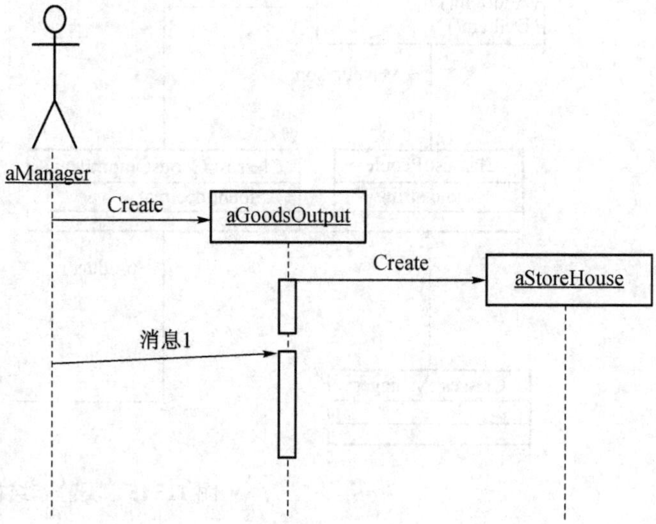

图 11-18 消息调用

(5) 双击“消息 1”,如果 GoodsOutput 类没有这个方法会自动弹出一个添加方法的对话框。由于已经添加了这个方法,所以此处可以直接选择相应的操作;若存在参数,可以通过实参来调整参数名称，如图 11-19 所示。

(6) 根据假设 A，出仓的时候需要检查物品的库存(小于 5 就不能出仓)，因此 StoreHouse 需要一个 GetProductStorage 方法来得到物品的库存。

(7) 库存返回后，根据库存执行不同的调用，如果库存不小于 5，创建新的 GoodOutputItem 实例。

(8) 如果返回的库存小于 5，使用来添加返回“Nothing Added”。最后得到的序列图如图 11-20 所示。

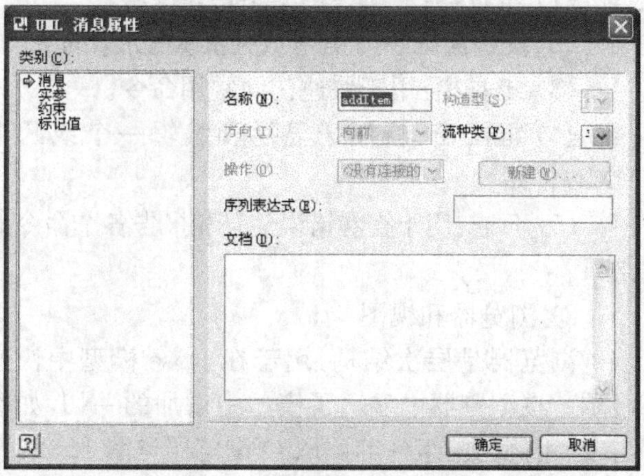

图 11-19　选择操作

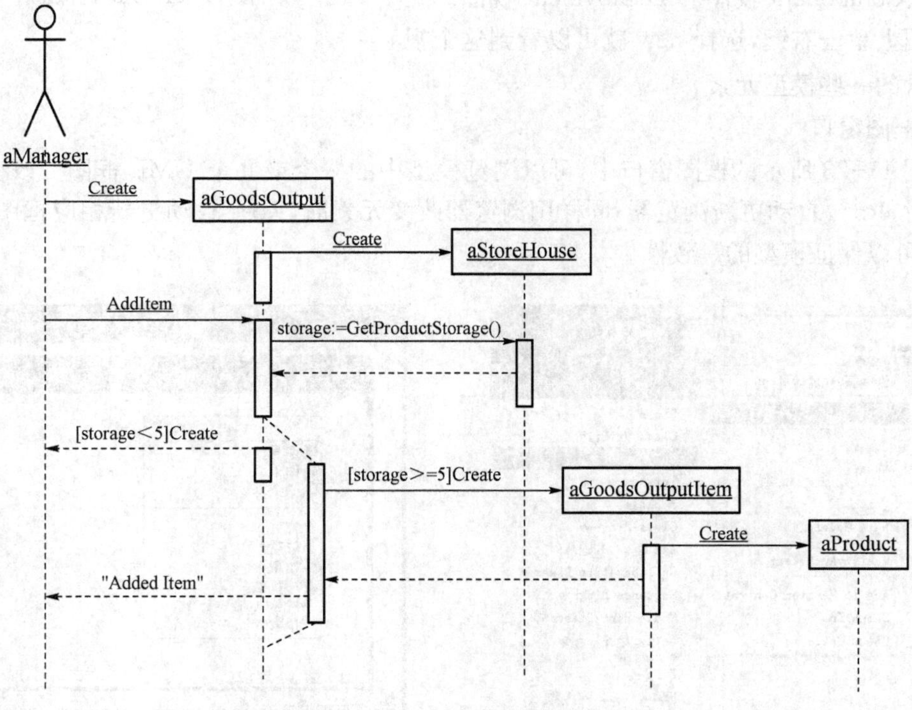

图 11-20　物品出仓序列图

11.2　Rational Rose 需求分析工具

11.2.1　Rational Rose 可视化环境组成

1) 主界面

Rose 模型(包括所有框图、对象和其他模型元素)都保存在一个扩展名为.mdl 的文件中。Rose 界面的五大部分是浏览器、文档窗口、工具栏、框图窗口和日志，见图 11-21。

（1）浏览器：用于在模型中快速漫游。

（2）文档窗口：用于查看或更新模型元素的文档。

（3）工具栏：用于快速访问常用命令。

（4）框图窗口：用于显示和编辑一个或几个UML框图。

（5）日志：用于查看错误信息和报告各个命令的结果。

2）浏览器和视图

浏览器是层次结构，用于在Rose模型中快速漫游。在浏览器中显示了模型中增加的一切，如参与者、用例、类、组件等。Rose浏览器见图11-22。

浏览器中包含四个视图：Use Case视图、Logical视图、Component视图和Deployment视图。在每个视图上单击右键，选择new就可以看到这个视图所包含的一些模型元素。

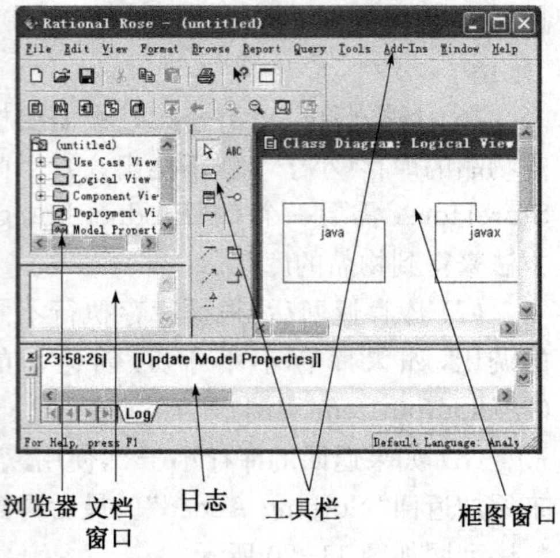

图11-21　Rose界面

3）框图窗口

在图11-23所示的框图窗口中，可以浏览模型中的一个或几个UML框图。改变框图中的元素时，Rose自动更新浏览器；同样用浏览器改变元素时，Rose自动更新相应框图。这样，Rose就可以保证模型的一致性。

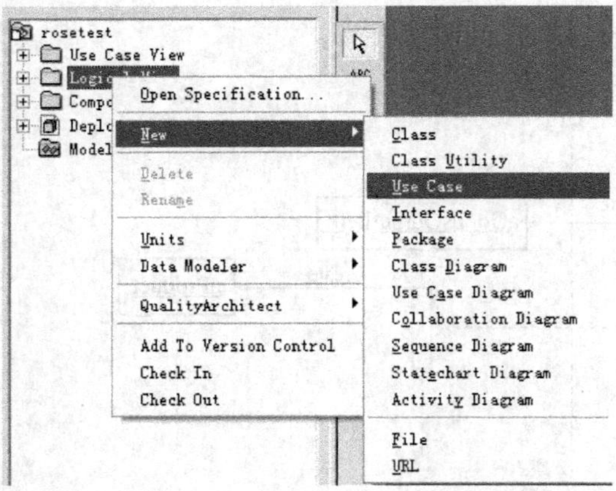

图11-22　Rose浏览器

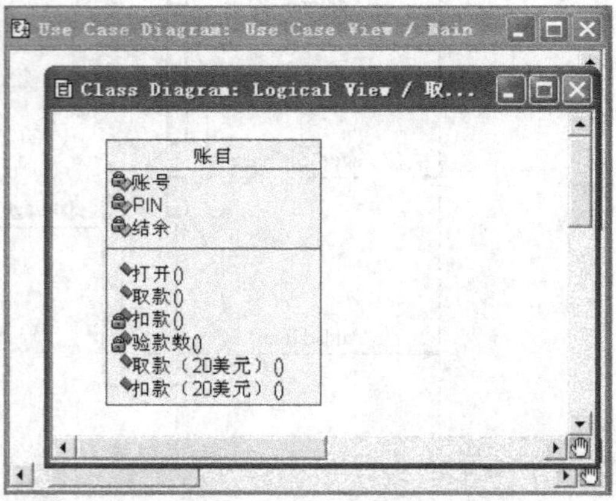

图11-23　框图窗口

11.2.2　UML各类框图的建立

1）建立用例图Use Case Diagram

从用例图中可以看到系统干什么、与谁交互。用例是系统提供的功能，参与者表示系统与谁交互，参与者可以是人、系统或其他实体。一个系统可以创建一个或多个用例图。

（1）创建用例图：如图11-24所示。

在浏览器内的Use Case视图中，双击Main，让新的用例图显示在框图窗口中，也可以新建一个包(右击 Use Case 视图,选择 New→Package,并命名),然后右击这个新建包,选择 New→Use Case Diagram。

系统总的用例一般画在 Use Case 视图的 Main 里,如果一个系统可以创建多个用例图,则可以用包的形式来组织。

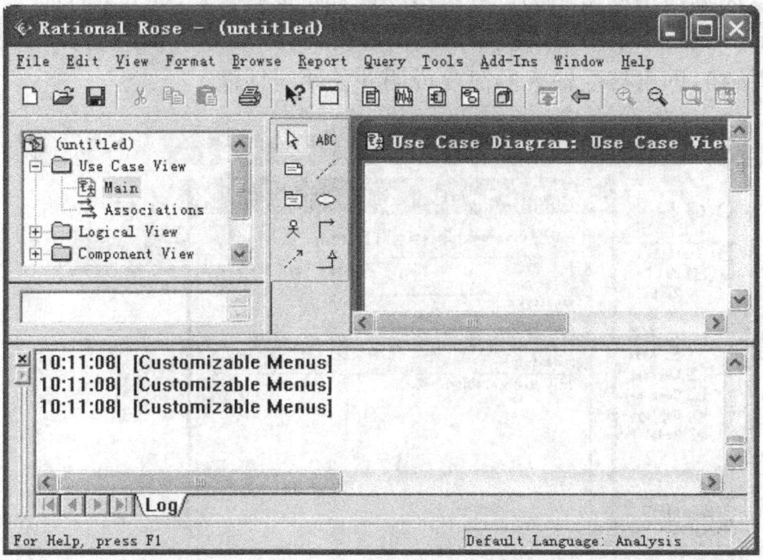

图 11-24　创建用例图

(2) 创建参与者:如图 11-25 所示。

① 在工具栏中选择“Actor”,光标的形状变成加号。

② 在用例图中要放置参与者符号的地方单击鼠标左键,键入新参与者的名称,如“客户”。

若要简要地说明参与者,可以执行以下步骤:

在用例图或浏览器中双击参与者符号,打开对话框,而且已将原型(Stereotype)设置定义为“Actor”。

打开“General”选项卡,在 Documentation 字段中写入该参与者的简要说明。

单击“OK”按钮,即可接受输入的简要说明并关闭对话框。

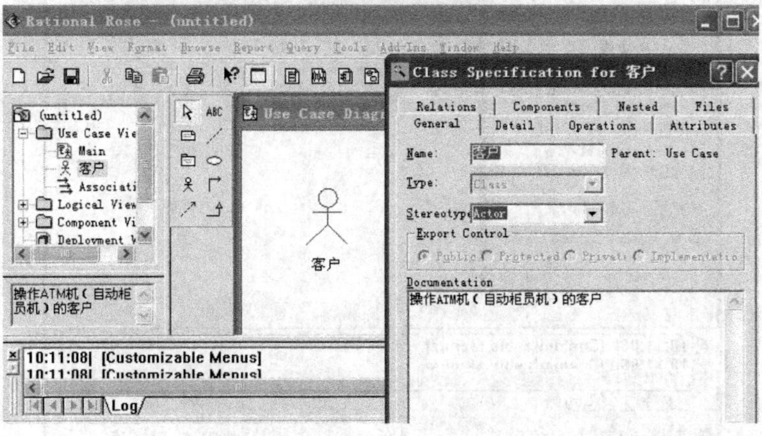

图 11-25　创建参与者

(3) 创建用例：如图 11-26 所示。

① 在工具栏中选择“Use Case”，光标的形状变成加号。

② 在用例图中要放置用例符号的地方单击鼠标左键，键入新用例的名称，如“存款”。

若要简要地说明用例，可以执行以下步骤：

在用例图或浏览器中双击用例符号，打开对话框，接着打开“General”选项卡。

在 Documentation 字段中写入该用例的简要说明。

单击“OK”按钮，即可接受输入的简要说明并关闭对话框。

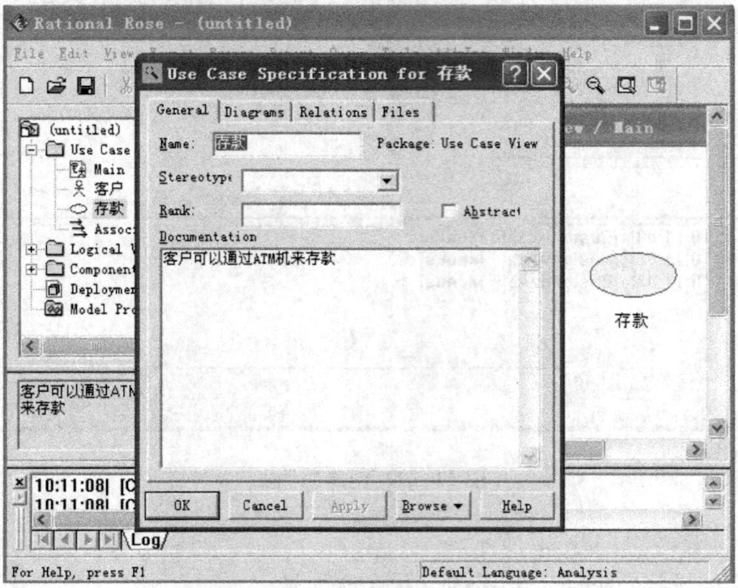

图 11-26　创建用例

(4) 记录参与者和用例之间的关系：如图 11-27 所示。

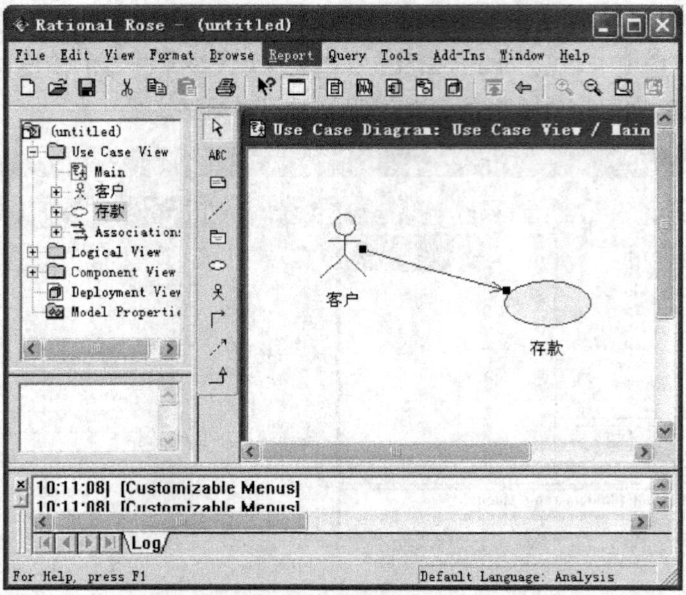

图 11-27　参与者和用例的关系

① 从工具栏中选择关联关系箭头。

② 将光标定位在用例图中的参与者上，单击鼠标左键并将光标移动到用例符号上，然后释放鼠标左键。

若要简要地说明关系，可以执行以下步骤：

在用例图中双击关联关系符号，打开对话框。

在默认情况下，将显示对话框中的"General"选项卡。

在 Documentation 字段中写入简要说明。

单击"OK"按钮，即可接受输入的简要说明并关闭对话框。

(5) 增加泛化关系：如图 11-28 所示。

① 从工具栏中选择泛化关系箭头。

② 将子用例拖向父用例，也可将子参与者拖向父参与者。

简要说明关系执行的步骤与上述类似。

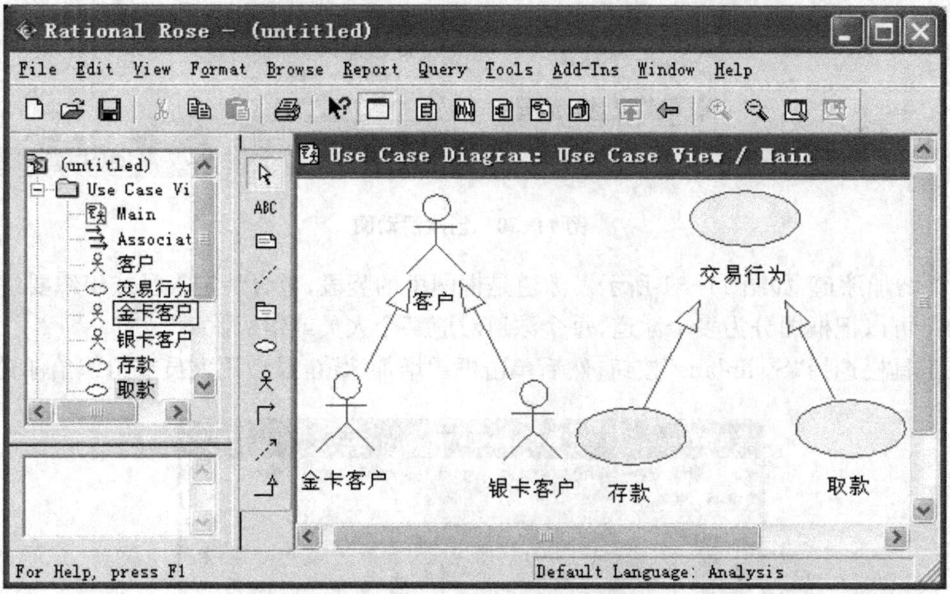

图 11-28 增加泛化关系

(6) 示例：画出 ATM(自动柜员机)系统总的用例图：如图 11-29 所示。

理解：对于银行的客户来说，可以通过 ATM 机启动几个用例：存款、取款、查阅结余、付款、转账和改变 PIN(密码)。银行官员也可以启动改变 PIN 这个用例。参与者可能是一个系统，如信用系统就可以是一个参与者，因为它是在 ATM 系统之外的。箭头从用例到参与者表示用例产生一些参与者要使用的信息。这里付款用例向信用系统提供信用卡付款信息。

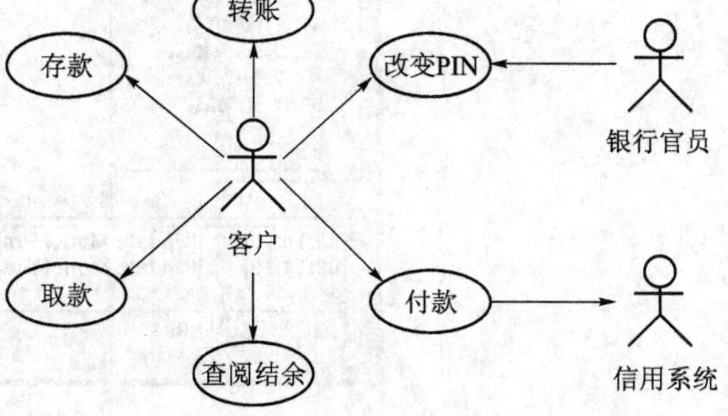

图 11-29 ATM 用例图

2）建立活动图 Activity Diagram

活动图显示了从活动到活动的流。活动图可以在分析系统业务时用来演示业务流，也可以在收集系统需求的时候显示一个用例中的事件流。活动图显示了系统中某个业务或者某个用例中，要经历哪些活动，这些活动按什么顺序发生。

(1) 创建活动图：如图 11-30 所示。

① 用于分析系统业务：在浏览器中右击“Use Case 视图”，选择 New→Activity Diagram。

② 用于显示用例中的事件流：在浏览器中选中某个用例，然后右击这个用例，选择 New→Activity Diagram。

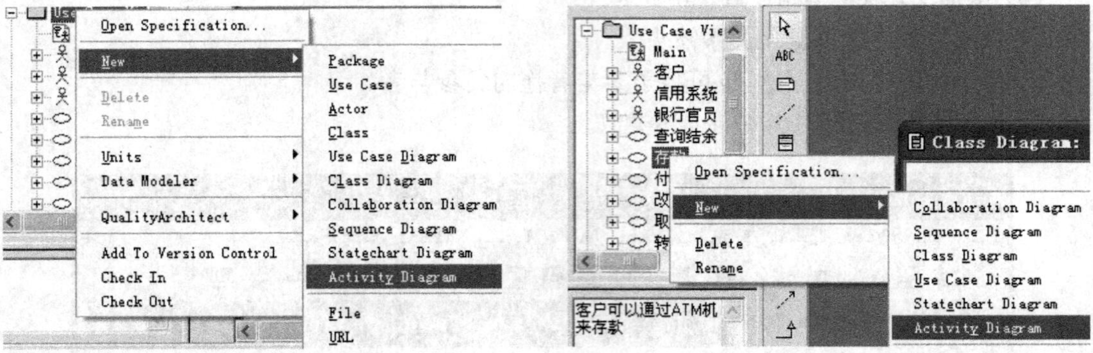

图 11-30　创建活动图

(2) 增加泳道：如图 11-31 所示。泳道是框图里的竖段，包含特定人员或组织要进行的所有活动。可以把框图分为多个泳道，每个泳道对应某个人员或组织。

在工具栏选择“Swimlane”按钮，然后单击框图增加泳道，最后用人员或组织给泳道命名。

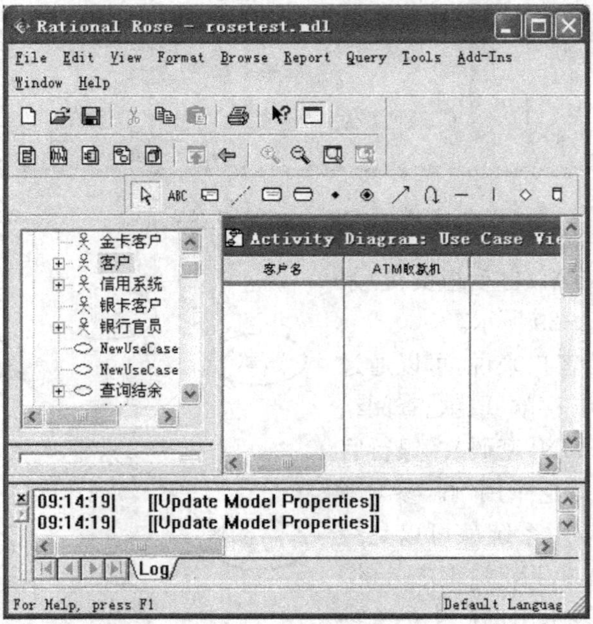

图 11-31　增加泳道

(3) 增加活动并设置活动的顺序:如图 11-32 所示。

① 在工具栏中选择"Activity"按钮,单击活动图增加活动,命名活动。

② 在工具栏中选择"Transition"按钮,把箭头从一个活动拖向另一个活动。

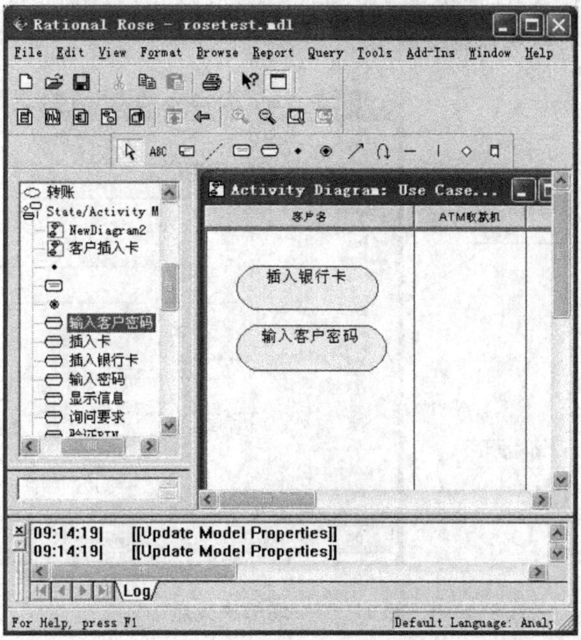

图 11-32 增加活动

(4) 增加同步:如图 11-33 所示。

① 选择"Synchronization"工具栏按钮,单击框图来增加同步棒。

② 画出从活动到同步棒的交接箭头,表示在这个活动之后开始并行处理。

③ 画出从同步棒到可以并行发生的活动之间的交接箭头。

④ 创建另一同步棒,表示并行处理结束。

⑤ 画出从同步活动到最后同步棒之间的交接箭头,表示完成所有这些活动之后,停止并行处理。

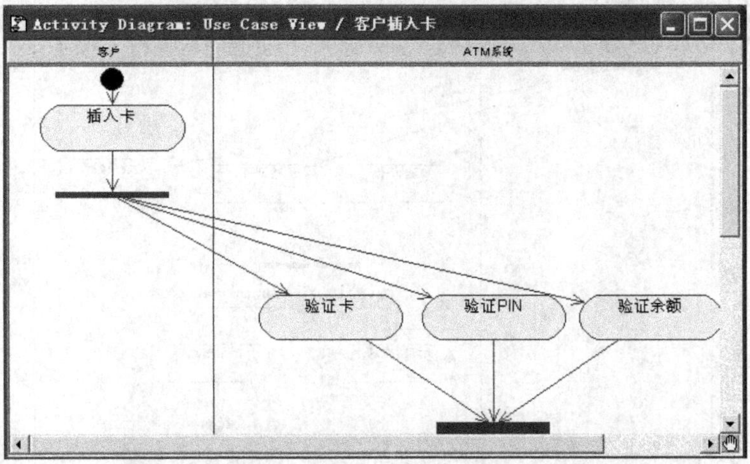

图 11-33 增加同步

(5) 增加决策点：如图 11-34 所示。决策点表示可以采取两个或多个不同的路径。从决策到活动的交接箭头要给出保证条件，控制在决策之后采取什么路径。保证条件应该是互斥的。

① 选择“Decision”工具栏按钮，单击框图增加决策点。

② 拖动从决策到决策后各项活动之间的交接，双击“交接”，打开“Detail”选项卡，在 Guard Condition 字段中写入保证条件。

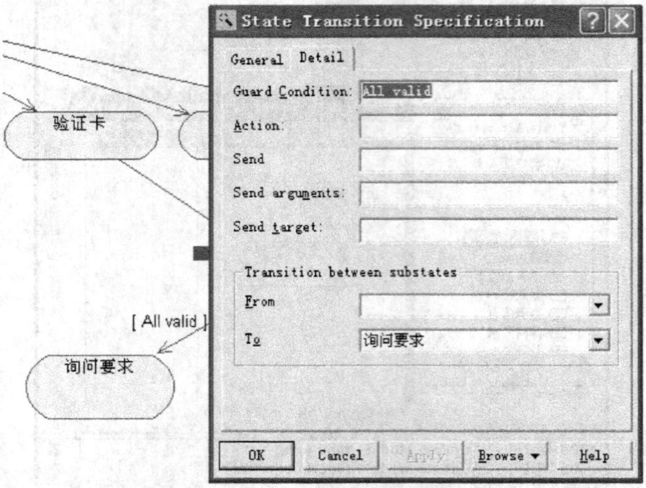

图 11-34　增加决策点

(6) 示例：画 ATM 系统中“客户插入卡”的活动图。

理解：客户插入信用卡之后，可以看到 ATM 系统运行了三个并发的活动：验证卡、验证 PIN(密码)和验证余额。这三个验证都结束之后，ATM 系统根据这三个验证的结果来执行下一步的活动。如果卡正常、密码正确且通过余额验证，则 ATM 系统接下来询问客户有哪些要求，也就是要执行什么操作。如果验证卡、验证 PIN(密码)和验证余额这三个验证有任何一个通不过，ATM 系统就把相应的出错信息在 ATM 屏幕上显示给客户，效果如图 11-35 所示。

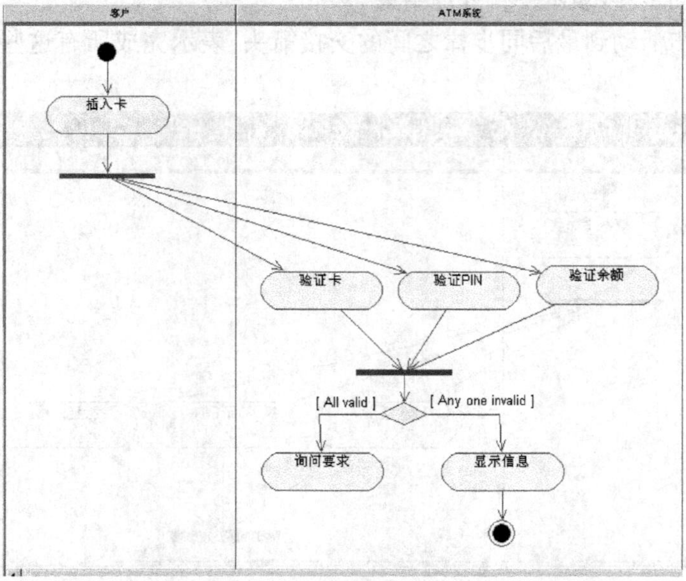

图 11-35　“客户插入卡”的活动图

3）建立类图 Class Diagram

类图显示系统之中类和类之间的交互。

（1）创建类：如图 11-36 所示。在 Rational Rose 中可以通过几种途径来创建类。最简单的方法是利用模型的 Logic 视图中的类图标和绘图工具，在图中创建一个类。或者，在浏览器中选择一个包并使用快捷菜单 New→Class。一旦创建了一个类，就可以通过双击打开它的对话框并在 Documentation 字段中添加文本来对这个类进行说明。

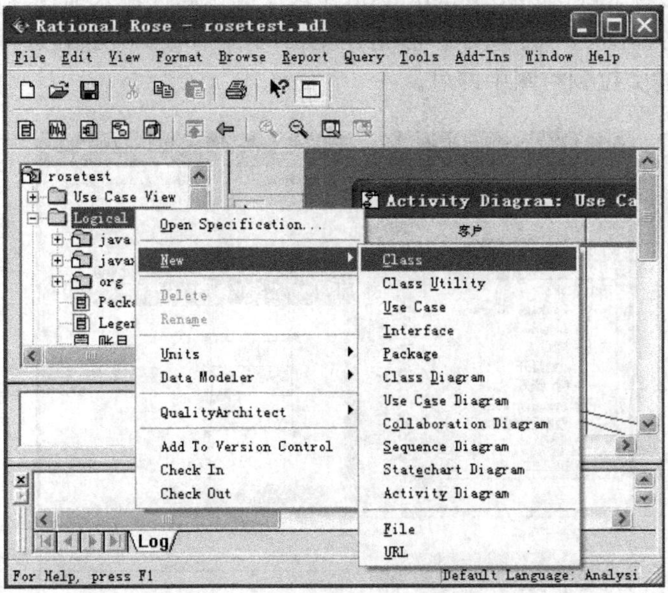

图 11-36　创建类

（2）创建方法：如图 11-37 所示。

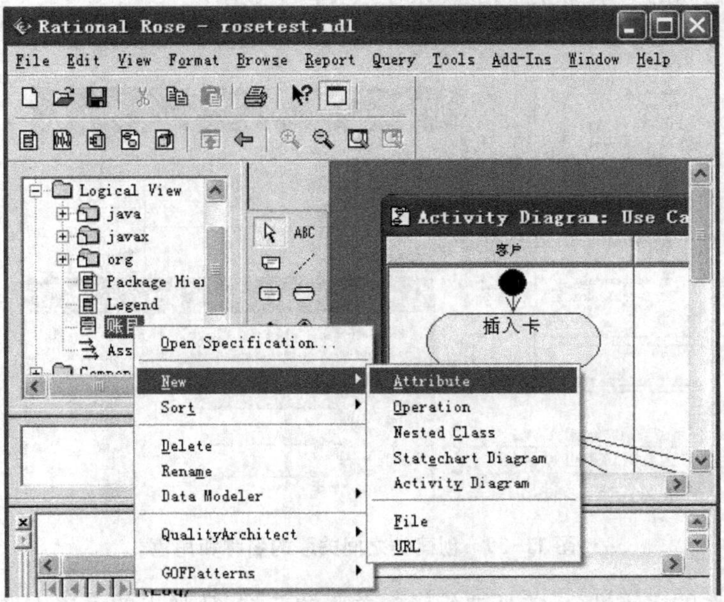

图 11-37　创建方法和属性

① 选择浏览器中或类图上的类。

② 使用快捷菜单 New→Operation

③ 输入方法的名字，可在 Documentation 字段中为该方法输入描述其目的的简要说明。

(3) 创建属性：如图 11-37 所示。

① 选择浏览器中或类图上的类。

② 使用快捷菜单 New→Attribute。

③ 输入属性的名字，可在 Documentation 字段中为该属性输入描述其目的的简要说明。

(4) 创建类图：如图 11-38 所示。右击浏览器内的 Logical 视图，选择 New→Class Diagram，把浏览器内的类拉到类图中即可。

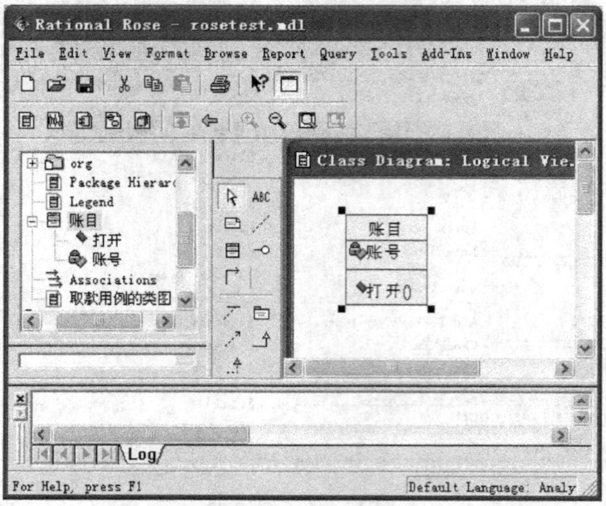

图 11-38　创建类图

(5) 创建类之间的关系：类之间的关系在工具栏中显示。

双击关联关系，就可以在弹出的对话框中对关联的名称和角色进行编辑，见图 11-39。

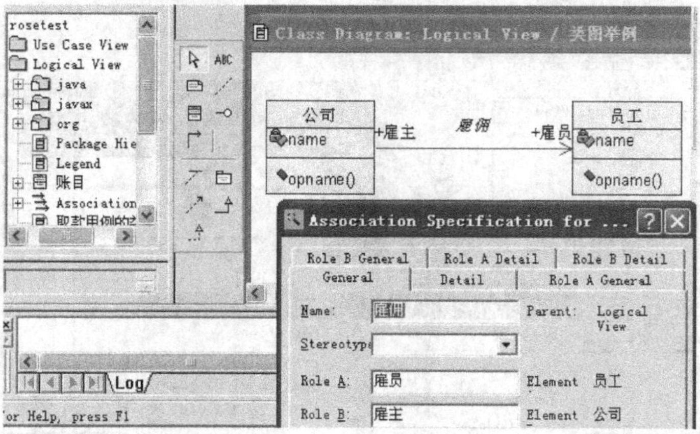

图 11-39　创建类之间关联的名称和角色

编辑关联关系的多重性：单击所要编辑的关联的一端，从弹出的菜单中选择 Multiplicity，然后选择所要的关系，如图 11-40 所示。

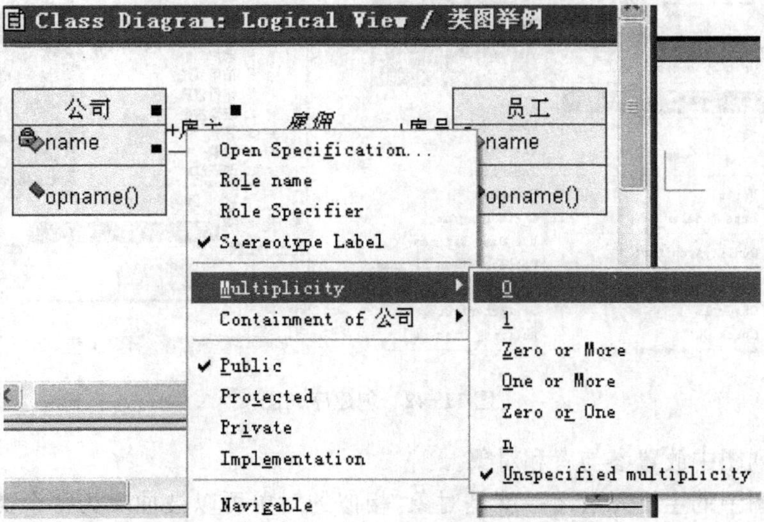

图 11-40　关联的多重性编辑

(6) 示例:画出 ATM 系统中取款用例的类图。

理解:取款这个用例由四个类完成:读卡机、账目、ATM 屏幕和取钱机。类图显示了各个类之间的关系。类图中每个类都是用方框表示的,分成三个部分:第一部分是类名;第二部分是类包含的属性,属性是类和相关的一些信息,如账目类包含了三个属性:账号、PIN(密码)和结余;第三部分包含类的方法,方法是类提供的一些功能,例如账目类包含了四个方法:打开、取钱、扣钱和验钱数。

类之间的连线表示了类之间的通信关系。例如,账目类连接了 ATM 屏幕,因为两者之间要直接相互通信;取钱机和读卡机不相连,因为两者之间不进行通信。

有些属性和方法的左边有一个小锁的图标,表示这个属性和方法是 Private 的(UML 中用'一'表示),即该属性和方法只在本类中可访问。没有小锁的,表示 Public(UML 中用'+'表示),即该属性和方法在所有类中可访问。若是一个钥匙图标,表示 Protected(UML 中用'#'表示),即属性和方法在该类及其子类中可访问,见图 11-41。

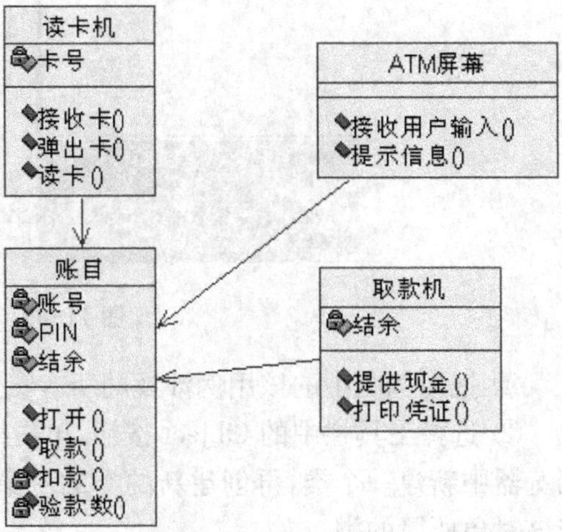

图 11-41　"取款"用例图

11.2.3　序列图

(1) 创建序列图:在浏览器内的 Logic 视图中单击鼠标右键,选择 New→Sequence Diagram 就可新建一个序列图。也可以在浏览器的 Use Case 视图中选择某个用例,然后右击这个用例,选择 New→Sequence Diagram,如图 11-42所示。

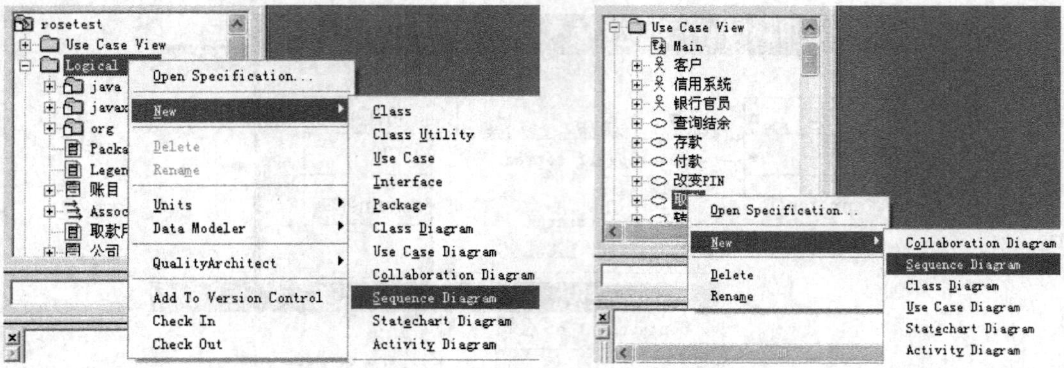

图 11-42　创建序列图

(2) 在序列图中放置参与者和对象。

(3) 序列图中的主要元素之一就是对象,相似的对象可以被抽象为一个类。序列图中的每个对象代表了某个类的某一实例,如图 11-43 所示。

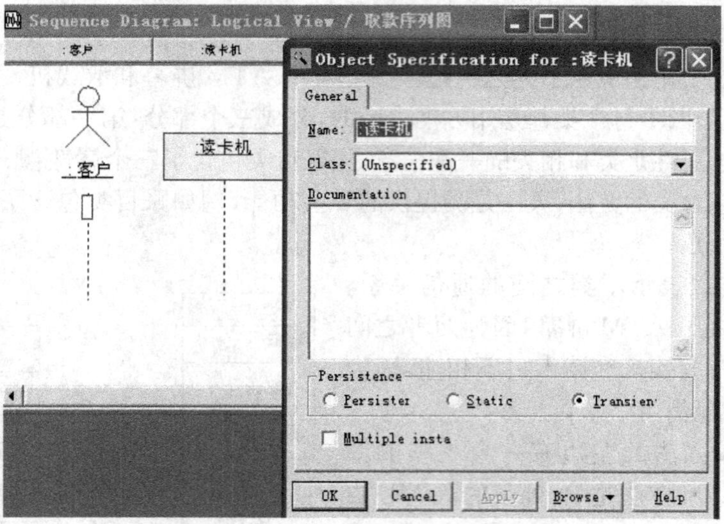

图 11-43　放置参与者和对象

① 把用例图中的该用例涉及的所有参与者拖到 Sequence 图中。

② 选择工具栏中的 Object 按钮,单击框图增加对象。可以创建已有类的对象,也可以在浏览器中新建一个类,再创建新的类的对象。双击“对象”,在弹出的对话框中的“Class”里确定该对象所属的类。

③ 对象命名:对象可以命名也可没名字。可双击“对象”,在弹出的对话框中的“Name”里给对象取名。

(4) 说明对象之间的消息

① 选择 Message 工具栏按钮。

② 单击启动消息的参与者或对象,把消息拖到目标对象和参与者。

③ 命名消息。双击“消息”,在对话框中“General”里的“Name” 中输入消息名称,见图 11-44。

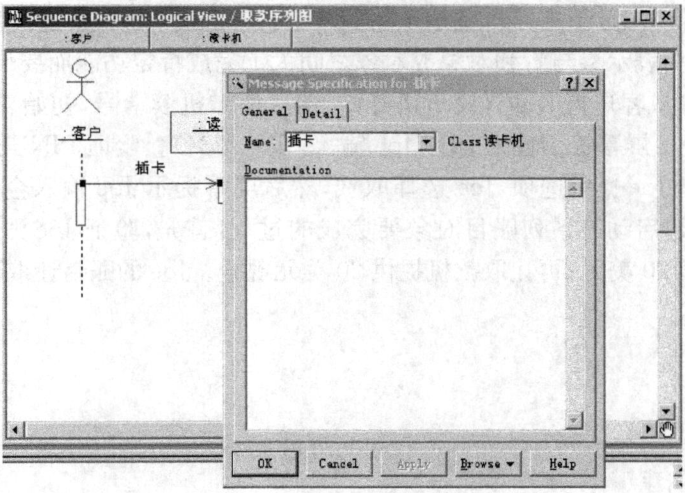

图 11-44　对象之间的消息

(5) 示例:画出某客户 Joe 取 20 美元的序列图。

理解:序列图显示了用例中的功能流程。对取款这个用例分析,它有很多可能的程序,如想取钱而没钱、想取钱而 PIN 错、正常的情况是取到了钱等。图 11-45 就某客户 Joe 取 20 美元的序列图。

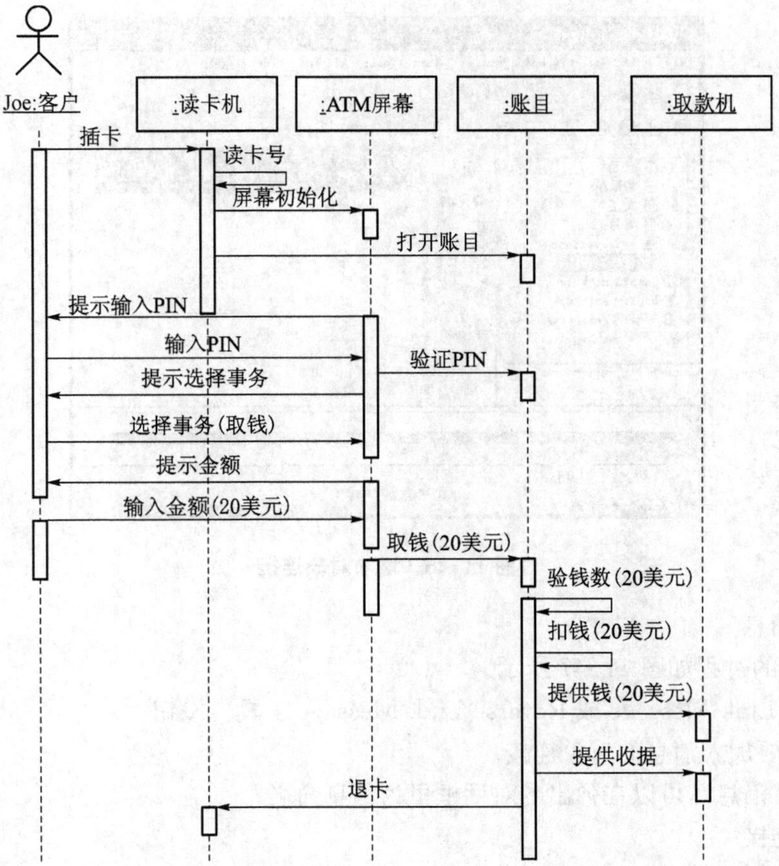

图 11-45　"取款"序列图

序列图的顶部一般放置的是取款这个用例涉及的参与者，然后放置系统完成取款用例所需的对象，每个箭头表示参与者和对象或对象之间为了完成特定功能而要传递的消息。

取款这个用例从客户把卡插入读卡机开始，然后读卡机读卡号，初始化 ATM 屏幕，并打开 Joe 的账目对象。屏幕提示输入 PIN，Joe 输入 PIN(1234)。验证 PIN 与账目对象，发出相符的信息。屏幕向 Joe 提供选项，Joe 选择取钱，然后屏幕提示 Joe 输入金额，Joe 选择 20 美元。从账目中取钱，启动一系列账目对象要完成的过程：首先，验证 Joe 账目中至少有 20 美元；然后，从中扣掉 20 美元；再让取款机提供 20 美元现金。Joe 的账目让取款机提供收据。最后让读卡机退卡。

11.2.4 协作图

1）协作图的创建

协作图(Collaboration Diagram)的创建以及在协作图中放置参与者、对象和序列图类似，只不过对象之间的连接有所不同。

(1) 增加对象连接，见图 11-46。

(2) 选择 Object Link 工具栏按钮。

(3) 单击要连接的参与者或对象。

(4) 将对象连接拖动到要连接的参与者或对象。

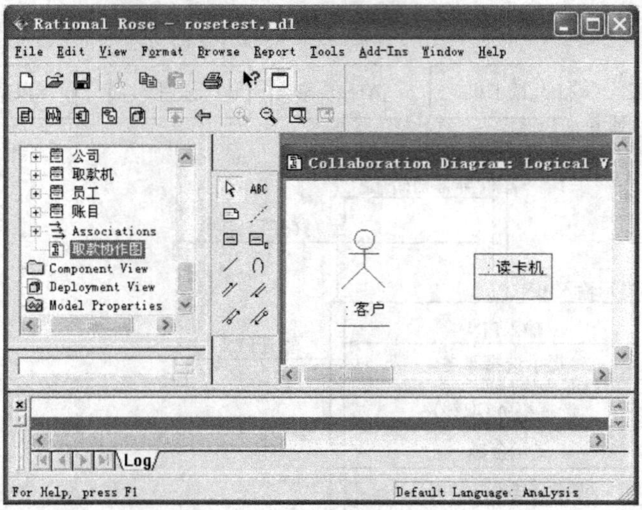

图 11-46 增加对象连接

2）加入消息

加入消息的过程如图 11-47 所示。

(1) 选择 Link Message 或 Reverse Link Message 工具栏按钮。

(2) 单击要加入消息的对象连接。

(3) 双击"消息"，可以在弹出的对话框里为消息命名。

3）自反连接

创建自反连接流程如图 11-48 所示。

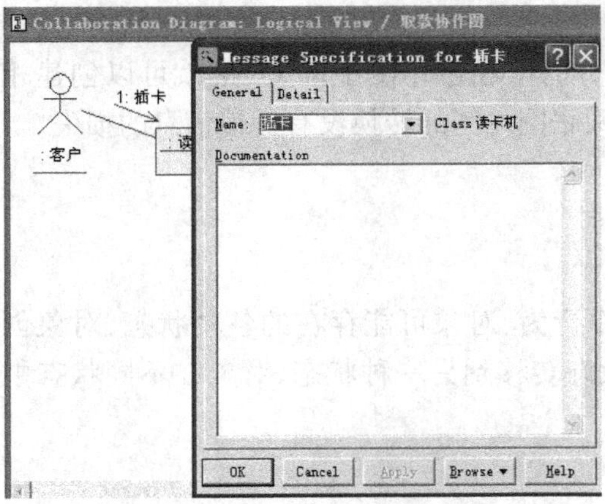

图 11-47　加入消息

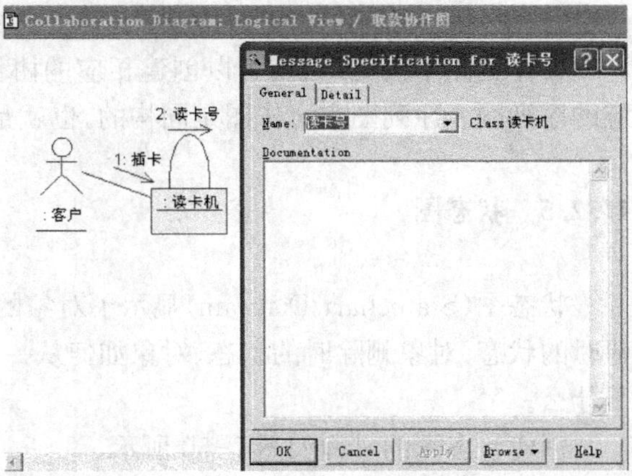

图 11-48　建立自反连接

(1) 选择 Link to Self 工具栏按钮。

(2) 单击要连接的对象即增加一个消息的箭头。

(3) 双击"消息",命名自反连接。

4) 示例:画出某客户 Joe 取 20 美元的协作图

理解:协作图显示的信息和序列图是相同的,只是用不同的方式显示而已。序列图显示的是对象和参与者随时间变化的交互,而协作图不参照时间只显示对象与参与者的交互。

以 Joe 取 20 美元的协作图(图 11-49)中可以看到读卡机和 Joe 的账目两个对象之间的交互:读卡机指示 Joe 的账目打开,Joe 的账目让读卡机退卡。直接相互通信的对象之间有一条直线,例如 ATM 屏幕和读卡机直接相互通信,则其间画一条直线,没有画直线的对象之间不直接通信。

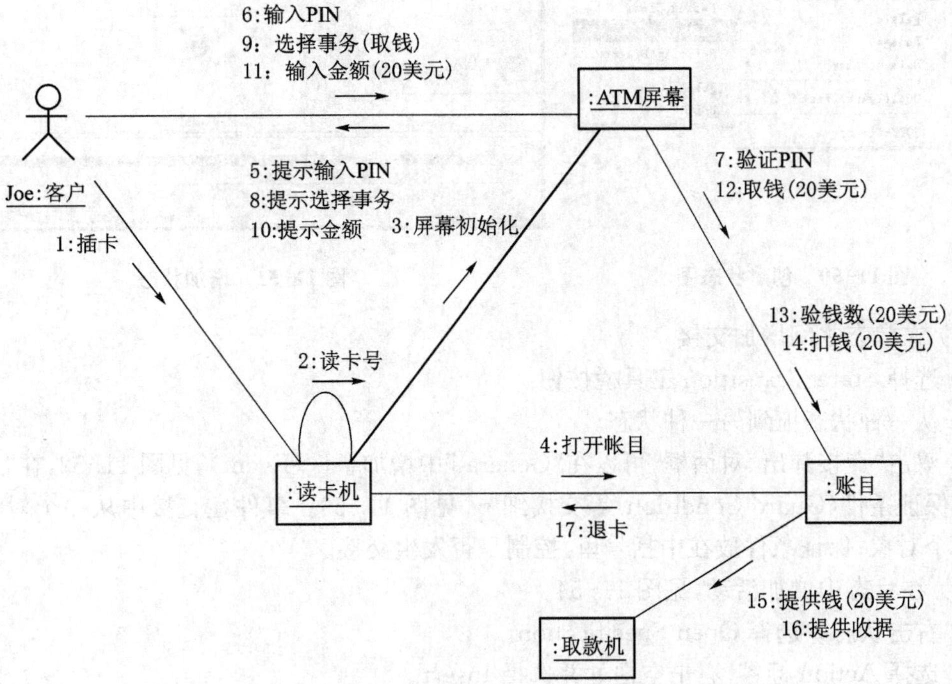

图 11-49　"取款"协作图

5）序列图和协作图之间的转换

在序列图中按 F5 键就可以创建相应的协作图；同样，在协作图中按 F5 键就可以创建相应的序列图。序列图和协作图是同构的，也就是说两张图之间的转换没有任何信息的损失。

11.2.5 状态图

状态图(Statechart Diagram)显示了对象的动作行为、对象可能存在的各种状态、对象创建时的状态、对象删除时的状态、对象如何从一种状态转移到另一种状态、对象在不同状态中干什么。

创建状态图的过程如图 7-50 所示。

(1) 在浏览器中右击类。

(2) 选择 New→Statechart Diagram，对该类创建一个状态图，并命名该图。

(3) 在图中增加状态、初始状态和终止状态，见图 11-51。

① 选择工具栏的 State 按钮，单击框图增加一个状态，双击状态命名。

② 选择工具栏的 Start State 和 End State ，单击框图增加初始状态和终止状态。初始状态是对象首次实例化时的状态，状态图中只有 1 个初始状态。终止状态表示对象在内存中被删除之前的状态，状态图中有 0 个、1 个或多个终止状态。

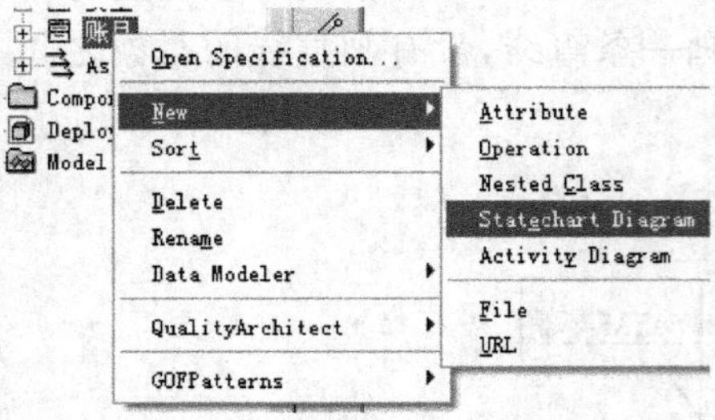

图 11-50 创建状态图

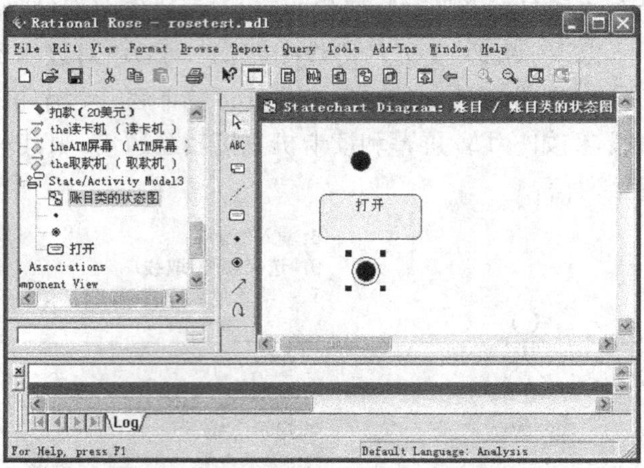

图 11-51 增加状态

(4) 在状态之间增加交接

① 选择 State Transition 工具栏按钮。

② 从一种状态拖到另一种状态。

③ 双击“交接弹出”对话框，可以在“General”中增加事件(Event)，见图 11-52，在“Detail”中增加保证条件(Guard Condition)等交接细节，见图 11-53。事件在交接中从一个对象发送给另一个对象；保证条件放在中括号里，控制是否发生交接。

(5) 在状态中增加活动，见图 11-54。

① 右击状态并选择 Open Specification。

② 选择 Action 标签，右击空白处并选择 Insert。

③ 双击“新活动”(清单中有“Entry/”)，打开活动规范，在“Name”中输入活动细节。

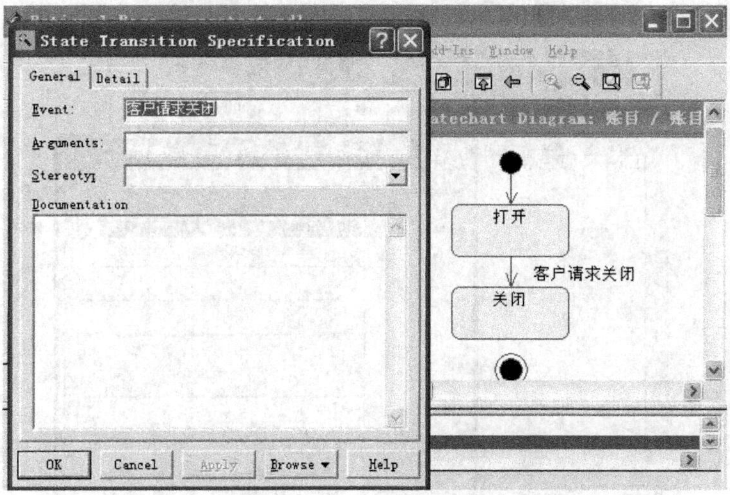

图 11-52　增加事件

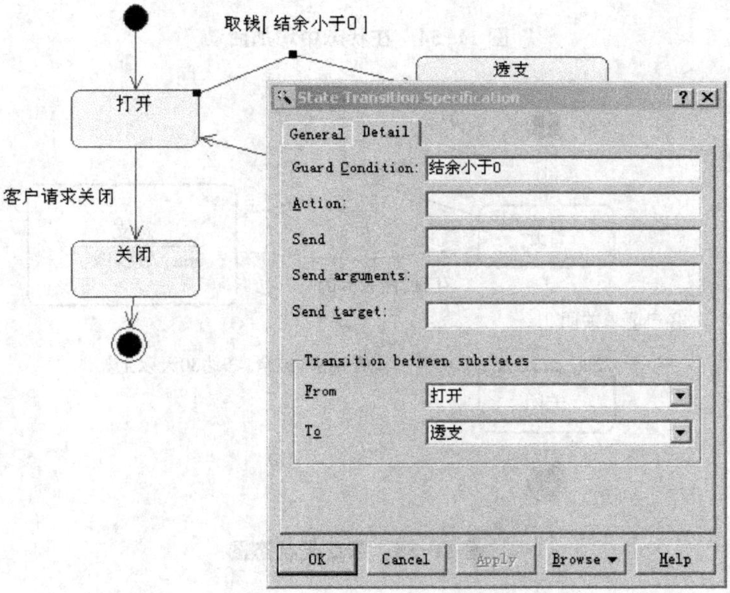

图 11-53　增加保证条件

(6) 示例:账目类的状态图。

理解:银行账目可能有几种不同的状态:打开、关闭或透支。账目在不同状态下的功能是不同的。账目可以从一种状态变到另一种状态。例如图 11-55 中,账目打开而客户请求关闭账目时,账目转入关闭状态。客户请求是事件,事件导致账目从一个状态过渡到另一个状态。

如果账目打开而客户要取钱,则账目可能转入透支状态,这发生在账目结余小于 0 时,框图中显示为\[结余＜0\]。方括号中的条件称为保证条件,控制状态的过渡能否发生。

对象处在特定状态时可能发生某种事件。例如,账目透支时要通知客户。

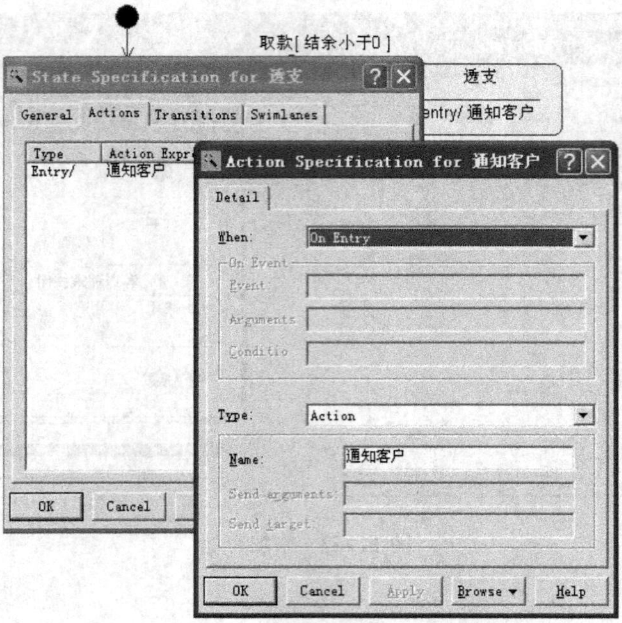

图 11-54　在状态中增加活动

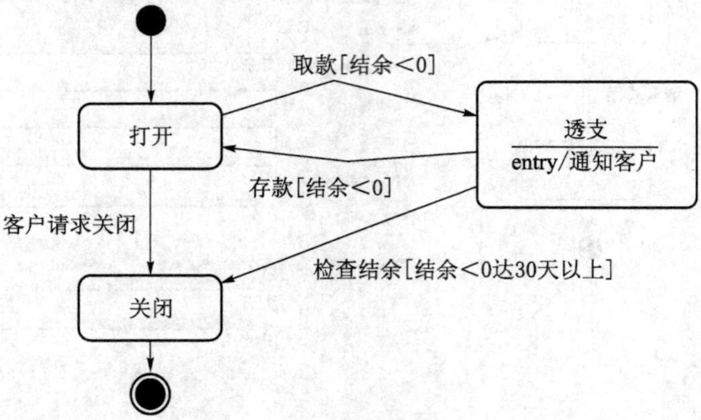

图 11-55　账目类状态图

11.2.6　构件图

构件图(Component Diagram)显示模型的物理视图,也就是显示系统中的软件构件及其相互关系。模型中的每个类映射到源代码构件。一旦创建了构件,就自动加入构件图中,然后给出构件之间的相关性。构件间的相关性包括编译相关性和运行相关性。

1) 创建构件图:创建构件图的过程如图 11-56 所示。

(1) 右击浏览器中的 Component 视图。

(2) 选择 New→Component Diagram,并命名新的框图。

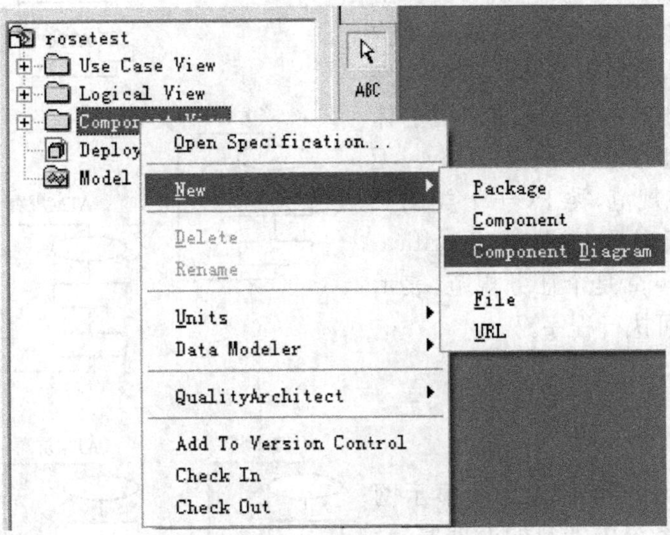

图 11-56　创建构件图

2) 把构件加入框图

(1) 选择 Component 工具栏按钮，单击框图增加构件，并命名构件。

(2) 右击"构件"，选择 Open Specification，在"Stereotype"中设置构件版型，见图 11-57。

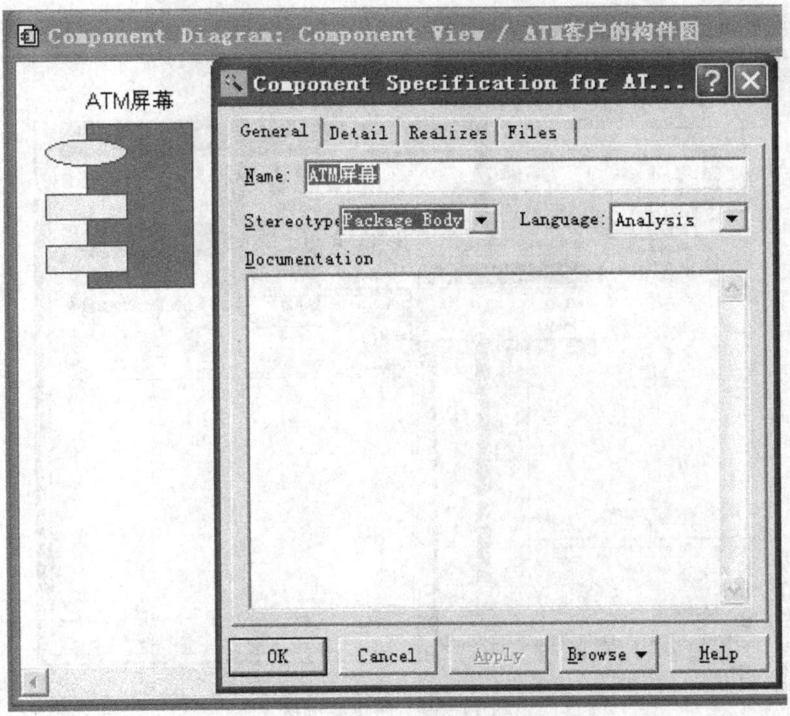

图 11-57　设置构件版型

3) 示例：ATM 系统客户的构件图

理解：类于用 C++建立系统，每个类都有自己的头文件和体文件，因此图 11-58 中每个类都映射自己的构件，如 ATM 屏幕类映射两个 ATM 屏幕构件，这两个 ATM 屏幕构件表示 ATM 屏幕类的头和体。阴影构件称为包体，类于 C++中 ATM 屏幕类的体文件(.cpp)，构件版型是 Package Body。无阴影的构件称为包规范，类于C++类的头文件(.H)，构件版型是 Package Specification。构件 ATM.exe 是个任务规范，表示处理线程，是一个可执行程序。

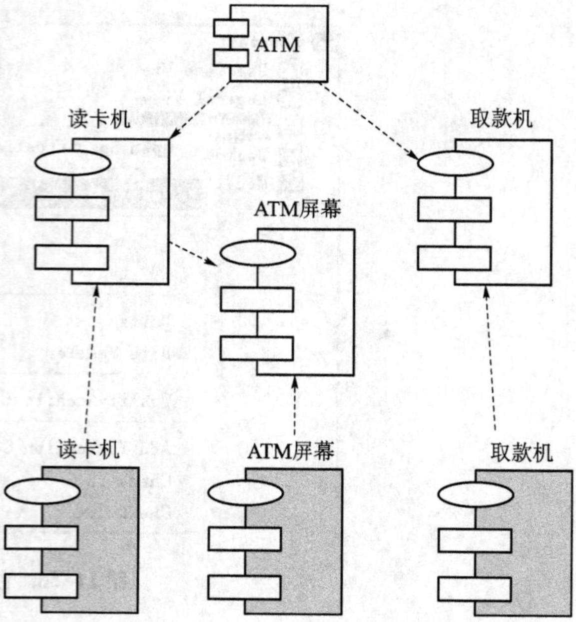

图 11-58　ATM 系统客户构件图

11.2.7　实施图

实施图(Deployment Diagram)显示网络的物理布局，是系统中涉及的处理器、设备、连接和过程。处理器是网络中处理功能所在的机器，包括服务器和工作站，不包括打印机扫描仪之类的设备。处理器用来运行进程(执行代码)。一个项目只有一个实施图。

1) 创建实施图

创建实施图的流程如图 11-59 所示。

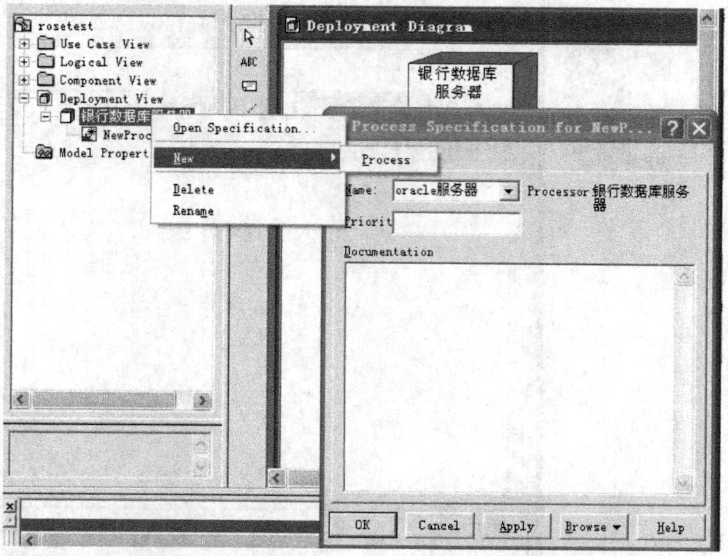

图 11-59　创建实施图

(1) 双击 Deployment 视图。

(2) 选择 Processor 工具栏按钮，单击框图增加处理器，并命名处理器。

(3) 在 Deployment 视图中右击“处理器”并选择 New→Process，命名进程。

(4) 在框图中右击“处理器”，选中“Show Processes”，可以在框图中显示该处理器的进程。

2) 把设备加入到框图中

(1) 选择 Device 工具栏按钮。

(2) 单击框图增加设备，并命名，如图 11-60 所示。

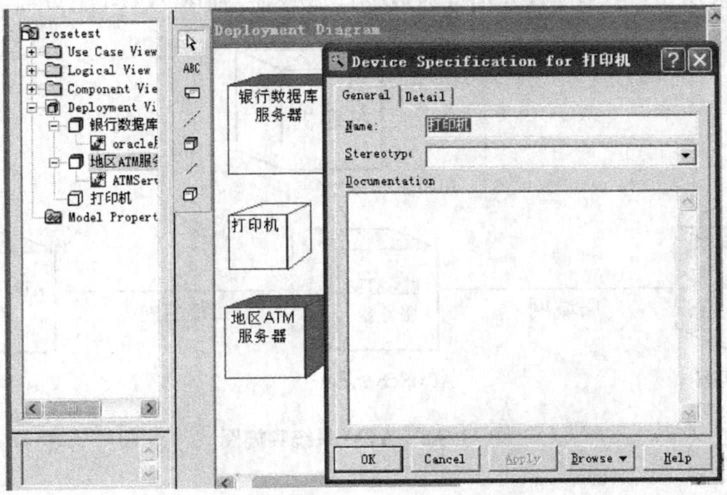

图 11-60　加入设备

3) 把连接加进框图

(1) 选择 Connection 工具栏按钮。

(2) 单击要连接的一个处理器或设备，拖动到要连接的另一个处理器或设备，见图11-61。

(3) 命名连接。

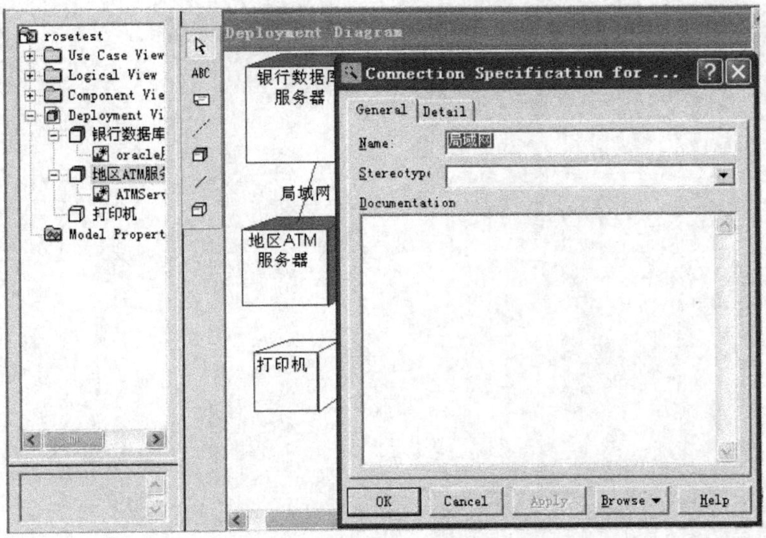

图 11-61　加入连接

4）示例：ATM 系统的实施图

理解：ATM 系统的实施图(图 11-62)显示了系统的主要布局。ATM 客户机可执行文件在不同地点的多个 ATM 上运行。ATM 客户机通过专用网与地区 ATM 服务器通信。ATM 服务器可执行文件在地区 ATM 服务器上执行。地区 ATM 服务器通过局域网与运行 Oracle 的银行数据库服务器通信。打印机与地区 ATM 服务器连接。

ATM 系统采用了三层结构，分别针对数据库服务器、地区 ATM 服务器和客户机。

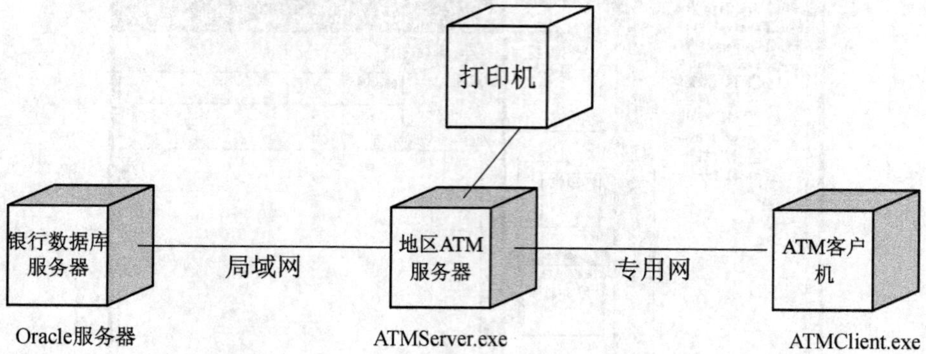

图 11-62　ATM 系统实施图

参考文献

[1] 中华人民共和国国家质量监督检验检疫总局，中国国家标准化管理委员会. GB 12904—2008 商品条码 零售商品编码与条码表示. 北京：中国标准出版社，2009

[2] 中华人民共和国国家质量监督检验检疫总局，中国国家标准化管理委员会. GB 18127—2009 商品条码 物流单元编码与条码表示. 北京：中国标准出版社，2009

[3] 中华人民共和国国家质量监督检验检疫总局，中国国家标准化管理委员会. GB/T 16986—2009 商品条码 应用标识符. 北京：中国标准出版社，2009

[4] 中华人民共和国国家质量监督检验检疫总局，中国国家标准化管理委员会. GB/T 22263. 2—2008 物流公共信息平台应用开发指南 第 2 部分：体系架构. 北京：中国标准出版社，2008

[5] 中华人民共和国国家质量监督检验检疫总局，中国国家标准化管理委员会. GB/T 22263. 3—2008 物流公共信息平台应用开发指南 第 3 部分：主要业务过程. 北京：中国标准出版社，2008

[6] 中华人民共和国国家质量监督检验检疫总局，中国国家标准化管理委员会. GB/T 22263. 4—2008 物流公共信息平台应用开发指南 第 4 部分：主要业务数据元目录. 北京：中国标准出版社，2008

[7] 中华人民共和国国家质量监督检验检疫总局，中国国家标准化管理委员会. GB/T 22263. 7—2010 物流公共信息平台应用开发指南 第 7 部分：平台服务管理. 北京：中国标准出版社，2011

[8] 中华人民共和国国家质量监督检验检疫总局，中国国家标准化管理委员会. GB/T 23830—2009 物流管理信息系统应用开发指南. 北京：中国标准出版社，2009

[9] 中华人民共和国信息产业部. SJ/T 11350—2006 二维条码 紧密矩阵码. 北京：中国标准出版社，2006

[10] 中华人民共和国国家质量监督检验检疫总局，中国国家标准化管理委员会. GB/T 19256. 1 – 2003 基于 XML 的电子商务 第 1 部分：技术体系结构. 北京：中国标准出版社，2003

[11] 中华人民共和国国家质量监督检验检疫总局，中国国家标准化管理委员会. GB/Z 20539—2006 电子商务业务过程和信息建模指南. 北京：中国标准出版社，2007

[12] 中华人民共和国国家质量监督检验检疫总局，中国国家标准化管理委员会. GB/T 19251—2003 贸易项目的编码与符号表示导则. 北京：中国标准出版社，2003

[13] 中华人民共和国国家质量监督检验检疫总局，中国国家标准化管理委员会. GB/T 15191—2010 贸易数据交换　贸易数据元目录　数据元. 北京：中国标准出版社，2010

[14] [美]GS1 Identification Key Series – SSCC(Serial Shipping Container Code)，Issue 1. 2，2009(11)//GS1 Member Organisations. http://www. gs1. org/contact/worldwide. php

[15] [比利时]Based on the GS1 General Specifications Section 2. 1 Version 7. 1. GS1 Member Organisations，2007(7)

[16] 中华人民共和国国家质量监督检验检疫总局，中国国家标准化管理委员会. GB/T 24662—2009 电子商务 产品核心元数据. 北京：中国标准出版社，2010

[17] 中华人民共和国国家质量监督检验检疫总局，中国国家标准化管理委员会. GB/T 26816—2011 信息资源核心元数据. 北京：中国标准出版社，2011

[18] 中华人民共和国国家质量监督检验检疫总局，中国国家标准化管理委员会. GB/T 26840—2011 电子商务　药品核心元数据. 北京：中国标准出版社，2012

[19] 中华人民共和国国家质量监督检验检疫总局，中国国家标准化管理委员会. GB/T 7635. 1—2002 全国主

要产品分类与代码——可运输产品.北京:中国标准出版社,2002
[20] 中华人民共和国国家质量监督检验检疫总局,中国国家标准化管理委员会. GB/T 7635.2—2002 全国主要产品分类与代码——不可运输产品.北京:中国标准出版社,2002
[21] 中华人民共和国国家质量监督检验检疫总局,中国国家标准化管理委员会. GB/T 17628—2008 信息技术 开放式 edi 参考模型.北京:中国标准出版社,2009
[22] 中华人民共和国国家质量监督检验检疫总局,中国国家标准化管理委员会. GB/T 18811—2012 电子商务基本术语.北京:中国标准出版社,2012
[23] 中华人民共和国国家质量监督检验检疫总局,中国国家标准化管理委员会. GB/T 16472—2013 乘客及货物类型、包装类型和包装材料类型代码.北京:中国标准出版社,2013
[24] 中华人民共和国国家质量监督检验检疫总局,中国国家标准化管理委员会. GB/T 19251—2003 贸易项目的编码与符号表示导则.北京:中国标准出版社,2003
[25] 中华人民共和国国家质量监督检验检疫总局,中国国家标准化管理委员会. GB/T 24661.1—2009 第三方电子商务服务平台服务及服务等级划分规范 第1部分:总则.北京:中国标准出版社,2009
[26] 中华人民共和国国家质量监督检验检疫总局,中国国家标准化管理委员会. GB/T 24661.2—2009 第三方电子商务服务平台服务及服务等级划分规范 第2部分:企业间(B2B)、企业与消费者间(B2C)电子商务服务平台.北京:中国标准出版社,2009
[27] 中华人民共和国国家质量监督检验检疫总局,中国国家标准化管理委员会. GB/T 24661.3—2009 第三方电子商务服务平台服务及服务等级划分规范 第3部分:现代物流服务平台.北京:中国标准出版社,2009
[28] 中华人民共和国国家质量监督检验检疫总局,中国国家标准化管理委员会. GB/T 26360—2010 旅游电子商务网站建设技术规范.北京:中国标准出版社,2011
[29] 中华人民共和国国家质量监督检验检疫总局,中国国家标准化管理委员会. GB/T 26839—2011 电子商务 仓单交易模式规范.北京:中国标准出版社,2011
[30] 翁文勇,王泽兵,苏健,等. UMM 在基于 EAN. UCC 的物流一体化建模中的应用.北京:计算机工程与应用,2006(07)
[31] United Nations Centre for Trade Facilitation and Electronic Business (UN/CEFACT). Recommendation on Data Simplification and Standardization for International Trade. 纽约,2010,3(10)
[32] 中国通信标准化协会. YD/T 1322.1—2004 中华人民共和国通信行业标准 电子商务技术要求 第1部分:基于扩充标记语言(XML)的企业对消费者(B2C)电子商务总体框架.北京:中国标准出版社,2004
[33] 中国通信标准化协会. YZ/T 0130—2012 中华人民共和国邮政行业标准 快递服务与电子商务信息交换标准化指南.北京:中国标准出版社,2012
[34] 宫小全,龚炳刚,何立业,等.电子商务系统分析与设计(第2版).北京:清华大学出版社,2013
[35] 詹玉宣,王小波,卞保武.电子商务系统设计.南京:东南大学出版社,2008
[36] 张大斌,严莉.电子商务技术基础.北京:高等教育出版社,2008
[37] DAMA International;马欢,刘晨,等,译. DAMA 数据管理知识体系指南.北京:清华大学出版社,2012